# Peter H. Jamin

# SEXOPFER KIND

### Die Hintergründe des Falls Dutroux und die Machenschaften der internationalen Porno-Mafia

Unter Mitarbeit von
Stephanie Kowalewski,
Kathrin Lenzer,
Jürgen Spreemann,
Vesna Vejevic
und Andrea Wulff

# BASTEI-LÜBBE-TASCHENBUCH
Band 60 446

Originalausgabe
© 1997 by Bastei-Verlag Gustav H. Lübbe GmbH & Co.,
Bergisch Gladbach
Printed in Germany, Oktober 1997
Einbandgestaltung: K. K. K.
Titelfoto: Bavaria, Düsseldorf
Satz: hanseatenSatz-bremen, Bremen
Druck und Bindung: Elsnerdruck, Berlin
ISBN 3-404-60446-6

Der Preis dieses Bandes versteht sich einschließlich
der gesetzlichen Mehrwertsteuer.

# Inhalt

**Vorwort: Ein Klima der Angst** . . . . . . . . . . . . 11

**1. Kapitel – Der Fall Dutroux: Eine neue Epoche der Sexualkriminalität beginnt** . . . . . . . . . 15

*»Marc & Corine« suchen Julie und Melissa* . . . . 17
*Zwei Mädchen werden aus Dutroux'*
*Folterkeller befreit* . . . . . . . . . . . . . . . . . 19
*Dutroux besitzt Häuser und Grundstücke* . . . . . 22
*Dutroux mißhandelte schon einmal fünf*
*Mädchen* . . . . . . . . . . . . . . . . . . . . . . . 25
*In Charleroi wird ein Polizeibeamter*
*verhaftet* . . . . . . . . . . . . . . . . . . . . . . . 29
*Polizei ignoriert Hinweis auf ein*
*Autokennzeichen* . . . . . . . . . . . . . . . . . . 31
*Parlamentsausschuß kritisiert Polizei und*
*Justiz* . . . . . . . . . . . . . . . . . . . . . . . . . 34

## 2. Kapitel – Die Folgen für Europa: Die Dutrouxs sind überall ... 37

*Neue Wege der Verbrechensbekämpfung* ... 39
*Deutsche Porno-Gang mißbraucht Siebenjährige* ... 42
*Was ein Staatsanwalt über das Kindersexgeschäft denkt* ... 44
*Der Doktor liebte Kinder von der Straße* ... 47
*Die Sensibilisierung der Öffentlichkeit hält nicht an* ... 50
*Ein gesellschaftliches Problem wird verwässert* ... 52
*Begriffsdiskussion statt Methoden zur Bekämpfung* ... 54
*Strukturen der Organisierten Kriminalität vorhanden* ... 57
*Gewerkschaft fordert Kampf gegen Kindersex-Mafia* ... 60
*Europa-Parlament unterstützt Euro-Polizei* ... 64

## 3. Kapitel – Formen der Verbrechen: Vom Babystrich bis zum Internet-Porno ... 67

*Mißbrauchszahlen beruhen auf Schätzungen* ... 70
*Mißbrauch durch Eltern, Verwandte und Freunde* ... 72
*Monikas Leiden beginnt mit dem 3. Lebensjahr* ... 74
*Monikas Vater ist auf den Freund eifersüchtig* ... 78
*Lehrer und Priester gehören auch zu den Tätern* ... 86
*Neunjähriger von Priester mißbraucht* ... 90
*Auch Kinderprostituierte werden sexuell mißbraucht* ... 102
*Straßenkinder leben von Betteln und Prostitution* ... 106
*Viele Freier bis zum »Goldenen Schuß«* ... 110

*Die Täter wollen ihre Perversionen ausleben* . . . . 114
*Sexopfer Kind: Entführt, mißbraucht, ermordet* . . . 124
*Satanismus und ritueller Mißbrauch* . . . . . . . . 127
*400 Millionen Umsatz nur durch*
*Kinderpornographie* . . . . . . . . . . . . . . . . 136
*Die kriminellen Netzwerke der Pädophilen* . . . . . 140
*Internet – das größte Kinderporno-Kaufhaus*
*der Welt* . . . . . . . . . . . . . . . . . . . . . . 144
*Kunde gesucht für Kinderfolter bis zum Tod* . . . . 152
*Sextouristen gehen meistens straffrei aus* . . . . . . 155
*Der Kinderhandel von Ost nach West* . . . . . . . . 159

## 4. Kapitel – Vermißte Kinder: Entführt, mißbraucht und ermordet . . . . . . . . . . . . . . 167

*Zehnjähriger in der Gewalt eines Pädophilen* . . . 169
*Niemand erfaßt fehlgeschlagene Kidnapping-*
*Versuche* . . . . . . . . . . . . . . . . . . . . . . 176
*Viele Eltern hoffen auf die Rückkehr ihrer Kinder* . . 178
*Angehörige durchleben viele Phasen der*
*Verzweiflung* . . . . . . . . . . . . . . . . . . . . 184
*Hoffnung der Angehörigen: »Meine Tochter lebt«* . . 190
*Der Fall Welsch und die Mädchenhändler von*
*Ibiza* . . . . . . . . . . . . . . . . . . . . . . . . 194

## 5. Kapitel – Opfer und Helfer: Vom Betteln um Beachtung . . . . . . . . . . . . . . . . . . . 201

*Seelische Verwundungen sind oft folgenschwer* . . 204
*Prominente engagieren sich in Initiativen* . . . . . . 206
*Die 16jährige Silvia wird 15 Monate gefoltert* . . . 209

*Die Polizei glaubt die Geschichte des Opfers
nicht*. . . . . . . . . . . . . . . . . . . . . . . . . . 213
*Im Fall Silvia versagen alle Instanzen* . . . . . . 216

## 6. Kapitel – Macht-Kampf: Vom Terror der Täter und der Angst der Opfer . . . . . . . 221

*Die Täter kommen aus allen sozialen
Schichten*. . . . . . . . . . . . . . . . . . . . . . . 223
*Ein 16jähriger wird unter Drogen gesetzt* . . . . 226
*Jedes fünfte Mädchen erlebte sexuelle
Übergriffe*. . . . . . . . . . . . . . . . . . . . . . . 231
*Die Täter erzeugen in Kindern Todesangst* . . . . 233
*Drei ungeklärte Fälle: Wie Satanisten Kinder
quälen*. . . . . . . . . . . . . . . . . . . . . . . . 235
*Schwarz gekleidete Männer fallen über Mädchen
her*. . . . . . . . . . . . . . . . . . . . . . . . . . 241
*Ermittlungsverfahren werden zu den Akten
gelegt*. . . . . . . . . . . . . . . . . . . . . . . . 242

## 7. Kapitel – Justiz und Therapie: Urteile im Zweifel gegen die Opfer . . . . . . . . . . . 245

*Von der Unmenschlichkeit der
Gerichtsverhandlungen* . . . . . . . . . . . . . . 248
*Das Opfer im Kreuzfeuer von Gutachter und
Anwalt*. . . . . . . . . . . . . . . . . . . . . . . . 256
*Die Zweifel an der Schuld der Täter*. . . . . . . . 261
*Die Therapie für die Täter soll ausgebaut
werden*. . . . . . . . . . . . . . . . . . . . . . . 262
*Die Qualität der Gutachter wird oft bezweifelt* . . . 264

*Durch Strafrechtsänderungen wird kein Täter gefaßt* . . . . . . . . . . . . . . . . . . . . . . . 266

## 8. Kapitel – Sexopfer Kind: Dem Leid folgt ein tausendfacher Schrei nach Veränderungen . . . . . 269

*Viele Forderungen verstauben in den Archiven* . . . . . . . . . . . . . . . . . . . . . . . . 272
*Neue Methoden bei der Kriminalitätsbekämpfung* . . . . . . . . . . . . . . . . . . . . . . 275
*Justiz und Strafrecht: Mehr Opferschutz vor Gericht* . . . . . . . . . . . . . . . . . . . . . . . . 278
*Therapie für Täter: Gutachter sind oft nicht qualifiziert* . . . . . . . . . . . . . . . . . . . . . 279
*Täter sollen die Therapie der Opfer bezahlen* . . . 281
*Gesellschaftsfragen: Vom Umgang mit dem Opfer* . . . . . . . . . . . . . . . . . . . . . . . . . 285

## Anhang 1: Wie schütze ich mein Kind? . . . . . . 287

*Experten geben Ratschläge für Eltern und Kinder* . . . . . . . . . . . . . . . . . . . . . . . . 288
*Ratschläge zur Vermeidung von sexuellem Mißbrauch* . . . . . . . . . . . . . . . . . . . . . 290
*Hilfe nach einem sexuellen Mißbrauch* . . . . . 297

## Anhang 2: ABC der Fachbegriffe . . . . . . . . . 299

## Anhang 3: Adressen von Helfern . . . . . . . . . 319

**Anhang 4: Literatur zum Thema** . . . . . . . . . 349

**Anhang 5: Stichwortverzeichnis** . . . . . . . . . . 360

**Danksagung** . . . . . . . . . . . . . . . . . . . 367

## Vorwort:

## Ein Klima der Angst

Diese Fernsehbilder werde ich nie vergessen: Da steht ein kleines Mädchen weinend auf der Straße, umringt von Sanitätern, Neugierigen, Reportern, Nachbarn und ihren Eltern. Dieses Kind, die 12jährige Sabine Dardenne, hat die Hölle auf Erden überlebt. Sie ist gerade mit ihrer Leidensgenossin, der 14jährigen Laetitia Delhez, aus der Folterhöhle des mutmaßlichen Entführers Marc Dutroux[1] in Belgien befreit worden. Das Kind ist mehr als zwei Monate lang eingekerkert und mißbraucht worden, und sein Gesichtsausdruck zeigt: Sabine wird nie mehr ohne Angst durch diese Welt gehen.
Seitdem die Polizei in Belgien Dutroux' Kerker und auch die Leichen von vier Mädchen, der 17jährigen An Marchal, der 19jährigen Eefje Lambrechs, der 8jährigen Julie Lejeune und der 8jährigen Melissa Russo, gefunden und ermittelt hat, wie die Opfer mißbraucht, wie Sexsklaven da-

---

[1] Bis zu seiner Verurteilung gilt ein Täter als unschuldig, auch wenn viele Indizien die Täterschaft einwandfrei zu beweisen scheinen. Ich habe dies durch den Hinweis auf die »mutmaßliche« Täterschaft Dutroux' zum Ausdruck gebracht. Auf den folgenden Seiten werde ich darauf verzichten, bitte aber die Leser bei aller Abscheu vor den Taten, die Dutroux zur Last gelegt werden, diesen Aspekt immer im Auge zu behalten. Mit einem Gerichtsverfahren kann nach Meinung von Fachleuten in Belgien erst im Jahre 1999 gerechnet werden. Die Ermittlungen der belgischen Polizei und Justiz sind so umfangreich, daß ein Prozeß zu einem früheren Zeitpunkt unwahrscheinlich ist.

hinvegetieren und schließlich sterben mußten, hat ein Gefühl von uns Besitz ergriffen: Angst.
Nicht nur die Eltern in Belgien, auch viele in Deutschland und den übrigen Ländern Europas haben Angst, daß ihre Kinder eines Tages ebenso entführt, vergewaltigt, erniedrigt, eingekerkert und letztendlich – wie Schlachtvieh – ermordet werden könnten.
Kinder haben, alarmiert durch die Ermahnungen von Eltern und Pädagogen, Angst, daß ihnen die unbekannte Gefahr am Eingang des Kindergartens oder der Schule begegnen könnte. Bei einer Umfrage unter Kindern im Alter zwischen 6 und 14 Jahren stellte das Münchener Institut für Jugendforschung im Juni 1997 fest, daß über 50 Prozent sich vor Sexualverbrechen fürchten.
Lehrer und Kindergärtnerinnen haben Angst, im Augenblick einer schrecklichen Tat zu versagen, wenn vor ihrer Tür ein Sexualtäter nach den Schutzbefohlenen greift.
Die Polizei hat Angst, daß unter den über 700 Kindern, die allein in Deutschland vermißt werden, Opfer von Triebtätern vom Kaliber eines Dutroux sein könnten. Sie hat auch Angst, daß sie, von der Politik materiell und personell nur schlicht ausgestattet, tatsächlich auf verlorenem Posten gegen Porno-Mafia, Kindersex-Netzwerke und Triebmörder steht.
Eltern von vermißten Kindern haben Angst, daß die Vermißten von den mit Dutroux in Geist und Trieb Verbündeten entführt worden sein könnten. Jeden Tag verschwinden alleine in Deutschland über 100 Kinder für kurze oder längere Zeit.
Die Helfer in den sozialen Organisationen haben Angst, daß ihr Kampf trotz des Wissens um den Fall Dutroux auch weiterhin mehr von Niederlagen vor den Tätern, als von Erfolgen für die Opfer geprägt wird. Und sie haben Angst, weil sie von den Tätern, die über Deutschland und Europa wie auch weit darüber hinaus ihre kriminellen Netzwerke ausge-

breitet haben, bedroht, bespitzelt und bekämpft und ihre Warnungen weiterhin nicht ernst genug genommen werden. Die Opfer sind von Fremden geschändete Kinder und ihre Eltern oder von Eltern oder Verwandten mißbrauchte Kinder. Sie haben Angst, weil sie von den Tätern bedroht, von Rechtsanwälten der Täter in ein erbarmungsloses juristisches Kreuzverhör verwickelt und von der Politik nicht selten als lästiges Übel behandelt werden.
Und auch die Politiker haben Angst, daß in diesem Klima der für den Normalfall wirksame Einfluß ihrer mitfühlenden Worte allein nicht ausreicht und ihnen die Bevölkerung entgleitet. Sie haben Angst, daß in Bonn eines Tages nicht 300.000 Menschen, wie bereits in Brüssel geschehen, sondern Millionen Menschen aufmarschieren und fragen, warum ihre Probleme nicht wirklich ernst genommen werden.
In den Verwaltungen der Kommunen hat man Angst, daß auch bei ihnen die Menschen eines Tages vor der Tür stehen und fragen, warum man die Warnungen der Mißbrauchs-Initiativen und Opfer-Selbsthilfegruppen nicht ernst genommen und Fördergelder für Hilfsorganisationen zugunsten von Wirtschaftsförderung gestrichen hat.
Insider haben Angst, daß in Deutschland mehr Politiker, Polizisten oder einflußreiche Persönlichkeiten des öffentlichen Lebens zum Kreis der Täter gehören, als wir uns eingestehen mögen und daß der Einfluß dieser Täter eine Strafverfolgung tatsächlich lähmen könnte.
Das Schlimmste ist: Die Angst aller ist berechtigt.
Eltern, Lehrerinnen und Kindergärtner können letztlich die Kinder nicht schützen. Soziale Helfer agieren oft wie Mahner in der Wüste. Die Politik ist mit anderen, scheinbar wichtigeren Themen beschäftigt. Die Polizei findet die Täter nicht, obwohl es zahlreiche Hinweise darauf gibt, daß es nicht nur einen, sondern viele Dutrouxs und Hintermänner gibt.

Und auch der Autor dieses Buches hat Angst: nicht vor den Drohungen der Täter, die sich in der Mehrzahl letztlich nur überlegen fühlen, wenn sie sich in schmierigen Absteigen oder Privatbordellen, Hinterhof-Filmstudios oder Folterkellern an den Wehrlosesten unserer Gesellschaft, den Kindern, vergreifen können.
Der Autor hat Angst davor, daß das, was er in diesem Buch beschreibt, und das ist entsetzlich genug, erst der Anfang, nur die Oberfläche eines Zustands ist.

Peter H. Jamin

# 1. Kapitel

# Der Fall Dutroux: Eine neue Epoche der Sexualkriminalität beginnt

»*Wir hoffen, das Herz der Entführer rühren zu können. Wir wollen nur einige Hinweise. Wir werden nie zu suchen aufhören, wenn wir keine Informationen über unsere Kinder bekommen, auch wenn es Jahre dauert.*«

Gino Russo, Vater von Melissa[2]

Die Angst hat einen Namen: Dutroux. Jedes Jahr verschwinden weltweit tausende und abertausende Kinder spurlos. Seit der Belgier Marc Dutroux von der Polizei verhaftet wurde, ist es für alle Gewißheit: Es gibt tatsächlich Menschen, die Kinder entführen, mißhandeln, hungern lassen, einkerkern, foltern, sie dabei filmen und danach wie Abfall liegen lassen oder ermorden.

Mit dem Fall Dutroux beginnt eine neue Epoche in der Sexualkriminalität. Der Horror ist Wirklichkeit geworden. Kein Politiker, kein Polizist kann mehr abstreiten, daß es sie gibt – die menschlichen Bestien, die nicht von krankhaftem Trieb

---

[2] Bereits kurz nach dem spurlosen Verschwinden seiner 8jährigen Tochter wendet sich Gino Russo über die belgischen Medien an die möglichen Entführer seiner Tochter.

gesteuert ihre wehrlosen Opfer töten, sondern klar bei Verstand mit Kindersex ein Multimillionengeschäft machen, Kinder als Sex-Fleisch konsumieren und nach Gebrauch wie Müll in der Erde verscharren. Niemand kann mehr sagen, daß diese Formulierungen übertrieben oder unrealistisch sind. Niemand kann mehr die Warnungen der Kinderschützer ignorieren und ihre meist nur schwer beweisbaren Erkenntnisse über das unselige Treiben und Kinderseelen zerstörende Wirken der Täter als Hirngespinste abtun. Und kein Politiker kann mehr sagen, er habe davon nichts gewußt und aus diesem Grund nicht gehandelt. Die Entschuldigungen für unser Versagen, für unsere Versäumnisse und unsere Gleichgültigkeit gegenüber den Gefahren, die unseren Kindern drohen, müssen von heute an neu geschrieben werden. Mit dem Fall Dutroux erhalten wir Einblicke in den unvorstellbaren Abgrund perversen menschlichen Handelns.

Am 24. Juni 1995 beginnt für unsere Gesellschaft eine neue Ära der Gewalt an Kindern. An diesem Tag verschwinden in der ostbelgischen Ortschaft Grace-Hollogne die beiden Mädchen Julie Lejeune und Melissa Russo. Die Mädchen werden zuletzt in der Nähe der Autobahn Lüttich-Namur gesehen. An diesem Samstag und auch in den kommenden Wochen findet sich keine Erklärung für das Verschwinden der kleinen Kinder. Allerdings: Kaum jemand glaubt, daß die beiden 8jährigen Mädchen freiwillig von Zuhause ausgerissen sein könnten.

Die Polizei durchforstet das Gelände, wo die beiden Klassenkameradinnen zuletzt spazierengegangen sind. Taucher suchen in den Uferbereichen der nahegelegenen Flüsse und Seen. Soldaten durchkämmen ein Waldgebiet. Höhlenforscher und Hundesuchtrupps werden eingesetzt. Ein Hubschrauber macht aus der Luft Infrarot-Aufnahmen von unübersichtlichen Geländestreifen. Alles ergebnislos. Die Kinder bleiben spurlos verschwunden.

## »Marc & Corine« suchen Julie und Melissa

Bereits frühzeitig wenden sich die Eltern von Julie und Melissa an die Hilfsorganisation »Marc & Corine« in Lüttich, die 1992 von den Eltern zweier ermordeter Kinder gegründet worden ist. Das Komitee, zwar klein an Zahl der Mitstreiter, aber flexibel und hartnäckig in der Wahl der Mittel zur Mobilisierung der Öffentlichkeit, druckt Plakate, gibt Pressekonferenzen, betreibt Lobbyismus für die Vermißten und deren Angehörige. Es entwickelt sich eine Welle des Engagements für Julie und Melissa, die nicht mehr aufzuhalten und bis heute beispiellos in Europa ist. Millionen von Flugblättern mit den Fotos und mehrsprachigen Beschreibungen der Kinder werden gedruckt. Die Helfer finden Sponsoren in Firmen wie Minolta und TEC, die die Aktion mitfinanzieren. Sie wenden sich erst an die belgischen Medien, dann weiten sie den Aktionsradius aus und mobilisieren die ausländische Presse.[3] Die Öffentlichkeitsarbeit der Helfer ist außergewöhnlich. Landesweit werden an öffentlichen Gebäuden die Vermißtenplakate aufgehängt.[4] Allein in Belgien schauen die Gesichter von Julie und Melissa schließlich von 20.000 Plakatwänden auf die Passanten herab. Die französische Fernsehsuchsendung »Perdue de Vue«, eine der erfolgreichsten TV-Sendungen in Frankreich, strahlt einen Film

---

[3] Im Juli 1995 kontaktiert »Marc & Corine« auch das Vermißtentelefon des Autors in Deutschland (0211-4 92 05 69). In der Fernsehreihe »Vermißt!« des WDR wird der Fall kurz darauf veröffentlicht.
[4] Mir selbst ist bei Reisen ins Ausland damals wiederholt aufgefallen, daß an Flughäfen und anderen touristischen Treffpunkten Suchplakate der Belgier hingen.

über die beiden Mädchen aus – ganz Belgien sitzt vor dem Bildschirm und hofft auf die entscheidenden Hinweise aus der Bevölkerung.
»Doch das Wunder, das alle erhofft hatten, blieb aus«, schreibt der Journalist Markus Günter. »Mehr als zwei Monate nach dem Verschwinden der Mädchen mag in Belgien kaum noch jemand glauben, daß die Mädchen lebend gefunden werden.«[5]
Wahrsager, Kartenleger, Kaffeesatzleser und andere Verbündete des Übersinnlichen bieten sich als Helfer an. Hunderte anonyme Anrufe mit Hinweisen auf den angeblichen Verbleib der Kinder gehen bei Polizei und der Zentrale von »Marc & Corine« ein. Spuren, die nur ins Niemandsland führen.
Dann gibt es einen neuen, dramatischen Höhepunkt. In Belgien werden die 17jährige An Marchal und die 19jährige Eefje Lambrechts vermißt. Ihre Spur verliert sich auf einer Hypnoseshow in Ostende. Auch deren Eltern schalten »Marc & Corine« ein. Die ehrenamtlichen Helfer drucken wieder tausende Plakate und verteilen sie im Land. Die Unruhe in der Bevölkerung wächst. Die Menschen fordern Erfolge der Polizei. Die meldet zunächst nur Zweifel an einem gewaltsamen Verschwinden der Mädchen an und beruhigt die Eltern mit dem Hinweis, daß sie vermutlich nur von Zuhause ausgerissen sind und bald irgendwo aufgegriffen werden.
Mit dem öffentlichen Interesse an den verschwundenen Kindern wächst auch die Unterstützung in der Bevölkerung für »Marc & Corine«. »Vermißten Kindern wurde früher in den Medien und auch in der Bevölkerung keine große Beachtung geschenkt. Wir haben schließlich eine Organisation aufgebaut, die über den Medien steht, nicht von ihnen abhängig ist, sondern selbst aktiv werden kann. Zum Beispiel,

---

[5] vgl. *Westdeutsche Zeitung*, 6.9.1995, »Ganz Belgien sucht Julie und Melissa«

indem Flugblätter und Vermißtenplakate aufgehängt werden. Und durch unsere Suchbriefe war jeder Bürger über das Verschwinden eines Kindes und über die Arbeit unserer Organisation informiert«, erinnert sich der Vizepräsident der Organisation in Lüttich, Jean-Paul Malmendier, »und da sind wir auch interessant für die Medien geworden. Und auch die Umstände des Verschwindens eines Kindes sind interessant für die Medien geworden. Mit Julie und Melissa stieg das Interesse. Viele unterstützten uns, machten mit. Denn es waren zwei kleine Mädchen verschwunden. Dann waren wir schließlich so stark und auch so umfassend informiert, daß wir Kritik an der Arbeit der Polizei üben konnten.«[6]
Malmendier machte eine Erfahrung, die Eltern in der Bundesrepublik auch heute noch tagtäglich erleben: »Die Politiker waren nicht an dem Thema interessiert. Das Rechtswesen hatte auch kein richtiges Interesse, und es bestand überhaupt keine Struktur gegen diese Kriminalität. Als Laetitia Delhez verschwand, hatten wir eigentlich das Ziel erreicht, daß wir zusammenarbeiten: Staatsanwaltschaft, Gendarmerie, die lokale Polizei. Jeder hat da seine Arbeit gemacht. Dann wurde schließlich auch Dutroux gefunden über eine Spur, die über einen Teil seines Pkw-Kennzeichens zu seinem Fahrzeug führte.«

**Zwei Mädchen werden aus Dutroux' Folterkeller befreit**

Vierzehn Monate sind Julie und Melissa schon verschwunden. Vierzehn Monate, in denen die Eltern und die Aktiven von »Marc & Corine« nicht ruhen, das Problem der vermißten Kinder wieder und wieder in der Öffentlichkeit bewußt

---

[6] Aus einem Interview mit Jean-Paul Malmendier, geführt am 24. 2.1997

zu machen. Dann geschieht das Unfaßbare, von dem sich Eltern vermißter Kinder von Herzen wünschen, daß es ihnen erspart bleibt: Die Polizei findet die Leichen von Julie und Melissa auf dem Grundstück des arbeitslosen Belgiers Marc Dutroux. Die Aufklärung des Verbrechens geschieht durch Zufall. Am 13. August 1996 werden Dutroux und seine 36jährige Ehefrau Michelle Martin verhaftet. Zwei Tage später befreit die Polizei die 12jährige Sabine Dardenne aus Kain in Nordwestbelgien und die 14jährige Laetitia Delhez aus Betrix bei Neufchateau in Südbelgien aus einem Verlies im Keller von Dutroux' Haus in dem Dorf Sars-la-Buissière bei Charleroi. Sabine wird seit dem 28. Mai, Laetitia seit dem 9. August vermißt.

Sehr schnell stellt sich heraus: Die Mädchen wurden in Dutroux' Kerker sexuell mißbraucht. Laetitia erzählt nach ihrer Befreiung vor laufender Kamera des belgischen Fernsehens, daß sie am Anfang ihrer Folter drei Tage lang mit Medikamenten betäubt worden, im Drogenrausch sexuell mißhandelt und dabei mit einer Videokamera gefilmt worden ist.[7] Zum Essen bekamen die Kinder nur Wasser und Brot und ab und zu etwas Obst.

Schlagzeilen wie »Kinderschänder-Mafia«[8] gehören von nun

---

[7] In den Büros der Kinderschützer in aller Welt läuten bei solchen Hinweisen die Alarmsirenen. Denn hier ist schon lange bekannt, daß die gut organisierte und hervorragend ausgestattete Kindersex-Mafia ebenso wie die Kinderporno-Mafia inzwischen Drogen und Medikamente einsetzt, um Kinder, die sie mißhandeln und mißbrauchen, zu willigen, schmerzunempfindlichen Opfern zu machen. So werden – falls es im Einzelfall tatsächlich einmal zu Gegenüberstellungen kommt – die erwachsenen Vergewaltiger vor späteren Entlarvungen durch die Opfer und die Polizei geschützt. Ein Kind, dem im Nebelrausch der Medikamente Gewalt angetan worden ist, kann sich später kaum noch an Gesichter, Kleidung oder Verhaltensweisen von Tätern oder Täterinnen erinnern. Zwar müssen die Kindersex- und Kinderporno-Gangster in Europa kaum mit Entlarvung rechnen, aber diese intelligenten, gut durchorganisierten Tätercliquen beugen auch dem unwahrscheinlichen Fall einer Entdeckung durch die Polizei vor.

[8] vgl. *Bild* vom 28.2.1997

an zur Tagesordnung der Weltpresse. Denn die Polizei entdeckt, daß Dutroux kein einsamer Triebverbrecher ist, dem die beiden Mädchen per Zufall zum Opfer gefallen sind. Schon bald wird festgestellt, daß die Kinder Melissa und Julie ebenfalls in dem Kerker im Haus von Dutroux eingesperrt und mit ihnen perverse Pornofilme gedreht worden sind. Die Folterqualen endeten erst, als ein mutmaßlicher Mittäter, Bernhard W., die Kinder verhungern ließ, während Dutroux wegen eines Diebstahls eine Haftstrafe im Gefängnis absitzen mußte. Als er aus dem Gefängnis entlassen wird und vom Tod der Mädchen erfährt, bringt Dutroux auch seinen Komplizen um und vergräbt ihn zusammen mit den Leichen der Mädchen im Garten seines Hauses.

Dutroux selbst führt die Polizei am 17. August, vier Tage nach seiner Verhaftung, zu den Leichen auf seinem Grundstück. Die vermißten Mädchen An und Eefje habe er an Bordelle in Osteuropa verkauft, sagt er in ersten Vernehmungen. Später wird die bittere Wahrheit entdeckt: Auch diese beiden Opfer wurden entführt, mißbraucht und ermordet. An und Eefje aus dem limburgischen Hasselt waren mit ihren Freunden an die Küste nach Ostende gefahren. Nach dem Besuch einer Show des Hypnosekünstlers Rasti Rostelli im Kasino von Blankenberge werden sie von Dutroux und seinem Komplizen L. überwältigt, in ein Auto gepackt und mit Drogen betäubt. Die beiden Mädchen befinden sich bis zur ihrer Ermordung in Wohnungen von Dutroux. L. erinnert sich an einen Besuch in Dutroux' Haus in Marcinelle: »Eine der beiden jungen Fläminnen befand sich im ersten Stockwerk und war ans Bett gefesselt, weil sie widerspenstig war. Die andere ging frei durchs Haus und machte sogar den Haushalt. Laut Dutroux war sie fügsamer.«

Mit jedem Tag, den die Polizei und die inzwischen nach Charleroi und Brüssel aus aller Welt angereisten Journalisten der internationalen Presse in der Vergangenheit Dutroux' nachforschen, kommen üblere Machenschaften aus dem Verbrechenssumpf hervor. Die Polizei findet 4.500 Kleidungsstücke in Dutroux' Haus, 20.000 Haare hängen an diesen Kleidern. Die Fundstücke werden in mühevoller Kleinarbeit untersucht, mit den Haaren und Kleidern von vermißten Kindern verglichen. Die Polizei befürchtet, daß Dutroux und seine Kindersex- und Kinderporno-Mafia noch weitere Opfer entführt und getötet haben. Auf einem Grundstück von Dutroux in Marchienne-au-Pont bei Charleroi findet die Polizei ein Tunnelsystem, in dem vermutlich entführte Kinder versteckt werden sollten. Kleine Jungen aus Tschechien, so berichten Nachbarn, mußten wie Sklaven für Dutroux arbeiten, schleppten Sand und hoben den Tunnel aus. Dutroux' offizielle Erklärung: »Das sind Kinder einer befreundeten Familie. Die verbringen ihre Ferien bei uns.«

**Dutroux besitzt Häuser und Grundstücke**

Die Ermittler stellen zu aller Überraschung fest, daß Dutroux offensichtlich sehr vermögend ist. Sie entdecken, daß Dutroux mehrere Grundstücke und Häuser besitzt. Bagger fahren dort auf, Erdreich wird umgegraben. Mitarbeiter des FBI und der Polizei der angrenzenden Länder, auf das Aufspüren von Leichen spezialisiert, unterstützen die belgische Polizei vor Ort. Allein in Belgien werden seit 1989 noch 15 Mädchen und junge Frauen vermißt. Nun hofft man, mit einem Schlag viele Fälle klären zu können. Und auch in den umliegenden Ländern wälzen die Vermißten-Sachbearbeiter in den Polizeidienststellen ihre Akten und forschen, ob es Hinweise auf Marc Dutroux gegeben haben könnte. In der Bundesrepublik gibt es allein mehr als 700 langzeitvermißte Kinder – und sehr schnell erfährt man: Dutroux reiste nicht nur einmal nach

Deutschland. Mehrmals fuhr er in das benachbarte Nordrhein-Westfalen, keine 100 Kilometer von seinem Wohnort entfernt. Polizeibeamte in Düsseldorf, wo Dutroux ebenfalls aufgetaucht war, fragen sich, wen er möglicherweise hier gekidnappt haben könnte. Gab es vielleicht eine Verbindung zwischen ihm und dem Verschwinden der 8jährigen Deborah Sassen, die seit dem 13. Februar 1996 vermißt wird?
Der 40jährige Dutroux und seine Ehefrau Michelle, 36, geben nur zögernd ihre Geheimnisse preis. Aber ein Komplize der beiden, ebenfalls im Gefängnis, redet. Die Polizei hat ihm einen Spitzel in die Zelle gelegt. Die beiden Häftlinge sehen sich gemeinsam von der Polizei manipulierte TV-Dokumentationen zu den Ermittlungen an, und der Komplize kommentiert, informiert und plaudert im Gespräch einige Geheimnisse aus.
Annemie Bulté, Reporterin bei der Tageszeitung »De Morgen« in Brüssel, erinnert sich an das komplizierte Verfahren, die Wahrheit herauszufinden: »Hier hat die Polizei mit der Presse zusammengearbeitet. Man hat die Presse gebraucht. Man hat Dutroux' Komplizen mit einem Pädophilen in eine Zelle gesetzt. Der wollte mit dem Gericht zusammenarbeiten, damit er eine leichtere Strafe kriegt. Man hat mit dem Graben auf einem Grundstück von Dutroux begonnen und hat über den Verlauf fast täglich der Presse, vor allem auch dem Fernsehen berichtet. Jeden Abend gab man eine Pressekonferenz. Das war vor allem für das Fernsehen, denn Dutroux' Komplize sah jeden Abend RTL und gab dazu seinen Kommentar. Er sagte dann: ›Nein, nein, die graben ganz falsch. Die falsche Fährte, das ist mehr nach links oder das ist mehr nach rechts. Da waren zwei kleine Gebäude, die da waren.‹«[9]

---

[9] Aus einem Interview mit Annemie Bulté, geführt am 21.4.1997

Der Spitzel berichtet anschließend den Polizeibeamten von den Kommentaren des Komplizen und nach einer entsprechenden Ablenkungsphase wurde schließlich an der richtigen Stelle gegraben. Bulté: »Nach zwei Monaten waren sie sehr dicht am Ziel. Sie hatten die Gebäude gefunden und dann hat der Gefangene gesagt: ›Sehr warm.‹«
Doch dann passiert, was immer wieder geschieht, wenn die Polizei mit Medien zu eng zusammenarbeitet. Zwei Zeitungen veröffentlichen diese ungewöhnliche Form eines Verhörs – der Dutroux'-Komplize erfährt, daß er verraten worden ist und schweigt. Die Erdarbeiten müssen ohne seine Anweisungen fortgesetzt werden. Ein schwieriges Unterfangen. Bulté: »Das ist besonders tragisch, weil die Polizei vermutet, daß noch weitere elf Kinder irgendwo vergraben sein sollen; darunter auch fünf Kinder aus Deutschland.«
Die Journalisten der flämischen Zeitung »De Morgen«[10] gehören zu den treibenden Kräften in diesem belgischen »Watergate«, und die Journalisten sind es auch, die im Oktober 1996 Schlagzeilen formulieren, die ganz Belgien erschüttern: »Ranghohe Persönlichkeiten auf Dutroux-Videos«. Seit mehr als 25 Jahren soll ein Kinderprostitutions-Netzwerk aus Politikern, Geschäftsleuten und Justizbeamten bestehen. Offenbar ist Dutroux nicht der erste Kinderlieferant dieses Perversen-Netzwerkes, sondern nur der letzte in einer Reihe der Produzenten von Kindersex-Videos. Die bei Dutroux beschlagnahmten Kassetten zeigen die Vergewaltigung von Kindern vor Publikum. Zehn bis 15 Personen sollen auf diesen Videos erkennbar sein; insgesamt können – so zitiert »De Morgen« aus geheimen Unterlagen der Staatsanwaltschaft – fast 50 ranghohe Persönlichkeiten identifiziert werden. Die-

---

[10] vgl. *De Morgen* vom 11.10.1996

ser Personenkreis sei sehr vermögend und habe hohe Geldsummen gezahlt, damit die Kinderporno-Aktivitäten geheim bleiben. Nach Meinung von »De Morgen« weitet sich der Fall Dutroux nun zur Staatsaffäre aus. »Allerdings« – so berichtet die »Aachener Volkszeitung« einen Tag später – »sei zu befürchten, daß das ›explosive‹ Material vernichtet oder beschädigt werde, damit es nicht verwendet werden könne.«[11]
»Schlimmer als alle Fahrlässigkeiten ist, daß Dutroux und sein mutmaßlicher Komplize, der Brüsseler Geschäftsmann Michel N., 54, offensichtlich Protektion im Polizei- und Justizapparat genossen haben. N., den die Ermittler für den Kopf und Agenten hinter dem pädophilen Triebtäter Dutroux halten, verfügte über gute Beziehungen in die bessere Brüsseler Gesellschaft – auch in den Justizpalast«, schreibt »Der Spiegel«.[12]

## Dutroux mißhandelte schon einmal fünf Mädchen

Die Öffentlichkeit fragt sich, was für ein Mensch dieser Dutroux ist. Das wichtigste: Dutroux ist der Polizei kein Unbekannter. Erst am 8. April 1992 ist der wegen Kinderschändung zu 13 Jahren Gefängnis verurteilte Dutroux wegen guter Führung vorzeitig aus der Haft freigekommen.
Marc Paul Alain Dutroux wird am 6. November 1956 in Brüssel geboren. Die gymnasiale Ausbildung bricht er ab, absolviert die Berufsschule. Mit 20 Jahren heiratet er zum ersten Mal, eine junge Schneiderin namens Nathalie, mit der er zwei Söhne bekommt. Er schlägt seine Frau, die sich

---

[11] vgl. *Aachener Volkszeitung*, 12.10.1996, »Kindersex-Skandal zieht weitere Kreise«
[12] vgl. *Der Spiegel*, 43/1996, »Rosa Ballett«

schließlich von ihm scheiden läßt. 1989 wird Dutroux zu zehn Jahren Haft für die brutale Schändung von fünf Mädchen und zu weiteren dreieinhalb Jahren wegen eines Raubüberfalls und eines Autodiebstahls verurteilt. In der Haft heiratet er seine spätere Komplizin Michelle Martin.
Nach außen gibt sich der arbeitslose Elektriker gelegentlich als ein Mann von Welt aus, reist mit dem Aktenkoffer voller Geld in der Hand durchs Land und zahlt sein Haus in Sars-la-Buissière bei einer Versteigerung mit einem Bündel Bargeld. Er ist aber auch einer, der abends gern in der nahegelegenen Gastwirtschaft »L'Embuscade« ein Bier trinkt. Ein Nachbar, der seinen Mitmenschen nicht besonders auffällt. Ein Vater von zwei Kindern.
Robert R. Kessler, ein bedeutender Kriminalist in den USA, beim FBI Gründer einer Abteilung für Verhaltensforschung und jahrelang Leiter einer Sondereinheit dieser Bundespolizei zur Ergreifung von Gewaltverbrechern, beschreibt Dutroux als einen »psychopathischen Sadisten«: »Dutroux empfand sicher Spaß an der Vergewaltigung dieser Mädchen, aber die Videos dabei drehte er weniger für seine eigene Lust als für kommerzielle Zwecke. Er handelte im Auftrag und ließ sich dafür bezahlen. Soviel ich weiß, hat er den Tod der Kinder zwar in Kauf genommen oder sogar herbeigeführt, doch die Morde waren nicht das Hauptmotiv für seine Taten. Außerdem war er verheiratet, und das ist sehr untypisch für einen Serienmörder. Seine sexuelle Obsession war also nicht unbedingt auf junge Mädchen gerichtet, sondern diente ihm hauptsächlich dazu, Geld zu verdienen.«[13]

---

[13] Das Magazin der *Süddeutschen Zeitung* veröffentlichte am 11.4.1997 ein ausführliches Interview der Autorin Susanne Schneider mit Robert R. Kessler: »Einem Serienkiller geht es immer um zweierlei: Sex und Macht.« Kessler war auch als Berater für den Film »Das Schweigen der Lämmer« tätig.

Wer gab ihm das Geld? Sieben Grundstücke bzw. Häuser besitzt Dutroux, wie sich nach seiner Verhaftung herausstellt. Offenbar arbeitete er auf Bestellung. Das belgische Fernsehen findet heraus, daß Dutroux einige Zeit nach den Entführungen der Kinder hohe Geldbeträge in Höhe von umgerechnet 20.000 bis 60.000 DM auf sein Konto eingezahlt hat. Dieses Geld wird von ihm bar eingezahlt; legal, soviel steht fest, konnte der Arbeitslose das Geld nicht verdient haben. Der Untersuchungsrichter im Fall Dutroux, Michel Boulet, spricht offen von internationalem Menschenhandel und verweist auf ein Gespräch zwischen zwei Komplizen und Dutroux. Der sagte: »Bringt mir ein Mädchen, und ihr kriegt 50.000 Franc.«

Warum, fragt man sich nicht nur in Belgien, hat man Dutroux nicht früher entlarvt? Hat das Sicherheitsnetz der Polizei versagt? Haben einzelne ihren Job nicht gemacht? Gibt es Lücken in Gesetz und Arbeitsweisen der Behörden?

»Die Proteste der Bevölkerung und der betroffenen Eltern treffen nicht nur einen angeschlagenen Justizminister, sondern auch das archaische Rechtssystem des Staates. So kennt das Land drei unabhängig von einander operierende Polizeidienste, die ständig miteinander konkurrieren. Die Aufklärungsarbeit wird durch das Sprachenproblem – in Flandern wird Niederländisch gesprochen, in Wallonien Französisch – zusätzlich erschwert. Hinzu kommt, daß viele Posten bei Justiz und Polizei nicht nach Sachverstand vergeben werden, sondern nach der politischen Farbe«, analysiert Siggi Weidemann, Korrespondent der »Süddeutschen Zeitung«, das politische Klima. »Organisationen und Gesetze stammen aus dem vorigen Jahrhundert. Beispiel: das Gesetz ›Lejeune‹ aus dem Jahre 1888. Diesem Gesetz, das die vorzeitige Freilassung eines Gefangenen ermöglicht, wenn er sich gut beträgt, verdankte Marc Dutroux seine Freiheit. Der damalige Justizminister Melchior Wathelet hatte den wegen Vergewaltigung von fünf Mädchen und Folterung einer Frau Verurteilten am 8. April 1992 nach nur drei Jahren Haft in die Freiheit entlassen – eigentlich hätte er noch zehn Jahre sitzen müssen.«[14] Der Gefängnispsychologe hat damals große Bedenken, den Häftling freizulassen – auf ihn wird nicht gehört, obwohl Polizei und Justiz normalerweise zur Wissenschaftshörigkeit neigen.

Die Eltern von Julie und Melissa fassen ihre Eindrücke von der Arbeitsweise des belgischen Staates in einem offenen Brief zusammen: »Die Pädophilie hat unsere Töchter getötet. Aber auch die unglaubliche Leichtfertigkeit derjenigen, die unsere Kinder hätten schützen sollen.«

Eine unvorstellbare Reihe von Pannen im Zusammenhang mit den Ermittlungen bei der Suche nach den vermißten Kindern, die man allerdings zum Teil auch als bewußte Manipulation betrachten kann, werden aufgedeckt. So gerät Dutroux wegen Diebstahls unter Verdacht. Im August 1995 durchsucht die Polizei sein Haus in Sars-la-Buissière bei Charleroi. Wie man inzwischen weiß, befinden sich Julie und Melissa zu diesem Zeitpunkt in einem Verlies im Keller von Dutroux' Haus. Niemand kommt auf die Idee, bei dem Triebtäter einmal gründlich zu suchen. Vier Monate später wird Dutroux wegen Diebstahls verhaftet, das Haus noch einmal durchsucht – wieder ohne Befund. Während der 40jährige im Gefängnis sitzt, verhungern in seinem Verlies die beiden Mädchen.

---

[14] vgl. *Süddeutsche Zeitung* vom 22.8.1996, »Ein Land im Schock«

## In Charleroi wird ein Polizeibeamter verhaftet

Im Zuge der Ermittlungen wird in Charleroi ein hoher Polizeibeamter verhaftet. Er soll Dienstgeheimnisse verraten haben. Unter Verdacht gerät auch ein Makler, der sehr bald zugibt, Sexorgien veranstaltet zu haben: nach Angaben seiner Anwältin allerdings nur mit Erwachsenen. Außerdem wird festgestellt, daß Mitarbeiter der Gendarmerie in Lüttich offensichtlich wichtige Ermittlungsergebnisse nicht an die Staatsanwaltschaft weitergaben.
Ein Dilemma für die Strafverfolgungsbehörden sind die unterschiedlichen Polizeisysteme. Da gibt es eine nationale Polizei, eine Gemeindepolizei und eine den Gerichten unterstehende Justizpolizei – hier fehlt die Koordination während der Suche nach den vermißten Kindern.
Die belgischen Ministerialbehörden lernen – das muß man zugeben – aus diesem Jahrhundert-Desaster allerdings sehr schnell. Schon im September 1995 wird in Brüssel eine Spezialpolizeitruppe in einer Zentralstelle für vermißte Personen eingesetzt. In der Arbeitsbeschreibung dieser Polizeieinheit heißt es selbstkritisch: »Nach Kontakten mit den betroffenen Familien beschloß der Justizminister – nach Rücksprache mit seinem Amtskollegen des Innenministeriums – die Gründung einer zentralen Dienststelle: Sie soll mysteriöse Vermißtenfälle untersuchen und das Vorgehen der Polizei koordinieren sowie die Aktionen und Ermittlungsbemühungen der einzelnen Polizeidienste gezielter und effizienter gestalten.«[15]
»Weil es Probleme bei der Untersuchung im Fall von Julie und Melissa gab, hat uns der Justizminister mit dem Aufbau

---
[15] vgl. Zentralfahndungsbüro der Gendarmerie, Brüssel, 1996, »Die Nationale Dienststelle Verschwinden«, Selbstdarstellung

unserer Dienststelle beauftragt, und dann haben wir direkt mit unserer Arbeit angefangen. Belgien ist heute das einzige Land auf der Welt, das solch eine zentrale Vermißtenstelle besitzt«, berichtet Guido van Rillaer, Adjudant im »Central Bureau der Opsproingen« der Gendarmerie in Brüssel[16]. »Wir bieten den lokalen Polizeidienststellen unsere Hilfe an, wenn Kinder – oder auch Erwachsene – vermißt werden. Unsere Mitarbeiter sind alle speziell ausgebildet. Viele Erfahrungen im Bereich der Vermißtensuche haben wir dabei in Polizeidienststellen im Ausland zusammengetragen. Wenn einer kleinen Polizeistelle irgendwo im Lande ein Vermißtenfall vorliegt, der ein bißchen kompliziert ist, dann rufen sie uns an und wir helfen. Aber wir übernehmen nicht die Leitung der Untersuchung. Der lokale Polizeichef bleibt der Chef, wir setzen uns daneben als Berater.«
Zwei Teams treten bei Bedarf in Aktion. Ein »Away-Team« reist vor Ort und hilft der Lokalpolizei als Berater, zeigt Möglichkeiten der Ermittlungen auf, erarbeitet eine Organisationsstruktur mit den Polizeibeamten, hält Verbindungen zu belgischen Suchdiensten wie »Marc & Corine«, beschafft fehlende Computer und andere Kommunikationsmittel und hält die Verbindung zur Zentrale. Dort ist das »Home-Team« aktiv. Die Mitarbeiter führen Recherchen in der zentralen Dokumentation durch, knüpfen Kontakte zu anderen Dienststellen im In- oder Ausland und realisieren den Einsatz besonderer, vor Ort nicht verfügbarer Mittel wie etwa Hubschrauber oder Suchhundestaffeln.
Van Rillaer: »Darüber hinaus erstellen wir auch Dossiers, zum Beispiel von versuchten Kindesentführungen. Wenn ein Mann versucht hat, ein kleines Kind mitzunehmen, und das

---

[16] Aus einem Interview mit Guido van Rillaer, geführt im April 1997

hat nicht geklappt, dann sind für uns die Informationen über die Farbe des Pkws oder eine Beschreibung von dieser Person interessant. Wir speichern die Daten im Computer und vergleichen sie mit anderen Fällen. So ergibt sich für uns bald ein Bild des Täters.«

**Polizei ignoriert Hinweis auf ein Autokennzeichen**

Mit jeder Schlagzeile in den belgischen Medien geraten Polizei, Justiz und Politik trotzdem stärker unter Druck. In der Bevölkerung keimt eine bis zu diesem Zeitpunkt nicht vorstellbare Aggression gegen die Behörden, die sich am 20. Oktober 1996 im sogenannten »Weißen Marsch« zum Andenken an die toten und mißbrauchten Kinder endlich und letztlich friedlich entlädt. 300.000 Menschen ziehen, angeführt von den Eltern der getöteten und geschändeten Kinder und ihrer Helfer, durch Brüssel und fordern Aufklärung über die Hintergründe des Skandals und Konsequenzen für die verantwortlichen Mitarbeiter im Polizei- und Justizapparat. Das ist ein weltweit einmaliges Ereignis, das zum Ausdruck bringt, welch ein Feuer der Empörung in den Menschen des kleinen Staates entfacht ist.
Die ZDF-Sendung »Frontal« berichtet am 17. April 1997 aus dem Nachbarstaat: »Belgien kommt nicht zur Ruhe. Neue grauenvolle Leichenfunde verunsichern das Nachbarland. Angst vor einem weiteren Serienmörder macht sich breit. Dabei ist der Fall des Kinderschänders Dutroux noch lange nicht aufgeklärt. Der hat dazu geführt, daß die Belgier ihren Glauben an Politik und Justiz verloren haben. Ein Kriminalfall stürzt das ganze politische System in die Krise. Die Folgen: ein moralisches Vakuum,

das die Eltern der ermordeten Kinder mit ihrer weißen Revolution zu füllen versuchen. Ihr Mißtrauen ist grenzenlos. Sie verlangen immer dringlicher, die Hintermänner der schrecklichen Verbrecher dingfest zu machen. Sie und die meisten Belgier sind überzeugt, daß es diese Hintermänner gab und daß sie es waren, die Dutroux vor dem Zugriff der Polizei geschützt haben. Soviel ist inzwischen bekannt: ein undurchdringlicher Filz aus Protektion und Korruption hinderte Polizei und Justiz daran, Belgiens Bürger und ihre Kinder vor Triebtätern zu schützen.«

Als Anfang März 1997 die Leiche von Loubna Benaissa aus Brüssel gefunden wird, verstärkt sich der Volkszorn noch einmal. Die kleine Marokkanerin wird am 5. August 1992 bei der Polizei als vermißt gemeldet. Doch die Beamten sind ignorant oder – wie es Kritiker nennen – gar ausländerfeindlich. Der Vater wird auf der Polizeiwache behandelt, als wollte er einen Bagatellschaden an seinem Auto melden.

Die Leiche der 9jährigen wird in einer Eisenkiste in einer Tankstelle in Brüssel gefunden. Im Verlauf der wieder aufgenommenen Ermittlungen stellt sich heraus, daß bereits 13 Tage nach Loubnas Verschwinden eine Freundin der Polizei den Hinweis gegeben hat, sie habe sie in einem Auto gesehen. Jetzt erst, fünf Jahre später, wird das Autokennzeichen überprüft – es führte auf die Spur des Täters.

Unter Verdacht gerät ein Automechaniker, Patric D., der bereits wegen Sexualdelikten vorbestraft ist. Noch vor der Beerdigung des Kindes wird der Mann verhaftet. Er stellt den Tod des Mädchens als Unfall dar.

Loubna könnte noch leben, schreibt der belgische »Le Soir«. Der Fall sei typisch für Schlamperei und Protektion. Der einschlägig Vorbestrafte war schon kurz nach dem Verschwin-

den von Loubna verdächtigt worden. Aber er konnte ein Alibi vorweisen. Angeblich saß er zur Tatzeit mit Vater und Bruder am Mittagstisch. Die belgische Polizei gab sich damals damit zufrieden.
Die Polizei ermittelt 1997, daß Loubna offensichtlich noch tagelang nach ihrem Verschwinden gelebt und sexuell mißbraucht worden ist. Sie hätte vielleicht sogar gefunden werden können, wenn man den Hinweis der Freundin von Loubna auf das Autokennzeichen eines möglichen Täters ernstgenommen hätte. Aber weil das Kind ein ›H‹ mit einem ›K‹ verwechselte, ging man der Aussage nicht nach.
Aufgrund eines anonymen Briefes durchsucht die Polizei sogar im Oktober 1996 zweimal das Haus von Derochet ohne Erfolg. Die Beamten nehmen nur ein paar Kinderporno-Kassetten mit und denken sich selbst auf dem Höhepunkt des Dutroux-Skandals nichts dabei. Eine von vielen Fahndungspannen.
Eine Verbindung zwischen Loubna und D. zeigt sich erst wieder, als sich 1997 eine Zeugin der Polizei offenbart, die bisher aus Angst geschwiegen hat. Sie beobachtete, wie Loubna vor einem Supermarkt von zwei Männern in einen hellen Lieferwagen gezerrt wurde. Als Fahrer entpuppt sich Michel N., ein Mann mit Beziehungen zur politischen Prominenz in Brüssel und zumindest gut bekannt mit Dutroux und D. – an dessen Tankstelle tankte er regelmäßig seinen Wagen auf. Außerdem managt N.s Lebensgefährtin den Nacht- und Sexklub »Dolo«, und hier verbrachte D. viele Nächte. Zur Tankstelle, wo Loubnas Leiche jahrelang in einer Kiste lag, sind es nur ein paar Schritte.
An der Beerdigung von Loubna Benaissa nehmen am 8. März 1997 mehr als 20.000 Menschen teil. Die Mutter von Melissa Russo spricht auf der Trauerfeier und wirft Polizei, Justiz

und Staat große Versäumnisse vor. Viele hätten persönliche Interessen über das Leben eines Kindes gestellt, sagt Carine Russo.

**Parlamentsausschuß kritisiert Polizei und Justiz**

Eine Kombination aus vielen Fehlern führt zum Crash. »Die Opfer könnten noch leben«, zitieren die Medien in der Weltpresse am 16. April 1997 einhellig Parlamentarier in Brüssel. Einen Tag vorher hat der parlamentarische »Dutroux«-Untersuchungsausschuß nach sechsmonatiger Arbeit eine 300 Seiten dicke Liste der Versäumnisse veröffentlicht. Der Untersuchungsbericht liest sich wie eine Anklageschrift gegen den Staat. Der Polizei wird fehlende Koordination einzelner Dienststellen und Unfähigkeit und Rivalität untereinander vorgeworfen. Der Justiz werden chaotische Verhältnisse, mangelnder Arbeitseifer und parallel laufende Untersuchungen ohne klares Konzept bescheinigt: »Wenn 1995 die richtigen Entscheidungen getroffen worden wären, hätten die Kinder wahrscheinlich lebend wiedergefunden werden können.«
Der Vorsitzende des Untersuchungsausschusses, Marc Verwilghen, empört sich: »Unser Staat hat als Beschützer des Volkes versagt ... Ich bin bestürzt, wie nachlässig die Verantwortlichen auf allen Ebenen gehandelt haben. Die Ermittlungen waren reine Routine, ohne Engagement. Eine peinliche Feststellung, die mich zutiefst erschüttert.«[17]
Der Politiker macht rund 100 Personen in den Behörden für die Pannen verantwortlich und fordert, daß »dieser Stall aus-

---

[17] vgl. *Stern*, 17/96, »Sie würden noch leben«

gemistet wird«. Er liefert auch gleich eine Liste der schlimmsten Fehler: »Überall haben Beamte ihre Pflicht verletzt. Die Untersuchungsrichterin Doutrèwe etwa, die in Lüttich die Fahndung nach Julie und Melissa leitete, wollte nicht alle Vernehmungsprotokolle vorgelegt haben, weil ihr angeblich die Zeit fehlte, sie zu lesen. Der Wachtmeister René Michaux aus Charleroi hörte Kinderstimmen in Dutroux' Keller und unternahm nichts. Auch vier seiner Vorgesetzten, denen er dies mitteilte, reagierten nicht. Solche Ignoranz zeichnet den ganzen belgischen Polizei- und Justizapparat aus. Es wurden auch bewußt Erkenntnisse nicht weitergeleitet. So erfuhr die Polizei in Lüttich, die nach Julie und Melissa suchte, nicht, daß in Charleroi Dutroux unter Verdacht stand.«

Vor diesem Hintergrund bleibt dem Land nicht mehr als der Versuch, den Polizeibehörden im Land eine neue Struktur zu geben und u. a. eine Bundespolizei nach dem Muster des deutschen Bundeskriminalamtes zu gründen. Die Dutroux-Kommission des belgischen Parlaments setzt ihre Arbeit fort und versucht, das Versagen der belgischen Justiz weiter aufzuklären. Jetzt geht es um die Frage, ob Marc Dutroux und seine Mittäter von ranghohen Persönlichkeiten in der belgischen Politik, Justiz und Polizei gedeckt worden sind. Da beschäftigt sich die Kommission mit der Rolle des ehemaligen Justizministers Melchior Wathelet, der die vorzeitige Entlassung Dutroux' aus der Haft genehmigte.[18] Und damit befinden sich die Ermittler auch schon auf internationalem Politparkett, denn Wathelet ist inzwischen Richter am Europäischen Gerichtshof in Luxemburg.

---

[18] vgl. *Süddeutsche Zeitung* vom 7./8.5.1997, »Dutroux-Kommission nimmt Arbeit wieder auf«

Auf der internationalen Ebene sind die Polizei-Rechercheure allerdings genau richtig. Denn die Organisationen der Kinderporno-Hersteller und die Kindersex-Netzwerke agieren international. Viele Politiker in Europa möchten den Fall Dutroux zwar gern als typisch belgische Eigenart und somit für den Rest der Welt als erledigt betrachten. Doch: Die Dutrouxs sind überall ...

## 2. Kapitel

## Die Folgen für Europa: Die Dutrouxs sind überall

*»Wenn wir nicht das ganze Land mobilisieren, wenn sich nicht alle Franzosen bewußt engagieren, werden wir unser Ziel, die Kinderschänder zu besiegen, nicht erreichen.«*

Alain Juppé, ehemaliger französischer Ministerpräsident

Er ist wie schleichendes Gift, setzt sich in den Köpfen von Politikern und Polizisten, Eltern und Kinderschützern, Lehrern und Journalisten fest: der Gedanke, daß Marc Dutroux aus Belgien auch in anderen Ländern Europas Verbündete in Geist und Perversion haben könnte. Aber noch scheint in der Bundesrepublik die Zeit nicht reif zu sein für eine große öffentliche Auseinandersetzung mit diesem Thema.
Während sich in Deutschland die Diskussionen zunächst um eine Reform des Sexualstrafrechts und um Fragen der Erfolge bei der Therapie von Sexualtätern drehen und dann die Kinderpornographie im Internet für Schlagzeilen sorgt, geht beispielsweise Frankreich den direkten Weg. Die französische Regierung startet Mitte März 1997 eine Kampagne gegen Kindesmißbrauch. Alain Juppé, damals noch Ministerpräsident, erklärt persönlich den Kampf gegen die Kinderschänder zur »wichtigen nationalen Angelegenheit«.

16 Organisationen formiert er zu einer schlagkräftigen Truppe. Auf Plakaten und im Fernsehen fordert er die Bevölkerung zur Mitarbeit und zur eifrigen Nutzung einer speziellen Notrufnummer 119 auf.

Mit solch einem für den Anrufer kostenlosen Info-Telefon erzielt die belgische Polizei bereits große Erfolge: Wer Hinweise zu Mißbrauchshandlungen an Kindern geben möchte, ist hier an der richtigen Adresse. Adjudant Guido van Rillaer von der Zentralen Vermißtenstelle der Gendarmerie in Brüssel: »Noch während der Dutroux-Affäre haben wir national eine sogenannte ›Grüne Telefonnummer‹ angeboten. Unter dieser Spezialnummer können uns die Leute mitteilen, was sie nicht direkt auf einer Polizeidienststelle erzählen möchten. Jeder hat die Möglichkeit, anonym zu bleiben. Doch 80 Prozent aller Anrufer haben uns trotzdem Namen und Adresse mitgeteilt. Dadurch sind uns viele Fälle von Kindesmißbrauch und Kinderpornographie in den eigenen Familien der betroffenen Kinder bekannt geworden. Täter sind dann die Eltern oder Verwandte. Wir haben aber auch durch das Grüne Telefon von Fällen erfahren, wo die Eltern ihr Kind zum Sex verkauft haben. Da nimmt zum Beispiel ein Vater seine Tochter in seinem Auto mit. Er fährt zu einem Kunden, und der setzt sich auf den Rücksitz neben das Mädchen. Während der Vater das Auto durch die Gegend steuert, wird die Kleine hinter ihm vergewaltigt. Anschließend kassiert der Vater dafür. Das ist schrecklich, aber das passiert. Wir haben einige solcher Fälle. Das Erschreckende: Es geht immer wieder um Geld. Das Geld ist das wichtigste Motiv für die Täter.«

Über das Grüne Telefon melden sich aber auch Opfer oder deren Angehörige, die in Kinderheimen, von Betreuungspersonen oder in Sekten und religiösen Vereinigungen mißbraucht werden. Die Anrufe sind so zahlreich, daß die Polizei kaum in der Lage ist, allen Hinweisen nachzugehen. Van

Rillaer: »Wir mußten erkennen, daß im heutigen Milieu viel passiert, was wir bisher nicht gewußt haben. Der Fall Dutroux hat bewirkt, daß die Bürger häufiger und eher bereit sind, uns Informationen und Beobachtungen mitzuteilen.« Fast täglich lernen die belgischen Polizeibeamten dazu: neue Methoden der Täter, neue Fälle, neue Opfer, neue Schrecken.

## Neue Wege der Verbrechensbekämpfung

In den europäischen Staaten werden als Folge des Dutroux-Skandals unterschiedliche Methoden zur Bekämpfung dieser Kriminalitätsform diskutiert: In Deutschland setzt Bundesjustizminister Edzard Schmidt-Jortzig auf Abschreckung und will unter anderem Sexualstraftäter nicht mehr ohne Betreuung und Aufsicht aus der Haft entlassen.[19] Das Problem: Die Finanzierung ist Aufgabe der Bundesländer. Hier schmiedet man andere Pläne. Walter Zuber, Innenminister von Rheinland-Pfalz, verweist auf die »besonders verabscheuungswürdigen Verbrechen wie Sexualmorde in jüngster Zeit«, als er Anfang 1997 fordert: Daten von Sexualtätern sollen in Rheinland-Pfalz künftig frühestens 15 Jahre nach deren Entlassung aus einer Haft- oder Besserungsanstalt gelöscht werden.[20] Niedersachsens Innenminister Gerhard Glogowski stellt ebenfalls »die Verjährungsfrist für Kriminalakten« in Frage.[21] Der Minister hält es für sinnvoll,

---

[19] Detaillierte Beschreibungen über die Vorhaben der Bundesregierung im Kapitel über die Arbeit der Justiz
[20] *Süddeutsche Zeitung*, 21.1.1997, »Mainz speichert Daten von Sexualtätern 15 Jahre«
[21] *Süddeutsche Zeitung*, 21.1.1997, »Akten von Sexualstraftätern nicht vernichten«

die Akten aufzubewahren, um Straftaten zu verhindern. Grund für die Diskussion um die Akten der Täter ist die Ermordung eines vermißten Kindes, Kim Kerkow aus Varel. Nur durch Zufall wird der mutmaßliche Mörder der 10jährigen gefunden. Die Akte über seine bisherigen Straftaten ist aus Datenschutzgründen vernichtet worden. Der Mann ist bereits 1979 wegen Mädchenmordes zu einer Jugendstrafe verurteilt und fünf Jahre später freigelassen worden. Kanzleramtsminister Bohl fordert schließlich auch eine Datenbank mit genetischen Fingerabdrücken von Sexualstraftätern. Wiederholungstäter sollen schnell überführt werden können.[22]

Die Schweiz diskutiert, den Besitz harter Pornographie, die Sex mit Kindern oder Tieren zeigt, zu verbieten. In Großbritannien streitet man, ob ein Pädophilen-Jahrbuch[23], das bereits in Neuseeland und Australien erschienen ist, auch hier herausgegeben werden soll. In diesem Band werden verurteilte Kinderschänder mit Namen und Angaben zu ihrer Person genannt, sowie Details ihrer Verbrechen aufgelistet. Der inzwischen abgewählte Innenminister Michael Howard persönlich befürwortet den Plan und fordert die Schaffung einer Pädophilen-Datei bei der Polizei. Darüber hinaus plant die englische Regierung, daß Sexualstraftäter keine Arbeit mehr annehmen dürfen, wenn sie dort mit Jugendlichen Kontakt haben. Schulen, Babysitter-Agenturen, Pfarrgemeinden, Jugend- und Sporteinrichtungen gehören dazu[24].

---

[22] *Rheinische Post*, 25.1.1997, »Genetischer Fingerabdruck von Sexualstraftätern«

[23] Coddington, Deborah, »The Paedophile and Sex Offender Index«, Neuseeland, 1996, Alister Taylor Publishers Pty Ltd. Kontakt zur Autorin kann über ihre Adresse in Neuseeland aufgenommen werden: PO Box 99 075 Newmarket, Auckland 1031

[24] *Süddeutsche Zeitung*, 29.1.1997, »London will schärfer gegen Sexualstraftäter vorgehen«

Frankreich möchte Sexualstraftäter per Gesetz einer medizinisch-sozialen Behandlung unterziehen und ihnen ebenfalls die Ausübung von Berufen verbieten, bei denen sie mit Minderjährigen Kontakt haben. Als Frankreichs Ministerpräsident zum Kampf gegen Kindesmißbrauch aufruft, sind von seiner Polizei in kurzer Zeit bereits über 200 Personen als Kunden und Händler von Kinderpornographie festgenommen worden. Mit im Bunde der Täter sind drei Lehrer, ein Sozialarbeiter und der Leiter einer Kindertagesstätte. Vor dem Hintergrund dieser Erkenntnisse ruft Juppé zum Start der Kampagne seinen Landleuten zu: »Wenn wir nicht das ganze Land mobilisieren, wenn sich nicht alle Franzosen bewußt engagieren, werden wir unser Ziel, die Kinderschänder zu besiegen, nicht erreichen.«
Große Worte. Einerseits Hoffnung für die Opfer, wenn wirklich alle mitmachen. Andererseits eine erschreckende Perspektive, wenn sie es nicht tun. In den Landeskriminalämtern und beim Bundeskriminalamt kennt man die Gefahren, die von den Kinderschändern ausgehen. Der Fall Dutroux bestätigt so manchen Kriminalbeamten letztlich nur in seiner Ansicht, daß das, was bislang unter Kinderschändung verstanden wurde, nur die Oberfläche des Problems darstellt. Die Bundesregierung hält sich mit öffentlichen Appellen zurück – es gibt keine Kampfansage an die Internationale der Kinderschänder. Doch im Fahrwasser des Falls Dutroux werden der Öffentlichkeit eine ganze Reihe von Polizeierfolgen präsentiert, die auf den ersten Blick das Gefühl vermitteln, daß Polizei und Justiz die Kindersex- und Kinderporno-Szene im Griff haben.

## Deutsche Porno-Gang mißbraucht Siebenjährige

Nach monatelangen Ermittlungen verhaftet die Polizei im bayrischen Schweinfurt, in Nürnberg und Berlin eine Bande von Herstellern von Kinderpornos. Die Ermittlungsergebnisse bestätigen wieder einmal, daß sich die Kriminellen in diesem Geschäft nicht nur bundesweit, sondern auch international gut organisiert haben und vor keiner Grausamkeit zurückschrecken.
Anfang März 1997 berichtet die Nürnberger Polizei auf einer Pressekonferenz, daß die Inhaftierten nicht nur Filme, Fotos und Schriften verbreitet, sondern auch selbst Kinder mißbraucht hätten. »Bereits 1996«, so die Polizei, »war das Nürnberger Fachkommissariat hinter einem 25jährigen Geschäftsinhaber her, dem mehrere Fotofilialen im Raum Mittelfranken und Berlin unterstanden. Die Aufmerksamkeit lenkte der Geschäftsinhaber deshalb auf sich, weil er Ausreißern aus Kinderheimen Unterschlupf gewährte, sie vor der Polizei versteckte und ihnen pornographische Schriften zugänglich machte. Unter anderem brachte er es so weit, daß ein damals 14jähriger mit dem Einverständnis der Mutter bei ihm wohnen durfte«.[25] Dieser Jugendliche erstattet schließlich gegen den 25jährigen Anzeige wegen sexuellen Mißbrauchs. Nach der Verhaftung des mutmaßlichen Täters findet die Polizei bei ihm und zwei weiteren Verdächtigen in Berlin und Schweinfurt rund 50.000 kinderpornographische Fotos und 2.000 Videokassetten mit Kinderporno-Szenen. Darüber hinaus entdecken die Polizeibeamten die Negative zu 120 Kinderporno-Serien.
Auf die Spur eines 46jährigen Mittäters in Schweinfurt

---

[25] Polizei Mittelfranken, 3.3.1997, Nürnberg, Pressemitteilung »Kinderporno-Herstellerring zerschlagen – 3 Täter sitzen in U-Haft«

kommt die Polizei bei einer Wohnungsdurchsuchung in Köln. Da werden kinderpornographische Filme, Fotos und Texte sichergestellt. Der Besitzer gesteht, daß er das Material über eine Deckadresse in Schweinfurt bezogen hat. Die Polizei stößt auf einen 46jährigen Fotosetzer, der bereits wegen Einbruchdiebstahls, sexuellen Mißbrauchs an Kindern und Verbreitung von pornographischen Schriften vorbestraft ist. Bei der Durchsuchung seiner Wohnung findet man Aktenordner voller pornographischer Schriftwechsel und Fotoalben mit 500 Pornobildern – Unterlagen, die beweisen, daß er Kinderpornographie an Kunden in Deutschland, Frankreich und der Schweiz in rund 100 Fällen verkauft hat. Bald werden auch die ersten Opfer identifiziert: vier Mädchen im Alter von 7 bis 10 Jahren. Manche der von der Polizei beschlagnahmten Fotos zeigen den 46jährigen bei sexuellen Handlungen mit diesen Kindern.

Doch der Mißbrauch von Kindern reicht dem Täter offensichtlich für die Befriedigung seines Triebs nicht. Die Nürnberger Polizei: »... In einem Brief an einen in einem Bezirkskrankenhaus untergebrachten Kindermörder schrieb der 46jährige, daß er eine Folterkammer in einem Bauernhof einrichten, sich zwei Knaben und zwei Mädchen gewaltsam beschaffen und nach einer Sexorgie umbringen wolle. Desweiteren schrieb er auch von einem 8jährigen Mädchen, das er vor einigen Jahren am Ärmelkanal umgebracht haben will.«[26] Zwar findet die Polizei zunächst keinen Beweis für die Tat, aber immerhin »Videoaufnahmen von der Dünenlandschaft am Kanal, wo er das Verbrechen an der Achtjährigen verübt haben will«[27].

---

[26] Die Nürnberger Polizei weist in ihrer Pressemitteilung vom 3.3.1997 darauf hin, daß nicht geklärt werden konnte, »inwieweit das Phantasie oder Tatsache ist«. Die Ermittlungen dauern an.
[27] Schmitt, Peter, *Süddeutsche Zeitung*, 5.3.1997, »Polizei sprengt Pornoring«

## Was ein Staatsanwalt über das Kindersexgeschäft denkt

Marc Dutroux, das zeigt dieses Beispiel, hat in Deutschland also zumindest Verbündete im Geist – und diese wiederum haben internationale Kontakte: 1996 erläßt die Berliner Staatsanwalt einen internationalen Haftbefehl gegen einen 54jährigen Mann. Der Grund: Die Polizei hat in seiner Wohnung 100 Umzugskartons mit 2.000 kinderpornographischen Videokassetten und ca. 30.000 bis 50.000 Kinderporno-Fotos gefunden sowie eine Liste mit rund 1.200 Kunden aus allen Teilen Deutschlands. Auf die Spur sind ihm die Beamten gekommen, weil aus den Unterlagen des 25jährigen Besitzers der Fotoläden in Nürnberg hervorgeht, daß dieser im Auftrag des Berliners Kinderporno-Fotos in großer Stückzahl vervielfältigt hat. Doch während der Nürnberger verhaftet wird, ist der mutmaßliche Kinderschänder Peter S. längst nach Kolumbien geflohen.

Diese Flucht bedeutet für ihn keinen Karriereknick. Seine weitverzweigten Kontakte ermöglichen es Peter S., auch fern der Heimat erfolgreich in das internationale Kindersex-Geschäft einzusteigen und seine Ware über tausende Kilometer hinweg über gut funktionierende Vertriebswege an seine Kunden in Europa zu bringen. 5.000 bis 10.000 US-Dollar – das beweisen Rechnungen, die in seiner Wohnung gefunden werden – bezahlen seine Abnehmer pro Kinderporno-Film. Doch der Rubel rollt nicht lange. Mitte Februar 1997 wird Peter S. in Kolumbien gefaßt. Der Leiter der Sicherheitsbehörde in Medellin, Luis Montenegro, teilt mit, daß der Deutsche zusammen mit seiner Lebensgefährtin von der Polizei überrascht wurde, als er mit kolumbianischen Kindern im Alter von 10 bis 15 Jahren Pornovideos drehte.[28] Darüber hin-

---

[28] ebd.

aus stellt die Polizei bei dem Tatverdächtigen, der in Essen bereits vier Jahre wegen sexuellen Mißbrauchs von Kindern hinter Gitter saß, Kinderpornos sicher und findet Hinweise auf einen internationalen Pädophilenring mit Stützpunkten in Deutschland, Frankreich und Belgien.

Ein dicker Fisch ist den Kolumbianern ins Netz gegangen, ein großer Erfolg für die Polizei. »Peter S. ist einer der wenigen, die Kinderpornos nicht nur herstellen, sondern auch vertreiben«, berichtet Staatsanwalt Dr. Rüdiger Reiff, Pressesprecher der Justizpressestelle Berlin-Moabit[29]. »Den Herstellern und Vertreibern kommt man nur sehr selten auf die Schliche, obgleich auf ihnen der Schwerpunkt der polizeilichen Ermittlungen liegt. Der Handel wird in der Regel über Deckadressen im Ausland, wie zum Beispiel Spanien, den Niederlanden, Osteuropa oder Thailand, abgewickelt. Da die Deckadressen eine ausgezeichnete Tarnung sind, die Täter irgendwo im Ausland sitzen und sich dahinter verschanzen, gibt es normalerweise kaum eine Chance, sie dingfest zu machen. Nur in äußerst seltenen Fällen ist es der Polizei bisher gelungen, Hersteller bzw. Händler zu fassen. Und diese Festnahmen sind meist nur dem Zufall zu verdanken, so wie im Fall der deutschen Kinderporno-Hersteller S. und U., die ihre Ware von Thailand aus vertrieben«, so die bittere Einschätzung des Berliner Staatsanwaltes.

Reiff kennt sich aus. Schließlich gibt es bei seiner Behörde schon seit einigen Jahren eine Abteilung, die sich mit Vergewaltigungsfällen und mit den Herstellern und Vertreibern von Kinderpornos beschäftigt. Acht Staatsanwälte arbeiten in dieser Abteilung, die immer wieder kleine Erfolge vorweisen kann und Geldstrafen in Höhe von drei Monatsgehältern

---

[29] Interview mit Dr. Rüdiger Reiff, geführt im April 1997

gegen die Bezieher von Kinderpornos verhängt. Doch es sind nur die kleinen Fische, die hier geschnappt werden. »Diese Verfahren«, so gibt Staatsanwalt Reiff zu, »stellen nur die Spitze des Eisberges dar. Die Dunkelziffer der Interessenten an der Kindersex-Ware ist so hoch, daß selbst Schätzungen unmöglich sind.«
Angesichts dieser Bilanz mag es zu erklären sein, daß Justizpressesprecher Reiff – und viele seiner Kollegen in Deutschland – die wahre Dimension, die sich hinter Fällen wie der Verhaftung von Peter S. verbirgt, nicht zugeben oder sehen wollen. Denn obgleich sich bei den Ermittlungen gegen den 25jährigen Nürnberger und den 46jährigen Schweinfurter Kinderschänder wie auch bei der Wohnungsdurchsuchung in Kolumbien herausgestellt hat, daß Peter S. in ein weitverzweigtes, internationales Pädophilen-Netzwerk verstrickt ist, bestreitet das der Staatsanwalt: »In den Zeitungsmeldungen hat es fälschlicherweise geheißen, daß Peter S. Kontakte zu einem Pornoring in Belgien gehabt haben soll und auch internationale Netze aufgebaut bzw. zu ihnen Kontakte unterhalten hat. Es ist nicht bekannt, daß das Ausland zu ihm Verbindung aufgenommen hat oder umgedreht.«
Keiner – weder Polizei noch Staatsanwaltschaft – hat es gerne mit Männern wie Peter S. zu tun. Und keiner möchte zugeben, daß es sich bei deren Verbrechen um organisierte Kriminalität handelt. Da weicht man lieber auf formaljuristische Wortspielereien aus und versucht, die ganze Angelegenheit möglichst auf kleiner Flamme zu kochen. Denn angesichts dieser Verbrecher wird den Gesetzeshütern die eigene Hilflosigkeit nur allzu bewußt. Auch Staatsanwalt Reiff macht da keine Ausnahme: »Der Begriff organisiertes Verbrechen wird immer wieder gerne überstrapaziert. Im Fall von Kinderpornos ist es natürlich so, daß der Vertrieb auch organisiert werden muß.

Aber auch ein Banküberfall muß schließlich organisiert sein. Man darf sich deswegen bei der Definition von organisierter Kriminalität nicht alleine auf das Kriterium der Organisation fixieren. Polizei und Staatsanwaltschaft verstehen unter diesem Begriff vielmehr hochqualifizierte Organisationsstrukturen mit hochqualifizierten Organisatoren. Bei der Berliner Staatsanwaltschaft liegen keinerlei Erkenntnisse vor, daß es sich beim Kinderporno-Geschäft um mafiöse Gebilde handelt, deren Einfluß bis in die Politik hineinreicht und hinter denen ein Pate steht. Unsere Situation in Berlin ist in nichts mit der in Belgien zu vergleichen.«
Klare Worte. Aber entsprechen sie der Wirklichkeit? Denn solange Männer wie Peter S. nur in Ausnahmefällen und nur durch Zufall gefaßt werden, wer kann da mit Sicherheit sagen, daß es einen Marc Dutroux nur einmal gibt? Realistischer scheint dann doch Reiffs abschließende Einschätzung der Machenschaften von Peter S. & Co.: »Bei Herstellern, Vertreibern und Beziehern von Kinderpornos handelt es sich um einen geschlossenen Verband, ein abgeschottetes System, in das kein Fremder eindringt und aus dem keiner ausschert. Der Polizei sind die Hände gebunden, da sie weder verdeckte Ermittler einschleusen noch Telefone abhören darf. Was die Zukunft in diesem Bereich anbetrifft, so sehe ich rabenschwarz.«

**Der Doktor liebte Kinder von der Straße**

Erfolgsmeldungen der Polizei verfälschen das Bild. Zu einem großen Schlag holt auch die Polizei in Sachsen aus. Im November 1995 erstattet ein Jugendlicher aus Dresden Strafanzeige wegen sexuellen Mißbrauchs gegen einen Frauenarzt. Die Kriminalpolizei ermittelt und nimmt den Mann

Anfang Dezember fest. Er kommt in Untersuchungshaft. Im Zuge der weiteren Ermittlungen erkennen die Polizeibeamten sehr schnell, daß sie es nicht mit einem Einzeltäter, sondern mit einem Ring von Tätern zu tun haben. Der Frauenarzt unterhält regen Kontakt zu anderen Pädophilen. Innerhalb von drei Tagen werden fünf weitere Männer aus Dresden und Umgebung festgenommen. Auch ihnen wird vorgeworfen, sich an Kindern und Jugendlichen vergangen zu haben. Die Zahl der Opfer erhöhte sich rasch.

Schon bald unternimmt die Polizei Hausdurchsuchungen bei Pädophilen im gesamten Bundesgebiet. Mit Erfolg: Über tausend Videokassetten und Computerdisketten werden als Beweismittel sichergestellt. Für die Polizeibeamten beginnt damit eine psychisch sehr belastende Arbeit: Sie müssen sich Film für Film ansehen. Jede Szene – sexuelle Handlungen von Erwachsenen mit Kindern und Jugendlichen – wird genau überprüft, um die Täter und Opfer zu identifizieren und so gerichtsverwertbare Ermittlungsergebnisse zu beschaffen. Im Januar 1996 gründet die Polizei eine Sonderkommission (SoKo) mit dem Namen »Doktor« – in Anlehnung an den ersten Tatverdächtigen des Ringes, den Frauenarzt. Der Umfang der Ermittlungen ist zu groß für ein kleines Team geworden: »Im Dezember 1995 und Januar 1996 kristallisierte sich durch die Vernehmung zahlreicher Zeugen ein weitläufiges Beziehungsgeflecht zwischen den Beschuldigten und weiteren Tatverdächtigen sowie anderen Geschädigten heraus.«[30]

Die Beamten der SoKo »Doktor« suchen im Raum Dresden, in Pirna, Meißen, Baden-Württemberg und in Berlin nach weiteren Tätern und Opfern. Und sie werden schnell fündig.

---

[30] Staatsanwaltschaft Dresden, 16.4.1996, Pressemitteilung

Bereits im März werden fünf weitere Männer verhaftet. Immer wieder ergeben sich neue Anhaltspunkte, die zu weiteren Festnahmen führen. Insgesamt leitet die Staatsanwaltschaft Ermittlungsverfahren gegen 30 Männer ein. Ihnen wird vorgeworfen, sich an etwa 40 Jungen im Alter von acht bis 15 Jahren vergangen zu haben. Die Sonderkommission bemüht sich derweil, den über 140 Anzeigen mehrere hundert Straftaten zuzuordnen. In der Wohnung eines 32jährigen Dresdeners finden die Polizeibeamten zum Beispiel 297 Kinderpornofilme. Die teilweise selbstgedrehten Filme zeigen unter anderem Kinder im Alter zwischen fünf und zehn Jahren. Die Namen dieser Opfer sind noch nicht bekannt. Der Täter, 1992 wegen sexuellem Mißbrauch schon einmal verurteilt, besaß die Kinderpornos nicht nur zur Befriedigung der eigenen pädophilen Bedürfnisse. Er verkaufte die Filme, wie der ebenfalls gefundenen Preisliste zu entnehmen ist. Einige Täter fuhren vermutlich auch über die Grenze nach Tschechien, um dort ihre Lust an kleinen Jungen zu befriedigen[31].

Die mutmaßlichen Täter, denen u. a. sexuelle Nötigung und sexueller Mißbrauch vorgeworfen wird, stammen aus unterschiedlichen sozialen Schichten. Medizinische und technische Berufe sind ebenso vertreten wie Handwerker und Hilfsarbeiter, Sozialhilfeempfänger und Rentner. Unter den Verhafteten befinden sich ein Kraftfahrer, ein Straßenbahnfahrer, ein Frauenarzt, ein Polizist und ein Jurist der PDS-Fraktion des Sächsischen Landtages. Sie sind zwischen 25 und 64 Jahren alt. Die meisten von ihnen leben alleine. Viele sind in der Vergangenheit bereits schon einmal wegen sexuellen Mißbrauchs verurteilt worden. »Gemeinsam ist den Be-

---

[31] vgl. Pressemitteilung der Staatsanwaltschaft Dresden vom 12.12.1996

schuldigten, daß sie ihre Opfer gezielt an bekannten Treffpunkten von Kindern und Jugendlichen (z. B. Imbißstände, Spielplätze) in Dresden und Umgebung suchten«, sagt die Staatsanwaltschaft[32].

Bei den Opfern handelt es sich nach Erkenntnissen der Ermittler »um von ihren Familien gelöste, sozial bindungslose und nicht altersgerecht entwickelte Kinder und Jugendliche«[33]. Also um Kinder, die von zu Hause oder aus Heimen weggelaufen sind und überwiegend auf der Straße leben. Kinder im Alter zwischen acht und 15 Jahren.

Diese Kinder gibt es überall auf der Welt. Allein in der Bundesrepublik leben etwa 50.000 Straßenkinder. Im Elend der Straße und somit in einer Situation, die Täter immer wieder leicht für ihre Zwecke nutzen können. Sie bieten den meist männlichen Opfern eine Unterkunft und Verpflegung oder kleine Geschenke wie Zigaretten und Computerspiele, manchmal auch etwas Geld – der Lohn für Gefügigkeit.

### Die Sensibilisierung der Öffentlichkeit hält nicht an

Trotz der Enthüllungen aus dem Milieu der Kindersex-Netzwerke stellt sich das Problem der Kinderschändung im Verlauf des Jahres 1997 in der Öffentlichkeit nicht als besonders bedrohlich dar. Die meisten Politiker schweigen dazu und kümmern sich um das Tagesgeschäft – Rentendebatte, Arbeitslosigkeit, Euro oder Kanzlerwahl. Nur wenige Politiker finden drastische Formulierungen wie Bundesjugend-

---

[32] vgl. Pressemitteilung der Staatsanwaltschaft Dresden vom 16.4.1996
[33] ebd.

ministerin Claudia Nolte: »Sexueller Mißbrauch an Kindern gehört zu den abscheulichsten Verbrechen.«[34]

Große Worte – ohne Folgen. Nur wenige Kriminalisten in der Bundesrepublik trauen sich, in aller Öffentlichkeit darauf hinzuweisen, daß Kinderschänder, Porno-Mafia und Täter vom Kaliber Dutrouxs in deutschen Landen ebenso wie im Rest Europas mit kriminellen Netzwerken, Organisationen und Interessengemeinschaften festgesetzt haben und zu einer immer größeren Bedrohung werden. Keine Analyse des Problems. Keine Verstärkung der Polizei.

Das politische Klima schlägt sich auch in den Medien nieder. Die Süddeutsche Zeitung resigniert und stellt in einem Leitartikel fest: »Die Sensibilisierung der Öffentlichkeit für das Thema Mißbrauch von Kindern, das die grauenhafte Tat des belgischen Kinderschänders bewirkt hat und von der auch die Stockholmer Konferenz profitierte, wird nur kurzfristig sein. Der lauten Empörung, das lehrt die feministische Debatte über Gewalt gegen Kinder, folgt in der Regel die Leugnung des Problems ... der allseits bekundete Wille, entschlossen gegen die sexuelle Vermarktung von Kindern vorzugehen, wird – wenn Belgien aus den Schlagzeilen verschwunden ist – nicht viel bewirken.«[35]

Die »tageszeitung – taz« fürchtet: »Kinderpornographie ist nichts als Kindersklaverei. Was in Belgien enthüllt wurde, könnte überall passieren.«[36]

»Die Zeit«[37] wiederum schafft Ordnung in der »deutschen

---

[34] Jamin, Peter H., 20.9.1996, WDR, TV-Dokumentation »Nicht kinderfreundlich – Nachrichten vom Zustand des Landes«
[35] Bauschmid, Elisabeth, *Süddeutsche Zeitung*, 2.9.1996, »Die Ware Kind«
[36] Hilgers, Micha, *die tageszeitung*, 27.8.1996, »Die Täter sitzen zu Hause am Video«
[37] Stephan, Cora, *Die Zeit*, 13.9.1996, »Wenn das System zum Schuldigen erklärt wird«. Die Autorin hat das Buch *Der Betroffenheitskult* verfaßt.

Debatte über die Mädchenmorde« unter dem Titel »Wenn das System zum Schuldigen erklärt wird«: »Diese Rhetorik nach dem Motto ›das Böse ist überall‹ entstammt der mittlerweile sattsam bekannten Kiste mit der Aufrüttlungsprosa: daß etwas ›uns alle‹ betreffe oder ›uns alle‹ angehe und daß wir, wenn wir uns uneinsichtig zeigten, uns ›mit schuldig‹ machten, gilt seit den 70er Jahren als probates Mittel, ›den Bürger‹ aus seiner angeblichen Apathie zu holen und ihm Verantwortlichkeit nahezulegen für sämtliche Gebrechen der Gesellschaft ... Doch so wenig die Behauptung richtig ist, daß der Mensch ganz unabhängig von der Systemfrage Bestie ist oder bleibt, so müßig ist wohl auch die Hoffnung, er könne in all seinen Einzelexemplaren endgültig gezähmt werden, wenn nur die Rahmenbedingungen stimmten. Auch in der besten aller Welten gibt es Schicksal – und mit dem sollten vorsichtshalber auch schon mal all die rechnen, die in dieser Welt allen Glauben verloren haben, außer den an die Machbarkeit des Millenniums.«

**Ein gesellschaftliches Problem wird verwässert**

So findet die Verwässerung eines großen gesellschaftlichen Problems statt – wie so oft.
Da gibt es in Dresden ein Netzwerk von Tätern – und es ist nach Meinung der Staatsanwaltschaft trotzdem keine kriminelle Vereinigung. Trotz der bewiesenen Verbindungen der Täter zueinander, die sich die Kinder untereinander weiterreichten, trotz des kommerziellen Vertriebs selbstgedrehter Kinderpornos und pornographischen Schriften, könne hier nicht von organisierter Kriminalität gesprochen werden, meint die zuständige Staatsanwältin

Eva-Maria Lepre[38]. In der Pressemitteilung formuliert die Staatsanwaltschaft Juristen-Prosa und spricht von einem »weitläufigen Beziehungsgeflecht«; selbst die Bezeichnung »Ring« sei nicht angebracht. Organisierte Kriminalität sei mafiaähnlich strukturiert und habe einen hierarchischen Aufbau. Dies läge jedoch in diesem Fall nicht vor.

Die Dresdener Meinung ist kein Einzelfall. In Gesprächen über die Bedrohung durch Kinderporno-Mafia und Kindersex-Netzwerke winden sich immer noch Polizeibeamte und Staatsanwälte bei Formulierungen wie »Mafia« oder »Kriminelle Organisation«. Die Kriterien, die auf das Vorhandensein solch einer Organisation schließen lassen, sind in einer gemeinsamen Richtlinie aller Justiz- und Innenminister der Länder[39] festgelegt: Organisierte Kriminalität ist danach »die von Gewinn- und Machtstreben bestimmte, planmäßige Begehung von Straftaten, die einzeln oder in ihrer Gesamtheit von erheblicher Bedeutung sind, wenn mehr als zwei Beteiligte auf längere oder unbestimmte Dauer arbeitsteilig unter Verwendung gewerblicher oder geschäftsähnlicher Strukturen, unter Anwendung von Gewalt oder anderer zur Einschüchterung geeigneter Mittel oder unter Einflußnahme auf Politik, Medien, öffentliche Verwaltung, Justiz oder Wirtschaft zusammenwirken«.[40]

Das alles trifft auch auf die Kinderporno-Händler und Großverdiener im Kindersex-Geschäft zu. Immer wieder einmal gibt es mahnende Stimmen in den deutschen Medien: »Die menschenverachtenden Männer vom Schlage eines Dutroux

---

[38] Gespräch mit der Staatsanwältin Eva-Maria Lepre, März 1997
[39] In vielen Bundesländern in Kraft gesetzt, u. a. in Nordrhein-Westfalen durch den gemeinsamen Runderlaß vom 13.11.1990 (JMBINW 267)
[40] Richtlinien für das Straf- und Bußgeldverfahren, Anlage E, 2., Begriff, Erscheinungsformen und Indikatoren der Organisierten Kriminalität

warten nicht nur in Belgien auf ihre Opfer, von organisiertem Kinderhandel, von der Pornographie-Mafia ist die Rede.«[41] Hinweise kommen auch aus dem Ausland: Der Brüsseler Vermißten-Spezialist Van Rillaer ist sich sicher, daß das, was jetzt in Belgien passiert ist, auch in den Anrainerstaaten und in den anderen europäischen Ländern möglich ist. Der Unterschied ist: »Wir wissen schon davon. Wir wissen, was alles passiert. Aber das ist genau so in Deutschland oder Frankreich.«

Im Gegensatz zu Belgien oder Frankreich gibt es in Deutschland keine große Kampfansage gegen die Kinderschänder. Und die Kinderschützer, ohnehin vielfach enttäuscht ob fehlender Unterstützung durch den Staat, fühlen sich wieder einmal in ihrer Meinung bestätigt, daß offensichtlich eine wie auch immer geartete Verbindung zwischen Tätern und Staat bzw. prominenten Persönlichkeiten besteht.

### Begriffsdiskussion statt Methoden zur Bekämpfung

Der TV-Reporter und Buchautor Dagobert Lindlau schreibt schon 1988 zur Diskussion über Mafia-Strukturen: »Seit Jahrzehnten tobt innerhalb der Polizei der Bundesrepublik Deutschland ein ebenso erbitterter wie lächerlicher Streit um den richtigen Namen für das organisierte Verbrechen. Hinter dem Etikettenstreit verstecken sich fachliche Rechthaberei, parteipolitische Abhängigkeit und ideologische Blindheit. Es ist zugleich ein Streit um des Kaisers Bart und ein Kampf bis aufs Messer. Sein Ausgang entscheidet darüber, wie stark unser Leben in den kommenden Jahrzehnten von

---

[41] Dagmar Haas-Pilwat, *Rheinische Post*, Düsseldorf, 16.1.1997

der nebenstaatlichen Macht des organisierten Verbrechens geprägt werden wird.«[42]

Sicher haben jene Polizeibeamten recht, die davon ausgehen, daß die Mafia im klassischen Sinn von einem Paten geführt, mit festen Organisationsstrukturen, Hierarchien und Machtapparaten arbeitet. Doch der Begriff »Mafia« umschreibt im Volksmund heute weniger die folkloristische Paten-Family eines Marlon Brando auf der Leinwand, sondern wird als Synonym für die Bedrohung durch moderne Täter-Kartelle, Porno-Netzwerke oder kriminelle Interessengemeinschaften betrachtet. Die Polizei muß umdenken und nicht jahrelang wie Politiker Begriffsdiskussionen führen, um schließlich festzustellen, daß dieser Begriff schon längst wieder überholt ist.

Ein Beispiel: Fast über ein Jahrzehnt haben Deutschlands Kriminalbeamte um den Begriff »Organisierte Kriminalität« gerungen. Gibt es sie in Deutschland oder nicht, das war die Frage. In dieser Zeit blühten die Organisationen, vorrangig im Rauschgifthandel auf wie jedes Jahr die Apfelbäume in den heimischen Gärten. Als sich die Kommissare und Kommissionen endlich dazu durchrangen, das Vorhandensein der organisierten Kriminalität zu akzeptieren, hatte die Drogen-Mafia die Bundesrepublik fest im Griff. Nicht anders geht es uns heute im Bereich der Kindersex- und Kinderporno-Mafia.

Ende der 60er und bis weit in die 70er Jahre wurde von Deutschlands Länderinnenministern das Problem der Drogenkriminalität gern auf Sparflamme gehalten. Drogendezernate in den Polizeipräsidien waren lange Zeit personell,

---

[42] Lindlau, Dagobert, *Der Mob: Recherchen zum organisierten Verbrechen*, Hoffmann und Campe Verlag, Hamburg 1988, Seite 9

finanziell und ideel schwach ausgestattet.[43] In den Jahresstatistiken der Polizei in den Kommunen, den Ländern und dem Bund spielten die Verstöße gegen das Betäubungsmittelgesetz keine Rolle, Drogentote wurden kaum erfaßt, Täter und Taten ebensowenig.

Nun muß man wissen, daß gerade die Kriminalstatistiken eine besondere Rolle in der Politik spielen – sie spiegeln die Sicherheitslage einer Region, eines Bundeslandes und des Staates insgesamt wider. Kein Innenminister möchte ein Sicherheitsrisiko in seiner Statistik lesen. Damals wußten alle Insider: Wenn im Bereich des Drogenmißbrauchs nicht ermittelt wird, gibt es – das ist die Eigenart dieser Kriminalität – auch keine besonderen Niederschläge in der Polizeistatistik. Denn kein Dealer, der ein kleines Mädchen zur Nadel treibt, kein Fixer, der auf Leben und Tod einen Schuß benötigt, wendet sich an die Polizei und erstattet Anzeige. Und wo kein Kläger, da ist auch kein Ermittler und niemand, der eine Statistik mit ungeklärten Drogenopfern erstellen muß. Jeder Fahrraddiebstahl wurde angezeigt und belastete deswegen die Kriminalstatistik. Der Heroin-, Opium-, LSD-, Haschisch- und Marihuana-Konsum der damaligen Zeit wurde nicht beleuchtet, geschweige denn angezeigt.

Mit der Kindersex- und Porno-Mafia ist es heute ähnlich: Nur wenn die Polizei ermittelt – und zwar mit größter Kraft – wird sie erfolgreich sein und die Kriminalität aufdecken. Nur selten werden diese Delikte angezeigt. Die Täter mel-

---

[43] Gegen mich selbst und einige Polizeibeamte wurde damals polizeiintern ermittelt, weil ich interne Umfragen von Polizeibeamten über die schlechte Ausstattung der Drogen-Abteilungen der Polizei in der *Westdeutschen Allgemeinen Zeitung* in den 70er Jahren veröffentlicht hatte. Man war damals noch nicht so sehr daran interessiert, die Drogen-Mafia, deren Existenz man ja weitgehend bestritt, zu bekämpfen, sondern man suchte lieber die Informanten von angeblichen Dienstgeheimnissen.

den sich selbstverständlich nicht freiwillig, die Angehörigen der kleinen Opfer schweigen oft aus Scham oder Angst. Die kleinen Kinder wissen nichts von der Polizeiarbeit oder den Möglichkeiten einer Anzeige bei der Polizei und Nachbarn und neutrale Beobachter, ja selbst Lehrer, Kinderärzte und Jugendschützer, die von Verbrechen erfahren, schweigen oft aus Unsicherheit oder Nachlässigkeit.

## Strukturen der Organisierten Kriminalität vorhanden

Hans-Ludwig Zachert, ehemaliger Präsident des Bundeskriminalamtes, erwidert in einem Interview mit dem Magazin »Focus«[44] auf die Frage, ob es in Deutschland Kinderfänger wie Dutroux gebe: »Ich lege nicht die Hand dafür ins Feuer, daß es bei uns keinen Dutroux gibt. Dutroux ist eine Ausgeburt von Bestialität, ein krimineller Auswuchs. Aber ich glaube nicht, daß diejenigen weit davon entfernt sind, die beispielsweise Kleinstkinder unter grausamsten Praktiken mißbrauchen.«
Spätestens seit Dutroux hätten der Bundesinnenminister und die Innenminister der Bundesländer wie auch die zuständigen Minister der Regierungen der anderen europäischen Staaten zum Kampf gegen die Organisationen der Kinderschänder aufrufen müssen. Denn es gibt die Kinderporno-Mafia und Kindersex-Netzwerke allen Dementis zum Trotz, wie die in diesem Buch aufgeführten Fallbeispiele und meine Recherchen und Umfragen bei Experten unterschiedlicher Fachrichtungen zeigen. Noch Mitte April 1997 kündigen die bundesdeutschen Innenminister und Bundesinnenminister

---

[44] *Focus*, 10/1997, »Polizei ist blind«

Kanther an, man wolle die »Organisierte Kriminalität« mit Kräften bekämpfen. Gemeint sind allerdings nur Geldwäsche, Rauschgifthandel, Autodiebstahl und andere Delikte – kein Wort von der Kindersex-Mafia.[45] Dabei erkennt NRW-Innenminister Kniola schon Anfang 1996 »im Geschäft der Herstellung und Verbreitung von Kinderpornographie mitunter Strukturen der Organisierten Kriminalität«[46].
Ex-BKA-Mann Zachert bestätigt, daß es einen »Markt für Kinderfänger« und möglicherweise auch für »Organisierte Kriminalität« gibt, »weil hier ein potenter und durchaus alle Merkmale der Organisierten Kriminalität erfüllender Täterkreis dahintersteckt und die Kommerzialisierung eine große Rolle spielt«. Bundesaußenminister Klaus Kinkel selbst ist es, der auf dem »Weltkongreß gegen die gewerbsmäßige sexuelle Ausbeutung von Kindern« der UNICEF in Stockholm darauf hinweist, daß »schätzungsweise über zwei Millionen Kinder weltweit Opfer von sexuellem Mißbrauch, von Kinderprostitution, Kinderhandel und Kinderpornographie sind«[47]. Kinkel weiter: »Ein grausamer, unersättlicher Markt, getrieben von perversen Bedürfnissen und vom organisierten Verbrechen bedient, sucht sich in immer neuen Ländern seine Opfer. Der widerliche Handel mit kinderpornographischen Videos und Schriften, dem immer tiefe Verletzungen und Demütigungen von wehrlosen Kindern zugrunde liegen, macht weltweit Milliarden Umsätze. Allein in Deutschland soll es über 50.000 Kunden geben. Umsatz: 100 Millionen DM im Jahr.«

---

[45] Bewerunge, Martin, *Rheinische Post*, 18.4.1997, »Keine unausweichliche Erscheinung«
[46] *Focus*, 35/1996, »Das Sexgeschäft mit Minderjährigen«
[47] Kinkel, Klaus, Dr., 27.8.1996, Bundesaußenministerium, UNICEF Stockholm, Rede zum »Weltkongreß gegen die gewerbsmäßige sexuelle Ausbeutung von Kindern«

Klarheit verschafft auch eine Stellungnahme des Landeskriminalamtes Sachsen: »Heutzutage wird der geschäftsmäßige Vertrieb von pornographischen Medien durch Kriminelle, die sich in festgefügten Organisationsstrukturen zusammengefunden haben, verbreitet. Professionelle und arbeitsteilige Planung und Tatausführung, Abschottungsmaßnahmen und konspirative Verhaltensweisen, verdeckte Vertriebsformen sowie überörtliche und internationale Aktivitäten kennzeichnen die jeweilige Organisation ... Nicht erst seit den Vorfällen in Belgien nimmt der sexuelle Mißbrauch von Kindern und die oft damit einhergehende Herstellung kinderpornographischer Erzeugnisse ein erschreckendes Ausmaß an.«[48]

Zwei Polizeiexperten, der Hochschulprofessor und Polizeipsychologe Adolf Gallwitz und der Kriminalhauptkommissar Manfred Paulus, geben eine realistische Einschätzung ab: »Es gibt heute zahllose, zum Teil weltweit agierende und perfekt funktionierende Pädophilen- und Päderasten-Organisationen, es gibt Tarnorganisationen in verschiedenster Form, es gibt ›Arbeits‹- und ›Selbsthilfegruppen‹, Seilschaften und Verbrüderungen, die nicht selten an mittelalterliche Geheimbünde erinnern. Es gibt, und das müssen wir endlich zur Kenntnis nehmen, in der Bundesrepublik eine unsere Kinder und die Kinder anderer bedrohende, organisierte Pädophilen- und Päderastenszene, die das Land netzartig überzieht. Durch geschickte Abschottung wird erreicht, daß immer nur einzelne Kriminalfälle bekannt werden und die Gesamtzusammenhänge und die existente Szene im Dunkeln, im Verborgenen bleibt und auch nach ›Betriebsunfällen‹

---

[48] LKA Sachsen, 17.12.1997, Pressemitteilung »Kinderpornographie hat Hochkonjunktur«

ungestört weiteragieren kann. Es gibt hier in Deutschland, mitten unter uns, Kinder-, Knaben-, Mädchenhändler und auch Händlerringe, und es gibt eine Vielzahl von scheinbar sehr ehrbaren und höchst angesehenen Abnehmern der kleinen ›Sexobjekte‹ der ›Ware Kind‹. Der Markt mit der Ware ›Frischfleisch‹ ist bestens organisiert, und er funktioniert, unentdeckt, unbemerkt und ohne, daß man ihn zur Kenntnis nimmt, zur Kenntnis nehmen will ... Nur so war es möglich, daß sich in nahezu allen bundesdeutschen Städten und auch in ländlichen Gemeinden kleinere und größere Organisationseinheiten mit pädophilen Interessen etablieren konnten, die ... nur ein Ziel haben: den Erfolg bei der Jagd nach Kindern – und den sexuellen Mißbrauch von Kindern.«[49]

## Gewerkschaft fordert Kampf gegen Kindersex-Mafia

Von »mafiaähnlichen Strukturen«[50] spricht die Gewerkschaft der Polizei, GdP. Der Gewerkschaftsvorsitzende Hermann Lutz fordert im März 1997, daß »Polizei, Politik und Gesellschaft dringend für eine besonders verabscheuungswürdige Kriminalität sensibilisiert werden müssen, die in ihrem Ausmaß und ihrer Intensität völlig unterschätzt wird und quasi unter unser aller Augen stattfindet«.[51] Die Gewerkschaft verlangt: »Der Kindersex-Mafia das Handwerk legen ... Wie immer, wenn besonders entsetzliche Straftaten die Bevölkerung beunruhigen, neigt die Politik zu raschen, aber nicht

---

[49] Gallwitz/Paulus, *Grünkram – Die Kindersex-Mafia in Deutschland*, Hilden/Rhld. 1997, Seite 16 ff.
[50] *Süddeutsche Zeitung*, 21.3.1997, »Polizei: Mafiaähnliche Strukturen«
[51] Gewerkschaft der Polizei, 20.3.1997, Pressemitteilung »Der Kindersex-Mafia das Handwerk legen«

immer der Sache angemessenen Reaktionen. Sie erschöpfen sich in der Regel in der Heraufsetzung von Strafen für die einschlägigen Delikte. Viel wichtiger aber ist es, zum Schutz unserer Kinder ein Tabuthema im öffentlichen Bewußtsein zu verankern und über Arbeitsweisen, Verbindungen und Netzwerke dieser Kindersex-Mafia aufzuklären; die Täter zu verfolgen und zu überführen. Die aktuelle Diskussion um das Sexualstrafrecht und eine Veränderung des Strafrahmens für Sexualdelikte hat nämlich zunächst einmal überhaupt keine Konsequenzen für die polizeiliche Ermittlungsarbeit.«
Warnende Stimmen gibt es immer mehr. Die Sozialpädagogin einer Beratungsstelle erklärt: »Ich kann mir vorstellen, daß es in Deutschland ähnliche Strukturen wie in Belgien gibt. Ich kann mir auch vorstellen, daß hier auch Personen beteiligt sind, die dafür sorgen können, daß die Fälle nicht aufgedeckt werden. Nur kann man es eben nicht beweisen. Oft sind die Fälle so undurchsichtig, daß man einfach nicht mehr weiß, wer alles in welcher Form beteiligt ist.«
Der Pressesprecher der Polizei in Düsseldorf, Ulrich Rungwerth[52], glaubt, »daß es so etwas auch hier in Deutschland gibt. Nach Belgien wundert mich nichts mehr. Es fehlen die Beweise. Vielleicht packt man es nicht richtig an, oder die Täter sind so gut organisiert.« Und sein Kollege Bezold, der Pressesprecher der Polizei in Rosenheim, meint: »Der Markt ist jedenfalls vorhanden. Es ist ein knallhartes Geschäft.«[53]
Evelyn Tampe, Kriminalbeamtin und Fachlehrerin einer Polizeischule, meint: »Es kann zwar vermutet werden, daß vermißte Kinder diesen Delikten zum Opfer gefallen sind, exakte Hinweise hierzu gibt es allerdings nicht.« Dagegen

---

[52] Aus einem Interview im März 1997
[53] Aus einem Interview im März 1997

hat der Münchner Polizeibeamte Rainer Richard, der sich mit Kinderpornographie im Datennetz beschäftigt, »organisierte Strukturen im Internet festgestellt. Es sind natürlich beide Täterprofile vorhanden. Der Gelegenheitstäter, aber eben auch der gut organisierte Täter. Diese Leute decken sich gegenseitig. Man spricht hier von ›geschlossenen Benutzergruppen‹. Dort werden Kinderpornos ausgetauscht und Kennworte hinterlegt.«
Die Rechtsanwältin Erika Binder kennt die Mafia aus mehreren Mißbrauchsfällen, in denen sie Opfer vertreten hat. Aus Angst vor der Rache der Kinderschänder-Banden nimmt sie nur anonym Stellung[54]. Sie weiß, daß es in Deutschland gut organisierte, kriminelle Netzwerke gibt, »die mit dem Mißbrauch von Kindern ein riesiges Geschäft machen. Warum sollte die Situation in Deutschland auch anders als in Belgien sein? Hier hat es bis jetzt nur noch keinen vergleichbaren Fall gegeben. In Belgien wurden Leichen gefunden. Es gibt einen Tatort. Das sind objektive Beweise. In Deutschland fehlt dies alles. Wir haben höchstens Kinder, die völlig zerstört sind und – so makaber es sich auch anhört – für einen Prozeß nicht mehr zu gebrauchen sind. Sobald wir einen Dutroux bei uns haben, werden hier – genau wie in Belgien – viele schwarze Schafe entlarvt werden. Und das auch in den Reihen der Justiz und der Polizei. Schwarze Schafe, die in allen Positionen sitzen, und die Ermittlungsarbeiten boykottieren: Diese Personenkreise haben viel zu verlieren, und sie verfügen über die Möglichkeiten, das Geschehene zu vertuschen. Mißbrauch passiert eben in allen Gesellschafts-

---

[54] Der Name wurde vom Autor geändert. Die Anwältin wurde im Zusammenhang mit Ermittlungen gegen die Kindersex-Mafia von Unbekannten, die nur aus dem Umfeld der Täter stammen können, massiv bedroht. Wir führten im April 1997 ein ausführliches Interview mit ihr.

schichten – ob das nun der Bürgermeister ist oder der Kinderarzt. Das macht die Aufdeckung natürlich nur noch schwieriger. Sehr auffällig ist auch, daß gerade Hausdurchsuchungen im Zusammenhang mit sexuellem Mißbrauch so oft erfolglos sind. Vermutlich werden die Täter rechtzeitig von jemandem gewarnt, der über die geplante Hausdurchsuchung informiert ist. Möglicherweise sind das Polizeibeamte oder Justizbeamte.«

Für organisierte Kriminalität spricht nach Meinung der Rechtsanwältin auch, daß sich die Art des sexuellen Mißbrauchs verändert hat. Zwar stammen die Täter nach wie vor meistens aus dem nahen Umfeld der Kinder, aber immer häufiger stoßen Ermittler auf Fälle, in denen Fremde die Kinder mißbrauchen. Erika Binder: »Wir haben inzwischen viele Fälle, bei denen es eine große Anzahl von Tätern und Opfern gibt. Oft sind so viele Personen beteiligt, daß es schwer fällt, einen Überblick zu bekommen. Die Kinder werden ausgetauscht, von einer Adresse zur nächsten verschoben. Der Mißbrauch ist gut durchorganisiert. Und die Täter agieren immer skrupelloser: Kinder werden einfach auf dem Schulweg entführt. Mißbrauch von Kindern hat es schon immer gegeben, aber jetzt gerät alles außer Kontrolle.«

Eine weitere Erkenntnis der Rechtsanwältin entlarvt die sich steigernde Brutalität der Täter: »Den Kindern werden Drogen oder Betäubungsmittel verabreicht, bevor sie mißhandelt werden. Das macht sie noch hilfloser und verschleiert zudem ihre Wahrnehmung. Die Folge: Bei der Vernehmung durch die Polizei haben die kleinen Opfer nur verschwommene Erinnerungen. Nicht selten geht die Rechnung der Täter auf, denn in solchen Fällen gelten die Opfer dann als nicht glaubwürdig und ihre Aussagen reichen nicht für eine Anklage.«

**Europa-Parlament unterstützt Euro-Polizei**

Die Dokumentation der Taten von Marc Dutroux, das Bekanntwerden von immer mehr Details aus den Folterkellern der Kinderschänder, fordert schließlich auch das Europaparlament in Straßburg zu Stellungnahmen und Aktivitäten heraus – zu groß ist die Unruhe der Bevölkerung in Europa. Die 626 Abgeordneten verabschieden Ende 1996 einen »Bericht über Maßnahmen zum Schutz von Minderjährigen in der Europäischen Union«. Neben Aktivitäten gegen die Kinderarbeit und für gleiche Bildungschancen fordern die Parlamentarier unter anderem eine schärfere Bekämpfung des Kindersex-Tourismus, die Einrichtung eines europäischen Pädophilen-Registers, ein Verbot und die Unterbindung der pornographischen Darstellung von Kindern im Internet und eine Aufgabenerweiterung für die europäische Europol – die staatenübergreifende Polizeitruppe soll den internationalen Kinderhandel bekämpfen.

Nicht nur bei den EU-Abgeordneten ist die Angst groß, daß Schlagzeilen wie »Deutsche Kinder für Pornos ermordet« eines Tages die Wirklichkeit widerspiegeln. Anfang April 1997 bewegen solche Meldungen die Leserschaft der europäischen Presse. Da kündigen britische TV-Autoren die Ausstrahlung eines Films an, der beweisen soll, daß Kinder für Pornofilme mißbraucht, gefoltert und schließlich vor laufender Kamera ermordet werden. Straßenkinder, Ausreißer, obdachlose und meist drogensüchtige Jungen sollen die Opfer sein. Warwick S., ein Kindersex-Händler, der 1995 in England zu sieben Jahren Haft verurteilt worden war, hat einem Polizei-Undercover-Agenten davon berichtet.

Die gemeinsamen Ermittlungsarbeiten von niederländischer, britischer und deutscher Polizei ergeben zwar letztendlich keine Bestätigung für die Mordversion. Allerdings schließt das zentrale niederländische Kriminalamt, CRI, in Zoetermeer die Existenz von Filmen, auf denen Menschen qualvoll getötet werden, nicht aus. »Aber bis heute sind solche sogenannte ›Snuff-Movies‹ noch nie aufgetaucht, weder in den Niederlanden noch im Ausland«, erklärt die CRI-Sprecherin Irma Vogels.[55]

Schlagzeilen von der Machart wie »Vor der Kamera: Kinder beim Sex zu Tode gequält – Jungen aus Deutschland unter den Opfern der Pornobande«[56] müssen also erst noch bewiesen werden. Aber die Schreckensnachrichten zeigen uns, daß wir für die Zukunft mit dem Schlimmsten rechnen müssen. Hätte jemand vor dem 13. August 1996, dem Tag der Verhaftung von Marc Dutroux, erzählt, daß Kinder in geheimen Kerkern in Belgien gefoltert und getötet werden – niemand hätte das geglaubt.

---

[55] *dpa*, 8.4.1997, »Polizei sucht Beweise für Pornovideos mit Kindermorden«
[56] *Express*, 8.4.1997

# 3. Kapitel

# Formen der Verbrechen: Vom Babystrich bis zum Internet-Porno

»*Sexueller Mißbrauch von Kindern ist wohl das Abscheulichste, was Menschen tun können, denn sie zerstören Kinderseelen damit. Und deshalb brauchen die Kinder dringend Schutz vor Menschen mit perverser Neigung.*«

Claudia Nolte, Bundesfamilienministerin[57]

Spaziergänger in Trier werden bei ihren Sightseeing-Touren durch die Stadt mit einem ungewöhnlichen Denkmal konfrontiert. Da steht »Arimée«, so der Titel des Kunstwerkes von Dr. Ulla Peters, das allen Mädchen und Frauen gewidmet ist, die sexuelle Gewalt erlitten haben. Das zwei Meter hohe, unverrückbare Werk ist ein Mahnmal für Leben und Überleben zahlloser mißbrauchter Mädchen und Frauen – das erste seiner Art in der Bundesrepublik.
Eigentlich benötigen wir viele Erinnerungssymbole dieser Art, und zwar für Jungen und Mädchen gleichermaßen, vor allem in Großstädten über 500.000 Einwohner und in Städten zwischen 10.000 und 100.000 Bewohnern, wo sich die

---

[57] vgl. Jamin, Peter H., *Nicht kinderfreundlich*

Erwachsenen nach Erkenntnissen des Bundeskriminalamtes häufiger als in anderen Orten an Kindern vergehen.
Schreckliche Verbrechen gegen Kinder gibt es viele: sexuelle Nötigung, sexueller Mißbrauch von Schutzbefohlenen, Vergewaltigung überfallartig durch Einzeltäter oder Gruppen. So viele Schändungen an Kindern, daß es angesichts der Statistiken und Schätzungen über diese Verbrechen und erst recht bei der Beobachtung der Details der Taten selbst hartgesottenen Kriminalisten schwindelig wird. Der Deutsche Kinderschutzbund schätzt, daß jährlich bundesweit mehr als 300.000 Kinder sexuell mißbraucht werden. Rund 130.000 mal im Jahr werden nach Schätzungen des Landschaftsverbandes Westfalen-Lippe Kinder beim sexuellen Mißbrauch mit der Videokamera gefilmt. Körperliche, sexuelle und seelische Mißhandlungen zählen in der Bundesrepublik zu den häufigsten Formen von Gewalt gegen Kinder. Die Bundesärztekammer stellte Anfang 1994 fest, daß 21 Prozent aller Mädchen unter 16 Jahren und 6 Prozent aller Jungen Opfer sexuellen Mißbrauchs werden. Dazu kommen noch mehr als 60.000 Kinder, die in Deutschland durch ihre wirtschaftliche Situation oder durch Erwachsene gezwungen werden, sich zur Prostitution anzubieten.
Die offizielle Kriminalitätsstatistik des Bundeskriminalamtes in Wiesbaden weist rund 16.000 Fälle von sexuellem Mißbrauch von Kindern pro Jahr auf.[58] Auffällig dabei, daß laut Statistik »Großstädte ab 500.000 Einwohner bei der Ausnutzung sexueller Neigungen sowie Vergewaltigung, Städte zwischen 20.000 und 100.000 Einwohnern bei sexueller Nötigung, sexuellem Mißbrauch von Kindern und ex-

---

[58] Bundeskriminalamt Wiesbaden, Berichtsjahr 1995, Polizeiliche Kriminalstatistik, Straftaten gegen die sexuelle Selbstbestimmung

hibitionistischen Handlungen und Erregung öffentlichen Ärgernisses den höchsten Anteil ausweisen.«[59]

Anfang Januar 1997 bestätigt das Landeskriminalamt in Düsseldorf: Die Kinderpornographie nimmt zu. Zwar bestehe kein Anlaß, die Lage zu dramatisieren, aber es bleibe wegen des »sehr hohen Dunkelfeldes das wahre Ausmaß verborgen«. Immerhin enthüllt die Statistik: Die Zahl der Täter, die sich gleich an mehreren Kindern vergehen, ist gestiegen. 15 Prozent der Opfer sind noch nicht sechs Jahre alt. Beunruhigend ist auch die Feststellung, daß in den letzten 22 Jahren in NRW 68 Kinder getötet wurden, weil sie als Zeugen einer an ihnen begangenen Sexualtat nicht aussagen sollten.[60] Außerdem hat das LKA bereits 1992 wegen des ständig steigenden Angebots an strafbarer Kinderpornographie eine sogenannte Sonderkommission »EK KIM« – wie Kindesmißbrauch – eingesetzt, die beachtliche Erfolge aufweisen kann und nach nur fünfjähriger Ermittlungsarbeit u. a. neun Großverfahren vorweisen kann. Die Kriminalbeamten stießen bei ihrer Arbeit auf 35 Kinder, darunter sogar Siebenjährige, die als Pornodarsteller mißbraucht worden waren. In einem Fall war ein Junge – so die EK KIM – »von zwei Männern für einen Film in übelster Weise höchst schmerzhaft mißbraucht worden«.

---

[59] Das BKA in der Polizeilichen Kriminalstatistik 1995: »Dies könnte auch auf ein unterschiedliches Anzeigeverhalten in großen und kleinen Städten zurückzuführen sein. Bei der Bewertung dieser Daten ist an das bei Straftaten gegen die sexuelle Selbstbestimmung sehr große Dunkelfeld zu denken.«

[60] *Welt am Sonntag*, 5.1.1997, »Landeskriminalamt: Kinder-Pornographie nimmt zu«

## Mißbrauchszahlen beruhen auf Schätzungen

Viel bringen die meisten Zahlenspiele allerdings nicht, außer die Erkenntnis, daß da ganz offensichtlich ein unglaublich großes Gefahrenpotential vorhanden ist. Die Statistiken von sozialen Organisationen oder Opferhelfern beruhen letztlich auf Schätzungen und können nur als Anhaltswerte dienen. Die Zeitschrift »Focus« listet im September 1993 eine Täter- und Opferstatistik auf, die zum Teil von den oben genannten Zahlen abweicht, aber einen guten Überblick über Taten, Täter und Opfer gibt:[61] »Kindermißbrauch: In 95 Prozent der Fälle mißbrauchen Vater, Onkel oder Nachbar und Freunde die Kinder. Opfer sind meist Mädchen. Zwischen 50.000 und 150.000 Opfer allein in Deutschland. Pädophilie: Sie fühlen sich nur zu Kindern hingezogen, meist zwischen 11 und 15 Jahren. Zwischen 5.000 und 15.000 Täter[62], in Deutschland cirka zwei Prozent der Mißbrauchsfälle, also 1.000 bis 3.000 Opfer. Kinderpornographie: Videos mit Kindern in eindeutiger Pose. Eltern stellen ihr Kind gegen Entgelt zur Verfügung oder drehen selbst Filme. Tausende Opfer, meist sehr junge Mädchen und Jungen, 30.000 bis 40.000 Abnehmer von Kinderpornos. Kinderprostitution: In Deutschland arbeiten etwa 30.000 minderjährige Prostituierte, weltweit verdienen etwa 10 Millionen Kinder ihren Lebensunterhalt mit Prostitution. Kindersextourismus: Sextouristen verlangen immer jüngere Mädchen und Jungen. So

---

[61] *Focus*, 36/1993, »Sex mit Kindern«. Bei den genannten Zahlen handelt es sich lt. Focus um Schätzungen; als Quelle für Deutschland wird das BKA angegeben. Im Vergleich mit anderen in diesem Buch genannten Zahlen werden sich immer wieder Unterschiede auch in gleichen Personengruppen feststellen lassen. Exakte Angaben gibt es in den meisten Fällen nicht.
[62] Andere Quellen, die auch in diesem Buch genannt werden, geben Schätzungen von bis zu 50.000 beziehungsweise 60.000 Pädophilen an.

müssen sich in Thailand 200.000 Kinder unter 15 Jahren, in Sri Lanka 30.000 Jungen und in Brasilien etwa vier Millionen Minderjährige zumindest gelegentlich prostituieren. Mehr als 100.000 deutsche Sextouristen reisen pro Jahr in die Dritte Welt.«

Die Buchautorin Constanze Elsner kommt zu dem Ergebnis, daß mehr als eine halbe Million Kinder allein in Deutschland strafrechtlich eindeutig sexuell mißbraucht werden.[63]

In den USA hat die staatliche Gesundheitsbehörde alle bekanntgewordenen und bestätigten Fälle zusammengezählt: Danach werden eine Million Kinder jährlich in den USA mißhandelt; davon die Hälfte vernachlässigt und fast 40 Prozent sexuell mißbraucht. Rund 1.000 Kinder sind 1995 an den Folgen von Mißbrauch und Vernachlässigung gestorben. Andere Studien ergeben, daß in den USA jährlich bis zu drei Millionen Kinder mißhandelt werden.[64]

Die erschreckende Erkenntnis, die sich aus den Zahlenspielen ableiten läßt: Da haben sich Formen von Verbrechen an Kindern in aller Stille entwickelt, deren Dimension wir heute nur schätzen, aber noch lange nicht übersehen können. Da werden Kinder von Eltern, Freunden und Bekannten, von Priestern, Lehrern, Erziehern und anderen »lieben Mitmenschen« sexuell ausgebeutet. Da werden Kinder auf den Strich geschickt und von Erwachsenen gegen Barzahlung als Sexualobjekte mißbraucht. Da werden Kinder, wenn der Trieb nicht mehr zu steuern ist, entführt, mißbraucht, ermordet. Pädophile, in geheimbündlerischen Netzwerken organisiert, schleusen ihre kleinen Opfer von einem Bett zum nächsten, von einer Orgie zum nächsten Massen-Mißbrauch. Krimi-

---

[63] Elsner, Constanze, *Laßt euch nicht benutzen! Sexuellen Mißbrauch erkennen – verhindern – beenden*, Hamburg 1996, Seite 258 ff.

[64] *Rheinische Post*, 10.4.1997, Düsseldorf, »Eine Million Kinder mißhandelt«

nelle überall in Europa und in den letzten Jahren verstärkt auch aus Ost- und Westeuropa betreiben einen regelrechten Kinderhandel.
In rituellen Sitzungen von Sekten und anderen mystisch-religiösen Vereinigungen dienen Kinder als Opfergaben. Auf dem Markt der Kinderpornographie tummeln sich Amateure ebenso wie professionelle Filmproduktionen mit eingespielten Vertriebsnetzen für ihre Perversprodukte. Die landen inzwischen auch im unkontrollierbaren Internet und heizen die Sucht nach nacktem Kinderfleisch zusätzlich an. Und wer mit dem reichhaltigen Angebot hierzulande immer noch nicht zufrieden ist, der bucht einen Urlaub in einem asiatischen, afrikanischen oder einem anderen Dritte-Welt-Land und stellt sich am Flughafen in die lange Reihe der Sextouristen, um dann im Ausland von Sonne und Suff berauscht über kleine Kinder herzufallen. UNICEF hat errechnet, daß weltweit rund zwei Millionen Kinder als Prostituierte ihr Dasein fristen.[65]

## Mißbrauch durch Eltern, Verwandte und Freunde

In Düsseldorf mißbraucht ein Vater mehr als zehn Jahre lang die jüngste seiner Töchter – insgesamt 1.278 Fälle sexuellen Mißbrauchs werden ihm angelastet. In Aachen wird ein 42-jähriger zu einer Freiheitsstrafe auf Bewährung verurteilt, weil er – während die Ehefrau zur Nachtschicht unterwegs ist – die 12jährige Stieftochter sexuell mißbraucht. In Düren ist eine 8jährige »einer Palette sexueller Handlungen ausgesetzt, die nicht zu überbieten waren« (Staatsanwäl-

---

[65] *Süddeutsche Zeitung*, 22.8.1996, »Weltweit zwei Millionen Kinderprostituierte«

tin), während sie bei ihrem Onkel als Feriengast zu Besuch ist.

Es sind nicht nur Vater und Mutter, die die heile Welt der Kinder bedrohen, es sind auch Freunde und Verwandte der Familie, die sich entweder in unbeobachteten Momenten oder mit Wissen und Einverständnis der Eltern an Kindern vergehen. Wissenschaftler haben festgestellt, daß es sich bei den Tätern im Bereich von sexuellem Mißbrauch vorrangig um Familienmitglieder oder Vertrauenspersonen aus dem Umfeld der Familie handelt. In der Informationsschrift »Keine Gewalt gegen Kinder. Signale sehen – Hilferufe hören«[66] stellt das Bundesministerium für Frauen und Jugend fest: »Die kommen fast ausschließlich aus dem sozialen Nahbereich des Opfers ... sind zu 25 Prozent Väter, Stiefväter oder Freunde der Mutter ... sind zu 1,4 Prozent enge Verwandte wie Onkel, Opa, Schwager ... sind zu 34,1 Prozent nähere Bekannte und/oder Erzieher ... sind zu 23,1 Prozent Nachbarn, Bekannte, der Arzt, der Pfarrer, der Polizist, der Beamte ... sind zu 6 Prozent den Opfern völlig fremd«.

Das Problem beim sexuellen Mißbrauch durch die Eltern: Die Kleinen wissen meist über lange Zeit nicht, daß die Erwachsenen etwas Verbotenes mit ihnen anstellen; dazu kommen kindliche Neugier, harmlose Zärtlichkeitsbedürfnisse, erwachendes sexuelles Interesse und vor allem auch Angst vor bzw. Anerkennung der Autorität des Erwachsenen. Oft verbinden die Täter die sexuellen Handlungen auch mit Drohungen und Schlägen.

»Der sexuelle Mißbrauch besteht vor allem darin, daß ein

---

[66] Bundesministerium für Familie, Senioren, Frauen und Jugend, »Medienpaket zur Aus- und Fortbildung für pädagogische Fachkräfte«, Bonn, 1993, neueste Auflage 1996. Pädagogische Fachkräfte können das Medienpaket kostenlos über das Ministerium beziehen.

Erwachsener ein Kind zur eigenen sexuellen Stimulation benutzt und dabei das Vertrauen dieses Kindes – insbesondere aber seine eigene Übermacht – ausnutzt. Kinder können dabei die Tragweite des Mißbrauchs zumeist nicht oder noch nicht voll erfassen und abschätzen. Daher können sie die Folgen einer Zustimmung zu den damit verbundenen Handlungen und Forderungen ebenfalls nicht abschätzen«, heißt es im »Medienpaket zur Aus- und Fortbildung für pädagogische Fachkräfte«[67] des Bundesjugendministeriums, »verbale Belästigungen, sexuelle Berührungen, exhibitionistische Handlungen, Masturbation, vaginaler, analer und oraler Geschlechtsverkehr sowie Vergewaltigungen sind die häufigsten Formen sexuellen Mißbrauchs. Doch auch Kinderpornographie gehört dazu: die Vermarktung kindlicher Sexualität, die über den Verkauf von Fotos, Amateurfilmen und -videos bis hin zur ›privaten‹ und gewerblichen Prostitution reicht«.

## Monikas Leiden beginnt mit dem 3. Lebensjahr

»Ist die Mutter nicht mehr frisch, kommt die Tochter auf den Tisch.« Für die 31jährige Monika Anders[68] aus Nordrhein-Westfalen ist der schmierige Wirtshausspruch, den sie heute sarkastisch zitiert, schon in ihrer frühesten Jugend zur brutalen Wirklichkeit geworden: Seit ihrem 3. Lebensjahr wird die junge Frau von ihrer Mutter, ihrem Vater, seinen Kollegen und den Nachbarn der Familie sexuell mißbraucht. Ihre Lebensgeschichte ist nicht nur die eines sexuell mißbrauchten Kin-

---

[67] ebd.
[68] Namen und Ortsangaben wurden geändert. Das Opfer hat große Angst vor der Rache der Täter. Eine Strafverfolgung fand nicht statt.

des, sondern auch die eines nicht beachteten, hilflosen Opfers – kein Einzelfall, sondern eher die Regel. Noch heute hat sie einen ungeheuren Haß auf die Täter, und gleichzeitig ist sie in einem aus Ängsten geschnürten Korsett gefangen, so daß sie diesen Haß nicht ausleben, aus sich herauslassen kann.

Diese Schicksalsgeschichte des Mißbrauchsopfers Monika Anders dokumentiert nicht nur die Verbrechen an einem kleinen Kind, sondern zeigt vor allem auch auf, wie durch die Taten ein Leben zerstört wird – so groß sind die Schädigungen, daß das Opfer mindestens für viele Jahre, falls nicht zeitlebens psychisch und oft auch körperlich schwer krank ist.

Das Martyrium von Monika Anders ereignet sich nicht etwa in der Anonymität einer Großstadt, wo sich in den grauen Betonkästen der Wohnsilos selbst die Nachbarn fremd sind. Monika wächst in einem kleinen Vorort auf, wo jeder jeden kennt und wo trotzdem alle schweigen – jahrelang. Die einen, weil sie die Wahrheit nicht wissen oder nichts mit dem Leid um die Ecke zu tun haben wollen, und die anderen, weil sie daran beteiligt sind – darunter Leute aus der »besseren Gesellschaft in gehobenen Positionen«.

Auch Monika sagt nichts. »Als Kind war ich immer alleine. Ich hatte keine Chance. Wenn ich aussagen wollte, hatte ich keine Zeugen. Niemand, der mir glaubt. Als es anfing, haben die Erwachsenen nur immer gesagt ›Sei bloß still, dir glaubt ja sowieso keiner‹.« Tatsächlich klingt Monikas Geschichte unglaublich – so grausam und unmenschlich wurde sie behandelt.

Schon als Kleinkind, Monika ist kaum drei Jahre alt, vergeht sich ihre alkoholabhängige Mutter an ihr, »stochert, unter dem Vorwand Würmer zu suchen, mit Fingern oder Bauklötzchen in meiner Vagina und im Po. Mein Vater kam nachts ins

Bett, hat sich an mir gerieben, mich gestreichelt und vor mir masturbiert. Es war klar, daß in mich noch kein Penis reinpaßte, aber ich konnte meinen Vater schon oral befriedigen. Da kam Nutella drauf und dann hieß es ›Lutsch das ab‹.«
Monika wird älter, und ihr Gefühl wird immer stärker, in der Familie ein Störfaktor zu sein, von der Mutter von Geburt an abgelehnt, den Eltern im Weg zu sein. Sie fühlt sich wertlos, sieht sich als Objekt, das »für sein Dasein irgendwie zu bezahlen hat«. Und sie bezahlt: Schon früh erledigt sie die Hausarbeiten für die kranke Mutter, kocht, wäscht, putzt und ersetzt dem ebenfalls alkoholabhängigen Vater die Ehefrau – im Haushalt und im Bett.
Doch der sexuelle Mißbrauch bleibt nicht lange auf Mutter und Vater beschränkt. Das Elternhaus wird schon bald zum »billigen Kinderpuff«. Nachbarn, Kollegen und Freunde des Vaters gehen bei der Familie Anders am Wochenende ein und aus. Auch Monikas Stiefonkel ist daran beteiligt. Er organisiert sein ganz privates Partnertausch-Geschäft, schläft abwechselnd mit den Frauen dieser Männer, und im Gegenzug wird ihnen Monika zur »Verfügung gestellt«.
Mit acht Jahren schon lernt sie die ganze Ohnmacht und Hilflosigkeit eines Kindes kennen, wie man es sich bei einem Opfer kaum schlimmer vorstellen kann: »Ich habe versucht, wegzulaufen oder mich unter dem Bett zu verstecken, aber die haben mich natürlich immer gekriegt. Ich hatte keine Chance. Ein beliebtes Spiel war zum Beispiel, mich mit Pommesgabeln durchs Bett zu scheuchen, von der einen Seite zur anderen. Für mich ist es auch heute noch nicht zu begreifen, wie Menschen das machen konnten. Meine Mutter lag meist alkoholisiert im Wohnzimmer, währenddessen alles in den Ehebetten ablief. Diese Männer haben dann auch angefangen von A bis Z alles durchzuprobieren. Außer, davor hat mich dann mein Vater, mein ›toller‹ Vater, beschützt, daß sie

nicht mit mir schlafen durften. Ich war zum Teil von oben bis unten dreckig. Sie haben mich mit Ejakulat vollgespritzt oder mich, wenn sie besoffen waren, vollgekotzt. Und nachdem die ganzen Geschichten abgelaufen sind, konnte ich dann sehen, daß ich mich irgendwie abwasche.«

Monika hat die grausamen Ereignisse lange Zeit verdrängt. Das war ihre Überlebensstrategie, die sie auch im Laufe der unfaßbaren Erwachsenenspiele erfolgreich angewendet hat. Da hat sie sich einfach »abgespalten«, war geistig nicht mehr da, wie tot. Erst im Alter von 26 Jahren setzt ihre Erinnerung wieder konkret ein. Ein Lehrer, der sie an ihren Vater erinnert, löst diese grausame Rückbesinnung aus. Und damit kommt auch die Angst. Angst davor, daß es sich damals bei ihren Mißhandlungen nicht um elterliche Kindesschändung allein, sondern gar um ein organisiertes Verbrechen handeln könnte. Sie erinnert sich nicht mehr, ob von ihrem Martyrium im Kindesalter Filme oder Fotos angefertigt wurden und gar noch immer in den Schmuddelschubladen der Kindersex-Süchtigen gehandelt werden.

Sie weiß nur: »Die Kinderporno-Mafia ist dreimal schlimmer als die Drogen-Mafia.« Deshalb hat Monika Anders heute auch große Angst, die kriminellen Machenschaften der Eltern und der anderen Täter auffliegen zu lassen. Ein Dilemma: Sie kann diese Menschen, die ihr all das Leid angetan haben, nicht öffentlich an den Pranger stellen, ihrem Haß freie Bahn lassen. Monika hat große Angst, Todesangst. Nur im Schutz der Anonymität kann sie heute über das Geschehene in aller Deutlichkeit sprechen. Lange Zeit war ihr das selbst gegenüber Therapeuten und engen Freunden unmöglich.

»Geborgenheit und Sicherheit sind Fremdwörter für mich. Als Kind hatte ich immer Angst. Angst davor, daß meine Mutter wieder irgendwo besoffen umfällt, und ich dann nicht weiß, ob sie lebendig oder tot ist. Wenn mein Vater nach Hause kam und meine Mutter war ›zu‹, mußte ich ihn trösten. Dann wußte ich nie, was kommt danach. Ich hatte immer Panik, aber selbst zu diesem Zeitpunkt war der Mißbrauch für mich so normal, daß ich nicht wußte, daß das nicht in Ordnung ist. Für mich war Inzest einfach ein normaler Bestandteil meines Lebens, der am Wochenende lief oder dann, wenn mein Vater nach Hause kam und auf Feten, dann waren eben mehr Leute daran beteiligt. Meine Mutter bekam dann auch noch Zucker, wurde noch kränker. Und dann hieß es auch noch ›Du mußt jetzt noch mehr machen, mußt noch besser aufpassen, und Du mußt es mir noch besser machen.‹ Da war ich vielleicht acht, und es war klar, daß ich für die Belange der anderen zuständig bin. Selbst wenn ich krank war, und die Nachbarn sagten ›Mensch, hast Du eine dicke Backe‹, das haben meine Alten nicht registriert. Dafür hatten sie keinen Blick. Die Sucht bestimmte das Leben. Der Alkohol, der Schluck Schnaps in der Flasche, war immer wichtiger als ich. Das war mein Leben.«

**Monikas Vater ist auf den Freund eifersüchtig**

Von ihrem Leben, dieser Hölle auf Erden, erzählt sie nichts in der Schule. Und niemand merkt dem hübschen Mädchen, das so gute Noten hat, mehrere Musikinstrumente spielt und eine erfolgreiche Kunstturnerin ist, etwas an. Um die blauen Flecken am Körper zu verbergen, geht sie stets als erste oder letzte in die Umkleidekabine. Unbewußt versucht sie, auf ihre Not aufmerksam zu machen. Sie reißt sich die Wimpern aus, knabbert die Fingernägel ab und erzählt faustdicke Lügen von Kindern, die auf dem Schulhof tödlich verunglückt

seien. Doch diese Hilferufe verhallen ungehört – nur die Lügen werden aufgedeckt und Monika ausgeschimpft.
Mit 15 bekommt Monika zum ersten Mal ihre Periode. Für sie eine Erlösung, denn ihr Vater hört jetzt auf, mit ihr zu schlafen. Auch andere sexuelle Übergriffe finden nicht mehr statt und – ein bei diesen Opfern öfter beobachtetes, psychisches Wunder der Natur – Monika vergißt, jemals mißbraucht worden zu sein. Die Eltern jedoch können es nicht vergessen. Ständig wird sie kontrolliert, in den Urlaub darf sie nur mit ihren Eltern, die immer aufpassen, daß sie nichts ausplaudert.
Doch Monika lernt trotzdem einen Mann kennen und verliebt sich. Ihr Vater reagiert mit brennender Eifersucht. Sie traut sich nicht, mit ihrem Freund Hand in Hand durch die Stadt zu gehen, »aus Angst, mein Vater knallt den ab«. Er versucht sogar, ihr diese Liebe auszureden, läßt sie aber ansonsten in Ruhe. In der fünf Jahre dauernden Beziehung erlebt Monika zum ersten Mal das Gefühl, ein Mensch zu sein und geachtet zu werden. Doch die sexuelle Seite dieser Freundschaft bleibt größtenteils unbefriedigend. Bedürfnisse und Gefühle läßt Monika nicht zu, ohne daß sie sich die Gründe dafür erklären kann. Sie weiß noch nicht einmal, warum sie kein Jungfernhäutchen mehr hat. Monikas Überlebensstrategie, das Geschehene zu vergessen, funktioniert. »Für viele wirkte ich gefühlskalt. Die sagten: ›Du hast ein Gemüt wie ein Kaltblutpferd.‹ Ich hatte auch vor nichts Angst. Warum auch. Alles, was man Schlimmes erleben kann, hatte ich schon erlebt.«
Mit 23 Jahren verläßt Monika das Elternhaus, doch damit findet ihr Leiden kein Ende. Wenn es auch zunächst so aussieht. Sie schließt sich einer Gruppe von Kindern alkoholabhängiger Eltern an und merkt, daß sie nicht alleine mit ihren Erfahrungen ist. Ihrem Freund kann sie jetzt zum ersten Mal

die Sucht ihrer Eltern eingestehen. An den Inzest und die anderen Mißhandlungen erinnert sie sich noch immer nicht. Manchmal hat sie vage Ahnungen, Traumbildern gleich, die sie aber nicht zuordnen kann. Auch ihre heftigen Reaktionen auf alltägliche Ereignisse, wie zum Beispiel der Haß auf Autoritäten, die Panikanfälle auf Briefe von zu Hause oder die Angst vor Krankenhäusern und Spritzen, Einstichen in ihren Körper, bleiben ihr unverständlich.

Im gleichen Maße, wie sie sich ihren Mitmenschen öffnet, nehmen ihre Ängste aus der Kindheit zu. »Bis zu diesem Zeitpunkt«, so glaubt sie heute, »bin ich tot gewesen. Habe einfach nur funktioniert.« Ihr Selbstschutz, die Verdrängungsmechanismen, fallen mehr und mehr zusammen. In dieser Zeit erhält sie auch anonyme Anrufe. Sie hört die Schreie ihres Vaters im Hintergrund und eine kalte Stimme, die von ihr verlangt, sich auszuziehen und von ihren Sexerlebnissen zu berichten. Würde sie falsche Aussagen machen, so droht man ihr, würde der Vater kastriert werden.

Monika kann ihre Empfindungen nicht mehr unterdrücken. Ihre kühle Fassade zerfällt. Angst und Panik beherrschen zunehmend ihr Leben. Sie fühlt sich bedroht, bekommt Zustände, wenn sie alleine in ihrer Wohnung sitzt. Sie glaubt, der Alkoholismus in ihrer Familie habe all das mit ihr angerichtet. Irgendwann weiß sie alleine nicht mehr weiter und beschließt, über ihren Schatten zu springen: »Ich dachte, so, jetzt mußt auch du zum Therapeuten, zum Psychiater. Ich wollte nie so sein wie meine Mutter, und jetzt lande ich wohl selbst beim Psychiater. Meine Eltern hatten mir immer angedroht, man würde mich in die Psychiatrie, in die geschlossene Abteilung verschleppen und dort massakrieren. Deshalb wollte ich auch nie etwas damit zu tun haben. Aber dann ging es nicht mehr anders.«

Monika geht zum Psychiater, läßt sich in eine Gruppentherapie weitervermitteln. Im Gespräch mit dem Therapeuten sagt sie nur wenig über ihr Familienleben, von den sexuellen Mißhandlungen erwähnt sie nichts. Die hat sie noch immer verdrängt: »Ich hätte nie jemand erzählen können, daß mich meine Eltern mißbrauchen. Das habe ich mir selbst nicht eingestanden. Dieser Verrat war mit Tod belegt. Ich bin immer nur ein Objekt gewesen. Trotzdem habe ich lange die Illusion gehabt, daß bei uns zu Hause alles ganz toll war – selbst dann noch, als ich mit der Therapie begann. Ich habe erzählt, wir wären immer im Schwimmbad gewesen, im Zoo. Wir waren aber nur einmal im Zoo, daran kann ich mich erinnern, und selbst im Schwimmbad hat mein Vater mich mißbraucht. Ich nenne das ›aus Dreck Bonbons machen‹. Ich habe mir aus ganz viel Dreck Glückspfennige gepreßt und das wenig Gute, was mir widerfahren ist, aufgebauscht. Ich glaube, ich hätte das sonst nicht ertragen, das damals so zu akzeptieren.«

Monika Anders fühlt sich in der Gruppe, deren Mitglieder sie spöttisch »Baby Face« nennen, nicht sicher, kann sich nicht öffnen. Ihr Therapeut möchte, daß sie sich um ein Mitglied der Gruppe besonders kümmert. Sie tut es und wird von dem Patienten – einem Sexsüchtigen, der bereits einige Frauen mit Messern schwer mißhandelt hat, wie sie später erfährt – vergewaltigt. »Ich dachte, jetzt kann ich nicht mehr in die Gruppe gehen. Ich kann nicht zu dem Therapeuten gehen, ich muß schweigen.«

Sie unterbricht die Therapie und bekommt vermehrt psychosomatische Beschwerden. Sie kann nicht mehr sitzen, stehen, liegen, schlafen, hat nur noch Schmerzen und muß ihre Arbeit aufgeben. Sie beschließt, ihr Fachabitur nachzumachen und dann zu studieren. In der Schule wird ihr bewußt, woher ihre Probleme kommen. Ihr Mathematiklehrer, der sie sehr gern hat und in ihr wohl eine Tochter sieht, weckt in ihr

Aggressionen. Obwohl er sich nie an ihr vergreift, fühlt sie sich durch ihn an ihren Vater erinnert.
Plötzlich wird ihr klar: Ich bin ein Inzestopfer. Wieder wendet sie sich an den Therapeuten. Doch der, statt ihr zu helfen, verlangt Beweise für ihre Anschuldigungen. Monika will nichts beweisen, sich nicht mehr rechtfertigen für ihr Verhalten, das diesem professionellen Helfer so unverständlich bleibt. Auch ihren Freunden will sie nichts von den quälenden Erinnerungen erzählen, aus Angst, die Freunde zu verlieren.
»Ich wußte dann nicht mehr, wo ich noch hingehen sollte. Mein Freund, der heute Psychologe ist, sagte, ich solle in ein Frauenzentrum gehen. Ich war in verschiedenen Frauenzentren. Die eine Therapeutin sagte: ›Mit Ihrer Angst weiß ich gar nicht umzugehen, da müssen Sie sich jemand anderen suchen.‹ In der anderen Frauenberatung sagte die Frau zu mir: ›Ja, was erzählen Sie mir denn hier, jetzt strukturieren Sie das erst mal ein bißchen. Dann können Sie in fünf Wochen wieder kommen.‹ Mir ging es aber absolut dreckig, und ich hätte eher mal Unterstützung gebraucht. Ich war überhaupt nicht mehr in der Lage, irgend etwas zu strukturieren. Ich hab mich dann bei fünf anderen Leuten vorgestellt und gemerkt, das bringt alles nichts.«
Von den Menschen um sie herum, auch den Psychotherapeuten, unverstanden, glaubt Monika schließlich, sie habe sich alles nur eingebildet. »Deshalb ging ich eine Beziehung mit einem sexsüchtigen Mann ein. Ich wollte mir damit beweisen, daß ich Sex erleben kann. Ich glaubte, dann bin ich kein Inzestopfer. Aber das ging ganz schief. Bald habe ich am ganzen Körper Ausschläge bekommen, wenn er mich nur berührt hat. Die Beziehung habe ich dann beendet.«
Monika gibt nicht auf, ihr Leben in den Griff zu bekommen. Sie versucht es wieder bei einer Therapeutin. Doch die

glaubt, die depressive Frau habe wegen der Beziehung Probleme und will sie daraufhin therapieren. »Da merkte ich, hier kann ich auch nicht hin, die versteht mich auch nicht. Ich war jetzt völlig verzweifelt. Kein Mensch verstand mich.« Monika versucht es auch auf Trauerseminaren. Hier schreit sie sich ihre ganze Qual, den ganzen Haß von der Seele. Doch diese Ausbrüche belasten sie und die Gruppe zu sehr. Ihr Schmerz kann hier nicht aufgefangen werden.
Mit 28 Jahren hat Monika Anders ihr Abitur auf der Abendschule. Sie gehört zu den Besten ihrer Stufe, die an der Universität studieren dürfen. Nun wartet sie darauf, ihr Studium der Soziologie aufzunehmen. In diesen Wochen hat sie nur wenig zu tun und viel Zeit zum Nachdenken. Das wird Monika zum Verhängnis. Die Erinnerungen kommen wieder hoch, und ihr Leben wird abermals zum Alptraum. In ihrer Wohnung hält sie es alleine nicht mehr aus. Ständig beherrscht sie die Angst, ihre Eltern könnten kommen und sie holen. Freunde empfängt sie nur nach einem ausgemachten Klingelzeichen. Dem Postboten öffnet sie nur noch in Anwesenheit ihres Freundes. Vor die Tür kann sie nicht gehen, nicht mehr einkaufen, weil sie sich vor allem fürchtet. Sogar vor Katzen, Tauben und dem Unbekannten an der nächsten Straßenecke. Immer häufiger bekommt sie Atemnot, hat Panik, einfach durchzudrehen.
In den folgenden Wochen und Monaten versucht Monika immer wieder, ihr Leben durch Psychotherapie – ambulant und stationär – zu meistern: Der erste Anlauf scheitert, weil die Therapeutin und die Frauenzentren, die sie aufsucht, bis zum nächsten Jahr ausgebucht sind. Der zweite Versuch, die Behandlung in einer Klinik, schlägt fehl, weil sie sich hier für ein Mädchen stark macht, das als Kassenpatientin wie ein Opfer zweiter Klasse behandelt wird. Es kommt zu Auseinandersetzungen zwischen Monika und den Therapeuten,

und sie bricht die Therapie schon nach zehn Wochen ab. Auch die nächste ambulante Therapie, der nächste Psycho-Workshop bringen keinen Erfolg: Ihre Eltern schreiben ihr einen Brief und die alten Ängste und Wahnvorstellungen sind wieder da. Um sich davon zu kurieren, versucht sie es sogar als Praktikantin in der Psychiatrie. »Doch nach neun Tagen auf der geschlossenen Abteilung fragte ich mich: Auf welcher Seite stehst Du eigentlich? Bist Du Pfleger oder Patient?« Der zweite Klinikaufenthalt bringt zunächst auch nicht den erwünschten Erfolg: Monika will ihre Eltern hier mit allem konfrontieren, ihnen ihren ganzen Haß ins Gesicht schleudern. Doch mit diesem Wunsch stößt sie auf Unverständnis: »Mein Therapeut sagte, er würde das Spiel nicht mitspielen, meine Eltern auf die Anklagebank zu setzen. Ich solle doch meine Eltern einladen, mit denen im Wald spazierengehen und alles erzählen. Im Wald war aber schon soviel mit mir passiert, so daß ich davor Angst hatte. Dann hieß es, ich könnte meine Eltern in der Klinik konfrontieren mit den Therapeuten, aber sie würden keine Partei ergreifen. Doch wenn sich meine Eltern in Tränen auflösen würden und die Therapeuten würden sagen ›Ich kann Sie verstehen, Herr oder Frau Soundso‹, das hätte ich nicht ertragen, wenn sie verstanden worden wären und ich wieder nicht.« Doch die fünf Monate Aufenthalt in der Klinik haben für die Patientin auch Positives: Sie lernt, offen über ihre Probleme zu sprechen, Fragen zu stellen und ihre Wut aus sich herauszulassen. Sie merkt, daß auch Ärzte und Therapeuten nur Menschen sind, daß man sie ernst nimmt und akzeptiert und daß sie auf ihre innere Stimme hören kann.

»Heute«, so sagt sie, »weiß ich, wo ich stehe.« Das scheint wirklich so: Wenn man sich mit der jungen, gutaussehenden Frau unterhält, die soviel Humor, Kraft und Wärme ausstrahlt, kann man kaum glauben, was sie durchgemacht hat.

Heute macht sich Monika Anders nicht nur Sorgen um die eigene Person, sie denkt auch an andere: »Für Opfer wird in der Gesellschaft nicht genug Hilfe geleistet. Es werden nur wenige Hilfseinrichtungen unterstützt, alles läuft ehrenamtlich. Wenn ich nur daran denke, wie Freunde, Betroffene darum kämpfen müssen, therapeutisch versorgt zu werden, in der Klinik oder ambulant. Die Gesellschaft leistet nicht die Wiedergutmachung, die nötig wäre. Oft glaube ich, es geht nur darum, die Opfer ruhig zu halten.«

Mehr Öffentlichkeitsarbeit wünscht sie sich zum Thema sexueller Mißbrauch. Horror und Sex im Fernsehen unterstützen ihrer Meinung nach die Täter und legen den Opfern noch mehr Steine in den Weg. Trotzdem ist sie zuversichtlich. Sie meint, daß jedes Inzestopfer, wenn es Hilfe bekommt, seinen Weg machen und entdecken kann, daß unter »all den Wunden soviel Wunderbares sein kann«.

Der Inzest und seine Folgen wird Monika ihr ganzes Leben lang in Erinnerungen und Alpträumen begleiten. Ob sich die Täter jemals darüber Gedanken machen, was sie ihr angetan haben? Ob all die anderen Väter und Mütter, Brüder und Onkel oder all jene, die Kinder wie Monika jeden Tag, überall in Deutschland und der ganzen Welt, mißbrauchen, jemals einen Gedanken daran verschwenden?

Monikas Eltern werden von den Qualen ihrer Tochter nie etwas erfahren. Denn sie will sie nie mehr sehen oder gar mit ihnen reden. Zu groß ist die Angst, was dem folgen könnte. Aber der Stachel im Herzen bleibt: »Für mich ist es ganz schön hart, daß ich nicht einfach zu meinen Eltern hingehen und sagen kann: Ihr seid die Arschlöcher, und ihr habt das zu verantworten, wie ich zum Teil heute drauf bin. Das, was ich geschafft habe, dazu habt ihr nichts beigetragen. Das werde ich ihnen nie sagen können. Trotzdem fange ich jetzt an, mein Leben zu genießen. Ich habe nichts mehr zu verlieren. Doch noch immer wünscht sich ein Teil von mir wirklich, meine Eltern würden schon auf dem Friedhof liegen und ich könnte einfach mal hingehen und da meine Haß-Tiraden ablassen.«

**Lehrer und Priester gehören auch zu den Tätern**

Der sexuelle Mißbrauch von Schutzbefohlenen durch Lehrer, Erzieher, Priester, Sporttrainer, Ärzte oder Jugendgruppenleiter wird meist nur hinter vorgehaltener Hand diskutiert, denn niemand hat Interesse daran, das gute Ansehen der kinderbetreuenden Institutionen zu beschädigen. Das bestätigt auch Ursula Enders von der Hilfsorganisation »Zartbitter Köln e.V.«: »Die zuständigen Institutionen fühlten sich in der Vergangenheit jedoch meist weniger dem Wohl der betroffenen Kinder verpflichtet, als daß sie versuchten, die eigene Weste sauber zu halten. Meist wuschen die zuständigen Vorgesetzten ihre Hände in Unschuld und zogen allenfalls den Täter aus dem Verkehr – sprich: versetzten ihn aus Krankheitsgründen in den vorzeitigen Ruhestand bzw. wiesen ihn ohne Rücksicht auf potentielle nächste Opfer einer anderen Dienststelle zu. Es galt vor allem, den Ruf der eigenen Institution zu wahren ... Auch Zartbitter Köln war in den letzten Jahren wiederholt mit der sexuellen Ausbeutung von Jungen und Mädchen u. a. durch Lehrer, Ärzte, Trainer und Erzieher (Erzieherinnen) und Tageseltern konfrontiert. Allein in den letzten vier Jahren wurden von der Beratungsstelle drei Opfer (zwei Mädchen/ein Junge) langfristig betreut, die zwar nicht in einer offiziellen Einrichtung, jedoch von Tagesmüttern bzw. deren Partnern sexuell ausgebeutet wurden. In sieben Fällen war der Tatort eine Kindertagesstätte. Betroffen waren in diesen Fällen zwischen 5 und 23 Mädchen und Jungen – soweit das reale Ausmaß der sexuellen Ausbeutung überhaupt bekannt wurde, denn die Täter (Täterinnen) waren z. T. schon seit Jahren in diesen oder anderen Einrichtungen tätig.«[69]

Manchmal haben die Opfer die üblen Erfahrungen der Kindheit auch derart verdrängt, daß sie ihnen erst Jahrzehnte später wieder bewußt werden. In Traunstein wird ein Mann verurteilt, weil er über Jahre hinweg ein kleines Mädchen aus der Nachbarschaft zu sexuellen Praktiken verführt. Erst faßt er dem Kind ins Höschen, später läßt er sich von dem Kind mit dem Mund oder mit der Hand befriedigen. Zur Anzeige kommt die Tatserie erst, nachdem das inzwischen 20 Jahre alte Opfer gemeinsam mit dem Ehemann festgestellt hat, wie sehr die Kindheitserlebnisse zu Schädigungen in der Psyche der Frau geführt haben und Ehe wie Gefühlsleben belasten.

Diese Art Nachrichten finden wir auch regelmäßig zwischen den großen Schlagzeilen versteckt in unserer Tageslektüre: Da wird in Burgund in Frankreich ein Lehrer verhaftet, weil er 30 Jahre lang seine Schüler sexuell belästigte und einige sogar vergewaltigte. Und erst nachdem sich im Januar 1997 ein Schüler das Leben nimmt und einen Abschiedsbrief hinterläßt, fällt das kriminelle Treiben des Pädagogen auf.[70]

In Trier wird ein 70jähriger, pensionierter Amtsarzt zu einem Jahr Gefängnis auf Bewährung verurteilt – sechs Monate lang befummelte er die 12jährige Babysitterin seiner Urenkelin. Und in Oldenburg verurteilt ein Gericht einen Studienrat zu zwei Jahren Haft auf Bewährung und Berufsverbot,

---

[69] Bange, Dirk/Enders, Ursula, *Auch Indianer kennen Schmerz*, Verlag Kiepenheuer & Witsch, Köln 1995, Seiten 219 und 231
[70] *Bild*, 10.5.1997, »20 Opfer: Lehrer vergewaltigte Schüler«

weil er kleine Jungen belästigt und nackt vor ihnen auf dem Tisch tanzt.[71]

Abgesehen von den schrecklichen Taten, die vor den Gerichten zur Sprache kommen: Hinter jedem überführten Täter stehen viele andere, deren Vergehen nicht entdeckt werden.[72] Und nicht alle Taten eines Täters werden im Zusammenhang mit einer Gerichtsverhandlung aufgedeckt. Oft konzentriert sich die Anklage auf einige wenige Punkte beweisbarer Verbrechen, um die Chance einer Verurteilung zu erhöhen. »Wir wissen, daß die 31 Fälle nur ein Bruchteil dessen sind, was wirklich geschehen ist«, stellt im Juni 1994 der Richter an der Auswärtigen Großen Strafkammer des Landgerichts Kleve am Niederrhein, Heiner Tittel, in seiner Urteilsbegründung fest, als er einen Erzieher zu einer sechsjährigen Haftstrafe und vier Jahren Berufsverbot verurteilte. Der 47jährige hatte jahrelang zwei ihm zur Betreuung in einer Wohngruppe anvertraute Mädchen sexuell belästigt und mißbraucht. Die Mädchen waren im Alter von 12 und 16 Jahren ins Heim gekommen, wo er als Pädagoge und Diakon beschäftigt war. In ihren Zimmern hatte er die Kinder mehrmals zum Geschlechtsverkehr gezwungen.

Manchmal fallen die Täter nur durch Zufall auf. Die Belgische Vermißten-Polizei kommt im Fahrwasser des Dutroux-Skandals beispielsweise einem 50jährigen Lehrer auf die Spur, als sie einen Jungen sucht, der von Zuhause ausgeris-

---

[71] *Bild*, 21.5.1997, »Er kann's nicht lassen: Sex-Spiele mit Kindern – Studienrat erwischt«

[72] In meinem Bekanntenkreis gibt es einen Erwachsenen, der mir davon berichtete, daß seine halbe Schulklasse von einem Priester mißbraucht worden ist. Während der Schulzeit traute sich niemand, darüber mit den Eltern oder dem Schuldirektor zu sprechen. Per Zufall unterhielten sich dann die inzwischen Erwachsenen bei einem Treffen über die »Zärtlichkeiten« des Priesters und stellten dabei den Umfang des Mißbrauchs fest. Der Priester lebt immer noch unbescholten im Schatten der Kirchenmauern.

sen ist. Polizist Guido van Rillaer: »Wir haben das Zimmer des Jungen gründlich durchsucht und Briefe eines Freundes gefunden, die so geschrieben waren, als wäre der Briefschreiber in den Jungen verliebt.« Der Briefschreiber entpuppt sich schon bald als ein Lehrer, und bei ihm werden paketweise Pornomaterialien mit Kinderdarstellungen gefunden. Auch der vermißte Junge ist in eindeutigen Pornoszenen dargestellt. Van Rillaer: »Als wir den Mann verhaften, kommen die Nachbarn und sagen: ›Endlich sind Sie da. Darauf warten wir schon seit Jahren. Immer haben hier kleine Kinder im Haus übernachtet‹.«[73] Man sieht, die Dutrouxs sind überall zu finden. Nicht immer gehen sie bis zum Letzten, der Tötung eines Kindes, doch die Gewalt, die sie Kindern antun, ist so groß, daß diese in ihrer Seele ein Leben lang gezeichnet ist.

Auch die Gefahr, die Kindern durch die Täter im Talar droht, ist offensichtlich größer, als wir vermuten. In den USA kämpft bereits seit 1992 eine Gruppe namens VOCAL, Victims of Clergy Abuse Linkups (Vereinigung der Opfer des Mißbrauchs durch Geistliche), gegen die Scheinheiligkeit rund um den Opferstock. Auf der ersten Jahreshauptversammlung, so berichten die Historikerin Elinor Burkett und der Journalist Frank Bruni, erzählen die Teilnehmer »bittere Geschichten über das Vergehen, das an ihnen begangen worden war und die Gleichgültigkeit der Kirche. Das taten sie mit klaren, kräftigen Stimmen, ohne Beschönigung oder Entschuldigung vor den gleißenden Scheinwerfern der Fernsehteams, die jedes Wort aufzeichneten. Eine Frau, die als Kind mißbraucht worden war, prägte in der Eröffnungssitzung den Ton, als sie zornbebend aufstand und einem gebannt lauschenden

---

[73] Interview mit Guido van Rillaer, geführt im April 1997

Publikum erzählte: ›Den ersten Kuß sollte ein junges Mädchen nicht von einem Priester in mittleren Jahren bekommen‹.«[74] In der Bundesrepublik gibt es eine solche Organisation nicht, obwohl die Verstrickungen von Priestern in sexuelle Mißbräuche von Kindern recht häufig sind.

**Neunjähriger von Priester mißbraucht**

Die katholische Pfarrei St. Josef in Krefeld gehört zu jenen christlichen Gemeinden, die auf eine besonders unrühmliche Tradition ihrer Kirchenmänner zurückblicken kann: Mit dem Verfahren gegen den Geistlichen Wilhelm Marein (Name geändert), der sich 1994 wegen mehrfachen sexuellen Mißbrauchs an einem neunjährigen Jungen vor dem Landgericht verantworten muß, wird der dritte Pfarrer mit pädophilen Neigungen an den Pranger gestellt.
Vom Frühjahr bis Sommer 1990 soll sich der Angeklagte wiederholt und auf unterschiedliche Weise an dem Kind vergangen haben. Der Prozeß wird mit großem öffentlichen Interesse verfolgt, was auf den Bekanntheitsgrad des Angeklagten zurückzuführen ist, aber auch darauf, daß der Mißbrauch eines Kindes durch einen Geistlichen ein besonderes Maß an Widersinn darstellt. Denn in einer Zeit, in der Kinder von vielerlei Gefahren bedroht sind, erscheint vielen Eltern die Kirche mit ihrer nach außen klar formulierten Moral als einer der wenigen sicheren Orte, wohin man seine Kinder ohne Bedenken schicken kann. Daß diese Ansicht

---

[74] Burkett, Elinor/Bruni, Frank, *Das Buch der Schande*, Europa Verlag, Wien 1995, Seite 313

nun durch einen Prozeß wie diesen erschüttert wird, verunsichert vermutlich viele Eltern zutiefst.

Dem 54jährigen Pfarrer aus Krefeld wird vorgeworfen, den damals noch achtjährigen Jungen Tim[75], der in der Nachbarschaft lebt, mehrmals unter fadenscheinigen Vorwänden in seine Wohnung gelockt zu haben. Im Wohnzimmer des Pfarrhauses muß sich der Junge in der ersten Zeit Fotos von nackten Kindern ansehen, die der Pfarrer bei seinen zahlreichen Reisen, u. a. auf die Philippinen, aufgenommen hat, sowie Videofilme, die ebenfalls aus eigener Produktion stammen[76]. Der kleine Junge will nicht hinsehen, will diese Bilder und Filme nicht betrachten, aber Wilhelm Marein drängt ihn dazu. Der inzwischen verschüchterte Junge möchte fortlaufen, aber er ist in der Wohnung eines Mannes, den er kennt, achtet und vor dem er Respekt hat. So läuft er nicht einfach davon, sondern läßt die Streicheleinheiten des Pfarrers über sich ergehen. Wie in allen Mißbrauchfällen, kommt auch hier das Element der Geheimhaltung hinzu: Bevor der kleine Tim nach Hause gehen darf, wird ihm eingeschärft, daß er das, was gerade geschehen sei, niemandem erzählen dürfe. Ihm glaube sowieso niemand, und auch die Mami hätte ihn dann nicht mehr lieb.

Tim ist nach diesem Erlebnis sehr verwirrt und weiß nicht damit umzugehen. Er spricht mit niemandem über das Geschehene, überzeugt davon, daß ihm tatsächlich keiner glauben würde.

Bei der nächsten Begegnung – wieder wird der Junge ins Wohnzimmer des Pfarrhauses gelockt – geht der Geistliche bereits einen Schritt weiter. Mit den Worten »Keine Fragen

---

[75] Der Name wurde geändert.
[76] Interessant ist, daß sich der Priester wegen der Herstellung dieser Kinderpornos in Asien nicht vor einem Gericht verantworten muß.

Tim, ausziehen!« macht er unmißverständlich klar, was er von dem Kind erwartet. Völlig entkleidet, erhält Tim nun von dem Gottesmann Anweisungen, wie er sich in Position zu stellen hat, während Marein ihn fotografiert.
Nach der Fotosession wird dem Jungen wieder eingeschärft, niemandem etwas von seinen Erlebnissen zu erzählen. Denn wenn er dagegen verstoße, würden der kleine Bruder und auch die Mutter krank werden.
Tim hat keine Chance. Der Junge wagt es nicht, dem Pfarrer die Annäherungen zu verweigern. Ihm völlig aus dem Weg zu gehen, ist aber wegen der räumlichen Nähe seines Wohnortes auch nicht möglich. So kommt es zu einem weiteren Kontakt, bei dem Tim zum Analverkehr gezwungen wird. Obwohl das wehrlose Kind sagt, daß es dies nicht will und die Handlung ihm weh tut, vergeht sich der Pfarrer weiter an ihm – wiegelt Tims flehende Bitten mit einem einfachen »egal« ab. Tim hat große Angst. Er fühlt sich von dem großen, schweren Mann bedroht, der über ihm ist und der seine Hände festhält. Damit aber nicht genug: Marein fordert den Jungen auf, er soll nun auch bei ihm den Analverkehr durchführen, was natürlich nicht gelingt. Bei dieser Begegnung bietet der Geistliche dem Jungen an, ihn beim Vornamen zu nennen, wenn sie alleine sind. Die ohnehin schon verwirrende und unklare Beziehung des Jungen zu Wilhelm Marein erhält dadurch eine neue Dimension: Für Tim wird es immer schwieriger, das Geschehene zu verstehen und Abstand zu seinem Peiniger zu bekommen. Sich mit dem Unglaublichen jemand anzuvertrauen, scheint mehr und mehr unmöglich. So kommt es zu weiteren Übergriffen. Der Pfarrer zwingt den Jungen zum Oralverkehr, indem er Tims Glied in den Mund nimmt und auch sein Glied in den Mund des Jungen steckt. Auch muß Tim sich mit der Videokamera filmen und foto-

grafieren lassen, sich die Aufzeichnungen und Bilder anschließend ansehen.
Tim versucht seiner Mutter von den Mißhandlungen zu erzählen. Der psychische Druck macht ihm immer mehr zu schaffen. Er hält es nicht mehr aus und beginnt, nach Wegen zu suchen, wie er sich seiner Mutter anvertrauen kann. Tim reagiert mit psychosomatischen Krankheiten. Er klagt über starke Kopfschmerzen und hat fast ständig Bauchschmerzen. Er wirkt verschlossen und weint häufig. Die Mutter macht sich Sorgen, weiß aber nicht, was in ihrem Sohn vorgeht. Denn Tim erwähnt das Geschehene mit keiner Silbe. Er trägt die schwere Last weiterhin völlig alleine.
Es soll noch mehr als zwei Jahre dauern, ehe die Wahrheit aufgedeckt wird. Nur zögernd erzählt er seiner Mutter von den Fotos mit den nackten Kindern, die er sich im Wohnzimmer des Pfarrers habe ansehen müssen, und er berichtet, wie peinlich ihm das gewesen sei. Inzwischen kursieren auch schon Gerüchte in der Gemeinde, daß sich Wilhelm Marein gegenüber kleinen Jungen recht sonderbar verhalte. Die Mutter des Jungen ist beunruhigt und wendet sich hilfesuchend an den Kinderschutzbund. Dort rät man ihr, den Jungen nicht zu drängen, sondern abzuwarten. Ihr Sohn hätte den ersten Schritt getan – weitere würden folgen. Tatsächlich sagt Tim häufig, daß er seiner Mutter etwas erzählen müsse, »aber ich kann es nicht. Es frißt wie Säure in mir.«
Die besorgte Mutter unterrichtet den Regionaldekan über die Vorkommnisse, und wenig später ist in der Presse zu lesen, daß Wilhelm Marein versetzt werden soll. Als Tim davon erfährt, reagiert er entsetzt und schreit auf: »Der soll nicht in eine neue Pfarre. Ich will nicht, daß anderen Kindern das auch passiert!« Nach dieser Reaktion ist für die Mutter klar, daß nun die Polizei eingeschaltet werden muß – aber Tim schweigt.

Schließlich hat die Mutter eine Idee, wie sie ihrem Sohn helfen kann, die deutlich spürbare Last in Worte zu fassen. Sie macht ihm den Vorschlag, die Dinge, die ihn bedrücken, aufzuschreiben. Auf einen Zettel notiert Tim schließlich alle Geschehnisse. Und das Wunder geschieht: Tim gelingt es auf diese Art, das ihm auferlegte Schweigegebot zu brechen.
Die nächste Hürde stellt die Gerichtsverhandlung dar, denn inzwischen ermittelt der Staatsanwalt gegen den Pfarrer Wilhelm Marein. Tims Mutter wendet sich hilfesuchend an eine Rechtsanwältin. Die in Mißbrauchprozessen erfahrene Anwältin übernimmt den Fall und betreut Tim während der gesamten Verhandlungsdauer. Bereits bei Prozeßeröffnung ist allen Beteiligten klar, daß dies kein gewöhnlicher Mißbrauchsfall ist. »Durch den Umstand, daß der Täter ein Geistlicher ist, ist das öffentliche Interesse weitaus größer als bei sonstigen Mißbrauchsfällen. Die Menschen reagieren mit Empörung. Vor allem ist sehr deutlich zu spüren, daß die moralischen Anforderungen an einen Geistlichen sehr viel höher gesetzt werden als an einen Normalbürger«, sagt die Anwältin. Sie bedauert allerdings auch, daß bei anderen Mißbrauchsfällen kein großes öffentliches Interesse vorhanden ist. Es sei doch wünschenswert, daß der sexuelle Mißbrauch eines Kindes durch den Vater eine ebenso große Empörung hervorruft.
Da Wilhelm Marein alle Vorwürfe des sexuellen Mißbrauchs an dem Jungen energisch zurückweist, muß Tim als Hauptzeuge vor dem Landgericht Krefeld aussagen – eine schwere Belastung für das Kind. Schließlich hat ihn der Pfarrer selbst ja darauf eingeschworen, daß ihm ohnehin niemand glaube, wenn er die Mißhandlung publik mache.
Bis zum letzten Verhandlungstag leugnet der Geistliche alles, was ihm zur Last gelegt wird: »Ich habe nie, nie irgend etwas mit diesem Jungen gehabt«. Er sei vielmehr das Opfer

einer »Kampagne«. Seine pädophile Neigung bezeichnet er als Fehlentwicklung, die ihm seit langer Zeit bewußt gewesen sei, und gegen die er versucht habe, anzugehen. Im Verlauf des Prozesses räumt er mehrere, inzwischen verjährte Fälle von sexuellem Mißbrauch mit Minderjährigen ein, die er in der Pfarrei St. Josef begangen hat. Danach sei jedoch derartiges nie wieder vorgekommen. Demgegenüber stehen aber die sehr belastenden Fakten: Bei einer Hausdurchsuchung wird ein Berg pornographischen Materials sichergestellt: 58.000 Dias und 750 Videokassetten, die teilweise von dem Angeklagten selber aufgenommen wurden.

Die Anwältin beschreibt, was es für ein Kind bedeutet, wenn der Täter den Mißbrauch bestreitet und es im Prozeß gegen den Peiniger aussagen muß: »Es ist für die betroffenen Kinder ganz schlimm, wenn sie im Gerichtssaal hören, daß der Angeklagte sagt: ›Das Kind hat mir die Hose geöffnet, oder das Kind hat es doch so gewollt.‹ Es kommt nicht selten vor, daß sich die Täter als Opfer darstellen. Für das Kind ist es eine erneute Bestätigung der sich durch den Mißbrauch eingestellten Wahrnehmungsstörung. Es ist für die Betroffenen unerträglich, wenn sie erfahren, daß die Respektsperson, die Erwachsene für Kinder nun einmal darstellen, nicht die Wahrheit sagt. Sie können es nicht verstehen, daß der Täter, der doch dabei war, nicht das tatsächlich Geschehene beschreibt.«

Tim, der Hauptbelastungszeuge, muß sich sogar einer Begutachtung unterziehen, in der seine Glaubwürdigkeit geprüft wird. Erneut steht die Frage im Raum, ob ihm Gutachter und Gericht glauben werden. Schließlich sitzt auf der Anklagebank ein erwachsener Pfarrer, der den Mißbrauch abstreitet.

Die Anwältin bedauert, daß Erwachsene eher davon ausgehen, daß Kinder lügen, als daß sie die Wahrheit sagen. »Kin-

der, die sexuelle Details berichten, lügen nie. So etwas können sich Kinder nicht ausdenken, so etwas müssen sie erlebt haben, um es schildern zu können. Zudem sind Kinder existentiell von den Erwachsenen abhängig – warum sollten sie diese Verbindung bewußt zerstören?«
Die Verteidiger des Pfarrers fordern ein Glaubwürdigkeitsgutachten, was eine zusätzliche Strapaze für Tim ist. Die Anwältin bereitet ihren kleinen Klienten sorgsam auf die Untersuchung vor. Sie versucht, dem Kind zu erklären, daß »die Bescheinigung ihrer Glaubwürdigkeit – und ein anderes Ergebnis kann es nicht geben, wenn sie die Wahrheit sagen – in der Hauptverhandlung ihr Trumpf ist«. So ist es auch bei Tim. Ihm wird die »absolute Glaubwürdigkeit« attestiert. Die gefühlsmäßige Schilderung der Dinge kann Tim nirgendwo nachgelesen haben – so beschreiben nur Kinder, die den Mißbrauch erlebt haben. Seine Aussage besticht durch die Detailgenauigkeit, die bei Falschaussagen in der Regel immer fehlt. Auch ist der Leidensdruck des Kindes überdeutlich spürbar. Während seiner Aussage bricht er zweimal zusammen, so daß die Verhandlung unterbrochen werden muß. Auch Ungenauigkeiten bei der Ortsbeschreibung ändern nichts an der Glaubwürdigkeit des mittlerweile 12jährigen Jungen. Die Kammer ist überzeugt, daß eine solche Aussage nicht ohne realen Hintergrund entstehen kann.
Die Verteidigung stützt sich jedoch auf genau diese Ungenauigkeiten in der Beschreibung der Räumlichkeiten und unterstellt der Gutachterin »unzuverlässige und defizitäre Vorgehensweise«. Nach ihrer Auffassung hätte beispielsweise auch geprüft werden müssen, ob Tims Aussage nicht einer »blühenden Phantasie« entsprungen sei. Die Zweifel an der Richtigkeit der Schilderungen geht sogar so weit, dem Jungen ein mögliches Wunschdenken bezüglich sexueller Kontakte zum Angeklagten zu unterstellen. Auch könne das

eventuell Erlebte mit einer völlig anderen Person geschehen sein. Der Richter ist jedoch von Tims Glaubwürdigkeit überzeugt, und Tim muß kein weiteres Gutachten über sich ergehen lassen. Der Junge erlebt, daß ihm geglaubt wird und der Täter seine Strafe erhält. Ein wichtiger Schritt zur Verarbeitung des Geschehenen.
Auch für den Staatsanwalt gilt der Tatbestand als bewiesen. Er bewertet die Geständnisse der verjährten Mißbrauchsfälle als taktische Maßnahme des Pfarrers, die seine Ehrlichkeit bezeugen sollen. »Um so besser kann der Angeklagte die aktuellen Vorwürfe leugnen.« Es handelt sich hier nicht um eine »Situationstat«, sondern um eine »Charaktertat«. Das heißt, daß der Geistliche auf egoistische Weise lediglich seine Befriedigung gesucht habe, ohne Rücksicht auf das Opfer. Dabei habe er seine Autorität und Stellung als Pfarrer einer Kirchengemeinde bewußt ausgenutzt. Wilhelm Marein habe planvoll gehandelt, was auch durch die massiven Schweigegebote deutlich wird. Besonders belastend für Tim sei außerdem die Aussage des Pfarrers, daß er »etwas an sich habe, das Männer anmacht.« Tim fühle sich dadurch paradoxerweise eher als Täter denn als Opfer. Seine Aussage, die in Mimik und Inhalt stimmig ist, wertet der Staatsanwalt als eine Art Schuldeingeständnis des Jungen und nicht als bewußte Belastung des Angeklagten.
Als Vertreterin der Nebenklage betont Tims Anwältin, daß dem Umstand, daß in diesem Prozeß der Täter ein Geistlicher sei und die Eltern ihre Kinder arglos dem Pfarrer anvertraut haben, eine besondere Bedeutung zukomme. »Denn die Moralvorstellungen, die mit der Institution Kirche und ihren Vertretern verbunden sind, haben den Täter über Jahre geschützt. Die Tatsache, das Wilhelm Marein Pfarrer ist, hat es Tim erheblich erschwert, sich seiner Mutter anzuvertrauen.« Der Angeklagte habe sich in einer Dreierbeziehung, Täter –

Zölibat – sexuell mißbrauchtes Kind, befunden und sei in gewisser Weise selber auch Opfer gewesen. Die Ausnutzung des Machtverhältnisses gegenüber Schwächeren, Kindern »ist jedoch durch nichts entschuldbar«.
Während aller Verhandlungstage zeigt Wilhelm Marein kaum eine emotionale Regung. Bei den detaillierten Schilderungen des Staatsanwaltes und der verschiedenen Zeugen zum Tathergang schüttelt er gelegentlich den Kopf oder errötet. Die meiste Zeit jedoch sitzt er mit unbewegter Mine auf der Anklagebank und vermeidet es, in den stets überfüllten Besucherraum zu blicken.
Nach den so unterschiedlich dargelegten Ansichten von Verteidigung und Anklage, ist das jeweilig geforderte Strafmaß nicht erstaunlich: Der Staatsanwalt plädiert auf vier Jahre und sechs Monate Freiheitsstrafe ohne Bewährung. Darin sei unter anderem der Mißbrauch unter Anwendung von Gewalt sowie der Mißbrauch in besonders schwerem Fall berücksichtigt. Auch die Tatsache, daß der Angeklagte dem Kind nicht das Verfahren durch ein Geständnis erspart habe, fließe mit in seine Forderung ein. Dieser Forderung schließt sich die Nebenklägerin an.
Der Verteidiger hingegen verweist erneut auf die seiner Ansicht nach nicht hinreichende Beweislage und fordert die Kammer auf, »im Zweifel für den Angeklagten« zu entscheiden. Die Strafmaßforderung des Staatsanwaltes kritisiert er: »Angesichts der Maßlosigkeit des Antrages scheint es hier um Geld zu gehen.« Damit spielt er offensichtlich darauf an, daß es in diesem Verfahren um die Zahlung von Schmerzensgeld ginge. Er plädiert auf Freispruch.
Scheinbar erschüttert, spricht Pfarrer Marein schließlich ein Schlußwort – einer Predigt gleich. Zunächst geht er intensiv auf seine Arbeit in der Pfarrgemeinde ein. Er sagt, daß er sich sein Leben lang gegen Gewalt eingesetzt habe und

stets bemüht war, Schwächeren zu helfen. Er habe allerdings auch Fehler gemacht. Das pornographische Material habe ihn sehr belastet und öfter habe er versucht, es zu vernichten. Irgend etwas habe ihn letztlich jedoch immer davon abgehalten. Die Beschuldigungen schließlich seien sehr quälend für ihn. »Egal, wie die Kammer auch entscheidet, ich kann davon ausgehen, daß mein Leben zerstört ist.« Den Tränen nahe, bittet er den Richter: »Nehmen Sie den Alptraum von mir.« Unmittelbar nach diesen erschütternden Aussagen spricht Wilhelm Marein mit seinem Verteidiger – gelöst und lächelnd.
Die Erste Große Strafkammer des Landgerichts Krefeld kommt nach neun Verhandlungstagen zu der Überzeugung, daß sich Wilhelm Marein an dem damals neunjährigen Jungen in fünf Fällen vergangen hat. Das Urteil lautet: vier Jahre Freiheitsstrafe ohne Bewährung.
Wilhelm Marein, der bis zum Schluß alle gegen ihn erhobenen Vorwürfe von sich weist, nimmt das Urteil mit Kopfschütteln hin. In der Urteilsbegründung weist der Richter darauf hin, daß sich die pädophile Neigung des Pfarrers »wie ein roter Faden durch sein Leben zieht.« Er habe diese Neigung bereits sehr früh erkannt, aber nichts dagegen getan. Im Gegenteil – er hat sie ausgelebt, sich ihr hingegeben. Um sich zu befriedigen, hat er alle Situationen ausgenutzt. Die Pfarre, ein Anlaufpunkt für Kinder, bot ihm dabei viele Möglichkeiten. Der Richter spricht von einer »Lebensführungsschuld« des Geistlichen, in das sich das Tatgeschehen nahtlos einfügte. Kritik übte der Richter auch an der Verteidigung. Die so detaillierte Aussage des Jungen hätte keinen Zweifel aufkommen lassen dürfen. Aufgrund der Qualität der Darstellung wäre noch nicht einmal ein Gutachten, deren Untersuchungen eine erneute Belastung für das Opfer darstellt, notwendig gewesen. »Man kann fast sagen, leider

sind diese Geschehnisse noch allzu klar in Tims Bewußtsein.«

Der Geistliche ist verurteilt und in Haft. Nach vier Jahren Freiheitsentzug wird er wieder ein freier Mann sein. Es drängt sich die Frage auf, ob die Täter mit pädophilen Neigungen nicht ebenso wie ihre Opfer psychologisch-therapeutische Hilfe benötigen. Tims Anwältin hält eine Therapie während des Strafvollzugs für den Idealfall. »Die Schwierigkeit besteht aber darin, daß die Täter den Mißbrauch meist konsequent leugnen. Zu einer erfolgreichen Therapie gehört aber der Wille zur Einsicht.« Ein gefährlicher Kreislauf, denn Erwachsene mit pädophilen Neigungen sind Wiederholungstäter.

Auch die Kirche, in diesem und in vielen anderen Fällen Hort des Verderbens, sendet keine Signale aus, daß den Tätern hier geholfen wird, daß versucht wird, den Kreislauf von Verbrechen und Sühne zu durchbrechen. Versetzungen und Beurlaubungen der Täter im Talar sind für die Kirche offensichtlich schon Zugeständnisse an die weltliche Gerichtsbarkeit. Der Hamburger Weihbischof Hans-Jochen Jaschke beurlaubt beispielsweise im Oktober 1994 einen Pfarrer, der im Verdacht steht, vier Jungen seiner Gemeinde sexuell mißbraucht zu haben. Offensichtlich haben die Kirchen-Fürsten die Zeichen der Zeit noch nicht erkannt. Lange Zeit galt die Kirche schließlich als ein Hort der Verschwiegenheit, an dem die Sünder mit ihren leisen Geständnissen unter ihresgleichen gut aufgehoben waren. Doch seit sich homosexuelle Priester outen, Rebellen die Worte des Papstes in Rom anzuzweifeln wagen und die Gläubigen gleich zu Hunderttausenden den Schoß der Kirche verlassen, bleiben auch die ganz geheimen Sünden innerhalb der Bannmeile des Christentums dem gemeinen Volk nicht mehr verborgen. Wenn Kinder mißhandelt werden, sorgen Gerichte

immer öfter dafür, daß die Täter im Talar öffentlich bloßgestellt werden.
Die Kirche allein setzt sich noch immer nicht freiwillig mit ihren Problemen auseinander und begeht durch ihr Nichthandeln im Bereich der Prävention eine ganz besondere Form von Gewalt gegen die Kinder. Die kleinen, hilflosen Opfer sind den Stellvertretern Christi schließlich im Angesicht Gottes zu Diensten, folgen voller Gottvertrauen den Männern in jede dunkle Ecke einer Kirche.
Es ist erschreckend, wie schweigsam die Kirche ist, wenn es um Verfehlungen ihrer eigenen Mitstreiter geht. Man kann nur hoffen, daß die Kirche auch dieses Tief in der Sakristei überwinden wird, schließlich war sie im Verlauf ihrer Geschichte ja auch schon Teufelsaustreibern, Exorzisten und Kriegstreibern im Auftrag Christi ein guter Arbeitgeber und hat sich auch dieser entledigt. Und es ist erschreckend, wie wenige es wagen, die Kirche wegen ihrer Verfehlungen anzugreifen. Der »Bild am Sonntag« bleibt es überlassen, im Oktober 1994 »Das Schweigen der Hirten« (Titelzeile) anzuklagen. »Immer wieder begehen Priester Sexualdelikte an Kindern. Doch die schwarzen Schafe werden geschützt – von ihrer Kirche«, empört sich die BamS. Die Sonntagszeitung berichtet u. a. über einen Pfarrer, der Nacktaufnahmen von einer Schülerin machte, sie zum Sexualakt zwingt – »ein Generalvikar gab K. einen Tag vor der Verhaftung den Tip, ins Ausland zu gehen«. Gegen einen anderen Priester wird laut BamS wegen mehrerer Sexualdelikte ermittelt – die Kirche zieht ihn für zwei Jahre aus dem Verkehr und gibt ihm anschließend eine neue Stelle, wo er wieder straffällig wird.
Immerhin, Ulla Schmidt, die frauenpolitische Sprecherin der SPD in Bonn, wagt ein klares Wort: »Kinder und Jugendliche bringen ihrem Pfarrer ein besonderes Vertrauen entge-

gen. Wer das auf so ekelhafte Weise mißbraucht, muß besonders hart bestraft werden. Kirchenvorgesetzte, die solche Vergehen vertuschen, machen sich mitschuldig. Sie gehören genauso vor Gericht wie die Pfarrer, die sich an den Kindern vergehen. Die Kirche darf sich nicht zum Staat im Staate aufspielen, sie untersteht dem Bürgerlichen Recht wie wir alle.«

## Auch Kinderprostituierte werden sexuell mißbraucht

Straßenkinder sind die wahren Außenseiter der Gesellschaft. Viele Worte – wenige Taten. Nach dieser Devise arbeiten wir auch im Bereich der Betreuung von obdachlosen Kindern und Jugendlichen. Die wenigen Sozialarbeiter und Streetworker können meist nur Psycho-Feuerwehr spielen – um den Kindern attraktive Angebote zu machen, um sie von der Straße, vom Strich, von der Bettelei zu befreien, dafür fehlt es vielerorts an Geld und guten Taten der Lokalpolitiker. Nicht einmal am Weltkindertag finden viele der sonst so redegewandten Lokalpolitiker vor Ort ein gutes Wort für die Ausgestoßenen unserer Gesellschaft.
Betteln und Prostitution, Dealen und Stehlen sind die Jobs all jener, die allein im Regen stehen oder liegen – ohne Eltern, ohne Hilfe von Mildtätigen, die die kleinen Kreaturen vor der Gewalt des Alltags beschützen. Wer auf der Straße überleben will, muß sich mit niedrigsten Arbeiten zufriedengeben.
50.000 Kinder haben nach Schätzungen des Deutschen Kinderschutzbundes ihre Familien verlassen und sind untergetaucht – meist leben sie auf der Straße oder im Bahnhofsmilieu. Nur die wenigsten haben das Glück im Unglück, von Streetworkern wie den Sozialarbeitern der Initiative »Karu-

na« in Berlin betreut zu werden, die zusammen mit den Kindern die Zeitung »Zeitdruck« herstellen und vertreiben. Das Hausblatt der Obdachlosen-Kids hat nicht nur Erfolg und Nachahmer in anderen Städten gefunden, es schildert auch die Situation der Betroffenen ungeschminkt.
Kinder, die auf der Straße leben, oft verlaust, verschmutzt und stinkend und die, um ihrer schier unerträglichen Situation wenigstens für ein paar Augenblicke zu entfliehen, im Drogenrausch den Tag verdämmern – das sind Bilder, die wir in unserem Wohlstandsland lange Zeit nur mit Süd- und Mittelamerika in Verbindung brachten. Das hat sich geändert. Die »neue Armut« ist in Deutschland nicht nur zum Schlagwort geworden. Und ein Blick auf die Bahnhöfe und Touristen-Treffpunkte unserer Städte zeigt, daß es die Straßenkinder auch in der Bundesrepublik in großer Zahl gibt. Wie deren Leben aussieht, beschreibt ein Insider, der im Alter von 13 Jahren von Zuhause ausgerissen ist und im Frankfurter Hauptbahnhof neue Freunde kennenlernte: Frankfurt/Main, Hauptbahnhof, B-Ebene, Sammelpunkt der Hoffnungslosen. Für die Kinder scheint das Leben an diesem Ort schon beendet, bevor es überhaupt begonnen hat. Nur die wenigsten stranden hier aus freiem Willen, und noch viel weniger schaffen es, sich aus der Ausweglosigkeit ihrer Situation zu befreien. Dieter Richard[77] hat den Weg zurück nach Hause gefunden. Doch der damals 14jährige ist auch nie ganz dort angelangt, wo seine Szene-Kumpels sind: ganz unten. Und im Gegensatz zu den Freunden gibt es für ihn ein Zuhause, Eltern, die nicht mit Prügel, sondern Verständnis auf ihn warten. Dieter weiß heute: »Ich hatte Glück! Viele andere haben dieses Glück nicht.«

---

[77] Der Name des Jungen ist geändert worden, um ihn zu schützen.

Dieter könnte eigentlich ganz zufrieden sein. Der 13jährige hat keine Probleme in der Schule und zu seinen Eltern »ein Superverhältnis«. In seinem Heimatort herrscht ländliche Beschaulichkeit. Die Stadt hat als sozialer Brennpunkt noch nie Schlagzeilen gemacht. Der Junge hat keine Sorgen, aber auch keine Abwechslung. Er beschließt, die Romantik mit dem Großstadtdschungel Frankfurts zu vertauschen. »Ich wollte einfach raus, etwas erleben«, erinnert er sich. An einem Tag im Januar muß Dieter für seine Mutter ein Päckchen zur Post bringen. Am Abend ist der Junge noch immer nicht wieder zu Hause. Seine Eltern machen sich große Sorgen und geben eine Vermißtenmeldung bei der Polizei auf. Zu diesem Zeitpunkt ist Dieter bereits in Frankfurt angekommen.

»Dort kannte ich einen Mann, einen Freund aus unserem Ort. Bei dem bin ich untergekommen. Ich hatte keine Probleme und ein Dach über dem Kopf – im Gegensatz zu den Gleichaltrigen am Hauptbahnhof war ich in einer besonders guten Situation«, berichtet Dieter. Was der vertrauenselige Junge nicht weiß: Die pädophilen Organisationen schicken ihre Kundschafter über Land. Diese sprechen in Spielhallen und anderen Treffpunkten die Kinder und Jugendlichen an, bauen zu ihnen ein Vertrauensverhältnis auf und schwärmen ihnen vom abenteuerlichen, abwechslungsreichen Stadtleben vor. Dann versprechen sie den Kindern, daß sie bei ihnen oder bei Freunden wohnen können. Immer wieder fallen Jungen und Mädchen auf die Versprechungen herein und reißen von Zuhause aus – und landen im Netzwerk der Pädophilen, die mal mit Zuckerbrot, mal mit der Peitsche die Kinder zu willigen Opfern ihrer Triebbefriedigung machen. Dieter landet in Frankfurt. Sein neuer »Freund« beschafft dem 13jährigen sogar eine »bürgerliche« Existenz – einen Job bei einer Möbelspedition. Vier bis fünf Tage in der Wo-

che klingelt für ihn nun der Wecker um sechs Uhr morgens. Bis zum Abend muß der schmächtige Junge Möbel schleppen – treppauf, treppab. Trotzdem: »Ich war zufrieden. Immer war etwas los. Das Leben in Frankfurt hat meinen Erwartungen voll entsprochen. Aber nur, weil ich eine Wohnung und Arbeit hatte«, versichert Dieter.
Ein ganz anderes Leben erlebt er täglich bei seinen Kumpels aus der Szene. »Viele, die ich kennengelernt habe, sind vor den Problemen zu Hause abgehauen und waren drogenabhängig. Ich hatte immer die Chance, wieder nach Hause zurückzukehren. Das hatten die nicht.« Dieter bekommt viel zu hören. Von Prügel und Mißhandlungen zu Hause erzählt man ihm oder auch »nur« von Eltern, die sich nicht um ihre Kinder kümmern, kein Verständnis zeigen und sie mit ihren Sorgen und Ängsten alleine lassen.
Doch was auch immer diese Kinder erlebt haben – von vielen meint Dieter, daß es ihnen auf der Straße noch schlechter geht als zu Hause. »Sie brauchen Geld, um das tägliche Leben zu bezahlen. Oder sie brauchen ganz viel Geld, um sich ihre Drogensucht zu finanzieren. Dieses Geld verdienen sich die meisten auf dem Strich. Ich war so froh über meinen Job. Vor dem Strich habe ich mich total geekelt.«
Hier, in diesem Milieu, macht Dieter auch die schlimmste Erfahrung in seinen vier Monaten in Frankfurt: »Gleichzeitig mit mir kam ein Junge in Frankfurt an, genauso alt wie ich. Innerhalb von drei Monaten hing er an der Spritze. Um sich Geld für Heroin zu beschaffen, ging er bald auf den Strich. Man muß tough sein, um das zu überstehen.« Der Junge war von Dealern rauschgiftabhängig gemacht worden. Besonders erschreckt Dieter die Entdeckung, daß die käuflichen Kinder immer jünger werden. Der Kleinste in Frankfurt war gerade mal 12 Jahre alt. »Wenn du 17 oder 18 Jahre bist, dann hast du kaum noch eine Chance. Dann nimmt Dich

doch keiner mehr mit.« Das erzählen ihm auch die älteren Stricher, die sich kaum noch das täglichen Überleben durch die Prostitution finanzieren können.
In seinem Heimatort haben Dieters Eltern mittlerweile alle Hebel in Bewegung gesetzt. Zusammen mit Polizei und Medien suchen sie ihren Sohn – und werden Mitte Mai endlich fündig. Kripobeamte überraschen ihn in der Wohnung seines Freundes in Frankfurt und nehmen ihn in Verwahrung. Noch am selben Abend holen ihn seine Eltern ab. Ärger gibt es nicht. Viel zu groß ist die Erleichterung, daß Dieter sein Abenteuer unbeschadet überstanden hat. Heute weiß er selber ganz genau: »Ich hatte riesiges Glück. Ich bin nicht im Drogensumpf gelandet wie die meisten Ausreißer.« Daß der Weg für viele dort endet, kann er nachvollziehen. »Nach allem, was die Kinder zu Hause erlebt haben, kann ich die Ausreißer verstehen. Für sie wird viel zu wenig getan, um sie vor der Sucht zu bewahren. Erst in den letzten Jahren sind Streetworker aufgekommen. Sonst gab es nur ein paar Jugendstellen. Doch um die Probleme zu lösen, müssen noch viel mehr Anlaufstellen eingerichtet werden«, fordert er.

**Straßenkinder leben von Betteln und Prostitution**

Die Prostitution ist neben Betteln und Diebstahl die Haupterwerbsquelle der Straßenkinder. Ob in Düsseldorf oder Hamburg, Frankfurt oder Berlin, Essen oder Dortmund – in allen größeren Städten gibt es einen sogenannten »Babystrich«, auf dem sich Jungen und Mädchen potenten Freiern oder Frauen anbieten. Ob Polizei oder Politik, Medien oder Moralwächter unserer Gesellschaft: Alle haben sich an diesen Zustand gewöhnt und selten nur werden halbherzig empörte Rufe laut, den Täter, also den Freiern, endlich das

Handwerk zu legen. Denn dieser sexuelle Mißbrauch von Kindern und Jugendlichen ist – auch wenn er mit Ausgestoßenen unserer Gesellschaft passiert – strafbar.
Alle sehen zu, wie die Notlage von Kindern brutal ausgenutzt wird. In Hauptbahnhöfen oder in Parks, in Seitenstraßen oder vor regelrechten Kinderbordellen. »Tagsüber spielt sich das Stricherleben in der Öffentlichkeit ab. Völlig ungeniert ›kaufen‹ meist reifere, oft mit Schlips und Anzug gekleidete Männer die minderjährigen Strichjungen ein«, beschreibt Markus Heinrich Seidel von der Hilfsorgansiation »Off-Road-Kids Förderverein« die Szene, »einige Freier stehen dabei oftmals eine Weile herum und erwecken den Anschein, jemanden zu erwarten. Letztlich sondieren sie die ›Ware‹. Andere sind in der Szene bekannt und gehen ohne Umschweife auf sich prostituierende Minderjährige zu. Kommt es zum Kontakt, wird nach kurzem Smalltalk sofort und ungeniert über Preis und Leistung verhandelt. Nach Auskunft der Kids handeln die meisten Freier den Preis herunter. Kommt es zu einer Einigung, verschwinden Freier und Stricher in Stundenhotels, Gebüschen, Autos, selten in der Wohnung des Freiers. Manche Jungen verbringen die Zeit in Stricherkneipen. Manche Mädchen werden von Zuhältern in Hinterzimmern an Freier vermietet. Stricher berichteten mir auch von illegalen Bordellbetrieben, in denen Jungen professionell feilgeboten werden.«[78]
Seidel recherchierte intensiv in der Szene der Straßenkids und führte auch eine Umfrage über die »Dienstleistungen« durch. Ein Kaleidoskop der Perversion, das deutlich macht, daß hier Erwachsene Kinder in eindeutiger Weise sexuell

---

[78] Seidel, Markus Heinrich, *Straßenkinder*, Ullstein Verlag, Frankfurt/Main, Berlin 1994, Seite 225 f.

mißbrauchen: »Ein Junge und ein Mädchen gaben an, sich für Freier nicht auszuziehen. Alle anderen 18 Kids verdrängen diese Schamgefühle. 19 Kids berichten, Freier schon masturbiert zu haben. 17 Kids nannten ›blasen‹ als bereits praktizierte Technik. 11 Kids waren in eindeutiger Pose fotografiert worden. 8 Jungen wurden mit der Videokamera gefilmt. 4 Jungen und 3 Mädchen berichteten, schon ›brutal vergewaltigt‹ worden zu sein. 3 Jungen hatten bereits Analverkehr mit Freiern (wobei die Dunkelziffer aus Schamgründen höher liegen dürfte). 2 Mädchen machten kein Geheimnis daraus, mit Freiern Geschlechtsverkehr gehabt zu haben. 2 Jungen berichten von sadistisch-masochistischen Praktiken, die Freier ihnen bereits abverlangt hätten. Prügeln der Freier auch im Genitalbereich sowie ›dem Freier ins Maul scheißen, pissen und kotzen‹ hätten sie unter anderem schon leisten müssen. 13 Jungen waren schon von Frauen ›angemietet‹ worden.«

Wer jetzt denkt, daß diese Mißbrauch-Handlungen vom Babystrich zu Preisen zwischen 50 und 170 DM pro Freier die Ausnahme sind, der täuscht sich.

Schon 1978 zeichnen Kai Hermann und Horst Rieck in dem zum Kultbuch hochstilisierten Erfahrungsbericht »Wir Kinder vom Bahnhof Zoo« ähnliche Beobachtungen auf. Darin beschreibt Christiane F. die Berliner Babystrich-Szene: »Stella ging auf den Autostrich, auf den Babystrich an der Kurfürstenstraße. Da waren fast nur Fixerinnen und vor allem die Dreizehn-, Vierzehnjährigen. Ich hatte einen urischen Horror vor dem Autostrich, wo man kaum noch kontrollieren konnte, zu wem man in den Wagen stieg. Und ich sagte: ›Der Autostrich ist doch nun echt das Letzte. Da machen sie es doch für 20 Mark. Zwei Freier für einen Druck, das würde ich echt nicht bringen.‹ Wir stritten uns bald eine Stunde darüber, ob man auf dem Kinderstrich am Zoo oder auf dem

Kinderstrich am Kurfürstendamm weiter runtergekommen sei. Zwischendurch einigten wir uns darauf, daß Babsi eigentlich schon das letzte Stück Mist sei, wenn sie mit diesem Kerl bumste.«[79]
Christiane F.s Buch, in Millionenauflage verkauft und für Kino und Fernsehen verfilmt, hat nichts an der Situation geändert. Viele von damals sind gestorben oder inzwischen zu alt für den Strich. Obdachlose Kinder in Berlin finanzieren weiterhin ihren Lebensunterhalt durch Betteln und Prostitution, stellt der Jugendausschuß des Bundestages in einer Sitzung im Mai 1994 fest: »Bei den weiblichen Jugendlichen ist es meist der Geldmangel und die Notwendigkeit, die Drogenabhängigkeit zu finanzieren, die sie in die Prostitution treiben.« Entsetzt schreibt die »Westdeutsche Zeitung« in Düsseldorf über »das möglicherweise traurigste Kapitel in der Kriminalgeschichte«: »... Es gibt 13- und 14jährige Mädchen, die meisten davon sind Drogenabhängige, einige schwanger. Die jungen Mädchen und Kinder werden von ihren Zuhältern in Schach gehalten oder vergewaltigt, Anzeigen gibt es aus Angst der Opfer meist nicht ...« In Dortmund berichtet die »Westfälische Rundschau«: »Oftmals knüpfen die zumeist ausländischen Zuhälter vor Berufsschulen Kontakte zu den Schülerinnen. Nachdem sie ihnen zunächst Liebe vorgaukelten, schickten sie sie dann auf den Strich ...«
Wie sich die Bilder gleichen. Überall in der Bundesrepublik finden wir die Straßenkinder, die sich den erwachsenen Freiern anbieten. Alle haben sich an diese Bilder gewöhnt und auf den ersten Blick scheint es sich um ein harmonisches Miteinander von Alt und Jung zu handeln. »Tausende Kin-

---

[79] F., Christiane, *Wir Kinder vom Bahnhof Zoo*, Gruner & Jahr Verlag, Hamburg 1978

der in Hamburg geschändet«, empört sich das »Hamburger Abendblatt« im Oktober 1994. Die Tageszeitung ist entsetzt über das Elend der Kinder in der Stadt: Das Geschäft in der Hansestadt ist zum Teil straff organisiert; es gibt offensichtlich fünf professionelle Kindervermittler.

**Viele Freier bis zum »Goldenen Schuß«**

Von unvorstellbaren Ereignissen aus der Kinderprostitutions-Szene St. Georg in Hamburg berichte ich bereits in meinem Sachbuch »Hilflos! Gewalt gegen Kinder«[80] – immer noch aktuell: »Ich würde am liebsten noch einmal neu geboren werden. Noch einmal ganz von vorne anfangen und eine Chance kriegen.« Die 16jährige Alex[81] ist schon jetzt da, wo andere nie hinkommen: ganz unten. Ihre Heimat ist der Hamburger Stadtteil St. Georg, ihr Job ist der Kinderstrich, ihr ständiger Begleiter die Sucht. Alex hängt an der Nadel, braucht jeden Tag mehrere Gramm Heroin. Der ganze Tagesablauf wird ihr von der Droge diktiert: »Um sieben Uhr stehe ich auf, dann mach ich mich fertig und setze mir den ersten Druck. Dann schminke ich mich auf dem Bahnhofsklo, stell mich hin und fange an, den ersten Freier zu machen.« Viele Male schon, so erinnert sie sich, wollte sie sich den »Goldenen Schuß« setzen, einfach, weil sie nicht mehr weiter wußte. »An dem Leben, wie ich es jetzt führe, bin ich selber schuld«, glaubt Alex, »aber daß ich mißbraucht worden bin, dafür kann ich nichts und dafür möchte ich eine Chance bekommen.« Aber eine Chance hat Alex bisher nicht gehabt.

---

[80] Jamin, Peter H., *Hilflos! Gewalt gegen Kinder*, Bastei-Verlag Gustav H. Lübbe, Bergisch Gladbach 1995, Seite 276 ff.
[81] Alle Namen der Opfer geändert

Von ihrem fünften Lebensjahr an wird Alex von ihrem Großvater sexuell mißbraucht. Die psychisch kranke Mutter schützt die Tochter nicht. Auch dann nicht, als sich ihr zweiter Mann an seiner Stieftochter vergeht. Bereits im Alter von 11 Jahren pumpt er das Kind mit Heroin voll, um sie danach sexuell zu mißbrauchen. Dann kommt Alex ins Heim. Doch hier hält sie es nicht lange aus. Sie haut ab. Auf ihrer Flucht vor Familie und Erziehern strandet sie am Hamburger Hauptbahnhof. Hier lernt sie Junkies kennen und Dealer. Systematisch wird sie abhängig gemacht von der tödlichen Freundin, Heroin. Die ersten Gramm sind umsonst. Doch dann, als sie an der Nadel hängt, muß sie bezahlen. Mit dem einzigen Kapital, das sie hat: ihrem Körper.
»Das erste Mal hat mir der Dealer den Typen gezeigt. Zu dem bin ich ins Auto gestiegen und wir sind weggefahren. Dann machte er die Hose auf. Und ich fange an zu kotzen. Mir war so elend und alles kam wieder hoch. Die Erinnerung an zu Hause. Ich habe mich so dreckig gefühlt, und deswegen habe ich dann immer mehr Drogen genommen, um alles vergessen zu können, gar nichts mehr zu fühlen.«
Das Geld, das sich Alex mit dem Anschaffen verdient, gibt sie für die Droge aus. Da bleibt nichts mehr übrig, um ein Zimmer oder eine Wohnung zu bezahlen. Alex schläft am Bahnhof, tagsüber in der U-Bahn oder auch bei Freiern. Doch dort findet sie keine Ruhe, sondern wird ständig unter Druck gesetzt. Für nichts gibt es nichts, noch nicht einmal eine Stunde Schlaf in einem fremden Bett.
Für Alex und die anderen rund 300 obdachlosen, minderjährigen Prostituierten in Hamburg-St. Georg hat sich die Situation etwas gebessert. Sie haben eine Anlaufstelle, das »Café Sperrgebiet« am Hansaplatz, ein männer-, gewalt- und drogenfreier Ruheraum im Herzen von St. Georg. Hier können die Mädchen Wäsche waschen, flicken, duschen, essen.

Hier erhalten sie Kondome, hier übernachten sie auch mal – ohne dafür mit Sex bezahlen zu müssen. Doch es sind die hier angestellten Sozialarbeiterinnen, die das »Café Sperrgebiet« zu dem machen, was es ist: eine Oase der Menschlichkeit, in dem die Mädchen offene Ohren, offene Arme und offene Herzen finden. Alex hat durch diesen Zuspruch ihre tägliche Drogenration fast um die Hälfte reduzieren können. »Wir haben einen Umgang mit unseren Klientinnen, der uns von anderen Beratungsstellen unterscheidet«, meint Sozialarbeiterin Doris K. »Das ist ein Umgang mit sehr viel Wärme, sehr viel Nähe. Die Mädchen nehmen Anteil an unserem Leben, weil es für sie wichtig ist, und wir nehmen Anteil an ihrem Leben. Wir erzählen uns ganz viel. So entstehen Beziehungen, Freundschaften, Mutter-Tochter-Verhältnisse. Ich habe zum Beispiel ein Mädchen, die sagt »Mama« zu mir. Einmal holte mich ein Freund vom Café ab, und da kriegte sie ganz schwarze Augen und sagte ›was willst Du von meiner Mama?‹ Ihre eigene Mutter hat sehr viele Männerbeziehungen, und sie sieht mich im Sperrgebiet ohne Mann. Die Mädchen wissen natürlich, daß es Männer in meinem Leben gibt, aber es soll sie eben nicht im Sperrgebiet geben.«
Für die meisten Mädchen wird es nie möglich sein, ein normales Verhältnis zu Männern zu entwickeln. Männer sind für die Prostituierten nicht einfach das andere Geschlecht, sondern die verhaßten Freier. Für die 17jährige Yvonne sind sie »alle nur Pisser und Perverse, die auch noch ein kleines Kind ohne Gummi aus der Drogenszene haben wollen.« Acht von zehn Freiern wollen Sex ohne Schutz. Daran hat auch Aids nichts geändert. Und die Männer, die nach St. Georg auf den Kinderstrich kommen, wissen eines ganz genau: Hier ist die Not und das Elend am größten, hier können sie zu Dumpingpreisen alles von den Mädchen verlangen. Die

meisten sparen sich sogar die 20 oder 30 Mark mehr fürs Hotel und genießen die schnelle Nummer im Auto – selbst wenn dabei das eigene Baby im Kindersitz auf der Rückbank schlummert. »Häufig bezahlen sie nicht einmal die Mädchen. Sie nehmen ihnen das Geld wieder ab oder bezahlen nicht soviel wie ausgemacht, fahren irgendwohin und schmeißen dann die Mädchen aus dem Auto«, weiß Doris K. Anzeigen müssen die Freier dafür nicht fürchten. Doch selbst wenn sie den Kindern den ausgemachten Preis zahlen, machen sich die Männer strafbar. Ist das Mädchen unter 14 Jahre alt, muß die Polizei oder Staatsanwaltschaft den Kindersex auch ohne Anzeige verfolgen. Sind die Kinder zwischen 14 und 16 Jahren, müssen Eltern oder Sorgeberechtigte Anzeige erstatten. So will es das Gesetz, und das ist in St. Georg weniger wert als das Papier, auf dem es geschrieben wurde. Hier, am Kinderstrich, bewegen sich die Freier nahezu in einem rechtsfreien Raum. »Wer zeigt schon einen Freier an, das ist doch die totale Doppelmoral«, sagt die Sozialarbeiterin. »Wenn aber die Freier vorher bezahlt haben und die Frau sagt, ›Du kriegst von mir nichts‹, dann darf er sie anzeigen, ganz egal, wie alt sie ist.«
Und mit der Gewißheit, daß der Sex mit Kindern wenn nicht erlaubt, so doch geduldet wird, scheuen die Männer auch nicht den Gang zur Polizei oder zum »Café Sperrgebiet«. Diese Erfahrung hat Doris K. mehr als einmal gemacht. »Milli, ein Kind, das ich sehr liebe, kam neulich zu mir und sagte, ›Du mußt mir helfen, ich habe einen Freier abgezockt. Milli kann gesundheitlich schon lange nichts mehr machen. Die zockt die Freier nur noch ab und muß demnächst bestimmt auch in den Knast wandern, weil sie alle anzeigen‹. Diesem Mann hatte sie 20 Mark abgezockt, und er wollte sie nun wiederhaben. Ich habe sie ihr geliehen aus meinem Privatportemonnaie. Ich habe dann aber erst mal mit dem Mann

gesprochen, um mich zu vergewissern. Die Mädchen kommen nämlich auf alle möglichen Ideen, um uns um unser Geld zu prellen. Und da steht das feiste Arschloch da und ich frage ihn ›Stimmt das?‹. Er sagt: ›Ja, stimmt. Und wenn Sie mir das Geld jetzt nicht geben, dann gehe ich zur Polizei.‹ Ich frage ihn ›Und Sie schämen sich nicht, so ein kaputtes Kind vögeln zu wollen?‹ Er meint nur: ›Nee, ist doch mein gutes Recht. Dafür stehen die doch da.‹ Ich hab ihm das Geld gegeben und sagte ›Komm, ist gut, gehen Sie. Ich hau Ihnen sonst eine in die Fresse.‹ Und dann bin ich gegangen.«

**Die Täter wollen ihre Perversionen ausleben**

Studenten, Arbeitslose, Akademiker, Rentner, Männer von acht bis 80, alle Altersklassen und alle sozialen Schichten gehören zur Kundschaft der käuflichen Kinder. »Es gibt Stammfreier, zu denen die Mädchen dann auch ein anderes Verhältnis haben, die sie sogar verteidigen, von denen sie sagen, es gibt auch andere, die wollen dann nur reden. Es gibt auch Opis, die nur mal geduscht werden oder Zärtlichkeit wollen. Es gibt auch Männer mit einem Helfersyndrom. Die meinen, sie könnten eine Prostituierte rausholen. Und nach einer Woche kommen die dann an und sagen, daß sie es nicht mehr aushalten. Das hätte ich denen auch früher sagen können«, beschreibt die Sozialarbeiterin die Ausnahmen von der schrecklichen Regel. »Aber die Mehrzahl der Männer ist auf einen schnellen Fick aus, ist darauf aus, die Mädchen leiden zu sehen. Ich denke, es geht viel weniger um Sexualität als um Macht, als um das Ausleben von Perversionen, die eine Hauptrolle spielen. Es gibt hier ein Mädchen, die nur sporadisch zu uns kommt und – warum weiß keiner – vor die S-Bahn gefallen ist. Sie hat beide Arme fast bis zur

Schulter abgetrennt. Seitdem macht sie das Dreifache an Freiern, weil die Freier das so antörnt, daß sie so hilflos ist. Die kann sich nicht die Nase putzen, nicht alleine aufs Klo gehen, die muß ausgezogen werden und das macht die Freier an. Ich verstehe nicht, daß die Männer überhaupt können bei solchen Kindern, wie wir sie hier haben.«
Niemand kann das verstehen, vielleicht noch nicht einmal die Freier selbst. Wer sich unter den Klientinnen des »Café Sperrgebiet« umschaut, wird keine Lolitas, keine David-Hamilton-Mädchen finden. Wenn sie sich einen Druck gesetzt haben, sehen sie Pickel, wo keine sind. Da stechen sie dann die Spitzen ihrer Nadeln rein. Das Ergebnis: Viele von ihnen haben »Kokastellen« auf Gesicht und Körper, große rote Pusteln voller Eiter mit dicken Krusten. Von den Kindern wird diese hochbakterielle, hochinfektiöse Hautkrankheit »Schleppscheiße« genannt. Alle haben Spritzenabzesse, große, offene Stellen, die zum Teil bis auf die Knochen geeitert sind. Der Wundrand ist schwarz und faulig – schlimmer als Lepra. Der penetrante Gestank nach verwesendem Fleisch entströmt hier der Haut. Selbst für Doris und ihre Kolleginnen ist das manchmal nur schwer zu ertragen. Und die Mädchen traktieren immer weiter ihren geschundenen, abgemagerten Körper mit der Nadel, um das Gift in die Blutbahn zu bekommen, wo es die Sinne betäuben und den Körper weiter zerstören kann. Nacht für Nacht kommt der Notarzt oder ein Rettungswagen ins »Café Sperrgebiet«, weil die Mädchen Thrombosen haben, Embolien, schwerste Hauterkrankungen, Unterleibsinfektionen, offene Leisten. Selbst das hält die Freier nicht ab. Im Gegenteil: Viele bezahlen mehr Geld, damit die Mädchen ihre Verbände abwickeln und ihre Wunden offen zeigen. Sex pervers.
Trotz der Schmerzen wehren sich die Mädchen mit Händen und Füßen in das zuständige Krankenhaus in St. Georg zu

gehen. Die Sozialarbeiterin: »Dort werden sie absolut beschissen behandelt. Sie werden in irgendeine Ecke gestellt, ganz egal, wie krank sie sind. Dann werden sie angeguckt und nach einer halben Stunde sind sie wieder bei uns. Ein Mädchen zum Beispiel hat eine offene Leiste, Thrombosen in beiden Beinen. Die war auch nach einer halben Stunde wieder da. Die Ärzte haben zu ihr gesagt, ›Gehen Sie nach Hause und legen Sie Ihre Beine hoch‹. Das sagen die zu einer obdachlosen Drogenabhängigen, die sich prostituieren muß. Die mußte sich natürlich wieder hinstellen und Geld anschaffen für die Droge. Das nenne ich menschenverachtenden Zynismus.«
Doch neben den Freiern sind Krankheit und Schmerz nur ein kleines Übel. Wer Glück hat, wird höchstens um sein Geld betrogen. Wer Pech hat, – und das sind die meisten – wird Opfer brutalster Gewalt. Im »Café Sperrgebiet« vergeht kaum eine Nacht, ohne daß eine Prostituierte in St. Georg überfallen oder vergewaltigt wird. »Gewalttätige Übergriffe auf die Mädchen finden ganz, ganz häufig statt«, erzählt Doris K. »Seit ich in St. Georg im Sperrgebiet arbeite, sind sieben Frauen ermordet worden in den dreieinhalb Jahren. Vergewaltigungen kann ich nicht mehr zählen.« Voller Schrecken erinnert sie sich an eines der schrecklichsten Vorkommnisse: »Es hat einen Fall gegeben, da ist eine Frau, ein ganz kleines, zartes Mädchen, brutal vergewaltigt und mißhandelt worden. Der Freier hat ihr die Brustwarzen mit einem Rasiermesser gespalten, eine Schamlippe abgeschnitten, sie mit brennenden Zigaretten verletzt. Sie hat ihn angezeigt. Er gab zu, daß er das seit Monaten macht und seine Brutalität von Frau zu Frau gesteigert hat. Hätte man ihn nicht gefaßt, wäre die Steigerung wahrscheinlich ein Mord gewesen.«
Die Gewalt der Freier bedroht die Mädchen auf dem Kinderstrich jeden Tag. Und jedes Mal, wenn sie in ein Auto

steigen, könnte es der letzte Freier sein. Sie sind den Männern völlig schutzlos ausgeliefert. Nicht in der Herbertstraße, Deutschlands wohl bekanntester Prostituiertenmeile auf dem Hamburger Kiez, lauert die Gefahr. Hier sitzen meist Hauswirtschafterinnen in den Bordellen, die über Monitor das Geschehen verfolgen. Hier gehört der Sex ohne Gummi in den meisten Fällen auch nicht zum Angebot. Es sind die Kinder von St. Georg, die jüngsten gerade mal 11 oder 12 Jahre alt, die dem Tod jeden Tag ins Auge sehen. Tod durch die Droge, durch Freier, durch Aids. »Immer dann, wenn wieder etwas passiert ist, passen die Mädchen ein bißchen aufeinander auf. Sie kommen dann auch an und sagen, daß sie die und die schon ein paar Tage lang nicht mehr gesehen haben«, erzählt Doris K. Doch auf die Straße gehen sie immer wieder. Die Sucht, der Drang, den »Affen zu töten«, wie sie es nennen, ist stärker als die Angst. Und so finden die brutalen Freier weiterhin ihre Opfer.
Täglich erzählen die Mädchen den Sozialarbeiterinnen im »Café Sperrgebiet« von der Gewalt ihrer Kundschaft. Gewöhnen kann man sich an diese Geschichten jedoch nicht. Die Betroffenheit bleibt. »Neulich kam eine 15jährige zu mir«, erinnert sich Doris K. »Sie sagte, ›Ich muß mit Dir reden‹ und dann hat sie mir erzählt, daß sie sechs Wochen in einem Türkenpuff festgehalten worden und jetzt auch noch schwanger ist. Ihre Schilderungen waren unheimlich schlimm, und ich habe schon bald gemerkt, wie mir die Tränen kamen. Sie hat das alles ganz cool erzählt, wirklich ganz abgespalten von sich. Eine andere Frau war drei Jahre lang in einem Türken- und Jugoslawenpuff gefangen gehalten worden. Als sie mir die Geschichte erzählte, mußte ich auch weinen. Da sagte sie zu mir: ›Du weinst jetzt meine Tränen.‹ Das kannst Du einfach anders nicht aushalten.« Immer wieder werden die Mädchen festgehalten und vergewaltigt. Doch

keiner kümmert sich darum. Oftmals fehlt den Mitmenschen sogar das Mitleid. Doris K. kann und will das nicht verstehen. »Ich habe mit einer Freundin Schluß gemacht. Sie ist Juristin und Mutter von fünf Kindern. Als ich neulich sehr fertig war, weil eines meiner Mädchen, Nicole, von vier oder sechs Schwarzafrikanern in einem Containerdorf festgehalten und vergewaltigt worden ist, habe ich es ihr erzählt. Sie sagte nur ›Eine Prostituierte kann man doch gar nicht vergewaltigen‹. Das war der Schlußstrich unter eine fast 25jährige Freundschaft.«

Freier, die ihre Opfer vergewaltigen, fürchten weder die Polizei noch eine Strafe. Sie haben die Erfahrung gemacht, daß die Kinder nur sehr selten Anzeige erstatten. Keine will aussagen, keine vertraut darauf, daß die Hüter von Recht und Ordnung auch für ihren Schutz eintreten werden. Und wer die rechtliche Situation bei Vergewaltigungen kennt, der weiß auch, daß der Weg von der Anzeige über den Prozeß bis hin zur Verurteilung für das Opfer eine Tortur ist. Selbst eine seelisch stabile Frau aus soliden Verhältnissen kann das kaum ertragen. Kein Wunder also, daß die Mädchen vom Kinderstrich diesen Weg nur selten gehen wollen. Und wo kein Kläger ist, da findet sich auch kein Richter und keiner, der sich für die Mädchen einsetzt. Nicht einmal die eigenen Eltern. »Die Mädchen schleppen sich manchmal mit letzter Kraft ins Sperrgebiet und rufen dann zu Hause an. Bitten ›Mama, hilf mir‹, aber Mama sagt nur: ›Leck mich, ich will Dich nicht mehr‹«, weiß Doris K.

Diese Erfahrung hat auch die 17jährige Yvonne gemacht. »Als meine Mutter das letzte Mal mit mir geredet hat, da war ich mit einem Bein fast im Knast. Und dann habe ich ihr das so erzählt, und ich hätte erwartet, daß sie einfach mal sagt ›Yvonne, tut mir ja leid. Komm doch einfach mal vorbei‹, oder so was. Aber nix, gar nix davon. Das einzige, was sie gesagt hat, war ›Hoffentlich sperren sie die Schlange ein‹. Und das sagt die eigene Mutter. Du bist einfach nur überflüssig gewesen, nicht geplant, hast einfach gestört. Wenn Du das von Deiner eigenen Mutter gesagt bekommst oder vom Vater, das tut weh.« Yvonne ist seit fünf Jahren drogenabhängig. Sie drückt sich eine Mischung aus Heroin und Koks. 500 Mark braucht sie täglich für die Droge. Wie bei den anderen Mädchen wird ihr Alltag von der Sucht bestimmt. Ein Freier, ein Druck, immer abwechselnd bis in die Nacht hinein. Ihre Zukunft reicht gerade bis zum nächsten Druck. Sie hat keine Pläne, weiß nur, was sie macht, wenn sie Aids hat. »Dann setze ich mir den Goldenen Schuß.« Daß Sexualität auch schön sein kann, hat Yvonne noch nie erfahren. »Ich habe mit einem Jungen noch nie aus Liebe geschlafen«, erzählt sie. »Mein Stiefvater hat mich entjungfert. Da war ich acht. Wie heißt das doch so schön: ›Vater war der erste Mann‹.«

Yvonnes Erfahrungen teilt sie mit den meisten Mädchen von St. Georg. Über 90 Prozent von ihnen wurden zu Hause oder in Heimen mißhandelt und/oder sexuell mißbraucht. Auch die Mädchen kommen aus allen sozialen Schichten, teilweise aus reichen Elternhäusern. Wie die 17jährige Prostituierte, deren Vater Gynäkologe ist und die sexuellen Mißbrauch angeblich nie erlebt hat. Doch seit sie acht Jahre war, mußte sie jeden Freitag abend auf den Behandlungsstuhl ihres Vaters. Irgendwann ist sie dann von zu Hause abgehauen. Oder »Mupselchen«. Ihre Mutter ist schon früh gestorben, der Vater nahm sich eine Haushälterin mit Kindern. Seelische Grausamkeiten gehörten bei ihr zu den alltäglichen Qualen. Was sie alles erlebt habt, konnte bisher keiner aus ihr herausbekommen. Alle verachten die Männer, Mupselchen verachtet sie noch mehr. Sie hatte Glück: Mit 17 Jahren wird sie von einer Althure angelernt. Obwohl sie auf Droge ist, kann sie

mit den Freiern umgehen. Mupselchen wurde noch nie vergewaltigt oder geschlagen. Die Männer kommen meist nur einmal zu ihr. In ihrem Elternhaus hat es an Geld nie gefehlt. Heute lebt sie auf sechs Quadratmetern. In ihrer Tischschublade liegen Spritzen, Taschentücher und Müll. Dazwischen kriechen Käfer, Spinnen und Würmer. Die Flucht von zu Hause führte sie noch tiefer ins Elend.
Auch der 19jährigen Verena geht es heute nicht besser. Mit 14 ist sie von zu Hause weggelaufen, weil die Mutter immer wieder zugeschlagen hat. »Sie hat mich an den Haaren aus dem Bett gezogen und mit dem Kopf auf den Fußboden geknallt. Dann sollte ich mich auf einen Stuhl setzen und dann hat sie meinen Kopf weiter gegen die Wand geknallt. Ich habe gesagt: ›Aua, mein Kopf, aua, mein Kopf‹; war ihr egal. Am nächsten Tag in der Schule bin ich umgekippt, starke Gehirnerschütterung.« Verena lebt auf wenigen Quadratmetern, gerade genug zum Spritzen und Schlafen. Auch bei ihr dreht sich der ganze Tag nur um die Beschaffung der Drogen. Beim ersten Freier hat sie sich vor sich selbst geekelt, wollte nicht mehr in den Spiegel schauen. Doch die Sucht war stärker. Dreimal anschaffen macht 200 Mark. Das reicht gerade, um die fünf Gramm Heroin zu bezahlen, ihre Tagesration. Verenas Freund hat gerade den Entzug geschafft. Sie selbst hat drei Monate aufhören können und dann wieder angefangen.
Typische Drogenkarrieren, zerstörte Kinder ohne Träume. »Irgendwann hauen die Mädchen ab, weil sie es zu Hause nicht mehr aushalten können, und landen am Hauptbahnhof«, beschreibt Doris K. den Werdegang ihrer Schützlinge. »Dort sind die Bahnhofs-Kids, und da erleben sie oft zum ersten Mal das Gefühl von Gemeinschaft, ein Zugehörigkeitsgefühl und Freiheit. Dann kommen irgendwann Alkohol, Tabletten, Joints, dann Heroin, das wird geraucht. ›Blech rau-

chen‹ nennen sie es. Und dann wird irgendwann der erste Schuß gesetzt. In vielen Fällen ist es so, daß die Mädchen – und wahrscheinlich auch die Jungs – ganz gezielt abhängig gemacht werden von Dealern. Am Anfang bekommen sie den Stoff umsonst, und wenn sie dann richtig drauf sind, sagen die Dealer: ›Und jetzt sieh zu, wie Du an das Geld kommst‹. Da bleibt eben nur die Prostitution. Das ist es ja auch, was sie im Grunde genommen gelernt haben durch den sexuellen Mißbrauch: ihren Körper herzugeben, abzuspalten. Und so machen sie es eben. Das Gefühl, der Körper ist nichts mehr wert, braucht man dafür schon.«

Yvonne hat es nicht mehr ausgehalten, ihren Körper zu verkaufen. Der Ekel und die Angst vor den Freiern hat sie nach einem anderen Weg suchen lassen, an das so dringend benötigte Geld für den Stoff zu kommen. Mit einer angeblich aidsverseuchten Spritze hat sie eine S-Bahn überfallen und die Fahrgäste ausgeraubt. Yvonne ist wiedererkannt und angezeigt worden. Sie kommt vor Gericht. Doris K. wird als Gutachterin berufen. Yvonne erzählt nichts von der Vergewaltigung durch den Stiefvater, nichts von dem täglichen Horror auf dem Kinderstrich, nichts davon, daß sie kurz vor ihrer Straftat von einem Freier überfallen und gewürgt worden ist. Die Sozialarbeiterin erzählt Yvonnes Geschichte und bittet den Richter, dem Mädchen noch einmal eine Chance zu geben. Yvonne muß nur für kurze Zeit hinter Gitter. Kaum ist sie entlassen, geht alles wieder von vorne los. Ein Freier, ein Druck, ein Freier. Yvonne ist schon bald wieder voll drauf. Seit Beginn der Drogensucht ist für Yvonne nichts besser geworden. Doch in einem Punkt hat sie Fortschritte gemacht. Sie lernt, zu vertrauen. »Als ich sie kennenlernte, war sie wie ein verstocktes Kind«, erinnert sich Doris K. »Man durfte sie nicht anfassen, dann wurde sie ganz spastisch. Irgendwann habe ich dann angefangen, sie zu streicheln, und ich

durfte es. Und als sie das erste Mal vor mir stand und sagte ›Dodo, nimm mich mal in den Arm‹, da habe ich geweint. Es war für das Kind so ein riesiger Fortschritt, für sich selbst zu spüren, daß dieser Körper, der nur geknechtet worden ist, der gefoltert worden ist, nur mißbraucht worden ist und jeden Tag aufs neue mißbraucht wird, daß der noch so was wie schöne Gefühle machen kann, daß es angenehm ist, in den Arm genommen zu werden.«
Freundschaft und Zärtlichkeit zu geben und zu empfangen – viele Mädchen müssen das erst lernen, was für die meisten von uns wie selbstverständlich zum Leben gehört und was die Kinder nie erfahren haben. Dieses kleine Einmaleins des menschlichen Miteinanders ist eine wichtige Basis, um den Teufelskreis von Droge und Prostitution zu durchbrechen.
»Je jünger die Mädchen beim Einstieg sind, desto schwieriger ist es«, erklärt Doris K. »Man muß sie nicht resozialisieren, sondern sozialisieren. Wenn ein Mädchen mit 11, 12 Jahren von zu Hause abhaut, dann bringt sie nur Schmerzen mit, nur negative Erfahrungen. Sie bringt kein Gefühl mit, wie es war, als sie noch geborgen war, die bringt keine erste positive Erfahrung mit einem Jungen mit, die bringt keinen Schulabschluß mit, keine Berufserfahrung, nichts. Du mußt also wirklich beim Punkt Null anfangen, um sie dazu zu motivieren, aufzuhören. Das ist für uns wahnsinnig schwierig, weil Du nicht sagen kannst: ›Mensch, überleg doch mal, wie es damals war, als Du das erste Mal verliebt warst, war doch toll, als Du Schmetterlinge im Bauch hattest.‹ Das kennen sie nicht.«
Die Polizei-Autoren Gallwitz/Paulus beschreiben in ihrem Buch »Grünkram« den Alltag auf dem Drogen- und Babystrich, an dem offensichtlich kaum noch jemand Anstoß nimmt: »Und wie Beamte in Städten wie Berlin, Frankfurt, München oder Stuttgart erzählen können, treffen sich dort

beachtliche Gegensätze. Kunden in gut sitzenden Anzügen, in teuren Limousinen der Oberklasse oder im frisch geputzten Familienauto mit vorschriftsmäßigem Kindersitz auf der Rückbank fahren auf und ab, vorbei an süchtigen, fertigen Mädchen, zum Teil verwahrlost und heruntergekommen. Je nach Geldnot und Abstand zum letzten Schuß sind sie besonders willig und zu allem bereit. Nirgends in der gesamten Prostituiertenszene werden mehr ungeschützte Sexkontakte verlangt und durchgeführt, nirgends gibt es weniger zu verlieren. Und gerade diese jungen Mädchen üben eine Faszination auf den Freier aus.«

Auch in der Dutroux-Skandal-Metropole Brüssel kann man dieses Phänomen beobachten. »Es gibt ein Gebiet in der Stadt, in dem meistens Jungen zu finden sind«, meint Guido van Rillaer von der Zentralen Vermißtenstelle der Polizei in Brüssel, »die Jungen sind zwischen 13 und 17 Jahre alt. Meistens junge Ausländer. Rumänen, Jugoslawen.«[82] Man sieht: Die Europäische Gemeinschaft verabschiedet zwar mit großen Worten Resolutionen gegen die Kinderprostitution, aber selbst vor der eigenen Haustür in Brüssel ist noch viel zu tun. Vor den Augen der Polizei fahren die großen Limousinen vor, und die Fahrer schleppen die Kinder zu ihren Sexorgien ab. Daran hat auch der Dutroux-Skandal nichts geändert, und man kommt zu dem bitteren Schluß, daß mehr Kinder erst auf spektakuläre Art und Weise auf dem Babystrich sterben müssen, damit man sich auch hier um diese Probleme kümmert.

---

[82] Interview mit Guido van Rillaer, geführt im April 1997

## Sexopfer Kind: Entführt, mißbraucht, ermordet

Der Fall Dutroux hat nicht nur den Menschen in Belgien, sondern auch in den umliegenden europäischen Ländern – zumindest für eine kurze Zeit – die Augen geöffnet: Kinder werden von skrupellosen Geschäftemachern entführt, für perverse Sexspiele mißbraucht – und manchmal sogar getötet.
Nur zu gern möchten wir nämlich den Mißbrauchstätern das Prädikat »nicht zurechnungsfähig« verpassen, weil wir dann ihre Taten erklären und als unvermeidbare Schicksalsschläge, die nicht zu verhindern und nur schwer von der Polizei zu verfolgen sind, in unseren Behörden- und Krankenaktenbergen ablegen können. Doch der sexuelle Mißbrauch von Kindern hat nur auf den ersten Blick etwas mit den Taten der Triebtäter, kranken Menschen, gemein. Die Kindermorde der Triebtäter sind zwar aufsehenerregender und im Einzelfall selbstverständlich das Schrecklichste, was man sich vorstellen kann, doch die Masse der Kindervergewaltigungen und der anderen Gewalttaten gegen Kinder sind – zumindest für die Opfer – oft nicht weniger grausam.
Der Fall »Kim Kerkow« trägt 1997 dazu bei, daß auch die Bevölkerung in der Bundesrepublik Deutschland – noch ganz unter dem Eindruck der Berichterstattung in den Medien über den Fall Dutroux – nervös wird, falls man die Häufigkeit der Berichterstattung in den deutschen Medien und die Leserbriefreaktionen darauf als Gradmesser nehmen darf. Auch nach Meinung des Frankfurter Oberstaatsanwalts Tilmann haben die Fälle »Dutroux« und »Kim« das Interesse der Öffentlichkeit verstärkt, allerdings habe sich seit vielen Jahren an den Zahlen von Kindesmißbrauch nichts geändert. Im Gegenteil, in den 50er und 60er Jahren wären in Westdeutschland viel mehr Fälle bekanntgeworden; 1960 registrierte die

Polizei gar 18.000, dagegen 1995 nur noch rund 16.000 Fälle.[83]

Der Fall »Kim« überdeckt jedoch Anfang 1997 alle durch Dutroux ausgelösten öffentlichen Diskussionen um die nicht weniger gefährliche Kinderporno-Mafia. Da wird in der friesländischen Stadt Varel ein zehnjähriges Kind, Kim Kerkow, ermordet. Kurz darauf faßt die Polizei den mutmaßlichen Täter, einen 34jährigen, einschlägig vorbestraften Mann. Rolf D. gesteht schon bald, das Mädchen am 9. Januar 1997 in der Nähe ihres Elternhauses überfallen, mit Reizgas widerstandsunfähig gemacht und entführt zu haben. Anschließend vergeht er sich an dem Kind, stülpt ihr dann eine Plastiktüte über den Kopf und erstickt sie. Die Leiche legt er später in einem Waldstück bei Amsterdam ab.

Aufgrund von Zeugenhinweisen sucht die Kripo schließlich bundesweit in einer spektakulären Großaktion nach einem BMW 850 CSI. Durch ein Phantombild, das D. verblüffend ähnlich sieht, wird der Täter schließlich von zwei Bundesgrenzschützern an der deutsch-dänischen Grenze erkannt und verhaftet.

Der »Fall Kim« weckt Erinnerungen an den Fall Dutroux und macht in den deutschen Medien fast ebenso viele Schlagzeilen. Der Täter bietet Grund zu Spekulationen: »Hat der Mörder der zehnjährigen Kim Kerkow noch weitere Kinder umgebracht? Die Polizei ermittelt bundesweit«.[84]

Schon bald gesteht D., der in Horumersiel, nur etwa 45 Kilometer von Kims Wohnort Varel entfernt lebt, daß er auch

---

[83] *FAZ*, 17.1.1997, »Wiederholungstat fast auf den Tag genau nach achtzehn Jahren«. Bei den genannten Zahlen handelt es sich um die Zahl der Ermittlungen im Bereich Kindesmißbrauch aus der Statistik des Bundeskriminalamtes. Die Dunkelziffer ist nach Einschätzung vieler Experten, wie beschrieben, um ein Vielfaches höher.

[84] *Der Spiegel*, 4/1997, »Tod hinterm Deich«

andere Kinder sexuell mißbraucht hat. Außerdem ist er für die Polizei kein Unbekannter: Fast auf den Tag genau 18 Jahre vor dem Mord an Kim Kerkow hat der mutmaßliche Mörder schon einmal ein elf Jahre altes Mädchen in seinem Heimatort in seine Gewalt gebracht, es sexuell mißbraucht und – auf die gleiche Weise wie Kim Kerkow – mit einem Schal erdrosselt. Von der damals gegen den 16jährigen verhängten Jugendstrafe von sechs Jahren hat er dreieinhalb Jahre in der Jugendvollzugsanstalt Hameln verbracht.[85]

Das Bundeskriminalamt, die Landeskriminalämter in den einzelnen Bundesländern, örtliche Polizeidienststellen und eine 40köpfige Sonderkommission versuchen jetzt alle Spuren und Hinweise zu dem Verschwinden von vielen der mehr als 700 langzeitvermißten Kindern in der Bundesrepublik mit Indizien aus dem Umfeld D.s in Einklang zu bringen. Außerdem prüft die Polizei die Täterschaft des 34jährigen in 12 Fällen von Mord an Kindern und Jugendlichen mit sexuellem Hintergrund seit Ende der 80er Jahre. Um Beweise zu finden, durchsucht die Polizei auch den letzten Arbeitsplatz des 34jährigen, eine Buchhandlung in Limburg, wo er über zehn Jahre tätig war. In den Lagerräumen und im Keller sichern Kriminalbeamte Faserspuren und Stoffstücke, um sie mit der Kleidung von vermißten Kindern zu vergleichen. Ist D. ein Serientäter, lautet die Frage. Antworten finden sich zunächst nicht. Und so bleiben die Eltern hunderter vermißter Kinder in der Bundesrepublik weiterhin im Ungewissen über das Schicksal ihrer Kinder. Die Angehörigen vermißter Kinder wie Ulrike Everts, 13, aus Oldenburg, Deborah Sassen, 8, aus Düsseldorf, Seike Sörensen, 11, aus

---

[85] vgl. *FAZ* vom 17.1.1997

Nordfriesland oder Maria Juhl, 7, aus Sachsen-Anhalt quälen sich jeden Tag mit Fragen, warum ihr Kind spurlos verschwunden ist: Wurde mein Kind durch einen Triebtäter getötet? Von der Porno-Mafia entführt und als Sexsklave über Jahre mißbraucht? Oder ist es von einem Menschen mitgenommen worden, bei dem der Kinderwunsch stärker ist als das Unrechtsbewußtsein – angesichts der Möglichkeiten wäre das zumindest eine Gnade. Dann bleibt wenigstens die Hoffnung, daß es dem Kind vielleicht an nichts fehlen wird wie Zuneigung, Essen und Trinken. Der Gedanke, daß das Kind durch die Hände eines Triebtäters gestorben sein könnte, ist schrecklich. Eine Steigerung findet sich vielleicht nur noch in den unheimlichen Aktivitäten der Satanisten und anderer Mystik-Besessenen. Deren Verbrechen sind noch weit schwieriger aufzuklären als die der Triebtäter – beachtet werden sie ohnehin von kaum jemanden in der Öffentlichkeit.

**Satanismus und ritueller Mißbrauch**

Zu einer kaum zu kontrollierenden Macht entwickeln sich die Satanisten, Sexhexen und -Gurus und andere kultisch-mystisch-religiöse Gruppen, die ihre Rituale gern mit sadistischen Kinderopfern garnieren. Perfekt gegen das Eindringen von Fremden abgeschottet und geheimbündlerisch organisiert, treiben diese Vereinigungen ihr Unwesen nahezu ohne jede Kontrolle durch Staat und Polizei. Niemand vermag zu sagen, wieviele kultische Vereinigungen es in Deutschland gibt. Groben Schätzungen zufolge existieren allein 200 Glaubensgruppen, Psychokulte und pseudo-religiöse Bewegungen in den alten Bundesländern. In Ostdeutschland soll es doppelt so viele geben.[86] Es ist nahezu unmöglich, in diese Kreise einzudringen. Die Undercover-Leute der Polizei geraten, wenn sie in den Kern der Organisationen vorstoßen, immer selbst in Gefahr, sich zu stark zu engagieren und zu Tätern zu werden. Und groß ist auch das Risiko, daß ein eingeschleuster Polizist »umgedreht« und ein Mitglied dieser perversen Gesellschaft wird.

Nur selten gelingt es den Opferhelfern oder der Polizei, die Prediger des Irrationalen mit ihren kriminellen Methoden bloßzustellen oder gar vor Gericht zu bringen. Zeugen fehlen meist. Die jungen Opfer können sich entweder an das Erlebte im Rausch der auf sie eindringenden Gewalt nicht mehr richtig erinnern und somit keine korrekten, gerichtsverwertbaren Aussagen liefern. Oder sie haben Angst, Angst vor der Rache der Täter.

Im November 1996 gelingt es Polizei und Staatsanwaltschaft in Essen, einen selbsternannten Sex-Guru zu fünf Jahren Haft zu verurteilen. Die Staatsanwaltschaft überzeugt während dieses Prozesses die 5. Strafkammer des Amtgerichtes davon, daß Karl-Heinz F. vier Mädchen im Alter von 13 bis 17 Jahren in 61 Fällen sexuell genötigt hat. »Er hat die Opfer in einer Anspannung von Angst gehalten«, stellte der Richter in seiner Urteilsbegründung fest. Über zwei Jahre lang, von 1992 bis 1994, vergeht er sich an ihnen und droht dabei den jungen Mädchen mit seinen übersinnlichen Fähigkeiten. Sich selbst bezeichnet er als Anhänger der schwarzen Magie. Die Staatsanwältin: »Ihm war bewußt, daß die Mädchen seine Drohung mit Tod oder Krankheit sehr ernst nahmen.«[87]

---

[86] *Die Zeit*, 14.10.1994, Dossier »Im Supermarkt des Seelenheils«
[87] *Westdeutsche Allgemeine Zeitung*, Essen, vom 5.11.1996, »Anwältin schirmt das Mädchen ab« und vom 7.11.1997, »Voodoo-Prozess: Sex-Guru sofort im Saal verhaftet«

Zum Glück können sich die Opfer während der Gerichtsverhandlung, psychisch schwer geschädigt durch den Täter, an sehr viele Details des 49jährigen Sexgurus erinnern und widerlegen, daß ihnen der Täter – wie er zu seiner Verteidigung sagt – »nur ein paar Taschenspielertricks« vorgeführt hatte.

Psychische Schädigungen und Gehirnwäsche gehören zu den Spezialitäten der klassischen Sekten und immer wieder wird vermutet, daß auch in diesen Vereinigungen sexuelle Übergriffe zum Repertoire der Gewalttaten gehören. Etwa 100.000 bis 200.000 Jungen und Mädchen wachsen in Deutschland in religiösen Psychogruppen auf und die seelischen Schäden sind oft verheerend.[88] Sexueller Mißbrauch von Kindern in den zumindest vom Namen her bekannten Sekten wird nicht oft festgestellt. Luise Mandau schreibt in ihrem Sachbuch »Tödlicher Sektenwahn« allerdings: »Am schlimmsten ergeht es den Kindern. Sie sind schuldlose Opfer, die von ihren Eltern in die Sekte gebracht wurden. Für viele Kinder bedeutet das Aufwachsen in einer totalitären Sekte lebenslange Schädigung. Nicht wenige sterben. In manchen Sekten werden Kinder geschlagen und sogar gefoltert, um ihnen die ›richtige Disziplin‹ beizubringen ... Andere Gruppen mißbrauchen Kinder sexuell.«[89]

Unter den Sekten, wie Hare Krishna, Scientology, Mun-Sekte oder Orden des Sonnentempels steht nur die ›Familie der Liebe/Kinder Gottes‹ in dem Ruf, auch Kinder zu mißbrauchen. Robert Cornelius schreibt im Zeit-Magazin: »Man wird kaum eine Sektenbewegung finden, die von der Boulevardpresse hartnäckiger verfolgt worden wäre als die ›Kinder

---

[88] *Der Spiegel*, 17/1997, Seite 86 ff., »Raub der Kindheit«
[89] Mandau, Luise, *Tödlicher Sektenwahn*, Verlag Bettendorf, Essen 1995, Seite 352 f.

Gottes‹, auch ›Familie der Liebe‹ (seit 1983) beziehungsweise ›Die Familie‹ (seit 1992) genannt. Nirgendwo sonst fand sich in der Vergangenheit besseres Anschauungsmaterial für Geschichten über Schmuddelsex. Ein großer Teil der heute 9.000 Mitglieder starken ›Familie‹ sind Kinder ... Mitglieder werden aufgefordert, ihre Ehefrauen und Ehemänner zu ›teilen‹, Pornographie zirkuliert freizügig, Sex mit Kindern innerhalb der Sekte wurde gutgeheißen, und sogenannte Huren Gottes wurden angewiesen, Männer in Diskos oder Bars aufzugabeln.«[90]

Die erste Kolonie in Deutschland wird in den 70er Jahren in der Ruhrgebietsstadt Essen gegründet. Von dort aus verteilen sich die »Kinder Gottes« über die ganze Bundesrepublik. Mit dem Fall der Mauer sucht die Sekte verstärkt ihre Opfer in den neuen Bundesländern.[91] Offiziell bestreiten die Sektenmitglieder sowohl den Vorwurf der Prostitution wie auch den des Kindersex. Entlarvend sind jedoch Passagen aus Briefen des Sektengründers David Berg alias Mose David alias MO: »... daß diese Teenagermädchen von 13 oder 14 Jahren so groß sind, wenn nicht größer als ihre Mütter und vielleicht zäher ... Sie können möglicherweise mehr Sex vertragen als ihre Mütter ... So segnet Gott die FF-en (FF = Flirty Fishing; der Autor), und wir bekommen einen höheren Prozentsatz von Jesus-Babys entsprechend der Zahl der FF-Ficks als von unseren Familien-Ficks.«[92] MO in seinem Flirty-Fishing-Handbuch, das sich stellenweise wie eine Anleitung zum Sex mit Kindern liest.

Ein junges Mädchen, das in diese Sekte hineingeboren wird, berichtet aus seiner Kindheit: »... Mein Stiefvater verge-

---

[90] *Zeit-Magazin*, vom 17.8.1995, »Sekten von A-Z«
[91] vgl. Mandau, Luise, a.a.O., Seite 62
[92] ebd.

waltigte mich, als ich sieben war. Als ich elf Jahre alt war, machte mich mein Großvater zu seiner Geliebten. Da ich in der Sekte geboren und aufgewachsen war, fand ich das, was um mich herum vorging, ganz in Ordnung.«[93] Als es an den Zielen der Sekte zu zweifeln beginnt, wird dem Kind vorgeworfen, es sei vom Teufel besessen. Das Mädchen wird exorziert: »Ich war erst 14 Jahre alt, da entblößte ein Mitglied der Familie den unteren Teil meines Körpers und begann mich zu schlagen. Während er die ganze Zeit sagte, was für eine sündige Person ich sei. Das geschah vor allen anderen ... ich hatte Angst zu atmen, Angst vor dem Teufel und vor Gott. Ich zitterte vor meinen Gedanken, vor allem. Ich versuchte meine Gedanken zu ändern, meine Zweifel abzuschütteln. Doch es war umsonst. Ich konnte meine Gedanken nicht ändern. Schließlich wurde ich exorziert.« Ein Sektenmitglied ergreift den Kopf des Mädchens mit beiden Händen und beginnt, das Kind wild zu schütteln. Dabei ruft es: »Du mußt die Dämonen aus Dir treiben. Es ist Gottes Wille.«

Die »Kinder Gottes« werden nach Feststellung von Luise Mandau immer mehr zu einem »reinen Sex-Kult«: »Es gab nur ein Thema: Sex, Sex, Sex. Die Töchter der P's wurden damit groß, daß sie beispielsweise am Spülbecken standen und Geschirr abwuschen und irgend jemand ihren Busen begrapschte, ihnen in den Po kniff und den Hals besabberte. Es gab keine Tabus, keine Verbote. Victoria wurde, seit sie sieben Jahre alt geworden war, regelmäßig mißbraucht. Miriams sexuelles Leiden begann mit neun Jahren. Als sie elf Jahre alt war, wurde sie von ihrer Mutter zu einem Fest mitgenommen. Wie immer kam es zum Gruppensex. Das klei-

---

[93] Zitiert aus einem internen Informationspapier über Praktiken von Sekten, 3/1994. Diese Dokumentation wird von einer Anti-Sekten-Organisation nur an Mitglieder und ausgesuchte Interessenten weitergegeben.

ne Mädchen wurde aufgefordert mitzumachen. Miriam bekam einen Weinkrampf und schloß sich auf der Toilette ein. ›Jesus will, daß Du das tust‹, wurde ihr gesagt. Der Mißbrauch sexunmündiger Kinder wird von MO angeordnet. Es gab Sechsjährige, die Opa MO Videos schickten, auf denen sie für den Guru Striptease tanzten.«[94]

Immer klarer wird in den letzten Jahren, daß im Namen Gottes und im Dunstkreis des Übersinnlichen in aller Stille neben den Sekten eine neue Gefahr entstanden ist: Die Anhänger des Übersinnlichen fordern für die Teufelsaustreibung und andere Praktiken zum Teil echtes Menschenblut.

Das Wissen um diese Praktiken ist noch gering. Die Anhänger führen ein Schattendasein in den Statistiken, mal ist von 200.000, mal von wenigen tausend Anhängern die Rede. Eins jedoch scheint festzustehen: Die Anhänger werden immer jünger und stehen offensichtlich stark unter dem negativen Einfluß von Erwachsenen. »Gerade bei jüngeren Menschen wird ein größerer Hang zum Okkulten und Spiritistischen deutlich«, stellt das stellvertretende Bundesvorstandsmitglied der Jungen Union, Udo Schuster, fest, »Satanismus mit schwarzen Messen, Spiritismus mit Gläser- und Tischrücken oder Lebensplanung mittels Pendel üben eine Faszination aus. Hier wäre es falsch, von kindlichen Spielereien zu sprechen, insbesondere wenn man sich die Folgen eines ausgependelten Todestages betrachtet.« Okkultismus ist – so der Duden – die Geheimwissenschaft von den übersinnlichen Kräften, Spiritismus die Lehre von den vermeintlichen Beziehungen zwischen Verstorbenen und Lebenden und Satanismus grob gesagt die Verherrlichung des Teufels.

Im Namen des Teufels finden Vergewaltigungen, sexuelle Nö-

---

[94] vgl. Mandau, Luise, a.a.O., Seite 76 f.

tigung und Körperverletzungen statt. Bleichgeschminkte Jugendliche, die zu den Klängen von Black-Metal-Rock schwarze Messen abhalten und sich Horrorvideos ansehen, gehören noch zu den harmlosen Vertretern. Sadistische Quälereien an Kindern und Jugendlichen schrecken immer wieder Eltern, Pädagogen und Polizisten auf. In Thüringen werden beispielsweise drei 17jährige Gymnasiasten verurteilt, weil sie einen zwei Jahre jüngeren Mitschüler im Auftrag des Satans ermorden.

Die Sekten-Spezialisten und Buchautoren Guido und Michael Grandt haben den Begriff »Kindersatanismus« geprägt und meinen damit die »Verwicklung von Kindern, gleich welcher Art (sexuell, rituell, psychisch oder physisch), in satanische Rituale, bei deren Ausführung die Kinder als Zuschauer, Opfer oder Täter mißbraucht werden«.[95] Der Begriff »Kindersatanismus« ist nach Meinung der Gebrüder Grandt zwar in Deutschland noch nicht gebräuchlich und »auch in den Vereinigten Staaten, in England oder Australien spricht man eher von rituellem bzw. satanischem Mißbrauch von Kindern, als daß dafür eine eigene Wortschöpfung geprägt wurde«. Unbewiesenen Behauptungen zufolge – so die Grandts – sind seit den 50er Jahren etwa 400.000 Menschen (meist entführte Kinder) rituell geopfert worden.[96] Andere Quellen sprechen von Tausenden von Kindern, die allein jedes Jahr Opfer des Satanskultes in den USA werden. Hier betreiben nach Schätzungen rund 10 Millionen Menschen Schwarze Magie und rund 100 Millionen Amerikaner sind

---

[95] Grandt, Guido und Michael, *Schwarzbuch Satanismus*, Knaur Verlag, München 1996, Seite 121
[96] ebd., Seite 291. Die Autoren verweisen hier auf: »Peters, Satanism. Bunk or Blasphemy? In: Theology Today 51 (1994) 381-393, hier 386; K. Lanning, Satanic, Occult, Ritualistic Crime. A Law Enforcement Perspektive, in: The Police Chief 15 (1989) 62-83.«

okkulten Praktiken verfallen. Nach Schätzungen des »Club 700«, der Arbeitsgemeinschaft aller christlichen Kirchen, werden jährlich mehrere tausend Kinder ermordet.[97]

»Die letzte schwarze Messe, die ich in Amerika erlebt hatte, ging mir nicht mehr aus dem Sinn. Der amerikanische Priester hatte eine rituelle Tötung an einem Säugling vorgenommen. Und gerade mich hatte er aus dem Kreis der Jünger herausgepickt und gezwungen, jeden seiner Handgriffe genau zu verfolgen«, beschreibt unter dem Pseudonym Lukas ein 15jähriger seine Erfahrungen in einer deutschen Satanssekte, »der Priester schlitzte das schreiende Baby auf, riß ihm mit der Hand das Herz aus dem Leib, packte den Kadaver des Kindes und schleuderte ihn ins Feuer, als wäre es ein lästiges Stück Dreck.«[98]

Es sind offensichtlich viele kleine, im verborgenen keimende Zellen, die sich die Kinder von der Straße holen, um mit ihnen ihre sexuellen Rituale zu vollziehen. Insbesondere im Umfeld dieser Kult-Täter existiert ein Klima der Angst.[99] Darüber hinaus scheint bereits eine unheilige Allianz zwischen den Kinderhändlern und den Teufelsanbetern zu bestehen. Im Zusammenhang mit dem Dutroux-Skandal stellt sich im Dezember 1996 heraus, daß der Belgier auch Verbindungen zu Satans-Sekten in Belgien, Holland und der

---

[97] Wenisch, Bernhard, *Satanismus*, Quell Verlag, 1988, Seite 29 f.
[98] Lukas, *Vier Jahre Hölle und zurück*, Bastei-Verlag Gustav H. Lübbe, Bergisch Gladbach 1995, Seite 190
[99] Mir selbst wurde schon vor zwei Jahren ein Fall aus Nordrhein-Westfalen bekannt. Nach meinen Informationen gibt es im Ruhrgebiet eine Satanismusorganisation, die sich auf Friedhöfen trifft und im Verlauf ihrer Sitzungen Kinder mißhandelt. Mitglieder sollen auch einflußreiche Persönlichkeiten aus der Gesellschaft sein. Das kriminelle Treiben wird nicht bekannt, weil die Opfer bzw. deren Eltern aus Angst vor Rache und aus Furcht vor den für die Opfer komplizierten Beweissicherungsverfahren der Justiz nicht zur Polizei gehen und Anzeige erstatten. Das scheint des öfteren der Grund dafür zu sein, daß Fälle nicht einmal in einem Vorstadium der Polizei bekannt werden.

Bundesrepublik unterhielt. Die Polizei entdeckt die Verbindung zwischen Dutroux und den Satanisten durch eine Hausdurchsuchung bei einem Komplizen des Kinderhändlers. Dort findet sie die Notiz: »Das große Fest nicht vergessen. Hoher Priester erwartet Geschenk.« Eine Zeugin gesteht, daß sie an solchen Satansmessen teilgenommen hat und den Kindern »eine Opferrolle« zukam.

Was darunter zu verstehen ist, beschreibt die Sektenkennerin Luise Mandau: »... Grausame Riten sind bekanntgeworden. Da werden Kinder zu Sexspielen mit den eigenen Eltern gezwungen. Da müssen Kinder Tiere bestialisch umbringen und sehen, wie Hunde und Katzen qualvoll ersticken. Der Höhepunkt vieler Satansmessen sind aber Menschenopfer: Kinder, und nicht nur Neugeborene, werden im wahrsten Sinn des Wortes abgeschlachtet. Die genaue Zahl dieser kindlichen Opfer dieser Kulte ... ist unbekannt. Leider werden nur wenige Dutzend Kindermorde jährlich angezeigt. Die betroffenen Eltern haben zu große Angst vor den Satanisten.«[100]

Kinder werden bei Kultzeremonien von Gruppen in sexuelle Handlungen mit Erwachsenen verstrickt. Ihnen werden Drogen verabreicht. Sie müssen an Folterungen von Menschen – gelegentlich sogar Gleichaltrigen – teilnehmen. Kinder werden gefoltert, indem man ihnen Vibratoren oder andere Gegenstände in die Vagina schiebt oder Gegenstände in den Penis einführt. Man droht ihnen, sie oder geliebte Menschen umzubringen. Vergewaltigungen werden auf Video gefilmt und von Pornoproduzenten verkauft.

---

[100] vgl. Mandau, Luise, a.a.O., Seite 303

## 400 Millionen Umsatz nur durch Kinderpornographie

Der ehemalige norwegische Justizminister, Helen Bosterud, betrachtet »die Kinderpornographie als ein internationales Problem mit großem Gewinn, wobei die Gelder durch die gleichen Kanäle fließen wie bei Drogen. Kinderpornographie muß im Zusammenhang mit Kinderprostitution und Kinderhandel sowie sexuellem Mißbrauch in der Familie und mit dem Armutsproblem in der Dritten Welt gesehen werden«.

Das Landeskriminalamt Sachsen warnt 1997: »Kinderpornographie hat Hochkonjunktur... Auch wenn die Fallzahlen in der Polizeilichen Kriminalstatistik gering sind – 1995 wurden insgesamt 15 Fälle der Kinderpornographie in Sachsen registriert – muß von einem sehr hohen Dunkelfeld ausgegangen werden.«[101]

In der Tat. Auf 400 Millionen DM Jahresumsatz wird das Geschäft allein im Bereich Kinderpornographie geschätzt.[102]

»In der Bundesrepublik ist nicht nur die Prostitution von Minderjährigen, sondern auch seit 1993 der Besitz von Kinderpornographie verboten. Dennoch schätzen Experten den harten Kern derer, die ständig Kinderpornographie konsumieren, auf 30.000 bis 40.000«, schreibt der Autor Detlef Drewes. »Die Branche macht inoffiziellen Schätzungen zufolge derzeit einen Umsatz von 400 Millionen Mark im Jahr. Hinzu kommen natürlich noch rund 50 Milliarden im Jahr, die insgesamt bei der Prostitution umgesetzt werden.«[103]

Polizeibeamte in der ganzen Welt sehen das tagtäglich be-

---

[101] LKA Sachsen, 17.12.1997, Pressemitteilung »Kinderpornographie hat Hochkonjunktur«
[102] *Süddeutsche Zeitung*, 2.9.1997, »Die Ware Kind«
[103] vgl. Drewes, *Kinder im Datennetz. Pornographie und Prostitution in den neuen Medien*, Frankfurt/Main 1995, Seite 37

stätigt. In diesem großen Geschäft mischen skrupellose Menschen mit, die nicht einmal durch Gerichtsurteile zu stoppen sind – Menschen wie Porno-Lothar.

Die Mitglieder dieser Porno-Mafia, aufgeteilt in viele kleine »Unternehmen« mit vielen Chefs, dealen mit den Körpern von Kindern wie die Drogen-Mafia mit Drogen, sie sind international organisiert und haben beste Verbindungen, wie der Fall Dutroux in Belgien beweist. Sie teilen sich die Arbeit: Die eine Gruppe besorgt die Kinder, die andere quält und vergewaltigt sie, nimmt alles auf Video auf. Eine weitere Gruppe verkauft die Filme und Fotos über gut eingespielte Kanäle in die gesamte Welt. Und je grausamer und perverser der Film ist, desto mehr wird dafür bezahlt. Wer in diesem Kreis etabliert ist, kann das große Geld machen. Nach Recherchen von Polizeiermittlern immerhin 30.000 bis 40.000 Mark pro Monat.

Dem schnell verdienten Geld kann auch Lothar G. nicht widerstehen. Der Rheinländer ist bekannt in der Porno-Szene – auch bei der Polizei. In den vergangenen 15 Jahren saß er bereits dreimal wegen – wie es im Amtsdeutsch verharmlosend heißt – »Verbreitung pornographischer Schriften« im Gefängnis. Zuletzt ist er fast drei Jahre im Kölner Gefängnis »Klingelpütz« inhaftiert. Aber von Buße oder Einsicht keine Spur. Offensichtlich läuft das Geschäft so gut, daß die Aufenthalte hinter Gittern als Berufsrisiko abgetan werden können. Denn sofort nach der Haftentlassung am 22. März 1995 steigt Lothar G. wieder in den Handel mit Kinderpornos ein. Kein Problem, denn seine Kundenkartei umfaßt 530 Namen von Menschen, die von ständigem Hunger nach Pornomaterial getrieben werden. G.s Ruf, nur »Spitzenware«[104]

---

[104] vgl. Steinkühler, K. H./van Zütphen, T. in: *Focus*, 6/1997, Seite 36 f.: »Der Porno-Dealer«

zu liefern, sorgt für eine ständige Erweiterung seines Kundeskreises.
Seine Geschäftspartner sind Mitglieder eines niederländischen Netzwerkes. Bei ihnen kauft »Porno-Lothar«, so sein Spitzname in der Szene, die Videos. Die Mitarbeiter seiner illegalen Firma kopieren sie hundertfach, schneiden sie teilweise neu zusammen und bieten sie auf dem expandierenden Markt an.
Der Porno-Dealer Lothar G. ordert die Filme in Holland. Er benutzt dafür einfach seinen alten Firmennamen »Wantex« weiter. Im August 1996 fliegt allerdings seine Tarnadresse auf, ein Postfach in der niederländischen Stadt Venlo. Dort gehen täglich bis zu zehn Bestellungen ein. Die niederländische Firma liefert die verbotene Ware postwendend nach Deutschland. Inzwischen ist den Ermittlern bekannt, daß er mindestens sechs Helfer hat, die seine Geschäfte in den Niederlanden abwickeln. Zwei von ihnen, ein Deutscher und ein Holländer, werden verhaftet. Insgesamt werden 600 Ermittlungsverfahren eingeleitet. Als es dem Pornohändler Lothar G. in Deutschland »zu heiß wird«, setzt er sich vermutlich nach Thailand ab, dem asiatischen Zentrum der Pädophilen. Als Lothar G. 1997 wieder nach Deutschland zurückkehrt, stellt sich die Frage, warum er bisher noch nicht verhaftet wurde.[105] Warum nicht? Die Staatsanwaltschaft in Mönchengladbach, die den Fall untersucht, hüllt sich in Schweigen: »Kein Kommentar.«
Die niederländischen Behörden sind sicher, daß die deutschen Porno-Dealer eng mit dem Pornofilmversand »Dusedo« aus Amsterdam zusammenarbeiten. Anfang 1997 durchsucht die

---

[105] *Bild*, 6.2.1997, Seite 6: Kinder-Pornos! Warum läuft »Lothar die Ratte« frei rum? Hier heißt es, daß Lothar G. »völlig unbehelligt« in »Köln, Stadtteil Ehrenfeld, Vitalisstraße« lebt.

Polizei die Räume dieses Unternehmens, verhaftet den Inhaber und fünf seiner Mitarbeiter. 2.000 Videofilme werden beschlagnahmt. »Unser bisher größter Erfolg gegen die Kinderporno-Mafia«, sagt Oberstaatsanwalt Jeroen Steenbrink[106]. Amsterdam gilt in der Szene als Zentrum der Pädophilen. Europäer, vor allem Niederländer, Deutsche, Österreicher und Schweizer sind Stammkunden. Hier gibt es die begehrten Kinderpornos in Hülle und Fülle. In Amsterdam, so vermuten die Ermittler, werden Kinder in geheimen Studios für die Sexvideos gefilmt und anschließend als Sexsklaven in Kinderbordellen angeboten. Der Polizeichef Eric Nordholt geht davon aus, daß »der Handel mit Kinderpornographie in Holland über 15 verschiedene Netzwerke abgewickelt«[107] wird. Und die deutschen Pornohändler mischen in diesen mafiösen Organisationen fleißig mit.

In den Niederlanden war bis vor einem Jahr Sex zwischen Erwachsenen und Kindern kein Verbrechen. Das Gesetz ist zwar geändert worden, aber der Besitz von Kinderpornos ist, anders als in Deutschland, nach wie vor nicht strafbar. Lediglich die Verbreitung der Filme wird strafrechtlich verfolgt. Trotz der schärferen Gesetze blüht in den Niederlanden der Handel mit Kinderpornos. Die Regale der Sexshops sind voll davon. Ganz offen werden Filme angeboten, die mit dem Mißbrauch von Kindern werben: Der Film »Flying Inzest« zum Beispiel zeigt, laut Begleittext, wie ein zehnjähriges Mädchen von seinem Großvater während der Hausaufgaben »auf das Leben vorbereitet« wird. Verbotener Kindersex ist für 286 Gulden zu haben.

Die Situation in Deutschland ist ähnlich. Ein Polizeibeamter

---

[106] vgl. Steinkühler, K. H./van Zütphen, T. in: *Focus*, 6/1997, Seite 36 f.: »Der Porno-Dealer«
[107] ebd.

des Landeskriminalamtes in Düsseldorf sagt: »In jedem Dorf dieser Republik bekomme ich innerhalb einer halben Stunde einen Kinderporno. Denn schließlich gibt es auch in der Bundesrepublik ein durchorganisiertes Geschäft mit dem Kindersex. So gut organisiert, daß manche Kinder über viele Jahre in unterschiedlichen Entwicklungsstadien in Pornofilmen als Akteure auftauchen, die Täter aber trotzdem nicht auffliegen. Ein Polizeibeamter: Es sind einige ›Stars‹ dabei, Kinder, die in einer Vielzahl von unterschiedlichen Magazinen erscheinen. Da kann man feststellen, daß dieses Kind über lange Zeit mißbraucht worden ist, daß es eben als Kleinkind über sämtliche pubertäre Stufen bis hin zum jungen Erwachsenen in Filmen auftaucht.«
Die Folge aus dem Konsum solcher Filme ist, so befürchtet ein Ermittler, daß die Pädophilen ihre Lust irgendwann auch an einem Kind live ausleben wollen. Die Zahl der Opfer wird wahrscheinlich weiter steigen.

### Die kriminellen Netzwerke der Pädophilen

Bei den Recherchen über das Geschäft mit dem Kindersex führen die Spuren in vielen Fällen unweigerlich zu den Hunderttausenden von Pädophilen und Päderasten und ihren kriminellen Netzwerken in Europa. Diese Täterkreise, oft international organisiert, haben meist nur ein Interesse: die Schändung von Kindern. Der Einfluß der Mitglieder dieser Vereinigungen, die mal aggressiv-kriminell, mal geheimbündlerisch, mal als soziale Organisationen getarnt, aktiv werden, ist enorm groß. Die Mitglieder stammen aus allen Schichten des sozialen und gesellschaftlichen Lebens und besonders gefährlich für die kleinen Opfer und ihre Helfer sind diejenigen, die als Politiker, Ärzte, Sozialarbeiter, Lehrer oder Polizisten Lobby-Arbeit für die Pädophilen-Interessen betreiben. Im Fall Dutroux zeigen sich ganz deutlich Verbindungen zu Politik und Justiz durch die Pädophilen-Netzwerke, die in Belgien schon seit 40 Jahren bestehen sollen.

Auch in der Bundesrepublik – so die Düsseldorfer LKA-Sonderkommission »KIM« – gibt es Pädophilen-Netze: »Sie sind über die Bundesrepublik verstreut, haben Kontaktpersonen in den verschiedenen Bereichen, die wiederum auch miteinander kommunizieren.«

Die Pädophilen haben international eine erstklassige Infrastruktur aufgebaut, um – weitgehend unbehelligt vor der Polizei – ihren Trieb befriedigen zu können. Es gibt weltweit Tausende von Pädo-Postillen mit Titeln wie »Jimmy« oder »Martin«, in denen kleine Kinder in allen möglichen Nacktpositionen abgebildet sind und Kontakte über Anzeigen vermittelt werden. Über unzählige miteinander verbundene nationale und internationale Vertriebsnetze, die immer wieder neue Kanäle erschließen, wird der »Endverbraucher« damit beliefert. Kleine Interessengemeinschaften, die in Privatwohnungen oder -Bordellen Kinder sexuell mißbrauchen und diese oft monatelang festhalten, pflegen über Kontaktleute ihre Beziehungen zu anderen, größeren Organisationen. Per Telefon, über Boten und vor allem über das internationale Datennetz Internet. Alle diese kriminellen Netzwerke haben – eine Eigenart – interessanterweise keine Namen und keine Paten, wie es bei der Mafia üblich ist. Das macht für die Polizei auch eine Aufklärung so schwer, weil nur selten einzelne Bosse das Geschäft beherrschen, sondern viele, die fast schon genossenschaftlich organisiert sind. Sie sind sehr gut mit einer Ameisengesellschaft zu vergleichen. Auf den ersten Blick handelt es sich um ein Gewimmel von Tieren, die sich scheinbar ungeordnet ihren Weg suchen. Erst bei

genauer Beobachtung stellt man fest, daß diese Ameisen klar zu beschreibende Wege krabbeln, Kundschafter aussenden, um neue Beute zu finden, über versteckte Nester und auch in ihrer Organisation über hierarchische Strukturen verfügen.
So, wie wir Menschen die Sprache der Ameise nicht verstehen, sind uns auch die Geheimcodes der Pädophilen fremd. Mit einem Anzeigentext folgenden Wortlauts: »Drei junge Welpen für ein Wochenende für 1.500 DM«, werden beispielsweise drei Kinder zur Vergewaltigung angeboten. Diese Kinder werden international zu hohen Preisen gehandelt, von Einkäufern für regionale Märkte aufgekauft, an geheime Fotostudios vermietet oder für Sexparties weitergereicht. Wie Tiere werden diese Kinder oft in Verliesen eingesperrt, mißbraucht und schließlich getötet – der Fall Dutroux hat endgültig den Beweis erbracht, daß diese Methoden in der Pädophilenszene tatsächlich üblich sind.
Die Organisation der Internationale der Pädophilen ist – obwohl wie eine wabernde Masse über die Erdkugel verbreitet – so perfekt, daß es sogar Lobbyisten-Organisationen gibt, die Öffentlichkeitsarbeit betreiben und versuchen, die Vergewaltigung von Kindern durch Erwachsene mit Begriffen wie »Liebe«, »Erotik«, »natürlichem Verhalten zwischen Kindern und Erwachsenen« zu verklären.[108]

---

[108] Allerdings müssen sich die Pädophilen, die nachweislich über einen direkten Draht zur Pornoindustrie verfügen, fragen lassen, warum sie diejenigen, die sie lieben, so viel leiden lassen: beim Herstellen von Pornofilmen und -fotos beispielsweise, die sie in stillen Stunden als Bettlektüre genießen. Kein Pädophilenverband hat bisher zu einer großen Offensive gegen die Schändung von Kindern durch die Pornoindustrie aufgerufen und mit der Polizei oder anderen Kinderschützern aktiv zusammengearbeitet. Ein Polizeibeamter, angewidert von gerade beendeten Ermittlungen in der Pädophilenszene: »Es kann sein, daß der ein oder andere Pädophile ein vierjähriges Mädchen oder einen fünfjährigen Jungen wirklich zu lieben glaubt. Aber warum reißt so ein Typ dann dem Mädchen beim Geschlechtsverkehr die Scheide kaputt oder dem Jungen den After?«

Die Brutalität, mit der in dieser Branche vorgegangen wird, zeigt sich im Verlauf des Bürgerkriegs in Ex-Jugoslawien. Nach Feststellungen der Polizei wurden viele der rund 50.000 Kinder, die zum Schutz vor den Kriegswirren in den Westen gebracht wurden, von den Pädophilen-Netzwerken entführt. Gallwitz/Paulus dazu: »Im schlimmsten Fall fristen sie ihr Dasein als Sexsklave in einem Kellerverlies der Villa einer wohlhabenden und hochangesehenen, aber perversen Persönlichkeit.«[109]

Der Markt für die Kindersex-Süchtigen besteht – neben Filmen, Videos und Schriften – aus folgendem Angebot: gewaltsam entführte Kinder, die in Geheimbordellen festgehalten werden; Kinder von der Straße, die zu willfährigen Opfern gemacht werden; Kinder, die von Pädophilen angelockt und mit Geschenken und Zuneigung erst »weichgekocht« und dann mißbraucht werden.

Um an »Kinderfleisch« zu kommen, treten die Täter keineswegs immer als böse Sittenstrolche auf. Im Gegenteil. Häufig versuchen sie es auch auf die sanfte Tour. »Versuch irgendeinen Weg zu finden, um mit dem Kind zusammenzuleben ... Nimm Dich ihrer an, sei nett zu ihnen, ziele auf Kinder ab, die kein gutes Verhältnis zu den Eltern haben. Oder suche Kinder, die bereits Opfer waren«, schreiben Kindesmißbraucher als Anleitung zum Kontakten von Kindern in einem wissenschaftlichen Versuch.[110]

Die Methoden, Kinder anzulocken, müssen wirklich gut sein, denn die Gier nach Sex ist bei Pädophilen ungeheuer groß. Nach einer Studie von Jean Abel und Judith Becker von der Columbia Universität in New York haben Täter, bevor sie

---

[109] vgl. Gallwitz/Paulus, a.a.O., Seite 91
[110] vgl. Bange/Enders, a.a.O., Seite 94, zitiert nach Conte 1989

entdeckt werden, im Durchschnitt 73 Kinder mißbraucht.[111] Wenn man diese Zahlen zugrunde legt, käme man zu einem unglaublichen Ergebnis: Da in der Bundesrepublik etwa 50.000 bis 60.000 Pädophile leben, bedeutet das, daß allein in der Bundesrepublik von diesem Täterkreis statistisch gesehen über 4.380.000 mal Kinder mißbraucht werden. Unwahrscheinlich? Eine Psychologin: »Pädophile, die es gewohnt sind, jede Woche ein Kind zu haben, die haben einen unwahrscheinlichen Verschleiß. Und die steigern sich auch. Denen reicht es nicht, normalen Geschlechtsverkehr zu vollziehen, sondern da spielen dann sadistische Variationen eine erhebliche Rolle.«

## Internet – das größte Kinderporno-Kaufhaus der Welt

Nur durch Zufall – wie so oft bei der Bekämpfung der Pornoindustrie – kommt die Kriminalpolizei in Aachen im April 1997 einer multinationalen Pädophilen-Bande auf die Spur. Die ersten Hinweise kommen aus Belgien, wo die Polizei seit der Affäre Dutroux hochsensibel auf Kinderpornographie reagiert. Im Verlauf einer Reihe von Razzien findet die belgische Polizei bereits im November 1996 Beweise für das Bestehen eines pädophilen Netzwerkes. Sie unternimmt Hausdurchsuchungen bei Politikern, nachdem minderjährige Jungen aussagen, daß sie gegen Bezahlung mißbraucht wurden. Bei diesen Hausdurchsuchungen werden Videobänder beschlagnahmt, auf denen pädophile, sexuelle Handlungen gezeigt werden.

---

[111] vgl. Elsner, a.a.O., Seite 51, zitiert nach Bange, Dirk, *Die dunkle Seite der Kindheit*, Volksblatt Verlag, Köln 1992, und Schmidt, Gunter, *Das Verschwinden der Sexualmoral*, Ingrid Klein Verlag, Hamburg 1996

Ein in Belgien inhaftierter Deutscher entpuppt sich schließlich im April 1997 als Drahtzieher in einer konspirativ agierenden Vereinigung, die als Tarnorganisation für an Kinderpornographie interessierte Pädophile dient. Er fällt der Polizei in Belgien wegen des Vertriebs von Pornos auf. Schon bald entdecken die Ermittler die Heimorganisation, und schließlich führt die Spur zu dem 31jährigen Physiker Dr. Thomas K., der an der Rheinisch-Westfälischen Technischen Universität in Aachen beschäftigt ist. Er soll wegen seiner vielseitigen Sprachkenntnisse und seines technischen Computerwissens für die Auslandskontakte der als harmloser Club firmierenden Pädophilen-Organisation tätig sein. Bei Hausdurchsuchungen findet die deutsche Polizei kinderpornographische Bilder und Videofilme – alles Material, das K. offensichtlich übers Internet in ganz Europa und in den USA vertrieben hat. Eine wertvolle Hilfe ist ihm bei seinen Pornogeschäften die hervorragend ausgestattete Computeranlage der Universität gewesen.

Nicht selten sind die Täter technisch auf dem allerneusten Stand. Gelegentlich stehen die Polizisten sogar vor Computern, deren pornographische Geheimnisse sie mit allen technischen Tricks nicht herausbekommen – dann sind die Täter einfach besser. Die Düsseldorfer KIM-Sonderkommission stellte bei einem Pädophilen eine Computeranlage sicher, in der sich mutmaßlich große Mengen von kinderpornographischem Material befand. Doch das war so verschlüsselt worden, daß nicht einmal mehr der Hersteller des Verschlüsselungsprogramms Technik und Täter überlisten konnte. Die einzige Chance: Für eine Million Dollar hätte die amerikanische Raumfahrtbehörde NASA den Verschlüsselungscode geknackt – zuviel Geld für die Düsseldorfer Fahnder.

Kinderporno-Mafia, Schmuddelbrief-Schreiber, Pädophilen- und Kindersex-Netzwerke haben die Neuen Medien für sich entdeckt und nutzen alle sich bietenden Techniken des weltweiten Datennetzes Internet und die geradezu unbegrenzte Möglichkeiten, um ihre pornographischen Schriften, Aufnahmen und Filme zu vertreiben. Justiz und Polizei können die Bilder, Texte und Filme mit kinderpornographischem Inhalt gar nicht so schnell erfassen und auswerten, wie sie auf den Bildschirmen der Beamten eintreffen. Eine wahre Kinderporno-Flut.

In München macht man sich Anfang 1995 an die Arbeit, dem Internet-Problem mit System zu begegnen. Gemeinsam mit dem Bayerischen Innenministerium gründet die Polizei das Pilotprojekt »Anlaßunabhängige Recherchen im Datennetz«. Die Erfahrungen der drei Beamten und nicht zuletzt ihre Erfolge führen dazu, daß die Polizeistreife im Internet jetzt eine feste Einrichtung der Bayerischen Polizei geworden ist. Seit Januar 1997 arbeiten sieben Beamte in dem neu eingerichteten Kommissariat. Andere Polizeibehörden ziehen langsam nach.

Kriminalkommissar Rainer Richard arbeitet bei der Münchener Internetpolizei, Kommissariat 345[112]. Er bestätigt, daß sich die Erscheinungsform der Kriminalität verändert hat: »Die Kriminalität verlagert sich zunehmend mehr in neue Bereiche. Das heißt, die Neuen Medien, wie zum Beispiel das Internet, werden vermehrt genutzt. Da geht es um Betrug durch Computersabotage bis zur Anleitung für den Bau einer Bombe. Und unter dem Stichwort ›Dutroux‹ finden sich gleich 515 Treffer. Im Internet gibt es auch das gesamte Spektrum des Pornographie-Angebots, besonders der Kinderpornographie. Was früher in einschlägigen Zeitschriften ange-

---

[112] Die Internetpolizei ist über die Internet-Adresse: http://www.polizei.bayern.de zu erreichen.

boten wurde, ist heute zusätzlich noch im Internet zu finden. Es werden entsprechende Anzeigen geschaltet, wo man sich mit bestimmten Materialien und sogar mit Kindern selbst versorgen kann. Früher war die Kontrolle leichter. Bei Printmedien konnte man leicht nachvollziehen, woher das Angebot stammte. Im Internet ist jedoch die Anonymität gewährleistet.«[113]

Die Suche nach den Anbietern von Bildern oder Filmen mit Kindersex bildet einen Schwerpunkt der Internetpolizisten. Aber ihre Arbeit ist mühsam. Sie stoßen ständig an Grenzen: Da ist zum einen die Fülle an Informationen. Mehr als 60 Millionen Web-Seiten gibt es im weltweiten Datennetz. Und täglich verändert sich das Angebot. Die Polizei muß ihre Recherche eingrenzen, und auch dann kann sie nur Stichproben durchführen. »Wir überwachen vor allen Dingen den deutschsprachigen Bereich. Wobei wir direkt auf eine weitere Schwierigkeit stoßen. Es gibt keine Grenzen im Netz. Das heißt, selbst wenn wir einen Treffer haben, wissen wir noch nicht, in welchem Teil der Welt der Anbieter sitzt.«

Bei den Tausenden von Stunden, die die Beamten in Bayern im Internet recherchieren, sehen sie, wie Rainer Richard es nennt, »übelste Sachen«. Kinderpornographie sei nicht der richtige Ausdruck für das, was man im Internet findet. »Kinderfolter würde das Thema wohl eher treffen.« Bei ihren Streifzügen durch das Datennetz stoßen sie auf 172 Fälle, die auf die Verbreitung von Kinderpornos schließen lassen. In 80 Prozent der Fälle führt die Spur des Anbieters ins Ausland. Den Standort der kriminellen Anbieter herauszufinden, ist für die Beamten technisch kein Problem. Der Staatssekretär des bayerischen Innenministeriums Hermann Regens-

---

[113] Interview mit Rainer Richard, geführt im April 1997

burger nennt die Schwierigkeit: »Wir können herausfinden, daß ein Provider in Moskau sitzt. Aber er kann morgen von Florida aus anbieten.«[114] Aufgrund der unterschiedlichen Rechtslage, einer mangelhaften institutionalisierten Zusammenarbeit, passiert den Tätern in den meisten Fällen nichts. Sie sind außerdem wesentlich besser organisiert und ausgerüstet als ihre Verfolger.

Die Kriminalität im Internet hat noch eine weitere Dimension, die allzuoft in den Hintergrund rückt. Heute sitzen selbst Kinder im Kindergartenalter vor dem Computer und surfen durch das weltweite Datennetz. Und dabei finden sie manchmal per Zufall die grausamsten Kinderpornos. Wenn Kinder Bilder oder Filme von mißbrauchten Kindern sehen, bleibt das nicht ohne Folgen. Für Rainer Richard bedeutet das, daß »es dann eigentlich immer zwei Opfer gibt, denn es ist wirklich kinderleicht, an solche Sachen heranzukommen. Gibt man in eine der vielen Suchmaschinen das Wort ›Pädophile‹ ein, so hat man mehr als 22.000 Treffer. Bei dem Wort ›Sex‹ sogar weit mehr als 5 Millionen. Und da gibt es Seiten, auf denen richtig harte Kinderpornographie gezeigt wird. Das müssen die Kinder nur anklicken, und schon sind sie drin«. Viele Provider bieten inzwischen Kinderschutzprogramme an, mit denen die Recherche nach bestimmten Wörtern gesperrt werden kann. Doch Experten sind skeptisch, ob diese Programme die Kinder wirklich schützen. Zunächst müssen sich die Eltern mit dem Computer auskennen, um das Programm zu installieren. Als nächstes müssen sie die Wörter eingeben, die für die Kinder künftig gesperrt sein sollen. Aber welche Begriffe sollen das sein? Sex, Erotik, Pädophile,

---

[114] vgl. *Süddeutsche Zeitung*, 30.1.1997 Nr. 24, Seite 37: Innenstaatssekretär Regensburger warnt. Kriminalität im Internet ist besorgniserregend.

Kinderpornographie. Viel mehr fällt dem normalen Bürger zu dem Thema schon fast nicht mehr ein. Rainer Richard weiß, daß das nicht reicht: »Die Szene hat ihre eigene Sprache und verwendet Begriffe, die oft auch in einem anderen Zusammenhang gebraucht werden.« »Baby« oder »Kunst« sind beispielsweise zwei Begriffe, die gelegentlich dem Porno-Konsumenten die Internet-Welt öffnen. Letztendlich ist ein Schutz nicht möglich. Das ist auch die Meinung von Dieter Booms, Chefredakteur von »Spiegel Online«. Es lasse sich nicht unterbinden, daß Jugendliche beim Surfen im Internet zufällig auf Gewalt und Pornos stoßen. Denn selbst wenn die Anbieter von Kinderpornos entdeckt würden, und ein Provider ihnen den Zugang zum Netz sperrte, wären sie bald unter einer neuen Adresse wieder zu finden[115].

Fachleute gehen davon aus, daß das Sperren von Online-Angeboten schlicht unmöglich ist. Die Kinderschutzprogramme erfüllen zwar ihren Zweck bei offensichtlichen Angeboten, können aber nicht verhindern, daß Kinder und Jugendliche dennoch mit Kinderpornos konfrontiert werden. »Im Grunde schieben die Provider mit den Kinderschutzprogrammen nur ihre Verantwortung den Eltern zu«, sagt Rainer Richard.

Aber welche Verantwortung haben die Provider? Online-Dienste wie »Compuserve« oder »T-Online« verstehen sich als Dienstleister, die lediglich die technischen Mittel für einen Zugang zum Internet bereitstellen[116]. Für die Inhalte sind sie nicht verantwortlich. Was bleibt, ist die freiwillige Selbstkontrolle dieser Anbieter. Das heißt, sie müssen wie eine private Internetpolizei im Netz nach kriminellen Angeboten

---

[115] vgl. Titus Arnu in: *Süddeutsche Zeitung*, 15.1.1997 Nr. 11, Seite 21: »Jeder Zweite sucht nach Sex.«
[116] ebd.

suchen und diese sperren. Doch bei über 50 Millionen Menschen, die sich weltweit im Datenschungel bewegen, ist das vergebliche Mühe. Die Münchener Behörde konnte 1996 gerade einmal in 110 Fällen die Täter identifizieren und Ermittlungsverfahren gegen sie einleiten – angesichts der Menge von Angeboten recht wenig. Es gibt einfach wesentlich mehr Täter als Kontrolleure.

Auch wenn es unmöglich ist, das grenzenlose Netz wirklich zu kontrollieren, verlangen Politiker immer wieder internationale Reglements für das Internet[117]. Mit einem neuen Multimediagesetz, das im August 1997 im Parlament zur Debatte steht, fordern sie, daß Online-Anbieter künftig für die Inhalte verantwortlich sein sollen. Zusätzlich sollen sie dann auch die fremden Angebote kontrollieren. Für Bundesforschungsminister Jürgen Rüttgers ist das Multimediagesetz ein »Schrittmacher in der Zukunftswerkstatt Multimedia«, und es leiste »einen wichtigen Beitrag zum Schutz unserer Kinder und zum Ausschluß rechtswidriger Inhalte aus den Datenbahnen«.[118] Wie das alles funktionieren soll, ist noch unklar. Für Experten steht hingegen fest: Selbst wenn es ein weltweit geltendes Gesetz gäbe, das die Kommunikation im Netz regelte, wäre es technisch unmöglich, einzelne Angebote zu sperren.

Das einzige Mittel, das begrenzt wirksam zu sein scheint, ist die Kontrolle der Angebote und die rigorose Verfolgung der Anbieter. Hier setzt die Münchener Internetpolizei an. Doch neben der weltweit unterschiedlichen Rechtsprechung steht ihnen auch die deutsche Gesetzgebung als Hindernis im Weg.

---

[117] So kündigte zum Beispiel Bundesfamilienministerin Claudia Nolte an, schärfer gegen Pornographie im Internet vorzugehen.
[118] vgl. Titus Arnu in: *Süddeutsche Zeitung* vom 15.1.1997 Nr.11, Seite 21: »Jeder Zweite sucht nach Sex.«

Das Strafmaß für sexuellen Mißbrauch und die Verbreitung von Kinderpornographie ist so gering, daß den Ermittlern schon in einigen Fällen die Hände gebunden sind. Der Rosenheim-Fall zeigt dies sehr deutlich: Ein Paar, das Kinder für Sexfolter bis zum Tod im Datennetz anbot, sitzt zwar wegen der »Verabredung eines Verbrechens« in Untersuchungshaft, aber ob es zu einer Verurteilung kommt, ist noch ungewiß. Das Problem: Die Mindeststrafe bei sexuellem Mißbrauch ist zu gering. Er gilt nicht als Verbrechen, sondern lediglich als Vergehen. Rainer Richard wünscht sich daher, daß das Strafmaß für die Schändung von Kindern heraufgesetzt wird: »Bei der Verbreitung von Kinderpornographie sind die Strafen zu gering. Eine Geldstrafe von ein paar Tausend Mark schreckt die Täter einfach nicht ab.« Zumal mit den Filmen ein Vielfaches verdient werden kann. »Es ist ein offenes Geheimnis, daß die Rotlichtzonen zu den gefragtesten Bereichen im Internet gehören«, sagt Jörg Bueroße, Chefredakteur von »Focus Online«[119]. Täglich werden 160.000 Recherchen über die größte deutsche Suchmaschine »Focus Netguide« gestartet. Die Suchbegriffe werden anonym registriert. Das Ergebnis: Mehr als die Hälfte der eingegebenen Suchwörter haben mit Sex zu tun. Und hier geht es meist nicht um wissenschaftliche Aufsätze zum Thema Pädophilie. Für Rainer Richard besteht kein Zweifel daran, daß sich gut organisierte Gruppen von Kriminellen im Internet tummeln. Sie dealen mit der »Sexware Kind«. Und das Datennetz bietet ihnen Anonymität und damit Schutz. Die Verfechter des Netzes sprechen sich ganz bewußt gegen eine Zensur aus. Sie plädieren für die uneingeschränkte Meinungsfreiheit. Dabei bleibt der Schutz von Kindern und Jugendlichen auf der Strecke. Wie im Fall Rosenheim.

---

[119] ebd.

## Kunde gesucht für Kinderfolter bis zum Tod

»Mädchen für grenzenlose sadistische Handlungen« – verspricht ein Paar per Internet, das in Stephanskirchen bei Rosenheim wohnt. »Grenzenlos« ist hier wörtlich zu nehmen, denn sogar der Tod des Kindes ist einkalkuliert. »Wenn es zum Schluß kaputt ist, ist das kein Problem.« Auch die »Entsorgung des Kadavers« kann gegen Aufpreis erledigt werden, versprechen die Anbieter im Datennetz der Telekom, einem deutschen Kommunikationsnetz sowie im weltweiten Datennetz, dem Internet. Mit nahezu gleichem Wortlaut sind sie auch dort auf der Suche nach zahlungskräftigen Kunden.

Ein Journalist[120] stößt Anfang Januar 1997 bei einem Streifzug durch das Internet auf die Anzeige. Darin bieten ein »Sado-Henker« und eine »Domina-Lederhexe« unzweideutig sadomasochistischen Sex mit Kindern an. In der Szenensprache heißt das dann: »Grenzenlose Spiele mit Früherziehung für Insider«. Er nimmt per Computer Kontakt mit den Anbietern auf und geht zum Schein auf das Angebot ein. Nach tagelanger anonymer Kommunikation im Internet kommt es schließlich zu einem persönlichen Gespräch. Die »Lederhexe« meldet sich telefonisch bei dem Interessenten. Sie ist äußerst geschäftstüchtig und eiskalt. Sie bietet dem interessierten »Kunden« Mädchen zwischen zehn bis vierzehn Jahren an. Mit diesen Kindern könne er dann machen, was immer er wolle. Grenzen gibt es nicht. Alter und Aussehen des Mädchens können vom Interessenten bestimmt werden. Sie

---

[120] *Bild*; 25.1.1997, demnach handelt es sich bei dem Journalisten um Detlef Drewes, 41 Jahre alt und Chef des Politikressorts bei der *Augsburger Allgemeinen Zeitung*. Drewes ist auch Autor des Buches *Kinder im Datennetz*. In der *Augsburger Allgemeinen Zeitung* wird jedoch nur ein »vermeintlicher Kunde« erwähnt.

würde es dann »für den Kunden aus dem Ausland besorgen«[121]. Woher sie die Mädchen besorgt, läßt sie offen. Vermutlich sollen die Mädchen aus Osteuropa entführt werden: »Die Nationalität ist ja wohl egal. Verstehen muß sie Sie ja nicht. Hauptsache, sie kann schreien. Das Kind kostet ab 12.000 Mark. Sie können damit machen, was Sie wollen – in unserem schalldichten Folterkeller.« Sadistische Sexspiele bis zum Tod des Opfers. »Wenn die zum Schluß kaputt ist, ist das kein Problem. Wir beseitigen den Kadaver für 3.000 Mark Aufpreis. Ich will Cash.«
Der schockierte Journalist informiert sofort die Rosenheimer Polizei und die Staatsanwaltschaft. Die Ermittlungen werden umgehend eingeleitet. Sehr bald kennt man die richtigen Namen der »Lederhexe« und des »Sado-Henkers«. Sie werden verhaftet. Die Staatsanwaltschaft wirft ihnen die Verabredung eines Verbrechens vor.
Sabine P., die Täterin, ist 36 Jahre alt und gelernte Fleischverkäuferin. Zuletzt arbeitete sie für ihren Lebensgefährten Bernd M. als Sekretärin. Der fast zwei Meter große 30jährige Mann ist selbständiger Fuhrunternehmer. Im Mai 1996 sind sie von Stuttgart in den Landkreis Rosenheim gezogen. In einem kleinen Dorf mit nur 143 Einwohnern leben sie in einem biederen Einfamilienhaus zu einer Monatsmiete von immerhin 2.400 Mark. Das weißverputzte Haus mit den Spitzengardinen und den Blumenkästen vor den Fenstern wirkt unauffällig. Die Kellerfenster sind verdunkelt. Den Nachbarn ist bisher auch nichts Außergewöhnliches aufgefallen.[122]
Bei der Hausdurchsuchung findet die Polizei tatsächlich den

---

[121] Pressebericht der Polizeidirektion Rosenheim und der Staatsanwaltschaft Traunstein, Zweigstelle Rosenheim vom 24.1.1997
[122] vgl. *Süddeutsche Zeitung*, Nr. 47, 25./26.1.1997

schalldichten Folterkeller. Er ist mit allem ausgestattet, was man für sadistische Sexspiele benötigt: Peitschen, ein großes Holzkreuz mit Hand- und Fußfesseln, ein großer Spiegel und vieles mehr. Es gibt auch Hinweise, daß in diesem Keller mindestens einmal ein Erwachsener gefoltert wurde[123]. Doch es fehlen die Beweise dafür, daß es auch zu grausamen Quälereien von Kindern gekommen ist. Die Staatsanwaltschaft geht aber davon aus, daß »das Angebot einen realen Hintergrund hatte«[124]. Sehr wahrscheinlich wollen die Täter die Kinder aus dem Ausland einführen. Die Pläne dazu finden sich in ihren Unterlagen.

Bei der Vernehmung streitet Sabine P. die Vorwürfe ab und meint, daß das Angebot nicht ernst gemeint gewesen war. Es habe sich lediglich um »verbalerotische Phantasien« gehandelt. Doch die Polizei und die Staatsanwaltschaft sind sich sicher, daß die beiden früher oder später ihr Vorhaben in die Tat umgesetzt hätten[125]. Unterstützt wird diese Vermutung durch Notizen der Frau, die sie sich während des Telefongesprächs mit ihrem neuen »Kunden« gemacht hatte. Sie notierte unter anderem die »Bestellung«. Reine Verbalerotik? Die Ermittler suchen weiter, immer in der Hoffnung, mehr Beweise oder Spuren zu finden. Ein mühsames, langwieriges Puzzle. Denn noch ist es auch in diesem Fall fraglich, ob es jemals zu einer Verurteilung kommt. Auf welcher juristischen Grundlage sollten auch der »Sado-Henker« und seine »Lederhexe« verurteilt werden können? Ihnen wird die Verabredung zu einem Verbrechen vorgeworfen. Das bedeutet die Anwendung des Paragraphen 30 des Strafgesetzbuches:

---

[123] Pressemitteilung der Polizeidirektion Rosenheim und der Staatsanwaltschaft Traunstein, Zweigstelle Rosenheim vom 24.1.1997.
[124] vgl. *Rheinische Post*, 25.1.1997, »Im Computernetz: Kinder für Sex-Foltern.«
[125] vgl. *Süddeutsche Zeitung*, 25./26. Januar 1997

»Wer sich mit einem anderen verabredet, ein Verbrechen zu begehen, wird nach den Vorschriften über den Versuch des Verbrechens bestraft.« Als Verbrechen gilt aber nur die Tat, die mit einer Mindeststrafe von einem Jahr Gefängnis geahndet wird. Für den sexuellen Mißbrauch von Kindern ist lediglich eine Mindeststrafe von sechs Monaten angesetzt. Demnach ist Kindesmißbrauch kein Verbrechen, sondern nur ein Vergehen. Erst in »besonders schweren Fällen« wird das Vergehen zum Verbrechen. Als Mißbrauch in besonders schwerem Fall gilt der Oral- und Analverkehr mit einem Kind, die Vergewaltigung, die Anwendung von Gewalt und wenn das Leben des Kindes leichtfertig aufs Spiel gesetzt wird. All das wurde von dem Paar geplant. Ob es auch jemals ausgeführt wurde, muß bewiesen werden.
Sexueller Mißbrauch gilt als »erfolgsqualifiziertes Delikt«. Das heißt, erst wenn die Tat im juristischen Sinn »Erfolg« hatte, sprich: ein Kind vergewaltigt und schlimmstenfalls zu Tode gequält wurde, liegt ein Verbrechen vor. Und nur dann kann ein Urteil gesprochen werden. Die Kieler Strafrechtsprofessorin Monika Frommel nennt das eine »Strafbarkeitslücke«.[126] Diese Lücke wäre leicht zu schließen, indem die Mindeststrafe für sexuellen Mißbrauch auf ein Jahr Gefängnis erhöht würde.

### Sextouristen gehen meistens straffrei aus

Bei der Schändung von Kindern kommen die meisten Täter ohne Bestrafung davon – und ganz besonders oft die Sextouristen. Das läßt sich schon an der Zahl der in Asien verur-

---

[126] *Süddeutsche Zeitung*, 28.1.1997

teilten Täter feststellen, die erschreckend niedrig ist: In den vergangenen acht Jahren wurden 240 Ausländer verurteilt. 58 kamen aus den USA, 28 aus Deutschland, 31 aus England.[127] Dazu kommt noch eine – zugegeben extrem drastische und rechtswidrige – »Strafaktion«, die an einer ganzen Reihe von Sextouristen verübt worden ist, und unter den Begriff verbrecherische Selbstjustiz fällt: Anfang 1997 verhaftet die Polizei in Pattaya in Thailand einen Zuhälter und einige seiner jungen Prostituierten. Die jungen Mädchen stehen im Verdacht, mit Sextouristen auf deren Hotelzimmer gegangen zu sein, diesen im Verlauf des Aufenthalts eine Mischung aus verschiedenen Betäubungsmitteln, sogenannte K.-O.-Tropfen, verabreicht und die bewußtlosen Männer dann ausgeraubt zu haben. Der schlimme Verdacht der Polizei: der ein oder andere Sextourist überlebte diesen Betäubungsangriff möglicherweise nicht und starb. Immerhin zählte die Polizeistatistik in Pattaya allein im Jahr 1996 49 tote männliche Urlauber – viele von ihnen starben offiziell an Herzversagen.

Die Methoden, mit denen die Mädchen arbeiten, sind bekannt. Mal legen sich die Prostituierten eine mit dem Betäubungsmittel gefüllte Kapsel unter die Zunge und schieben sie den Freiern während des Geschlechtsakts mit einem Kuß in den Hals. Andere Mädchen schmieren sich die Brustwarzen mit einer Betäubungsmasse ein, und wenn der Mann die Brust des Mädchens küßt, nimmt er die Droge zu sich.

Manche dieser Opfer, die von ihren Opfern diesmal selbst zu solchen gemacht werden, versinken anschließend in einen langen, oft 48 Stunden dauernden Schlaf. Andere erwachen nie mehr, wenn das Mittel zu hoch dosiert ist.

---

[127] ebd.

Große Schlagzeilen machen diese Taten allerdings nicht. Die männlichen Opfer sind es offensichtlich für die thailändischen Behörden nicht wert, sich intensiv mit der Todes-Serie auseinanderzusetzen. Thailands Image soll keinen Schaden erleiden. Die Sextouristen sind – nicht nur wie der »Spiegel« schreibt – »Zukurzgekommene, Spinner und Pädophile«[128], sondern auch die ganz normalen Nachbarn von nebenan. Sie fühlen sich nach Beobachtung der internationalen Hilfsorganisation ECPAT offensichtlich in einer Atmosphäre wohl, »in der sie mit einer 16jährigen schlafen können, die wie eine Leibeigene gehalten wird und die sich Nacht für Nacht in der Bar vor lüsternen Männern Rasierklingen aus der Vagina ziehen muß«[129].
Neben dem Erlebnis der oft perversen Sexspiele vor Ort versuchen diese Touristen immer wieder, sich ganz besondere Souvenirs zu beschaffen. Sie drehen Pornofilme oder fotografieren Kinder in eindeutigen Nacktposen, die sie zur eigenen Triebbefriedigung oder zum Verkauf an Gleichgesinnte mit nach Deutschland nehmen.
Im Januar 1997 fällt ein solcher Täter Zollbeamten am Düsseldorfer Flughafen auf. Er hat das Weihnachtsfest und Silvester in Pattaya verbracht, und bei der Zollkontrolle entdecken die Beamten Pornovideos und -fotos. Da der Besitz von solchem Material strafbar ist, wird er sich deswegen vor Gericht verantworten müssen. Der Mißbrauch der Kinder, die auf den Filmen und Fotos zu sehen sind, wird ihm nur schwer nachzuweisen sein.
Es ist ein besonderes Kapitel in der Sexualtätergeschichte der Bundesrepublik: Sextourismus. Wenn das Leid der Kin-

---

[128] *Der Spiegel*, 3/1997, »Vier gewinnt«
[129] ebd.

der am anderen Ende der Welt stattfindet, interessiert sich in Europa kaum jemand dafür. Über hunderttausend Bundesbürger fliegen jedes Jahr nach Thailand und in andere Dritte-Welt-Länder. Für viele gibt es nur ein Ziel: Sex mit minderjährigen Mädchen und Jungen. Nach Feststellung von »End Child Prostitution in Asien Tourism« werden rund eine Million Kinder in Asien als Prostituierte ausgebeutet. Doch nur wenige Gerichtsverfahren werden in Deutschland gegen Täter eröffnet, obwohl auch im Ausland durch Deutsche begangene Taten in der Bundesrepublik bestraft werden müssen. So wundert es nicht, daß eine Staatsanwältin in Berlin von einem »in Deutschland bislang einmaligen Verfahren«[130] spricht, als sich vor dem Landgericht zwei Deutsche verantworten müssen, die im Ausland im großen Stil kinderpornographische Fotos und Videos produziert und zum Teil in Deutschland vertrieben haben. Zunächst bestreiten die beiden Männer, die Kinder sexuell mißbraucht zu haben und verteidigen sich damit, daß die 12- bis 14jährigen Jungen »alles freiwillig« mitgemacht hätten. Im Verlauf der Verhandlung müssen sie jedoch zugeben, für die Aufnahmen sexuelle Manipulationen vorgenommen zu haben. Zum Ende des Verfahrens wird ein 33jähriger Täter zu vier Jahren Haft im offenen Vollzug, der andere, 43 Jahre alte Mann zu einer Haftstrafe von fast fünf Jahren verurteilt, weil er bereits vorbestraft ist. Der Richter zeigt in seiner Urteilsbegründung der Verhandlung sogar Verständnis für die Täter: »Die Angeklagten hatten es schwerer als andere Menschen. Sie sind von früher Kindheit an homosexuell pädophil veranlagt. Sie können ihre Sexualität nicht ausleben, ohne straffällig zu werden.«[131]

---

[130] *Die Welt*, 10.11.1996, »In Deutschland bisher einmaliges Gerichtsverfahren«
[131] *Süddeutsche Zeitung*, 28.11.1996, »Nun soll auch Buddha dran glauben«

# Der Kinderhandel von Ost nach West

Über die Aktivitäten des Ost-West-Handels mit Kindern finden sich viele Randbemerkungen und wenige harte Fakten, Daten und Analysen. Daraus läßt sich allerdings nicht schließen, daß diese Kriminalitätsform nicht oder nur wenig existent ist. Vielmehr liegt es daran, daß das Abschottungsprinzip – wie bei den pädophilen Netzwerken oder den Satanisten – sehr gut funktioniert, ein hoher Anteil von Ausländern[132] aus Osteuropa beteiligt ist, die Opfer sich nicht getrauen, zur Polizei zu gehen und von den Ermittlern zwangsläufig nicht nur die Schwierigkeiten von Sprachbarrieren, sondern bei ihren Recherchen auch die von Staatsgrenzen zu überwinden sind.

Die Autoren Gallwitz und Paulus stellen in »Grünkram« fest, daß inzwischen einige mafiöse, kriminelle Organisationen aus dem Osten Europas und aus der ehemaligen Sowjetunion nicht mehr nur mit Kalaschnikows, Plutonium, Wodka, Frauen und Heroin, sondern auch mit dem Handel von Kindern ihr Geld verdienen: »Ihr Drang geht unaufhaltsam westwärts, das heißt auch und vor allem in die Bundesrepublik. Die sich wandelnden Gesichter auf sichergestellten Kinderpornos – von geplagten ostasiatischen oder südamerikanischen Kindergesichtern hin zu solchen Darstellern, deren Heimat in den GUS-Staaten, in Polen, Rumänien, Tschechien oder in der Bundesrepublik Deutschland zu vermuten ist – mag Indiz dafür sein, wie weit diese mafiösen Ausbeuter bereits zu uns vorgedrungen sind. Daß vor kurzer Zeit ein

---

[132] In vielen Polizeidienststellen ist es heute durch die Polizeiführung verboten, den Anteil der Ausländer unter den Kriminellen in den Statistiken besonders auszuweisen. Damit möchte man vermeiden, als ausländerfeindlich betrachtet zu werden.

kleiner Junge aus einem osteuropäischen Land, der nachweislich Pädophilenkontakte hatte, mit heruntergezogener Hose tot aus der Alster gefischt wurde und von niemandem vermißt wird, zeigt in Verbindung mit zahlreichen anderen Kriminalfällen in letzter Zeit, daß mitten unter uns eine inzwischen bestens organisierte Kriminalität stattfindet, die unsere Kinder bedroht. Es ist an der Zeit, diese Kriminalität zur Kenntnis zu nehmen und die Kinder mehr als bisher vor sexueller Ausbeutung, auch und vor allem vor dieser gefährlichen, organisierten sexuellen Ausbeutung zu schützen.«[133]
Rund zehn Milliarden Mark Umsatz machen die modernen Menschenhändler mit Frauen und Mädchen aus dem ehemaligen Ostblock allein in der Bundesrepublik.[134] Der Journalist Detlef Drewes, der ein Buch über Pornographie und Prostitution in den neuen Medien geschrieben hat, berichtet: »Anfang 1995 zerschlug die bayrische Polizei einen vietnamesischen Mädchenhändlerring. Opfer waren vor allem minderjährige Mädchen aus Tschechien, die angeworben, für bis zu ›3.000 Mark je Stück‹ gekauft und über die Grenze gebracht wurden. Die Täter, so die Polizei, hatten im Freistaat Bayern illegale Liebesnester aufgebaut.«[135] Die 16- und 17jährigen Mädchen mußten pro Nacht 15 bis 20 Freier bearbeiten; ein Mädchen für eine ganze Nacht kostete 2.000 bis 3.000 DM.

Der Ost-West-Handel der Kinderporno- und Kinderprostituierten-Mafia funktioniert ausgezeichnet. An der deutschbelgischen Grenze in Eupen werden 1992 zwei Männer festgenommen, als die Polizei bei ihnen pornographisches Foto- und Filmmaterial findet. Die beiden als Geschäftsleute ge-

---

[133] Gallwitz, Adolf/, Manfred, Paulus, *Grünkram*, Verlag Deutsche Polizeiliteratur, Hilden/Rheinland, 1997, Seite 17 f.
[134] Drewes, Detlef, a.a.O., Seite 39, Zahlenangabe für 1994
[135] ebd.

tarnten Täter fallen der Polizei auf, weil an ihrem Laden häufig Pkws mit tschechischen Kennzeichen halten und vor allem auch Jugendliche dort verkehren. Als sich die Polizei den Laden genauer ansieht, fallen ihr etwa 100.000 Filme, Fotos und Hochglanzmagazine in die Hände, die von hier aus nach Deutschland vertrieben werden sollen. Bei den Darstellern der in Tschechien gedrehten Filme handelt es sich überwiegend um Minderjährige. Sehr schnell kann die Polizei dann ein Puzzle zusammensetzen: Die Filme sind in Tschechien hergestellt worden, die dortige Polizei hat bereits mehrere Männer festgenommen. Drei Jungen im Alter von 14 bis 16 Jahren geben an, sie seien zu den Aufnahmen gezwungen worden.

Polizeierfolge dieser Art sind selten, doch beweisen sie Kennern der Szene, daß in der Bundesrepublik ein Markt für Pornos und Kinder aus dem Osten Europas existiert und daß damit viel Geld verdient wird. Der Pressesprecher des Landeskriminalamtes Sachsen, Hofner: »Hier kann man von organisierter Kriminalität sprechen. Der Handel und Austausch mit den östlichen Nachbarn Deutschlands hat im Zuge der Öffnung stark zugenommen. Es gibt immer wieder Verfahren auch gegen Deutsche in diesem Bereich. In der Verbindung mit Tschechien gibt es regelrechte Ringe.«

Schon seit Jahren existiert dieser Kinderhandel. Bereits 1994 informiert eine Verbindungsfrau der Lübecker Polizei zur Unterwelt ihren Führungsbeamten über die Preise auf dem Markt: Ein Pole fordert für eine 15jährige 4.000 DM und für eine 18jährige 3.000 DM. Der Täter wird später festgenommen, und die V-Frau flüchtet aus Angst vor der Rache der Gangster später nach Afrika.[136]

---

[136] *Der Spiegel*, 15/1997, »›Britta‹ und die Detektive«, Seite 89

Die Opfer werden auch immer jünger. »Das ist eine Sache von Angebot und Nachfrage«, meint der Cheffahnder für Organisierte Kriminalität in Münster, Willi Flormann[137], »den Händlern ist es gleichgültig, wie alt die Mädchen sind«. Daß die Opfer immer jünger werden, führt Flormann auf die veränderte Rolle der Sexualität in der heutigen Gesellschaft zurück, die sich offener denn je gibt: »Da werden bestimmte Gelüste erst geweckt.« Vermehrt werden Minderjährige über sogenannte Heiratsagenturen angeboten. Ähnliche Erfahrungen macht in Rheinland-Pfalz Innenminister Walter Zuber. Immer jüngere Frauen und Mädchen werden unter falschen Versprechungen nach Deutschland gelockt und hier zur Prostitution gezwungen. Für die Mädchen aus den Ost- und mitteleuropäischen Staaten werden etwa 300 bis 3.000 DM verlangt. Sobald sie in der Bundesrepublik eintreffen, nehmen ihnen die Schlepper die Ausweispapiere ab. Dann macht man sie mit Gewalt gefügig. Schläge, Essensentzug, Verabreichen von Drogen, Vergewaltigungen und sexuelle Nötigung, Freiheitsentzug sind an der Tagesordnung.[138] Flormann: »Durch die unheimliche Brutalität, mit denen die Händler ihre Opfer behandeln, gelingt es kaum einem Mädchen, zu flüchten. Und die meisten Opfer trauen sich nicht, zur Polizei zu gehen.«

Eine junge tschechische Prostituierte, die Beamte bei einer Kontrolle entdecken, wäre sicherlich nie zur Polizei gegangen. Viel zu groß ist die Angst der gerade mal 13jährigen vor ihren Zuhältern. Durch die Aussage des Mädchens kommt die Kripo brutalen Menschenhändlern aus Bulgarien auf die Spur. Die Tschechin und ihre 14jährige Freundin haben die

---

[137] Interview mit Willi Flormann, geführt im Mai 1997.
[138] *General-Anzeiger*, 27.11.1996, »Menschenhandel macht vor Rheinland-Pfalz nicht halt«

Bulgaren in ihrer Heimat durch eine ältere Frau kennengelernt. Die beiden Männer laden sie zu einem Disco-Besuch nach Prag ein. Sie versprechen den gutgläubigen Mädchen, sie nach dem Tanz wieder nach Hause zu bringen. Doch es kommt anders: Nicht nach Prag, sondern Deutschland geht die Reise. Zur Rede gestellt, beschwichtigen die Bulgaren ihre Opfer. Sie hätten es sich anders überlegt, wollten lieber in der Bundesrepublik tanzen gehen und die Mädchen ganz sicher hinterher wieder zu Hause abliefern. Doch in Grenznähe entführen die Bulgaren die Kinder in ein Hotel, und halten sie über Nacht gefangen. Ein deutscher Schlepper, von den Entführern informiert, bringt die Händler und ihre Ware am nächsten Tag über die Grenze. Der Disco-Ausflug endet für die Mädchen zunächst in einem Bordell in Norddeutschland. Hier müssen sie für die Bulgaren »anschaffen gehen«. Die Mädchenhändler streichen das Geld ein, die Opfer werden immer wieder brutal zusammengeschlagen. Schließlich wird die 13jährige für 6.000 Mark an einen Türken verkauft. Der hat sich mittlerweile schon einen ganzen Harem angeschafft, darunter auch drei bulgarische Mädchen, eines gerade mal 16 Jahre alt.
Fälle dieser Art sind keine Ausnahmen, sondern häufig im Ost-West-Kinder-Handel anzutreffen. »Junge Mädchen werden meist in ihrem Heimatland zu einem Disco-Besuch eingeladen«, berichtet Willi Flormann[139], »dann schleust man sie wie illegale Arbeiter über die grüne Grenze.«
Für Flormann ist der Höhepunkt im Kindersex-Geschäft zwischen Ost- und Westeuropa noch nicht erreicht: »Der Markt ist noch nicht gesättigt.« Der Vorstandsvorsitzende der Stiftung »Kinder sind ... TABU«, Dr. Maximilian Jung,

---

[139] Interview mit Willi Flormann, a.a.O.

zeichnet gar eine Schreckensvision: »Es wird irgendwann so sein, daß wir über die Mafia eine 8jährige, blond, maximal einen Meter groß, bestellen. Das Mädchen wird dann entführt, unter Drogen gestellt und zu sexuellen Handlungen gezwungen. Man zahlt dafür 50.000 Mark. So, wie es heute vielfach schon auf dem Automarkt praktiziert wird. Da sagt man nur, man hätte gern einen roten Ferrari.«[140]
Um die Probleme besser in den Griff zu bekommen, gibt es in Rheinland-Pfalz jetzt »Solwodi«, »Solidarität mit Frauen in Not e.V.«. Im idyllischen Hirzenach am Rhein, einem Stadtteil von Boppard, liegt die Zentrale von Solwodi. Eine alte Probstei aus dem 17. Jahrhundert ist Zufluchtsort für Frauen und Kinder aus dem Ausland, die Opfer von Menschenhändlern geworden sind. Zwei weitere Häuser befinden sich in Koblenz und Mainz. Der Verein wird von der Kriminalpolizei und sozialen Diensten unterstützt, vom Bund, dem Land Rheinland-Pfalz, Misereor und den Diözesen Limburg, Mainz und Trier finanziert. Solwodi ist eine Art Zeugenschutzorganisation für junge Mädchen und Frauen, die mit den Strafverfolgern zusammengearbeitet haben. Ziel von Solwodi ist es, eine Abschiebung der Opfer zu verhindern, sie durch den Prozeß gegen die Täter zu begleiten und ihnen Zukunftsperspektiven aufzuzeigen. Für die Polizei ist es wichtig, daß die Frauen und Mädchen in der Bundesrepublik bleiben. Denn sind die Mädchen erst einmal in der Heimat, kehren die wenigsten von ihnen noch einmal aus Anlaß einer Gerichtsverhandlung zurück. Neben Wohnmöglichkeiten bietet die Organisation auch psychische Betreuung für die Opfer an.
Lea Ackermann, eine Ordensschwester in Zivil, leitet Sol-

---

[140] Interview mit Dr. Maximilian Jung, geführt im April 1997

wodi. Bevor sie diese Arbeit übernahm, setzte sie sich viele Jahre lang für bessere Lebensbedingungen von Prostituierten im kenianischen Mombasa ein. Hier wie dort haben die Mädchen die gleichen Probleme. »Fast alle Mädchen, die zu uns kommen, haben Gewalt erfahren«, berichtet Schwester Lea. Mit Sorge stellt sie auch fest, daß die Opfer immer jünger werden. In Hirzenach sind die Kleinsten 14 Jahre alt. »Es sind Kinder aus sozial schwachen Familien, denen emotionale Wärme fehlt.« Unter diesen Bedingungen haben Schlepper und Zuhälter oft ein leichtes Spiel. Sie täuschen den Mädchen Liebe vor oder versprechen ihnen eine gutbezahlte Arbeitsstelle im »goldenen Westen«. »Viele Mädchen kann man in diesem Alter noch leicht beeindrucken. Wenn sie dann erst einmal in Deutschland sind, kommt heraus, daß alles nur eine Lüge ist. Aber dann ist es bereits zu spät.«
Wer auf diese Versprechungen nicht hereinfällt, der wird unter einem Vorwand ins Auto gelockt und kurzerhand entführt. So ist auch eine 15jährige Russin nach Deutschland gekommen, die bei Schwester Lea betreut wird. »Das Mädchen besuchte eine Freundin, bei der gerade Deutsche zu Gast waren. Sie boten ihr an, sie mit dem Auto nach Hause zu bringen. Doch statt dessen brachten sie das Kind mit einem gefälschten Paß über die Grenze. Dort angekommen, wurde sie schon am ersten Tag in einem Bordell zur Prostitution gezwungen«, erzählt Schwester Lea. Das Jugendamt befreit das Mädchen schließlich aus den Fängen der Zuhälter und bringt sie zu Solwodi. Ihre Aussage vor Gericht hat geholfen, sechs Täter zu verurteilen.
Doch nicht immer kommt es zu einem Prozeß, wenn wieder einmal junge Osteuropäerinnen aus der Gewalt der Zuhälter befreit werden. »Wir haben 33 Fälle von Menschenhandel dokumentiert. Davon kamen 15 zur Anklage, es gab fünf Verurteilungen, von denen eine Freiheitsstrafe nicht zur Be-

währung ausgesetzt wurde. Das ist für die Opfer besonders frustrierend. Sie müssen feststellen, daß ihre Peiniger auf freien Fuß gesetzt werden.«

Trotzdem antwortet das Innenministerium von Rheinland-Pfalz auf die Große Anfrage der CDU-Fraktion: »Die polizeilichen Opferschutzmaßnahmen sind unter Berücksichtigung der bisherigen Fallzahlen[141] sowie der Hilfs- und Schutzmöglichkeiten von Einrichtungen wie ›Solidarität mit Frauen in Not‹ e.V. (Solwodi) grundsätzlich ausreichend.«[142] Diese Einschätzung hat Konsequenzen: Die Zahl der Polizeibeamten für die Kontrolle von Bordellen und ähnlichen Betrieben wird nicht aufgestockt. Experte Willi Flormann hätte sicherlich anders entschieden. Der fordert nämlich, »daß die Strafverfolgungsbehörden dem Rotlichtmilieu in der Kriminalitätsbekämpfung größere Bedeutung beimessen und es schlechthin als den kriminologischen Faktor Nr. 1 erkennen müssen, der in hohem Maße den Nährboden für die meisten Bereiche der Organisierten Kriminalität in Deutschland bereitet.«[143]

---

[141] 67 Opfer von Menschenhandel, darunter fünf Mädchen im Alter von 14 bis 18 Jahren, sind in Rheinland-Pfalz in den Jahren 1994 und 1995 bekannt geworden. Bei den 1995 ermittelten Tatverdächtigen handelt es sich fast ausschließlich um Männer im Alter von 22 bis 51 Jahren. 30 der 51 Männer sind Deutsche, der Rest Türken und Osteuropäer.
[142] Innenministerium Rheinland-Pfalz, Antwort auf die Große Anfrage der Fraktion der CDU, Drucksache 13/471, »Menschenhandel in Rheinland-Pfalz«
[143] Flormann, Willi: Rotlichtmilieu – Menschenhandel als Teilbereich der Organisierten Kriminalität, in: *Der Kriminalist*, 4/1995, S. 185

# 4. Kapitel

# Vermißte Kinder:
# Entführt, mißbraucht, ermordet

*»Ich habe zwei Wochen lang wahnsinnige körperliche Schmerzen gehabt und gedacht: Ich leide mit Debby mit. Und als die Schmerzen weg waren, mußte ich einfach davon ausgehen, daß sie tot ist.«*

Dagmar Funke, Mutter der vermißten Debby[144]

»Glücklicherweise hatten wir in Essen bislang noch keine Probleme wie in Belgien.«[145] Kriminalhauptkommissar Dieter Kloidt spricht aus, was viele seiner Kollegen in den Vermißtenstellen der Polizei in Deutschland hoffen: Möge uns ein Dutroux erspart bleiben.

Rund 50.000 Kinder und Jugendliche werden jedes Jahr bei der Polizei in Deutschland als vermißt registriert. 70 Prozent von ihnen tauchen innerhalb weniger Tage wieder auf, 20 Prozent nach wenigen Wochen, 10 Prozent sind sogenannte Langzeitvermißte, bei denen die Abwesenheit in Mona-

---

[144] Deborah Sassen wird seit dem 13.2.1996 in Düsseldorf vermißt. Es gibt kein Lebenszeichen von ihr.
[145] Kassner, Bernd, *Westdeutsche Allgemeine Zeitung*, 30.8.96, »Polizei findet auch Kindersex im Internet«

ten und manchmal gar Jahren gezählt wird[146]. Der Anteil der Kinder im Alter bis zu 14 Jahren beträgt knapp 11 Prozent an der Gesamtzahl der registrierten Kinder und Jugendlichen in NRW.

Beim Landeskriminalamt in München hat man die Gründe für das Verschwinden von Kindern und Jugendlichen für die Statistik in Schlagworten zusammengefaßt: Streuner, Abenteuerlust, Entweichen aus Erziehungsheim, Familienzwist, Furcht vor Strafe/Schande, Partner-/Liebesprobleme, sexueller Mißbrauch, Mißhandlungen, Schwierigkeiten in Schule und Ausbildung, Alkohol- und Drogenabhängigkeit, Kindesentziehung, Freitodabsicht, Hilflosigkeit, Entweichen aus psychiatrischen Kliniken, Unfälle und Straftaten.

Heide Planas vom Landeskriminalamt in Düsseldorf wertet das Verschwinden von Kindern und Jugendlichen allerdings als »Signale, die unbedingt beachtet werden müssen«. Nicht immer sind es Sorgen in der Schule oder am Arbeitsplatz, Liebeskummer oder ähnliche Probleme, die die Minderjährigen erst in die Verzweiflung und anschließend aus dem Haus in die Fremde treiben. Manchmal sind es die Eltern, die Kinder erst zu Opfern und dann zu Vermißten machen.

Beim LKA in Düsseldorf weiß man seit einigen Jahren, daß »immer häufiger von Kindern und Jugendlichen, die als vermißt registriert waren und dann zurückkehren, als Grund die ›Mißhandlung‹ durch ein Elternteil genannt wird. Das hängt vermutlich damit zusammen, daß das Thema allgemein in unserer Gesellschaft in den letzten Jahren enttabuisiert wurde.«

Die Düsseldorfer Gerichtsmedizinerin Elisabeth Trube-Bek-

---

[146] Jamin, Peter H., *Vermißt! Über Menschen, die verschwinden, und jene, die sie suchen*, Bastei-Verlag Gustav H. Lübbe, Bergisch Gladbach, 1993, Seite 155 ff.

ker berichtet schon im September 1992 auf einem Kongreß »Gewalt gegen Kinder« in Wetzlar, daß sie davon ausgehe, daß jedes dritte bis vierte Mädchen und jeder fünfte bis siebte Junge Opfer körperlicher und sexueller Gewalt wird.
Doch nicht alle Kinder und Jugendlichen, die im Elternhaus mißhandelt werden, flüchten zwangsläufig in eine zweifelhafte Zukunft auf der Straße, wo sie womöglich noch einmal zu Opfern von sexuellem Mißbrauch durch Fremde werden. In einem Prozent aller Vermißtenfälle liegen Gewaltdelikte – Entführung oder Mord – als Gründe für das Verschwinden der Kinder vor. Viele der mehr als 700 langzeitvermißten Kinder in Deutschland dürften Opfer geworden sein – entweder von Triebtätern ermordet oder von der Kindersex- oder Kinderporno-Mafia entführt.

## Zehnjähriger in der Gewalt eines Pädophilen

Daß solche Entführungen in der Kindersex-Szene durchaus zur Tagesordnung gehören, zeigt ein Beispiel aus Hamburg: Am 11. April 1997, abends gegen 22 Uhr, finden Hamburger Zivilfahnder den zehnjährigen Philip S. in einer Wohnung in Hamburg-Heimfeld. Seit er vor über einem Jahr aus einem Heim verschwand, gilt der Junge als vermißt. Nach monatelangen Ermittlungen kann die Polizei nun endlich Philips Namen auf der Vermißtenliste in ihrem Computer streichen. Doch damit ist der »Fall Philip« noch lange nicht abgeschlossen. Vielmehr muß jetzt die Akte eines einschlägig vorbestraften Mannes wieder geöffnet werden – die Akte Olaf R. Es ist seine Wohnung, in der die Polizei Philip findet. Und es ist nicht das erste Mal, daß die Spur vermißter Kinder zu Olaf R. führt. Dabei verdiente er noch bis in die 80er Jahre seinen Lebensunterhalt durch die Betreuung von Minderjährigen. So lebte er 1981 mit mehreren schwer erziehbaren Jugendlichen in seiner Wohnung zusammen und kassierte pro »Gast« 1.000 Mark von der Jugendbehörde. Damals galt Olaf R. als »begnadeter Pädadoge«. Wenig später wollte sein früherer Arbeitgeber, der Psychiater einer Hamburger Kinder- und Jugendpsychatrie, nichts mehr von seinem hochgelobten Mitarbeiter wissen. Da hatte Olaf R. nämlich die erste Anzeige wegen sexuellem Mißbrauch von Kindern am Hals. Doch diese und weitere Anzeigen und Gefängnisstrafen können R. von seiner Obsession nicht abhalten.

Schon während der Suche nach dem vermißten Heimkind Philip bekommt die Hamburger Polizei einen Hinweis, daß sich der Junge bei Olaf R. aufhalten könnte. Sie setzen sich auf seine Spur. Doch der 52jährige hält sich versteckt. Erst am Abend des 11. April entdeckt der zuständige Sachbearbeiter des Fachkommissariats Sexualdelikte Olaf R. in einem Supermarkt in Billstedt. Sofort alarmiert er die Zivilfahnder der Revierwache 42. Gemeinsam verfolgen sie den Mann mehrere Stunden. »Trotz seines konspirativen Vorgehens und seiner offenbar routinemäßigen Maßnahmen zum Abschütteln potentieller Verfolger ließen sich die Fahnder nicht abhängen.«[147] Quer durch Hamburg geht die Fahrt der Verfolger, von Billstedt durch die Innenstadt bis nach Heimfeld. Hier endlich betritt R. eine Wohnung. Die Fahnder sind am Ziel. »Bei der anschließenden Durchsuchung der Wohnung fanden sie den 10jährigen, der sich jetzt wieder in der Obhut der Jugendbehörde befindet.«[148] Olaf R. wird vorläu-

---

[147] Pressestelle der Polizei Hamburg, Pressemitteilung vom 13.4.1997: »Zivilfahnder finden vermißtes Kind bei 52jährigem Mann – Verdacht des sexuellen Mißbrauchs«
[148] ebd.

fig festgenommen. Es ist mindestens seine siebte Verhaftung in den vergangenen 13 Jahren.
Kurz nach seinem Auffinden wird der Junge von der Polizei verhört. Bei dieser »ausführlichen Befragung des Kindes ergaben sich konkrete Verdachtsmomente für den sexuellen Mißbrauch in mehreren Fällen. Als Tatort kommen nach bisherigen Erkenntnissen vier Wohnungen und ein Hotel in Betracht.«[149] Philips Aussage, so könnte man annehmen, liefert genug Gründe, um R. vor Gericht und letztlich hinter Gitter zu bringen. Und doch kann auch Rüdiger Bagger, Oberstaatsanwalt und Pressesprecher der Hamburger Staatsanwaltschaft, nicht ausschließen, daß R. wieder aus der Untersuchungshaft entlassen wird. Baggers Annahme stützt sich »auf die Erfahrung vieler Verfahren auf diesem Gebiet, auch speziell bei Herrn R., daß Kinder, die bei der Polizei, bei der Staatsanwaltschaft und selbst vor dem Richter klare Aussagen machen, diese dann irgendwann widerrufen. Sie sagen, daß alles nur erfunden war und geben dafür verschiedene Gründe an. Und dann können sie so einen Mann wie Olaf R. nicht halten.«[150] In einigen Fällen ist es jedoch noch nicht einmal nötig, daß die Zeugen ihre Anschuldigungen zurücknehmen. Denn schließlich gehören R.s Opfer zu den »Problemkindern«, den – oftmals polizeibekannten – Trebegängern oder Strichern. Deren Glaubwürdigkeit zu erschüttern fällt gewieften Verteidigern leichter, als wenn ein unbescholtenes Kind aus gutem Hause im Zeugenstand stünde. Dieser Umstand hat R. schon einmal vor dem Knast bewahrt: »1985 platzte ein Prozeß gegen ihn, weil es seinem Verteidiger ... gelungen war, die Glaubwürdigkeit dreier minderjähriger

---

[149] ebd.
[150] Interview mit Oberstaatsanwalt Rüdiger Bagger, geführt am 2. Mai 1997

Jungen erfolgreich in Frage zu stellen.«[151] Philips Glaubwürdigkeit muß erst noch durch ein psychologisches Gutachten bewertet werden. Seine Aussage hat die Polizei mit einer Videokamera aufgenommen. Die Anschuldigungen, die Philip in dieser ersten Vernehmung gegen R. vorbringt, kann der Junge somit nicht mehr zurücknehmen. Trotzdem darf das Videoband gemäß Paragraph 250 der Strafprozeßordnung vor Gericht nicht inhaltlich verwendet werden. Das bedeutet: Der Inhalt des Bandes darf nicht zur Grundlage eines Urteils gemacht werden – es sei denn, alle Beteiligten stimmen dem zu. Der Täter wird sich hüten, sein Einverständnis zu geben.
Trotzdem kann das Video für Philip im Prozeß gegen seinen Peiniger von Vorteil sein. Oberstaatsanwalt Bagger erklärt: »Das Videoband mit der Aussage des Jungen ist insoweit verwertbar, als man Argumente, wie sie beispielsweise die Verteidigung in der Hauptverhandlung vortragen könnte, entkräften kann. Argumente wie: ›Die ganze Vernehmung ist nicht verwertbar, weil Suggestiv-Fragen gestellt worden sind oder weil man dem Kind Worte in den Mund gelegt hat.‹ Hier können Sie das Videoband einsetzen, um das formale Vorgehen bei der Vernehmung zu dokumentieren. Mit Hilfe des Bandes kann der Gutachter prüfen, ob der Junge glaubwürdig und seine Aussage glaubhaft ist. Er schaut sich das Band an und sagt beispielsweise, das Kind habe spontan auf ganz sachliche und objektive Fragen reagiert und geantwortet. Es hat die Sache schlüssig dargestellt. Es hat Ausdrücke benutzt, die kindgemäß sind und keinen Zweifel an seiner Glaubwürdigkeit lassen.«
Um die Belastungen des Kindes im Prozeß möglichst gering zu halten und ein Zusammentreffen von Täter und Opfer zu

---

[151] *Der Spiegel*, Nr. 17/1997, Seite 106, »Begeisterter Pädagoge«

vermeiden, wird darüber nachgedacht, Videoaufzeichnungen, Tonbandmitschnitten und ähnlichem vor Gericht größeres Gewicht beizumessen. Das entsprechende Gesetzgebungsverfahren ist in Arbeit. Bagger begrüßt diesen neuen Kurs. Er sieht jedoch auch die Gefahren: »Ich kann die Argumente der Verteidigung auch nachvollziehen. Sie sagen, hier werde ein Eckpfeiler des Rechtsstaates beseitigt und ihnen werde ein Instrument der Verteidigung – die direkte Befragung des Opferzeugen – dann einfach genommen. Man muß diese Probleme sehen. Man kann es nicht nur unter dem Aspekt der Belastung für das Opfer betrachten, ob das Vergewaltigungsopfer sind oder mißbrauchte Kinder. Statt dessen muß man auch sehen, daß es sich ja auch um falsche Beschuldigungen handeln kann.«

Wenn Philip Glück hat, wird seine Aussage auf dem Videomitschnitt die Glaubwürdigkeit der Anschuldigungen untermauern. Und für ihn und weiterer potentielle Opfer des 52jährigen bleibt zu hoffen, daß der Richter keinen formalen Fehler begeht, der ein rechtskräftige Verurteilung R.s unmöglich macht. Das war schon einmal passiert: »Ein Urteil wegen Kindesentziehung, sexuellen Mißbrauchs Minderjähriger und Mißhandlung Schutzbefohlener (vier Jahre Haft) wurde 1989 aufgehoben, weil der Richter vergessen hatte, eine Schöffin zu vereidigen.«[152] Doch selbst wenn die Glaubwürdigkeit bewiesen und der Form Genüge getan wird, wird es schwer werden, R.s Vergehen zu beweisen. Auch das hat er schon einmal erlebt: 1992 konnte ihm in einem seiner zahlreichen Verfahren der sexuelle Mißbrauch von Kindern nicht nachgewiesen werden. Zwar wurde er in diesem Prozeß unter

---

[152] ebd. Baggers lakonischer Kommentar zu diesem Formfehler: »So etwas kommt vor.«

anderem der Kindesentziehung, Körperverletzung und Nötigung für schuldig befunden. Die Gefängnisstrafe von zwei Jahren und vier Monaten mußte er jedoch nicht antreten, weil er insgesamt bereits vier Jahre in Untersuchungshaft gesessen hatte. »Immer wieder, wenn wir die Erkenntnis hatten, daß eine Zeugenbeeinflussung stattfand, Verdunklungsgefahr bestand, ist er wieder in Untersuchungshaft gekommen. Er hat letztlich länger in U-Haft gesessen, als er nachher als Freiheitsstrafe bekommen hat und ist für diesen überschießenden Teil auch nicht entschädigt worden«, so Rüdiger Bagger.
Olaf R.s Verteidigungsstrategie ist einfach, aber wirkungsvoll. Er bestreitet, sich sexuell an den Kindern vergangen zu haben. Auch behauptet er, sie niemals entführt zu haben. Vielmehr seien die Jungen freiwillig mit ihm gekommen. Philip habe er nur von der Straße aufgelesen, um ihn vor den Hamburger Kinderzuhältern zu beschützen. Das Gegenteil zu beweisen, fällt oftmals schwer. Denn schließlich, so Klaus Schmidt, Leiter des Kinder- und Jugendnotdienstes in Hamburg, »suchen sich Männer wie Olaf R. die Kinder gezielt aus. Alleine schon aus dem Grunde, weil sie die als unglaubwürdig hinstellen können. Es sind Kinder, die frühkindlich geschädigt sind und die sozusagen schon auf der Straße rumlaufen.«[153]
Die Entführung eines Kindes ist laut Gesetz nur dann strafbar, wenn sie unter Anwendung von »List, Drohung oder Gewalt« erfolgt. Zwar gibt es den Straftatbestand »Entführung mit Willen der Entführten«. Er gilt jedoch ausschließlich für ledige, minderjährige Mädchen. Daß auch Jungen die Opfer von Sexualverbrechern werden können, haben die Gesetzgeber bis heute nicht zur Kenntnis genommen. Nach

---

[153] Interview mit Klaus Schmidt, Leiter des Kinder- und Jugendnotdienstes in Hamburg, geführt am 2. Mai 1997

Einschätzung von Oberstaatsanwalt Bagger klafft hier eine Gesetzeslücke. »Nach den Erkenntnissen, wie wir sie in den letzten Jahren über die Päderasten-Szene gewonnen haben, halte ich es für nötig, das Gesetz auch auf männliche Personen auszudehnen.« Doch solange das nicht geschieht, wird es Männern wie R. zu leicht gemacht.
Dazu kommt, daß R. von der Hamburger Päderasten-Szene offensichtlich unterstützt wird. Klaus Schmidt, der in seiner Einrichtung selbst Kinder aufgenommen hat, die von der Polizei aus R.s Wohnung geholt worden sind, weiß, wie die Szene funktioniert: »Bei Olaf R. und Co. gehe ich davon aus, daß es zumindest ein informelles Netz gibt, in dem die Kinder weitergereicht werden, in dem auch Geld fließt, in dem also eine Art Organisation besteht.[154] Allerdings ist es eine Organisation ohne Boss. Bei dieser informellen Vernetzung halten sich die Beteiligten in gegenseitiger Abhängigkeit. Das bedeutet, daß diejenigen, die Kinder liefern, versuchen, Daten ihrer Kunden festzuhalten, möglicherweise auch Aufnahmen zu machen. Das ist Abhängigkeit in dem Sinne ›wenn Du mich verrätst, dann ...‹ und umgedreht. Offenbar sind alle daran interessiert, sich gegenseitig so abhängig voneinander zu machen, daß keiner als Verräter auftritt.«
Dieses System funktioniert. Und auch R.s Nachbarn berichten erst nach Philips Entdeckung, daß der Mann auffallend häufig kleine Kinder zu Besuch gehabt habe. Nur so ist es zu erklären, daß Olaf R. das Heimkind über ein Jahr mitten in Hamburg verstecken konnte.

---

[154] Schmidt wies im Verlaufe des Interviews darauf hin, daß der sexuelle Mißbrauch des kleinen Philip noch nicht bewiesen ist und seine Erläuterungen diesem Umstand Rechnung tragen. Insoweit beziehen sich seine Angaben zum Thema sexueller Mißbrauch von Minderjährigen im Falle von R. auf dessen frühere, bewiesene Sexualverbrechen.

## Niemand erfaßt fehlgeschlagene Kidnapping-Versuche

Kidnapping von Kindern ist häufiger verbreitet, als man sich das vorstellen mag. Schon zu Zeiten der DDR scheint das üblich gewesen zu sein. Eine Mutter, Heidi Stein, erzählte bereits in meinem Sachbuch »Vermißt!«[155] über das Verschwinden ihres dreijährigen Sohnes aus erster Ehe, Dirk Schiller: Es ist der 10. März 1979, kurz vor zehn Uhr, als das Kind auf einem Parkplatzgelände der Gipshöhle Heimkehle bei Ufftrungen im Harz verschwindet. Der 3jährige spielt mit seiner älteren Schwester Silvia. Plötzlich entdeckt die Mutter, daß der Junge verschwunden ist. Die Suche der Eltern und vorbeikommender Autofahrer ist erfolglos. Dirk bleibt verschwunden.

»Die kriminalpolizeilichen Ermittlungen verlaufen auch für DDR-Verhältnisse unüblich«, erinnert sich Heidi Stein, »von Dirk wird weder ein öffentlicher Aushang gemacht, noch wird sein Vermißtsein über Presse und Rundfunk bekanntgegeben. Als wir wissen wollen, warum sich niemand um Dirk kümmert, werden wir von den Behörden monatelang hingehalten«.

Daraufhin ergreifen die Eltern die Initiative und schreiben einen Beschwerdebrief an den Ministerrat der damaligen DDR, Abteilung Inneres und Volkspolizei. Statt einer Antwort erhalten die Eltern Besuch von der Staatssicherheit. »Wir erfahren, daß Dirk angeblich in einem kleinen Bach, der zum Zeitpunkt seines Verschwindens allerdings zugefroren war, ertrunken sein soll. Da es jedoch keinerlei Beweise für diese Schlußfolgerung gibt, weigern wir uns, unseren Sohn für tot erklären zu lassen. Uns drängt sich vielmehr die Vermutung

---

[155] ebd., Seite 241

auf, daß Dirk entführt wurde. Unseren Hinweis auf ein Ehepaar in einer dunklen Limousine, die kurz vor Dirks Verschwinden an den spielenden Kindern vorbeigefahren sind, wird keine Beachtung geschenkt, obwohl auch Dirks Schwester Silvia in ihren Aussagen von diesem Auto berichtet hat.«
Fünf Monate nach dem Verschwinden des Kindes werden die Eltern von den Behörden erneut aufgefordert, den Sohn für tot zu erklären. Sie weigern sich, bitten den Staatsratsvorsitzenden Erich Honecker in einem Brief um Hilfe. Statt einer Antwort werden sie von den Behörden aufgefordert, Ruhe zu bewahren. »In dem Glauben, die Behörden der Bundesrepublik könnten mehr erreichen«, so Heidi Stein, »beschließen wir schließlich, einen Ausreiseantrag zu stellen«.
Das Ehepaar stellt insgesamt acht Ausreiseanträge. Vergeblich. »In einem langen Beschwerdebrief an Honecker beklagen wir uns über das Verhalten der DDR-Behörden und schreiben, daß wir uns in Zukunft an die Behörden der Bundesrepublik wenden wollen. Wir geben beim DRK in der Bundesrepublik eine Vermißtenanzeige auf und wenden uns mit Hilfe unserer westlichen Verwandten an das Amt für innerdeutsche Beziehungen mit dem Hinweis, daß wir unbedingt die DDR verlassen wollen« erzählt die Mutter. »Im Dezember 1982 werden wir in einer Nacht- und Nebelaktion verhaftet und nach einer sechsmonatigen Untersuchungshaft wegen landesverräterischer Nachrichtenübermittlung zu viereinhalb Jahren Strafe verurteilt.«
Die britische Sektion der Menschenrechtsorganisation Amnesty International erreicht schließlich, daß die Bundesrepublik die Eltern nach 15 Monaten DDR-Haft – wie es damals üblich ist – »freikauft«. Seitdem läßt Heidi Stein[156]

nichts unversucht, das Schicksal ihres Sohnes Dirk zu klären: »Immer wieder verschicken wir Briefe an zuständige Behörden. Leider ohne nennenswerten Erfolg. Deshalb wenden wir uns nun verstärkt an die Öffentlichkeit, in der Hoffnung, daß mehr Licht in die Frage nach dem Schicksal unseres Sohnes kommt.« Der Junge ist immer noch nicht wieder aufgetaucht.

**Viele Eltern hoffen auf die Rückkehr ihrer Kinder**

Über das mysteriöse Verschwinden von Kindern wird in den Medien immer wieder berichtet. Die Vermißtenzahlen werden regelmäßig von der Polizei bekanntgegeben. Wie oft die Mitglieder der Porno-Mafia oder Kinderhändler in Deutschland vergeblich versuchen, Kinder zu entführen und dabei scheitern, ist polizeistatistisch aber nicht erfaßt. Und ein Gesamtüberblick ist nur schwer zu bekommen, da die Nachrichten über solche fehlgeschlagenen Entführungsversuche meist nur auf den Lokal- oder Regionalseiten der Tageszeitungen oder in den Lokalradios und Regional-TV-Sendungen veröffentlicht werden. Doch es scheint viele solcher Kidnapping-Versuche zu geben. Ich registriere jedenfalls innerhalb weniger Tage bei grober Auswertung einiger Zeitungen gleich mehrere Fehlversuche: Am 17. Januar 1997 versucht in Neuss der Fahrer eines hellroten Kleinwagens morgens um 7.50 Uhr eine 11jährige in seinen Wagen zu zerren. Er winkt das Mädchen zu sich an den Wagen, reißt dann die Tür auf und

---

[156] Heidi Stein schrieb zusammen mit der Autorin Ines Veith das Buch *Wo ist Dirk?*, Goldmann Verlag, München

will sie ins Auto ziehen. Eine Mitschülerin rettet das Opfer, indem sie es festhält.

In Traunstein überfällt ein Unbekannter ebenfalls am 17. Januar 1997 eine 9jährige Schülerin auf offener Straße. Er nimmt sexuelle Handlungen an dem Mädchen vor. Als sie sich wehrt, schlägt er sie. Dann ergreift der Täter die Flucht.[157]

Am 9. Februar 1997 rettet in Quedlinburg in Sachsen-Anhalt ein Hund namens »Struppi« ein 10jähriges Mädchen. Mit den Worten »Komm, steig ein, Du bekommst auch 100 Mark« versucht der Fahrer eines roten Toyota das Mädchen anzulocken. Als es nicht freiwillig kommt, steigt der Mann aus und versucht, das Kind auf die Rückbank zu stoßen. »Struppi«, eine Mischung aus Spitz, Dackel und Schäferhund, beißt den Täter. Er flüchtet und läßt das Mädchen zurück.[158]

In Minden wird am 11. Februar 1997 ein 2jähriges Baby aus dem Kinderwagen gestohlen, als die Mutter an der Kasse einer Boutique ihre Ware bezahlt. Zeugen beobachten, wie ein humpelnder Mann mit dem Kind flüchtet. Eine Stunde später findet man das Kind in einem Kaufhaus.[159]

Am 20. Februar 1997 versuchen Gangster in Düsseldorf, einen drei Monate alten Jungen zu rauben. Zwei Männer steigen am hellichten Tag auf einer vielbefahrenen und belebten Straße aus einem Opel Kadett und versuchen, das Baby mit den Worten »Du brauchst das Kind nicht mehr« aus dem Kinderwagen zu reißen. Die Mutter wirft sich über Kind und Wagen. Erst als ein anderer Autofahrer der Frau zu Hilfe kommt, flüchten die Täter.

Einzelfälle von Kidnapping? Sicher, einzelne Fälle von vie-

---

[157] *Rheinische Post*, 18.1.1997, »Neunjährige mißbraucht«
[158] *Bild*, 10.2.1997, »Sexgangster: Hund rettet Mädchen«
[159] *Bild*, 12.2.1997, »Beim Einkaufen Baby entführt«

len, die jeden Tag in Deutschland geschehen. Manche dieser Fälle sind so spektakulär, daß man sich fragt, warum erst Marc Dutroux entdeckt werden mußte, damit man in Deutschland auf die Gefahren durch die Kindersex- und Porno-Mafia richtig aufmerksam wird.

Bundesweit Schlagzeilen macht beispielsweise das Schicksal der 13jährigen Jennifer aus Lippstadt, die im November 1994 von einem 48jährigen Mann entführt und mehrfach mißbraucht wird. Der Täter ist erst zwei Monate auf freiem Fuß, hat gerade Zweidrittel einer 8jährigen Haftstrafe wegen sexuellen Mißbrauchs und Vergewaltigung verbüßt, als er die Schülerin überfällt. Er spricht das Kind auf der Straße an, als es für seine Familie Getränke in einer nahe gelegenen Gaststätte kaufen will. Er bedroht Jennifer mit einem Messer, zwingt sie, in seinen Wagen einzusteigen und fährt mit ihr zu einem Waldstück, wo er sie zum ersten Mal vergewaltigt. Dann muß das Kind ihren Peiniger in dessen Wohnung begleiten. Am nächsten Tag fährt der Täter mit seinem Opfer erst ziellos in seinem Pkw durch die Gegend, dann geht die Entführungstour nach Frankfurt, wo der Mann das Kind in einem Hotel mißbraucht. Einen Tag später setzen Kidnapper und Opfer die Reise im Zug fort. Hier wird der 48jährige schließlich bei einer Polizeikontrolle überwältigt und das Kind befreit.[160]

Jennifer hat Glück im Unglück gehabt. Viele Kinder kehren nicht nach Hause zurück. Sie befinden sich auf dem Schulweg, auf dem Spielplatz, mitten in der Stadt, wenn sie von ihren Entführern überwältigt und abtransportiert werden. Der 10jährige Emin Ömen aus Kerpen-Buir wird seit dem

---

[160] *Neue Rhein/Ruhr Zeitung*, 1.11.1997, »Jennifer mehrfach von Kidnapper mißbraucht«

16. September 1993 vermißt; am Spätnachmittag wird er zwei Kilometer von seinem Elternhaus entfernt gesehen – zum letzten Mal. Der 12jährige Manuel Schadwald verschwindet am 24. Juli 1993 mitten in Berlin – seitdem gibt es keine Spur mehr von ihm. Nach einem Besuch bei der Oma kommt Seike Sörensen aus Drelsdorf in Nordfriesland im August 1993 nicht nach Hause; das Fahrrad der Elfjährigen wird am Wegesrand gefunden. Ramona Herling aus Bad Driburg ist 12 Jahre alt, als sie im Mai 1989 spurlos verschwindet; der Vater vermutet, daß sie entführt worden ist.

Für alle Eltern sind das Horrorvisionen: Jeder Vater und jede Mutter hat Angst, daß eines Tages auch ihr Kind nicht nach Hause kommt und in die Hände eines Triebtäters oder Kinderhändlers geraten sein könnte. Wann immer ein Kind für einige Zeit verschwindet, leiden die Eltern und Verwandten unter der Vorstellung, das Kind könnte einem Verbrechen zum Opfer gefallen sein. Und seit Dutroux' Taten publik geworden sind, hat diese Angst zudem eine neue Dimension bekommen.

Die Eltern des kleinen René Hasée aus Elsdorf befürchten, daß ihr Kind 1996 während ihres Urlaubs in Portugal entführt worden ist. Der Stiefvater des Kindes, Michael Heinke, berichtet über das Verschwinden des Jungen, die anschließenden Suchaktionen und über Verzweiflungen und Hoffnungen. Michael Heinke: »Wir machten Urlaub in Paradiso de Mar an dem Strand Praja de Amorera. Rechts und links ist der Strand eingegrenzt von zwei Felsspitzen. Wir aßen in einem Restaurant. René quengelte, wie Kinder nun mal so sind. Er wollte zum Strand. Wir erlaubten es ihm, denn man konnte den ganzen Strand bis zum Wasser einsehen. Der Junge ist nicht ins Wasser gegangen, sondern hüpfte am Wasser etwas herum. Dann haben wir ihn gerufen, aber er hat uns nicht gehört – das Rauschen des Meeres war zu

laut. Als er hinter einem Hügel verschwindet, sind wir hinterhergegangen.
Meine Frau ist unten langgegangen, ich bin ein bißchen oberhalb gewesen. Und plötzlich war der Junge weg. Der war einfach weg. Und dann war plötzlich dieser Fluß hinter dem Hügel. Ich war mit einem Freund ein Jahr vorher dort. Damals gab es diesen Fluß noch nicht. Den haben die Portugiesen im Winter von 95 auf 96 ausgebaggert. Ein Jahr vorher endete der Fluß 500 Meter weiter hinter den Dünen. Nun ist er plötzlich da. Bis zum Meer. Das drückt das Wasser des Flusses wieder zurück, und es bildet sich ein kleiner See hinter den Dünen mit einer Strömung. An diesem Fluß konnte man landeinwärts hinter den Dünen entlanglaufen. Ich suchte hier nach René. Dann ging ich zu Strandwächtern in der Nähe. Die meinten auch: Der Junge hüpfte doch noch eben da rum. Außer einem Pärchen aus Deutschland waren keine Leute zu sehen. Die Strandwärter sind sofort los: der eine auf einen Felsen in der Nähe und der andere mit uns in die Dünen. Nach einer halben Stunde kam die Polizei und später die Feuerwehr. Die haben dann den ganzen Strand abgesucht. Aber ums Meer hat sich überhaupt keiner gekümmert. Dann gab es ein Kompetenzgerangel. Die Marine fühlte sich nicht zuständig, weil keiner gesehen hat, daß der Junge ins Wasser gegangen ist. Und die Polizei fühlte sich auch nicht richtig zuständig, weil keiner gesehen hat, daß der Junge entführt worden ist. Wir haben den ganzen Abend gesucht, sind mit unserem Wohnmobil, in dem wir wohnten, nachts noch zum Strand gefahren und haben morgens, als es hell wurde, wieder nach dem Jungen gesucht. Auch die Feuerwehr kam noch mit einigen Männern und suchte noch mal die Dünen nach dem Kind ab. Aber das hat alles nichts gebracht.
Erst Tage später schickte ein Marineoffizier Taucher. Der konnte nicht begreifen, daß nicht sofort ein Hubschrauber

aus einem nur 30 Kilometer entfernten Marinestützpunkt angefordert worden ist. Er regte sich darüber verdammt auf, denn er hatte selber kleine Kinder, und er war auch der einzige Mann, der uns wirklich weiterhalf. Der hat seinem Vorgesetzten klar gemacht, daß zum Beispiel Taucher eingesetzt werden müssen. Die Taucher haben dann am fünften oder sechsten Tag nach dem Verschwinden gesucht. Und mit einigen Fischern, die an der Küste nach Algen suchen, haben wir noch bestimmt zwei Kilometer von der Badebucht die Küste abgetaucht. Nichts. Die Einheimischen sagten uns aber, das Meer gäbe den Jungen wieder frei. Normalerweise nach fünf bis zehn Tagen käme der Leichnam aus dem Meer raus. Falls der Junge wirklich ertrunken ist. Wir sind in den nächsten Tagen mit Fotos von René durch die Gegend gelaufen und haben allen möglichen Leuten die Bilder gezeigt.

Das deutsche Konsulat in Faro riefen wir am Tag nach dem Verschwinden an. Ich war richtig sauer, weil die uns einfach nur sagten, sie könnten uns einen Dolmetscher stellen. Aber ein Freund von mir wohnte in Portugal und kann gut Portugiesisch. Einen Dolmetscher brauchten wir nicht. Hilfe, Hilfe war nötig. Wir wußten überhaupt nicht, was zu tun ist, wie es weitergeht. Niemand bot uns Hilfe an. Keiner erledigte für uns Formalitäten mit Behörden. Bei der Polizei mußten wir eine Aussage machen und dann unterschreiben, daß die sich alle Mühe bei der Suche gegeben haben. Die haben einfach zu uns gesagt, wir sollten das unterschreiben, sonst würden sie den Fall gar nicht erst weitergeben.

Wir sind noch vier Wochen in Portugal geblieben, immer in der Hoffnung, daß sich da irgendwie etwas tut. Aber gar nichts. Erst später haben wir dann erfahren, daß dort schon öfter Kinder in der Gegend verschwunden sein sollen. Ich denke, daß das schon möglich ist. Man hat uns auch erzählt, daß manche Kinder erst ein Jahr später, nachdem sie entführt wurden, wieder freigelassen werden. Dann hat man meiner Frau erzählt, daß Kinder in Afrika wieder aufgetaucht sind. Kinder, die in Portugal verschwunden sind.«[161]

## Angehörige durchleben viele Phasen der Verzweiflung

»Lieber Gott, bring uns unseren Jungen wieder ...« Jeden Abend betet eine Mutter, daß ihr Kind doch endlich wieder nach Hause zurückkehren möge, und jeden Morgen muß sie feststellen, daß ihr Gebet nicht erhört wurde. Bis heute nicht. Niemand kann sich vorstellen, wie sehr Eltern leiden, wenn deren Kinder verschwunden sind. Das ist selbst für die Fachleute des Seelenheils, Psychologen oder Psychotherapeuten, nicht in allen Feinheiten zu begreifen, denn bis heute hat niemand die psychische Situation von Angehörigen von Vermißten erforscht.
In dem von der Menschenrechtsorganisation »Amnesty International« herausgegeben Buch »Nicht die Erde hat sie verschluckt. Verschwundene Opfer politischer Verfolgung« beschreiben die Autoren das Vermissen eines Nahestehenden als einen »anhaltenden Schock, ein latenter und dauerhafter Krisenzustand, in dem Leid und Schmerz, verursacht durch die Abwesenheit einer geliebten Person, unendlich lange nachempfunden werden«.
»Der Prozeß der Trauer oder des Schmerzes ist für die eigene Verarbeitung des Verlustes unabdingbar ... Durch Trauern lernt man, sich auf die Veränderungen einzustellen, die einem Verlust folgen müssen. Wenn dieser Prozeß unbefrie-

---

[161] Interview mit dem Stiefvater des vermißten Jungen, Michael Heinke, im April 1997

digend verläuft, wenn jemand diesen Prozeß nicht abgeschlossen hat, sind die Chancen für eine gesunde Anpassung an den Verlust nicht sehr groß«, schreibt Dr. Robert Kavanaugh in seinem Buch »A Psychology of Death and Dying«, was soviel bedeutet: Der Angehörige eines Vermißten wird nie mit der Situation fertig, denn es wartet ein Leidensweg auf ihn, dessen Ende nicht abzusehen ist.
Diese Angehörigen geraten leicht in eine Endlosspirale der unbewältigten Gefühle. Ein Vater: »Man ist dann sehr hilflos, weil man nicht weiß, wie man helfen kann. Man hat eigentlich keine Möglichkeit, etwas zu machen. Warten, warten. Immer wieder mit den Leuten reden, aber man hat keine Gelegenheit, irgend etwas zu unternehmen.«
Menschenrechtler und Ärzte von »Amnesty International« haben bei der Zusammenarbeit mit Familien von Vermißten, die aus politischen Gründen verschwunden oder entführt worden sind, festgestellt, daß die Angehörigen Verschwundener unterschiedliche Stadien der Qual durchleiden. In »Nicht die Erde hat sie verschluckt« stellen die Autoren fest, daß das erste Stadium gewöhnlich von Untätigkeit geprägt ist. Die Angehörigen stehen dieser völlig neuen Situation verwirrt gegenüber, fühlen sich schuldig und indirekt für den Verlust der geliebten Person verantwortlich. Sie fragen sich, ob sie etwas falsch gemacht haben, ob sie etwas getan haben, das zu dem Verschwinden der geliebten Person geführt hat. Diesem Stadium der Angst- und Schuldgefühle folgt die Phase der Suche. Wie besessen wird nach der vermißten Person gesucht. Eine Mutter berichtet, daß sie lange Zeit von einer inneren Unruhe getrieben wird: »Ich mußte einfach etwas tun, bei der Suche helfen. Ich habe herumtelefoniert, gefragt: Habt ihr meine Tochter gesehen. Ich habe das Zimmer meiner Tochter nach Unterlagen, Namen und Telefonnummern abgesucht.« In ihrer Verzweiflung unternimmt die

Mutter sogar Spaziergänge in der Umgebung und sucht in den Wäldern und hinter Gebüschen nach dem Leichnam ihrer Tochter.

Die »erdrückende Gegenwart des Verlustes verbunden mit der Nichtgegenwärtigkeit des Todes«, so die AI-Autoren, ist es, »die die Familien peinigt. Das Ergebnis ist eine Art seelische Folter, die entweder durch den anhaltenden und in seinem Ausgang ungewissen Verlust hervorgerufen wird oder durch das Gefühl der Hilflosigkeit und lähmenden Unsicherheit darüber, was zum Schutz der geliebten Person unternommen werden kann«.

Für den Kriminalbeamten Holger Guhse im Hamburger Vermißtendezernat befinden sich die Angehörigen »in einem permanenten Schwebezustand, ein dauerndes Warten und Hoffen. Verdrängen und Vergessen funktioniert nicht. Es gibt ja immer noch die Chance, eine minimale Chance, daß der oder die Vermißte lebt und zurückkehrt«.

Eine Mutter schildert ihre Erfahrungen so: »Es überfällt mich immer wieder ein fürchterlicher Schmerz und eine Trauer, und ich denke, daß es einfach unmenschlich ist, was da passiert ist. Und dann entwickelt sich auch ein Zorn auf den Täter, der dafür gesorgt hat, daß mein Kind nicht mehr nach Hause kommt.«

Für sie steht fest, daß ihrem Kind von einem unbekannten Täter etwas angetan wurde. Obgleich die Polizei keinen Hinweis darauf hat, versucht die Mutter mit dieser Täter-Theorie die Abwesenheit der Tochter zu begründen. Verständlich, wenn man an die Qualen denkt, die die Zurückgebliebenen aushalten müssen. Die Mutter: »Ich habe zwei Jahre das Zimmer meines Kindes so gelassen, wie es ist. In der ersten Zeit fiel es mir sehr schwer, überhaupt in dieses Zimmer reinzugehen, weil mich das derart mitgenommen hat, daß ich immer in Tränen ausgebrochen bin. Und immer wieder kommen die Erinnerungen zurück. Wenn man Fotoalben ansieht, ist der Schmerz so stark, daß einem fast übel wird.«

Günter Milke, der inzwischen pensionierte Leiter der Vermißten-Abteilung im Landeskriminalamt in München, zeichnet ein düsteres Bild[162]: »Bleibt ein Mensch verschwunden, dann geht das Leben für Hinterbliebene nicht irgendwann weiter, dann bleibt es stehen, genau an dem Tag, an dem der teure Mensch nicht mehr zurückgekehrt ist. Die aufgerissene Wunde wird für lange Zeit bluten, vielleicht zeitlebens; denn eine Trauerarbeit kann nicht begonnen werden, weil man hofft, der Verschollene könnte plötzlich vor der Tür stehen und den Alptraum beenden. Es gibt Fälle, wo die Eltern das Zimmer ihres Kindes über Jahre unverändert gelassen haben, immer hoffend, es könnte auf einmal wieder die Wohnung betreten. Und durch schlaflose Nächte ziehen sich dunkle Gedanken mit quälenden Fragen hin: Lebt der geliebte Mensch oder ist er tot? Hat ihn jemand getötet, hat er sich selbst umgebracht oder ist ihm sonst etwas zugestoßen? Wo mag er wohl sein? Wo ist seine Leiche? Geht es ihm gut oder ist er in Bedrängnis? Warum meldet er sich nicht, warum hat er nicht eine Zeile hinterlassen: Ein Lebenszeichen würde doch schon genügen, ein paar Worte, die eigene Schuldgefühle abbauen und ein bißchen Ruhe geben könnten. Wird ein Mensch vermißt, dann war irgend etwas in Unordnung: mit ihm selbst oder mit einem Menschen, der in sein Leben getreten war oder durch sonst einen Umstand. Und kommt nie mehr Kunde von einer vermißten Person, kehrt sie also nie wieder zurück, wird nirgendwo in der Welt ihr Aufenthalt festgestellt und auch ihre Leiche nie aufge-

---

[162] Milke, Günter *Vermißt – was nun*, Boorberg Verlag, Stuttgart 1994

funden, dann kann dieser Fall für Hinterbliebene nie abgeschlossen werden.«
Eine psychologische Betreuung der Angehörigen ist besonders dann notwendig, wenn Vermißte längere Zeit verschwunden bleiben. Dr. Kristine Schneider, Fachpsychologin für Klinische Psychologie in Köln, berichtet in der von mir als Autor betreuten WDR-Fernsehreihe »Vermißt!« im Oktober 1992 über die Chancen der Psychotherapie bei der Behandlung von Angehörigen: »Manche denken, wir könnten ihnen wiederbringen, was sie verloren haben. Aber Psychotherapie ist Arbeit mit der Seele, und das heißt, jemand darauf vorzubereiten, Dinge zu verkraften, die zunächst unüberwindbar scheinen. In diesem Fall ist das die Trauer über jemanden, der nicht wiederkommt, oder der Abschied von einer Hoffnung, von der man nicht weiß, ob sie irgendwann einmal wieder aufleben darf, wenn es neue Anzeichen für eine Rückkehr des Vermißten gibt. Aber in der Zwischenzeit muß man als Angehöriger ja leben, man kann ja nicht versteinern in einer resignativen Hoffnung ... Die Trauer bringt das wieder ins Gleichgewicht. Das ist ein Lösen vom Gewesenen und ein Klagen über das, was nicht mehr sein kann. Das bringt ein ›Wieder-leben-Können‹ für die Zukunft.«
Die psychische Bewältigung der Situation ist für die Angehörigen besonders wichtig, doch Hilfen werden zu selten angeboten. Der Essener Psychotherapeut Dr. Jorgos Canacakis hilft in Seminaren, mit Verlusten und Trennungen und den damit verbundenen Krankheiten wie Atembeschwerden, Herzschmerzen oder Depressionen fertig zu werden. Seine Patienten leiden unter Angstzuständen, die Selbstmordgefährdung nimmt zu. Canacakis: »Erst wenn sich die Bande zu dem Menschen, um den ich trauere, vollständig gelöst haben, wenn ich die Gefühle, die zu diesem Prozeß gehören – und dazu gehören auch Wut und Verzweiflung, Mitleid und

Vorwürfe, auch Haßgefühle –, wenn ich all das zugelassen habe, dann wird es mir wieder bessergehen. Erst dann bin ich wieder fähig zur Freude, zur Liebe – auch zu neuer Trauer.«

Manchen bleibt in ihrer Verzweiflung nur der Glaube an Gott. »Eigentlich habe ich nie an Gott geglaubt«, erzählt eine Mutter, deren 14jähriger Sohn seit 1991 verschwunden und bis heute nicht zurückgekehrt ist, »aber seit mein Kind fort ist, denke ich anders. Ich bete sogar. Und ich trage ein Kreuz am Hals. Ich hoffe, es hilft.«

Eine Mutter, deren Sohn seit 1987 vermißt wird, glaubt fest daran, daß ihr Sohn wieder zurückkommt: »Diese Hoffnung ist eigentlich das einzige, das mich aufrecht erhält. Manche aus der Familie glauben, er sei tot. Ich bin die einzige, die denkt, daß er vielleicht irgendwo lebt.«

Das Leid der Angehörigen dauert nicht nur Wochen und Monate. Wenn das vermißte Kind nicht irgendwann zurückkehrt, peinigt die Seelen-Tortur die Zurückgebliebenen oft Jahre, manchmal Jahrzehnte.

Erika Kampmann aus Herten hat nach mehr als 35 Jahren noch nicht den Verlust der kleinen Schwester überwunden. Am 2. Januar 1957 besuchen die Geschwister Erika und Ingrid Karaszkiewicz gemeinsam eine Filmvorführung des Astoria-Kinos in Recklinghausen. Vor dem Film geht die 12jährige Ingrid zur Toilette – und kommt nicht zurück. Seitdem ist das kleine Mädchen verschwunden. Hinweise auf den Verbleib des Kindes gibt es in der Folgezeit viele: So will ein Kölner das Mädchen im Hauptbahnhof der Dom-Stadt gesehen haben. Dann werden zwei junge Männer gesucht, die zur Fremdenlegion wollten und in Begleitung eines Mädchens beobachtet worden sind.

Doch jede Spur entpuppt sich als falsch. Die Akte »Karaszkiewicz« der Kripo Recklinghausen wird mit den Jahren

immer dicker – doch von der Vermißten gibt es kein Lebenszeichen. Und immer schwerer lastet auf Erika das Gefühl, damals nicht gut genug auf die Schwester geachtet zu haben. Sogar die inzwischen verstorbene Mutter machte ihr öfter den Vorwurf, nicht auf ihre Schwester aufgepaßt zu haben. »Aber was sollte ich kleines Mädchen denn damals machen«, sagt Erika Kampmann, »ich habe auf meine Schwester gewartet, dann fing der Film an. Als ich später auf der Toilette nachgesehen habe, war Ingrid fort. Der Notausgang des Kinos war geöffnet«.
Noch heute träumt Erika Kampmann von ihrer Schwester, kommt nicht zur Ruhe: »Am Anfang habe ich noch gedacht, die kommt wieder. Das habe ich immer gehofft. Später habe ich gedacht, die muß doch so ein fürchterliches Heimweh haben. Wenn sie noch leben würde, dann würde sie sich doch melden. Vielleicht hat sie aber auch den Verstand verloren, oder man hat sie verschleppt und unter Drogen gesetzt. Und sie kann sich nicht melden.«

**Hoffnung der Angehörigen: »Meine Tochter lebt«**

So geht es manchen Eltern von vermißten Kindern. Sie hoffen, daß ihre Kleinen noch leben. Die Vorstellung, unter welchen Situationen das sein kann, ist seit Dutroux um eine schreckliche Variante erweitert worden. Und trotzdem glauben Eltern fest daran, ihr Kind käme eines Tages zurück. Seit dem 11. Juni 1996 wird Ulrike Everts aus Edewecht bei Oldenburg vermißt. Die 14jährige Schülerin hält sich an diesem Tag im Nachbarort Harbern auf. Sie fährt gegen 15 Uhr mit einer Ponykutsche aus, eine Viertelstunde später kommen die Tiere allein zurück. Seitdem ist das Kind verschwunden. In unmittelbarer Nähe des Feldwegs, den Ulrike mit der

Kutsche gefahren sein muß, beobachten Zeugen zur Zeit des Verschwindens einen dunklen Pkw. Der Vater der Vermißten, Wubboc Everts, hofft, daß die Tochter noch lebt. Die Kindesentführungen in Belgien haben die Eltern in der Vorstellung bestärkt, daß ihre Tochter vielleicht irgendwo gefangengehalten wird, in schrecklicher Angst, aber am Leben.[163]

Auch Dagmar Funke, die Mutter von Deborah Sassen aus Düsseldorf mag sich nicht damit abfinden, daß ihre 8jährige Tochter tot sein könnte: »Ich glaube, daß meine Tochter lebt.«

Es ist der 13. Februar 1996, als sich das Mädchen nach dem Schwimmunterricht von ihren Klassenkameradinnen verabschiedet und nach Hause läuft. Ihr Stiefvater Jürgen wartet mit dem Mittagessen – vergeblich. Die Wohnung der Eltern befindet sich nur wenige hundert Meter von der Schule entfernt, und auf dieser Strecke muß Debby jemandem begegnet sein, der sie mitgenommen hat. Als das Kind zwei Stunden nach Schulschluß noch nicht zu Hause ist, beginnt die Suche. Die Eltern rufen die Schule, Freunde, Verwandte, die Polizei und die Krankenhäuser an. Noch am gleichen Nachmittag startet die Polizei eine Suchaktion mit Hundestaffeln, Hubschrauber und Polizei-Hundertschaft. Eine 40köpfige Sonderkommission wird gegründet. Keine Spur – bis heute nicht.

Dem Schock des Verschwindens folgen schon bald persönliche Probleme. Vor dem Hintergrund dieses Geschehens ist es für die Familie sehr schwer, ein einigermaßen geordnetes Leben zu führen. Die Mutter nimmt öfter zur Beruhigung Alkohol, bekommt Schwierigkeiten mit den Freunden der Familie.

---

[163] *Die Zeit*, 27. 12. 1996, »Was geschah mit Ulrike?«

»Alles drehte sich bei mir immer um den Alkohol, den ich nach dem Verschwinden von Debby unheimlich stark gebraucht habe. Ich mußte es ja verarbeiten. Und ich habe das als einzige Möglichkeit für mich gesehen. Also stellt man natürlich ganz schnell dieses Problem in den Vordergrund. Die Ärzte sind eigentlich froh, daß sie etwas gefunden haben. Meinen Alkoholismus.« Und in der Ehe kriselt es. Jürgen Funke: »Wir haben an Scheidung gedacht.«
Auf den Auslöser des Problems, das Verschwinden der Tochter und die Probleme, das zu bewältigen, geht man weniger ein. »Ich habe zu verstehen bekommen, daß ich mich damit abfinden sollte. Damals hätte ich mir gewünscht, daß auch mal jemand anruft und mir sagt, wie man mit seinen Gefühlen umzugehen hat. Und daß diese Selbstmordgedanken auch wieder aufhören. Diese Gefährdung, die ja die ganze Familien auseinanderbringt. Ich habe Selbstmordgedanken gehabt. Am schlimmsten war es in der ersten Nacht, wie der Jürgen, mein Mann, nach Hause kam und Debbie dann nicht in ihrem Bett war. Da war es ganz, ganz schlimm. Da rauschen Dir tausend Gedanken durch den Kopf, und man fragt sich immer wieder: Was passiert jetzt gerade mit dem Kind?«
Der »Weisse Ring« hilft mit Geld und den Adressen von Therapeuten. Die Stadt Düsseldorf kümmert sich nicht um diese Menschen in Not – keine Kommune in Deutschland ist darauf vorbereitet, Angehörige von Vermißten zu unterstützen. Es fehlen Fachleute für diese extreme Psycho-Situation: Die Angehörigen müssen zum einen mit den Sorgen um die Unversehrtheit des Kindes fertig werden – eine große Anforderung. Zum anderen müssen sie organisatorische Aufgaben bei der Suche nach dem Kind bewältigen – die meisten wissen nicht, wie das durchführbar ist. Und auch die Lehrer der Schule, die Debby zuletzt besucht hat, finden nicht den Weg zu der leidgeprüften Familie. »Meine Eltern

haben mir ziemlich schnell zu verstehen gegeben, daß sie damit nicht fertig werden, und daß ich die damit eigentlich zu sehr belaste, daß sie dann krank werden«, berichtet Dagmar Funke.
Auch als die Mutter einen Verein für die Angehörigen von vermißten Kindern gründen will, macht keiner mit. »Die Kinder in der Schule müssen doch über die Gefahren aufgeklärt werden. Den Eltern der Vermißten muß doch mehr geholfen werden. Aber alle machen die Schotten dicht. Und die allerbitterste Erfahrung, ich meine, es ist schon herb genug, was passiert ist, das war: Erst verlor ich den Freundeskreis, und jetzt lerne ich keine Leute mehr kennen. Ich gehe hier kaputt. Ich schaffe es nicht, jemanden kennenzulernen.«
Manche Leute spekulieren sogar, daß die Eltern ihre Tochter möglicherweise selbst umgebracht haben könnten.
»Meine früheren Freunde haben uns am Anfang unterstützt. Aber ich habe ziemlich dick aufgetragen, dadurch, daß ich unkontrolliert getrunken habe. Es war dieser wahnsinnige Schmerz in mir. Jeden Tag dran denken, was ist denn mit dem Kind passiert. Meine Freunde wurden damit nicht fertig. Ich habe ihnen in der Zeit irgendwelche Sachen vorgeworfen. Aber ich denke, dazu sind auch Freunde da. Und es kann sich jeder denken, daß man in so einer Situation eine Handlung vollzieht, die man selber nicht nachvollziehen kann. Heute sind die Freunde alle weg. Wenn ich morgens in die Stadt gehe, weiß ich nie, wo ich hingehen soll. Ich muß irgendwas an mir verändern, damit ich von meinem Frust mal runterkomme.«
»Ich habe nach dem Verschwinden von Debby etwa zwei Wochen lang wahnsinnige körperliche Schmerzen gehabt und gedacht, ich leide mit der Debbie eigentlich mit. Und als dann die Schmerzen weg waren, so kraß wie sich das anhört, mußte ich einfach davon ausgehen, daß sie tot ist, daß sie dann ge-

storben ist. Obwohl ich heute immer noch hoffe, daß sie zurückkommt und immer noch daran glaube. Das ist so eine ganz komische Gefühlslage«, beschreibt die Mutter die Situation, »ich glaube, daß Debby lebt. Es ist mein Gefühl, daß sie irgendwann wiederkommen wird. Das ist so ein Instinkt, ich kann es nicht beschreiben. Sie ist im Ausland, unter Garantie. Es kann ja auch möglich sein, daß Nötigung mit sexuellem Mißbrauch ... Daß sie das Spielchen mitmacht, weil sie keinen anderen Ausweg sieht. Kann sein, daß sie viel reifer ist, als ich dachte. Kann alles möglich sein. Vielleicht wird sie sich eines Tages aus eigener Kraft daraus lösen. Das ist auch der Grund, warum ich hier wohnen bleibe. Damit sie weiß, wo sie hin kann. Ich habe meinem Mann auch damals gesagt: ›Debbie ist verschleppt worden, sexueller Mißbrauch, irgendwo wird die festgehalten.‹ Und der Jürgen sagt: ›So was gibt's nicht, das tun die Menschen nicht.‹ Dann kam das mit Belgien – das gibt's ja doch, mußten wir feststellen.«
Die Polizei hält das offensichtlich auch für möglich. »Die surfen da im Internet rum, sind auch mal hier gewesen mit Gewaltmaterial, mit Bildern, die sie aus dem Internet haben. Die muß man sich dann angucken. Das ist schon schrecklich genug. Bilder mit kleinen blonden Mädchen.«

### Der Fall Welsch und die Mädchenhändler von Ibiza

Kinder werden entführt, mißbraucht, ermordet. Das weiß die ganze Welt spätestens seit Bekanntwerden des Falls Dutroux. Warum also sollten Kinder nicht auch in Portugal, in Düsseldorf, Dortmund, Köln, Hamburg oder Berlin entführt und festgehalten und mißbraucht und manchmal auch ermordet werden, um lästige Zeugen zu beseitigen? Ist diese Befürch-

tung, die so viele Eltern quält, tatsächlich so unwahrscheinlich? Warum sollte es eigentlich oberflächlich arbeitende, desinteressierte, schlecht organisierte Polizisten nur in Belgien geben? Warum nicht auch bei uns um die Ecke?
Haben nicht auch andere Behörden und Strafverfolger in Europa ihre »Leichen« im Keller? Ist es etwa nicht so, daß manche Täter nicht mit Strafverfolgung ihrer Taten rechnen müssen, weil Behörden schlampen oder unmotiviert sind? Und kann es nicht sein, daß die Polizei-Organisationen in Europa denen der Kinderschänder-Mafia und Pädophilen-Netzwerke einfach nicht gewachsen sind?
Ich kenne einen Fall sehr gut, der alle Anzeichen dafür aufweist, daß das europäische Strafverfolgungssystem nicht funktioniert. Es handelt sich um den Fall »Welsch«, dem Schicksal einer 22jährigen, die auf Ibiza nicht spurlos verschwunden, sondern offensichtlich in die Fänge einer Mädchenhändlerbande geraten ist. Die Geschichte ist so erschreckend, daß ich denke, es vertreten zu können, sie im Zusammenhang mit dem Verschwinden von Kindern und Jugendlichen zu dokumentieren. Denn dieser Fall zeigt sehr deutlich, wie nachlässig wir in Europa gelegentlich mit der Aufklärung von Vermißtenfällen und mit der Strafverfolgung von mutmaßlichen Tätern umgehen und daß sich Entführer von Kindern und jungen Frauen, wenn sie international operieren, recht sicher vor einer Strafverfolgung fühlen können. Der Fall »Welsch« zeigt, daß das Polizei-Chaos von Belgien kein typisches Brüsseler Problem, sondern offensichtlich ein Problem der Strafverfolgung einiger Staaten in Europa ist: Im August 1991 erhalten Freunde und Bekannte der Familie Welsch aus Süddeutschland eine DIN A 4 große Karte. Auf gelblichem Büttenpapier ist ein junges Mädchen abgebildet. Darunter steht in fetter schwarzer Schrift »Andrea Welsch, geboren: 24.10.1959, vermißt: 31.8.1981 auf Ibiza/Spanien«.

Daneben ist ein Text gedruckt: »Wir erinnern an unsere innigstgeliebte Andrea. Seit zehn Jahren gilt Andrea als vermißt – von einem Urlaub nicht mehr zurückgekehrt. Trotz größter Bemühungen konnte ihr Schicksal bis heute nicht aufgeklärt werden. Wir werden nie aufhören, nach Andrea zu suchen und empfehlen sie in der Zwischenzeit der Fürsorge Gottes.«

Wenn es je eine beispielhafte Suche von Angehörigen gegeben hat, dann die nach Andrea Welsch aus Coburg. Sie führt die Familie an den Rand des wirtschaftlichen Ruins und in ein Minenfeld größter Enttäuschungen. Christel Welsch, die heute unter anderem Namen im Süden Deutschlands lebt, ist zu Recht »der Auffassung, selbst alles Menschenmögliche getan zu haben, um das Schicksal meiner Tochter erforschen zu lassen«. Sie recherchiert vor Ort, investiert ihr Vermögen in die Privatsuche, beschäftigt Rechtsanwälte und Detektive, wendet sich mit der Bitte um Unterstützung an Politiker wie Bundeskanzler Helmut Kohl oder den früheren spanischen Präsidenten Felipe Gonzales. Doch bis heute ist Andrea nicht zurückgekehrt.

Was geschah auf der spanischen Insel Ibiza? Im August 1981 fliegen Andrea Welsch und eine Freundin auf die Insel, um hier ihren Urlaub zu verbringen. Sie quartieren sich in einem Doppelzimmer im Hotel »Florida«, 12 Kilometer außerhalb von Ibiza-Stadt, ein. Am 28. August besuchen die Freundinnen in Begleitung eines Deutschen und eines Österreichers in Hafennähe von Ibiza-Stadt das Restaurant »Marisol«. Diese Männer haben sie gerade kennengelernt. Später wechseln sie gemeinsam ins Restaurant »La Terra«, wo Andrea einen Kakao mit Rum trinkt.

Und dann beginnt das Verhängnis: Gegen Mitternacht wird es Andrea schlecht. Ihr Zustand verschlimmert sich sehr schnell. Die 22jährige hat nur noch einen Wunsch, sich hin-

zulegen. Der Deutsche bietet dem Mädchen an, sich auf seinem Boot »Gitana«, das im Hafen vor Anker liegt, hinzulegen. Andrea willigt ein und bleibt auf dem Schiff, während ihre Freundin mit dem Österreicher in der Nacht noch verschiedene Diskotheken besucht.
Was in der Nacht und dem darauf folgenden Tag auf dem Schiff passiert, kann bis heute niemand außer jenen, die mit dem Verschwinden der jungen Frau zu tun haben, genau sagen. Fest steht: Andreas Freundin hat gesehen, wie Andrea auf das Schiff ging, und Zeugen wollen das Mädchen am nächsten Tag auf Deck völlig apathisch, vollständig bekleidet in der Sonne liegend und bei der Ausfahrt des Schiffes aus dem Hafen an Bord gesehen haben. Seitdem wird die junge Frau vermißt.
»Andreas Freundin kehrt am 1. September allein aus Spanien zurück«, berichtet Maria Welsch, »zu diesem Zeitpunkt erfuhr ich dann zum ersten Mal und zu meinem Entsetzen von ihr über das Geschehen der vergangenen Tage.« Die Mutter schaltet das deutsche Konsulat in Spanien ein, setzt sich mit dem Hotel in Verbindung und erfährt dort, daß sich die gesamte persönliche Habe der Tochter – Reisegepäck, Flugticket, Reisepaß, Bargeld und Schecks – noch dort befindet.
Die Mutter hat ein gutes Verhältnis zur Tochter. »Jedwede Entscheidung zur eventuellen Veränderung ihrer Lebensumstände oder ihres Lebensraumes hätte sie offen sowohl mit als auch gegen Billigung ihrer Angehörigen vornehmen können«, meint Christel Welsch, »weder aus familiärer noch aus beruflicher Sicht – meine Tochter war als Industriekauffrau dem Betrieb meines Vaters zugehörig – findet sich eine Erklärung für das Verschwinden.«
Die besorgte Mutter fliegt auf die Insel, geht zur Polizei, zum deutschen Konsulat und versucht die Tage des Verschwin-

dens zu rekonstruieren, Spuren, die zu ihrer Tochter führen könnten, zu finden. Sie verteilt Fotos der Tochter, forscht in Krankenhäusern, beauftragt deutsche und spanische Anwälte mit Recherchen, deutsche und spanische Polizeibehörden ermitteln. Mehrmals wird im Verlauf der polizeilichen Ermittlungen der deutsche Bootsbesitzer in Spanien festgenommen, verhört und wieder freigelassen – er soll wegen Entführung des Mädchens angeklagt werden, doch bis heute hat keine Gerichtsverhandlung stattgefunden.
Die Recherchen der Mutter, die immer wieder nach Ibiza reist, um die Aufklärung des Verschwindens ihrer Tochter voranzutreiben, die Nachforschungen von Reportern und die Ermittlungen der Polizei führen schließlich in ein undurchsichtiges Zuhälter-Milieu, in dem Aussagen erpreßt, erlogen, und später wieder zurückgezogen werden.
Die Dimension der kriminellen Aktivitäten zeigt sich schließlich im ganzen Ausmaß, als ein Ehepaar aus Deutschland, das in die Fänge einer mysteriösen Gewaltszene in Benidorm geraten ist, feststellt, daß der Deutsche, der schon mit dem Verschwinden von Andrea in Verbindung gebracht wird, offensichtlich auch hier seine Finger im Spiel hat.
Deren Geschichte weist Parallelen zu Andreas Verschwinden auf: Das Ehepaar aus Norddeutschland besucht eine Diskothek, dem Ehemann wird schlecht und die Ehefrau bei einem Gang zur Toilette von unbekannten Männern entführt. Die Frau wird auf ein Schiff gebracht, wo sie erfährt, daß sie noch in der Nacht nach Marokko verschleppt werden soll. Doch das Schiff, das sie abholen soll, kommt nicht. Dafür erscheint am Morgen ein Deutscher, der sich für das schlechte Benehmen seiner Besatzung entschuldigt, sich dann anbietet, sie zu ihrem Ehemann zurückzubringen. Sie glaubt ihm, doch statt das zu tun, entführt er sie in ein Hotelzimmer des Ortes, vergewaltigt sie dort und verschwin-

det dann. Später wird die Entführte ihn als den Deutschen identifizieren, auf dessen Schiff auch Andrea verschwunden ist.

Im Dezember 1982 wird dieser Mann in Alicante festgenommen, Kriminalbeamte aus Deutschland, mit dem »Fall Welsch« betraut, fliegen nach Spanien, um ihn zu verhören. Er liefert ihnen gleich eine Auswahl von Geständnissen, aber keine Fakten, sondern eher Beweise seiner Phantasie: Mal ist Andrea beim Baden ertrunken, ein anderes Mal starb sie nach einer Vergewaltigung, dann wieder sprang sie ins Meer und ertrank, als sie auf hoher See auf ein anderes Schiff übergeben werden sollte.

Das Ergebnis: Mutmaßliche Täter sind wieder frei, und bis heute ist das Schicksal der Vermißten Angelika Welsch nicht geklärt. Und der Mutter drängt sich immer deutlicher »der entsetzliche Gedanke auf, daß meiner Tochter möglicherweise durch ein Verbrechen ein schreckliches Leid zugefügt worden sein könnte – bis hin zur Tötung«.

Die Mutter gibt den Kampf nicht auf – die Unterstützung durch die Behörden ist nicht groß. 1994 fragt der Kölner »Express«: »Schlampte die Staatsanwaltschaft – Akten aus Ibiza nie in Köln eingetroffen«[164] Eine Stellungnahme verweigert die Behörde. Auch die »Welt am Sonntag« schildert 1994 den Fall: »Aufzuklären war der Fall bisher auch deshalb nicht, weil die Zusammenarbeit der spanischen und der deutschen Behörden nicht funktioniert. So wartet die Staatsanwaltschaft Köln seit Jahren vergeblich auf Akten, die zu übermitteln die Autoritäten auf Ibiza bisher verweigert haben. Die Ermittlungen hängen nach Auskunft des NRW-Justizministeriums von der Beantwortung eines Rechtshilfe-

---

[164] *Express*, 15.3.1994, »Mutter verzweifelt: Tochter seit 13 Jahren vermißt«

ersuchens ab, das auf diplomatischem Wege übermittelt worden sei«[165].

Inzwischen ist der Staatsanwalt, der jahrelang zuständig war, nicht mehr im Dienst. Der einzige Polizeibeamte in Köln, der den Fall noch kennt, ist in eine andere Dienststelle versetzt worden. Die deutschen Behörden haben den Fall »Welsch« in aller Stille in ihrer Aktenablage begraben – der mutmaßliche Täter lebt weiterhin unter Spaniens Sonne.

Nicht zu wissen, was mit einem geliebten Menschen passiert sein könnte, ist schlimm. Anhaltspunkte dafür zu erhalten, daß das Kind in die Fänge einer Mafia geraten sein könnte, die junge Frauen und Mädchen entführt und mißbraucht – auf Ibiza verschwinden immer wieder junge Mädchen – bedeutet jedoch für die Angehörigen ein Martyrium. Insbesondere, wenn man sich vorstellt, was für einen Leidensweg die Opfer mitgemacht haben oder in diesem Moment durchstehen.

Die kriminelle Welt, in der manche Vermißte verschwinden, ist in der Tat so grausam, daß es kaum zu beschreiben ist – und die Polizei ist in vielen Fällen den Aufgaben nicht gewachsen. Kenner der Szene wissen schon lange, daß in der Bundesrepublik ebenso wie im übrigen europäischen Ausland international organisierte, kriminelle Vereinigungen ihr Unwesen treiben: Drogenhandel und Korruption, Entführung und Erpressung, Raub und Mord gehören dort zum Standardprogramm.

---

[165] *Welt am Sonntag*, 31.10.1994, »Vermißt auf Ibiza: Mutter sucht ihre Tochter seit 1981«. Diesen Bericht schreibt die Sonntagszeitung anläßlich der Berichterstattung in der WDR-Sendung »Vermißt!«, in der wir uns am 1. November 1994 mit im Ausland vermißten Deutschen beschäftigten. Jedes Jahr verschwinden im Ausland 1.000 Deutsche spurlos.

# 5. Kapitel

# Opfer und Helfer:
# Vom Betteln um Beachtung

*»Ich fordere mehr Verantwortung für Kinder. In einer Gesellschaft, in der Kinder nahezu unbehelligt belästigt und als Produkt vermarktet werden, müßten alle gemeinsam zukünftigem Übel vorbeugen. Wer sich eine heile Welt vorgaukelt, ist auf dem falschen Weg.«*

Brigitte Göde, Pastorin[166]

Sie sind Verbündete im Leid: die Opfer und ihre Helfer. Doch während ihren Gegnern, Porno-Mafia und kriminellen Netzwerken, offensichtlich finanzielle und logistische Mittel im Überfluß zur Verfügung stehen, müssen sich die meisten Helfer und Hilfsorganisationen mit knapp bemessener wirtschaftlicher Unterstützung des Staates und milden Gaben von Privatspendern begnügen.
»Die finanzielle und personelle Ausstattung der wenigen Beratungs- und Anlaufstellen bei sexuellem Mißbrauch entspricht nicht den Erfordernissen.« Zu diesem Ergebnis kom-

---

[166] Aus der Trauerrede der Pastorin anläßlich der Beerdigung der ermordeten Kim Kerkow in Varel am 17. Januar 1997. Zitiert nach *Bild*, 18.1.1997, »Wie ein Reh allein mit dem Löwen in der Steppe«

men Yasmina Bauernfeind und Marlies Schäfer, die Autorinnen des Buches »Die gestohlene Kindheit – Sexueller Mißbrauch an Kindern« und fragen: »Was wollen Politiker mit den Streichungsmaßnahmen erreichen? Daß man nicht mehr über sexuellen Mißbrauch diskutiert, geschweige denn, daß den Opfern und Tätern geholfen wird? Sind die deutschen Abgeordneten nur noch in der Lage – ob in den Ländern oder im Bund – ihre eigenen Diäten zu erhöhen? Warum verschließen die sogenannten ›Entscheidungsträger‹ ihre Augen vor der Realität?«

Die Autorinnen stellen fest, daß »dringend ganz konkrete Beratungs- und Unterstützungsangebote erforderlich sind, und zwar flächendeckend für die Bundesrepublik, um im einzelnen Fall ganz konkret Hilfe leisten zu können ... Wir brauchen dringend eine bessere Ausbildung für Sozialarbeiter, Erzieherinnen und Pädagogen. Daß Ärzte, Juristen und Polizisten sich ebenfalls anders mit dem Thema ›Gewalt‹ auseinandersetzen müssen als bisher, ist ihnen weitgehend selbst klar. Die Initiative, etwas zu verändern, kann aber nur aus den jeweiligen Berufsgruppen kommen. Der Staat oder die im Moment an verantwortlicher Stelle Tätigen sind nicht ausreichend dazu in der Lage, das Thema Gewalt oder sexuelle Gewalt adäquat anzugehen oder auch nur das Ausmaß wahrzunehmen.«

Hilfe für die sexuell mißbrauchten Kinder bieten neben den großen Organisationen wie »Deutscher Kinderschutzbund« und »Weisser Ring«, die über ein großes Netz von Beratungsstellen bzw. Mitarbeitern verfügen, die über die Bundesrepublik verteilt sind, eine Reihe von kleinen, nicht weniger wichtigen Hilfsinitiativen: Sie heißen Wildwasser, Zartbitter oder Zornröschen.

Die genannten und andere, meist regional tätige Helfer, benötigen dringend Unterstützung, denn immer mehr Opfer fordern diese wiederum bei den Initiativen ein – meist nicht nur kurzfristig, sondern immer wieder über viele Jahre. Professor Hans-Joachim Wagner, Mitglied des Instituts für Rechtsmedizin in Homburg an der Saar, bestätigt wie andere Experten auch, daß die Opfer oft ein Leben lang unter den Folgen der Mißhandlungen leiden.

Psychologen, Psychotherapeuten, Ärzte, Richter, Staatsanwälte, Polizeibeamte oder Rechtsanwälte, die aufgrund des Berufs oder der Berufung Kontakt zu den Opfern haben, könnten eigentlich viel darüber berichten – und tun es selten – welch ungeheures Leid die Opfer ertragen müssen. Es ist nicht nur der Mißbrauch selbst, der Schmerzen bereitet. Es sind nicht nur die seelischen Schmerzen, die den körperlichen folgen. Oft werden die Opfer auch noch im Rahmen der Strafverfolgung und vor Gericht geschädigt. Und nicht selten ist der Weg der Heilung, der Weg von Therapeut zu Therapeut, von einer Beratungsstelle zur nächsten, von einer Psychokur zur nächsten Psychotherapie ein Prozeß voller Qualen.[167]

Kindergärten, Schulen, Jugendämter und Erziehungsberatungsstellen müßten mehr für das Problem der Gewalt in Familien sensibilisiert werden. Denn die Opfer wissen sich meist nicht allein zu helfen. Doch nach Meinung der NRW-Gleichstellungsbeauftragten, Ilse Ridder-Melchers, »ist unsere Gesellschaft noch nicht ausreichend gerüstet, auf die Probleme mißhandelter Kinder einzugehen«.

---

[167] vgl. Jamin, *Hilflos!*, Seite 43 ff.

## Seelische Verwundungen sind oft folgenschwer

Hilfe tut not! Zu den körperlichen Verletzungen kommen noch die seelischen Schmerzen, die von vielen noch immer als unwesentlich ignoriert werden. Dabei haben Wissenschaftler festgestellt: Opfer von Gewalttaten empfinden diese seelischen Verwundungen, die psychischen Schäden und Beeinträchtigungen, oft als viel gravierender und folgenschwerer als die körperlichen Verletzungen. Hier müssen bei der Unterstützung der Opfer fachlich qualifizierte Beratungsgespräche und eine gezielte, aber behutsame Angehörigenbetreuung einsetzen. Kompetenter Beistand durch Mitarbeiter staatlicher Stellen sowie Gespräche mit Rechtsanwälten und Psychologen stehen an erster Stelle der Bedürfnisse, stellt die Befragung »Das Opfer nach der Straftat« der Autoren Michael C. Baurmann und Wolfram Schädler fest. Mehr als 30 Prozent der befragten Opfer gaben an, daß sie ihre Probleme nicht allein überwinden konnten.

»Ein noch weitgehend unerforschtes Gebiet sind die Schäden, die erst Jahre nach der Tat entstehen. Sie sind deshalb besonders schwer auf die erlittenen Straftaten zurückzuführen, da die Opfer selbst meist keinen Zusammenhang zwischen körperlichen, psychischen und sozialen Problemen und der Straftat herstellen können, die sich oft schon im Kindesalter ereignet hat. In vielen Fällen wissen die nunmehr erwachsenen Opfer gar nicht mehr, daß sie eine Straftat erlitten haben«, schreibt Evelyn Tampe in ihrem Buch »Verbrechensopfer«. »Aufschluß über solche späten Opferschäden geben bisher nur Befragungen bestimmter Bevölkerungsgruppen. Diese Befragungen weisen darauf hin, daß es Zusammenhänge zwischen frühem Opferdasein und später auftretenden Schäden geben muß.«

Inzwischen kann man davon ausgehen, daß zwischen Inzest-

Erfahrungen von Mädchen und einer späteren Mager- oder Eßsucht solche Zusammenhänge bestehen. Befragungen von Prostituierten haben ergeben, daß sie häufig in ihrer Kindheit oder Jugend sexuelle Gewalt erlebt haben. Ähnliche Ergebnisse gibt es auch bei der Befragung von Drogenabhängigen. Eine Untersuchung der NRW-Gleichstellungsbeauftragten in den Frauenhäusern belegt, daß die Kinder aufgrund der Mißhandlungen unter Schlaf- und Eßstörungen leiden; außerdem sind eine hohe Krankheitsanfälligkeit, Angstzustände, Resignation, aber auch Aggressionen gegenüber der Umwelt festzustellen.

Unsere Gesellschaft sollte den Opfern jedoch nicht nur helfen, weil diese ihr leid tun. Vielmehr weiß man, daß die Mißhandlungen die körperliche und seelische Entwicklung der Kinder beeinträchtigen und sich negativ auf deren Wertvorstellungen auswirken. Professor Hans-Joachim Wagner: »Gewalt in der Familie ist als Schlüssel zur Gewalt in der Gesellschaft anzusehen.« Das heißt: Nicht selten werden die Opfer von heute Täter von morgen. Und das wiederum bedeutet: Wenn wir uns heute nicht um die geschundenen Kinder und Jugendlichen kümmern und ihnen umfassende Hilfe anbieten, werden wir die Spirale der Gewalttaten nie unterbrechen können. Immer mehr mißbrauchte und mißhandelte Kinder werden zu Erwachsenen, die ihre Kinder mißbrauchen und mißhandeln. Es besteht offensichtlich ein enger Zusammenhang zwischen dem Erleben von Gewalt in der Kindheit und der eigenen Gewalttätigkeit im Erwachsenenalter. Eltern, die ihre Kinder mißhandeln, Männer, die ihre Bedürfnisbefriedigung mit Gewalt erzwingen, haben fast immer in ihrer eigenen Kindheit und Jugend Gewalt erlebt. Aber diese Befürchtungen verdrängen wir. Die Vorstellung, in den Opfern von heute die Täter von morgen sehen zu müssen, ist für die meisten nur schwer zu ertragen. Damit dieses Thema endlich klare Konturen bekommt, fördert die Düsseldorfer Stiftung »Kinder sind ... TABU« jetzt ein Forschungsprojekt. Der Vorstandsvorsitzende Dr. Maximilian Jung: »Wenn man wissenschaftlich untermauern könnte, daß tatsächlich bis zu 80 Prozent der Opfer morgen zu Tätern werden, könnte man vorbeugend tätig werden.«

## Prominente engagieren sich in Initiativen

Wenn das Leid der Kinder geradezu zum Himmel schreit, finden sich immer wieder Menschen, die sich engagieren. Oft setzen dann auch Prominente ihren guten Ruf ein, um zu helfen. Als Deutschlands prominenteste Talkmasterin, Margarethe Schreinemakers, Anfang 1997 in einer Zeitung liest, daß mehr als 700 Kinder im Alter bis zu 14 Jahren vermißt werden und davon möglicherweise 200 der Kinderporno-Mafia zum Opfer gefallen sind, ist sie so schockiert, daß sie die Aktion »Wir helfen suchen« ins Leben ruft.[168] Mit Unterstützung der deutschen Bäcker, dem Milch-Lieferanten »Tuffi« und anderen Unternehmen stellt sie in ihrer RTL-Talkshow einige der vermißten Kinder mit Fotos und Beschreibungen vor. 250.000 Suchplakate läßt sie an Tankstellen, Autobahnraststätten und anderen öffentlichen Plätzen aushängen.

Schon bald melden sich die Kritiker. Der Geschäftsführer des Deutschen Kinderschutzbundes, Walter Wilken, hält es für »verantwortungslos«, vermißte Kinder auf Milchtüten abzubilden. Aktionen wie diese vermittelten vielen Bürgern

---

[168] *Das Goldene Blatt*, 19.3.1997, »Wir warten nicht, wir handeln«

nur den Eindruck, von Kinderschändern und Mördern umgeben zu sein.[169]
Auch wenn die Schreinemakers-Aktion nicht den gewünschten Erfolg hatte und durch sie keines der langzeitvermißten Kinder der Plakataktion gefunden wurde – immerhin hat sie die Bevölkerung für dieses wichtige Thema sensibilisiert und öffentliche Diskussionen zu diesem Thema ausgelöst. Und auch der »Weisse Ring«, bei Schreinemakers als Partner dabei, überlegt jetzt, ob er sich um die Vermißtenproblematik nicht auch in größerem Stil als bisher kümmern sollte.
Stillere Akzente setzt seit 1996 eine Stiftung in Düsseldorf. Unter dem Motto »Kinder sind ... TABU« haben sich engagierte Rechtsanwälte, Ärzte, Sportler, Politiker, Verbandsfunktionäre und Prominente wie Sabine Christiansen und Max Schautzer unter der Schirmherrschaft von Bundesaußenminister Klaus Kinkel in einer »Aktion zur Bekämpfung der sexuellen, seelischen und körperlichen Mißhandlung von Kindern« zusammengeschlossen. Auslöser für die Aktivitäten ist unter anderem der Fall Dutroux in Belgien. »Was 1996 in Belgien fast täglich durch die Medien ging, passiert auch bei uns«[170], sagt der Vorstandsvorsitzende Dr. Maximillian Jung in Düsseldorf. »Die Kinderprostitution kommt immer näher zu uns. Nicht nur in Thailand, Kambodscha, Brasilien, Rußland, Polen und anderen Ostländern werden Jungen und Mädchen zu Opfern von Kinderschändern ... Fast risikolos ist die Herstellung und Verbreitung kinderpornographischer Darstellungen. Der enorme finanzielle Gewinn der Produzenten stellt ein Hauptmotiv für die Fortsetzung des Mißbrauchs dar ... Alle müssen mithelfen, den sexuellen

---

[169] *Die Glocke*, 20.3.1997, »Streit zwischen RTL und Kinderschutzbund«
[170] »Kinder sind ... TABU«, Pressemitteilung, April 1997

Mißbrauch von Kindern aus dem Dunkelfeld herauszuholen. Wir müssen dazu beitragen, die Bevölkerung wachzurütteln. Sie darf sich nicht beschämt abwenden, wenn sie mit Kinderpornographie in Berührung kommt oder diejenigen kennt, die damit zu tun haben.«
Aus diesen Grundsätzen leitet die Stiftung auch ihre Aufgaben ab: öffentliche Aufklärung über die Problematik, Hilfe für Opfer, Unterstützung und Fortführung hilfeleistender Maßnahmen, Vermittlung an fachkundige Stellen, Kostenübernahme für Heimplätze junger Opfer oder für ihre Therapie, Unterstützung von pädagogischen Maßnahmen und die Schaffung von privaten Pflegeheimen.
Wenn eine solch »prominente« Initiative an die Öffentlichkeit geht, entsteht leicht der Eindruck, daß ja schon genug getan wird für die Opfer. Das Gegenteil ist der Fall. Viele Hilfsorganisationen müssen mit dem Existenzminimum auskommen, benötigen dringend selbst Unterstützung – Almosen aus der Rathauskasse, um die Therapeutin bezahlen zu können, Mietzuschüsse für die Beratungszimmer, Druckkostenzuschüsse für das Info-Material, Fachleute – Ärzte, Psychologen, Psychotherapeuten –, die sich ehrenamtlich engagieren möchten. Es gibt einfach zu viele Aufgaben, zu viele Opfer, zu viel Ignoranz der Probleme. Die damalige Bundesjugendministerin Merkel stellt schon im Oktober 1994 fest, daß es für sexuell mißbrauchte Kinder zu wenig Hilfs- und Beratungsstellen gibt und fordert gleichzeitig die Einrichtung von Anlaufstellen für Kinder in Not. Es hat sich seitdem nicht viel geändert. Und vor dem Hintergrund der Ohnmacht der Helferinitiativen erscheint die Macht der Kinderporno-Mafia und der Kindersex-Netzwerke noch gewaltiger.
Die kleine Armada von allzuoft hilflosen Helfern droht im Sturm der Kindersex-Gewalt ständig zu scheitern. Wer die Aktivitäten der Kinderschützer beachtet und hinhört, erfährt

viel über die Machenschaften der Kinderschänder. Die »Interessengemeinschaft zur Verhinderung sexuellen Mißbrauchs an Kindern e.V. Celle« gehört zu jenen Gruppen die sich stark machen im Streit gegen die fast übermächtigen Täter. Die Jahresberichte des Vereins, der vorrangig von Opfern im Raum Celle angesprochen wird, dokumentieren manches Elend: »Dezember: 3 x Erwachsene wg. Sex. Mißbrauchs durch Vater, Kinder zwischen 4 und 6 Jahre; 5 x Erwachsene wg. Mißbrauchs in der Kindheit ... Januar: 3 Frauen wegen kleinem Kind, 1 junge Mutter wegen des Schwiegervaters; 1 x Jugendliche wegen Freundin; 3 Frauen wg. kl. Kindern; Junger Mann vermutet, daß seine Freundin als Kind mißbraucht wurde; 2 Lehrerinnen über zwei Schülerinnen ...«[171]

### Die 16jährige Silvia wird 15 Monate gefoltert

Erst der Fall Dutroux hat uns – in aller Deutlichkeit und mit größter Medienwirkung – vor Augen geführt, wozu die Täter fähig sind. Dabei hätten wir gar nicht so lange auf den Schrecken warten müssen, wenn wir uns früher mit den Fällen vor der eigenen Haustür seriös beschäftigt hätten. Der Fall der »Sexsklavin Silvia« aus Duisburg allein hätte uns schon Warnung und Mahnung genug sein können. Das Schicksal dieses Mädchens zeigt, daß Menschen zu unvorstellbaren Taten fähig sind.

In ihrem Buch »... doch helfen mußte ich mir selbst«[172] beschreibt Silvia K. die Stationen einer 15 Monate dauern-

---

[171] »Interessengemeinschaft zur Verhinderung sexuellen Mißbrauchs e.V. Celle«, Jahresbericht 1995, unvollständig zitiert
[172] K., Silvia, *... doch helfen mußte ich mir selbst*, Bastei-Verlag Gustav H. Lübbe, Bergisch Gladbach, Seite 99 f.

den Tortur durch sadistische Kinderschänder, die ihr zu einem großen Teil erspart geblieben wäre, wenn die Polizei anders reagiert hätte: »Einmal war die Rettung sogar greifbar nah. Meine Mutter hatte nämlich nicht an mein freiwilliges Verschwinden geglaubt. Sie war zur Polizei gegangen und hatte dort mein Treffen mit Rita S. erwähnt. Doch die Polizei hatte von einem Fremdverschulden nichts wissen wollen. ›Ihre Tochter wird durchgebrannt sein‹, hieß es da. ›Was glauben Sie, wie viele schnell wieder auftauchen, wenn sie kein Geld mehr haben oder der neue Freund sie das erste Mal verprügelt hat‹. Die S. wurde trotz der Bitten meiner Mutter nicht von der Polizei befragt, und man hat auch nicht nach irgendeiner anderen Spur von mir gefahndet. So wenig wurde meine Mutter mit ihrem Verdacht ernst genommen. Aber sie hatte sich nicht beirren lassen. Etwa zwei Monate nach meiner Gefangennahme hat sie auf eigene Faust das Ehepaar in Kamp-Lintfort aufgesucht. Doch ihr wurde von Rita S. versichert, daß man mich seit dem Winterurlaub nicht mehr gesehen habe. Trotzdem sei sie, wie mir meine Mutter später erzählte, voller Zweifel wieder nach Hause gefahren, aber unternommen hat sie danach nichts mehr. Von der Initiative meiner Mutter erfuhr ich bereits während meiner Gefangenschaft – ausgerechnet einen Tag vor meinem 17. Geburtstag. ›Deine Mutter war eben da‹, sagte Werner ganz beiläufig, als er abends den Keller betrat. Ich fühlte, wie mir das Blut aus dem Gesicht wich und mir schwindelig wurde. Ob sie wiederkommen würde, ob sie einen Verdacht hatte? Werner S. weigerte sich, meine Fragen zu beantworten. Für ihn war das Thema erledigt. Doch mir blieb ab sofort die Idee, auf Hilfe von außen hoffen zu können. Sonst wäre ich auch total verzweifelt, und hätte wahrscheinlich resigniert. Und Durchhaltekraft brauchte ich noch viel; die Kraft für 15 lange Monate.«

Die Leidensgeschichte der Duisburgerin Silvia K. gehört zu den

wohl schrecklichsten Beispielen, die die Kriminalistik im Bereich der Sexualstrafdelikte vorzuweisen hat. Silvia K. ist 16 Jahre alt, auf der Grenze zwischen Mädchen und Frau, als das Verhängnis beginnt. 1982 lernt sie über Bekannte den Unternehmer und mehrfachen Millionär Werner S. aus Kamp-Lintfort kennen. Sie wird von ihm als Kindermädchen angestellt. Eines Tages fällt der 46jährige in seinem Haus in Kamp-Lintfort über sie her. Als sie sich wehrt, schleppt er sie in den Keller und wirft sie hier in ein Verlies unter dem Schwimmbad und kettet sie mit Eisenringen und Fußschellen an die Wand an.
Eine unvorstellbare Tortur beginnt: Immer wieder wird das Mädchen von S. und seiner Frau mißbraucht, zu übelsten Sexperversionen gezwungen, getreten, an der Leine geführt – kurz: zu einem willenlosen, wehrlosen, hilflosen Geschöpf gemacht.
»In den ersten Monaten meiner Gefangenschaft holten mich die Seyferts fast jeden Abend aus dem Verlies. Entweder führten sie mich ins Schwimmbad zum Folterstuhl oder hinauf ins Wohnzimmer. Dort wartete in der Regel schon die Peitsche auf mich. Übrigens hielt die Reitgerte den kräftigen Hieben nur kurze Zeit stand. Sie ging kaputt. Aber Rita S. hatte schnell eine neue. Angekettet an einen Deckenbalken, war ich der ›Herrin‹ wehrlos ausgeliefert. Später griff sie auch gern zu einer sogenannten ›siebenschwänzigen Katze‹, um meinen Rücken zu traktieren. Rita war die Grausamere von den beiden. Sie war es meistens, die mich auspeitschte und die um so kräftiger zuschlug, je mehr ich vor Schmerzen aufschrie«, schreibt Silvia K. in ihrem Buch.[173]
Die Großeltern, bei der die Jugendliche damals wohnt, geben eine Vermißtenanzeige bei der Polizei auf. Aber da Silvia K. seit ihrer Kindheit als schwierig gilt, wird nicht inten-

---

[173] ebd., Seite 101

siv nach ihr gesucht. 15 Monate lang wird das Mädchen von den S. gefangengehalten und mißbraucht. Ruhe hat sie nur, wenn die Kerkermeister oben im Haus eine Party feiern oder in den Urlaub fahren; dann wirft man ihr Lebensmittel für die Tage der Abwesenheit vor die Füße.
Nach Monaten bekommt sie ein Fernsehgerät – und sieht wie die TV-Kriminalisten jeden Fall lösen. Silvia K.: »Nur mich suchte keiner.«
Das Leben der Silvia K. ist eine Folter ohne Ende. Jeden Tag muß sie damit rechnen, ermordet zu werden: »Die müssen mich ja umbringen, dachte ich. Bei dem, was die mir antun, können die mich doch nicht laufenlassen. Ich hatte damals schon mit dem Leben abgeschlossen.«
Doch die S. lassen ihr Opfer gehen. Der Sadist rechnet offensichtlich nicht damit, daß das Mädchen zur Polizei gehen und ihn anzeigen wird – und wenn: Wer würde der inzwischen 18jährigen schon eine solche Geschichte glauben.
Die Täter setzen das Mädchen einfach auf einem Bahnhof ab und gehen nach Hause, als wäre nichts passiert. Zurück lassen sie ein körperliches und seelisches Wrack. Und wie von den Kinderschändern berechnet, nimmt man Silvias Aussagen bei der Polizei nicht ernst, und die Täter wären ohne Strafe davongekommen, wenn die Mutter des Opfers nicht hartnäckig geblieben wäre.[174]
In unserer Gesellschaft werden die Extreme menschlichen Verhaltens selten als Chance gesehen, Entwicklungen

---

[174] Dieser Fall weist übrigens Parallelen zu den Erfahrungen eines Jungen aus dem Ruhrgebiet, Detlef Fleischer, auf, die ich im Kapitel 7 beschreibe. Die Kombination von Angst der Opfer und Desinteresse von Polizeibeamten scheint offensichtlich immer wieder einmal die Strafverfolgung von Tätern zu behindern. Es gibt zwar keine Statistiken darüber, aber mir selbst sind durch meine Arbeit mit dem Vermißten-Telefon, das ich organisiere, weitere Fälle bekannt, in denen Polizisten Hinweise von Bürgern ignorierten oder falsch beurteilten.

entgegenzusteuern. Entführungen und Geiselnahmen, Überfälle und Raubmorde dienen eher als spannende Unterhaltungsvorlagen. Eigentlich müßten bei Soziologen und Kriminologen die Alarmglocken läuten, wenn ungewöhnliche Kriminal-Ereignisse bekannt werden. Doch bei uns werden diese »Einzelfälle« heruntergespielt und mit Routine abgearbeitet – erledigt.

## Die Polizei glaubt die Geschichte des Opfers nicht

Spätestens im Fall »Silvia« hätten die Alarmglocken schrillen müssen. Doch auch die bestialische Kerker-Tortur dieses damals 16jährigen Mädchen ließ keinen Sicherheitsexperten im Land NRW oder in Bonn fragen: Wenn es in unserer Gesellschaft solch einen Fall gegeben hat, müssen wir davon ausgehen, daß es noch mehr solcher Fälle gibt. Der Fall »Silvia« ist ein Musterbeispiel für das Versagen unserer Gesellschaft, die zwar die Nachrichten aus den Folterkellern konsumiert, aber daraus keine Erkenntnisse für Veränderungen ableitet.
Aber der Leidensweg des Opfers ist noch nicht zu Ende. Silvia K. hat keinen Opferanwalt, keinen Opferombudsmann (d. h. Opferfürsprecher), keinen Opferberater, wie es von Fachleuten der Opferhilfsorganisationen schon seit Jahren gefordert wird, an ihrer Seite, als sie sich entschließt, erst zu einem Arzt und dann gemeinsam mit ihrer Mutter zur Polizei zu gehen. Ihr hilft niemand, und es beginnt ein Opferdasein Teil 2, wie es Opferhelfer zur Genüge kennen.
Zunächst einmal glaubt ihr niemand die Story von der Entführung und der Sexfolter – die Polizei unterstellt der jungen Frau gar, daß sie auf den Strich gegangen ist. Silvia K. erinnert sich: »Der S. lief frei rum. Da bin ich ganz ausgerastet. Da muß man erst umgebracht werden, und dann wird

was gemacht. Wäre ich die Tochter des Bundeskanzlers gewesen, ja, was meinen Sie, wie schnell da Leute die Villa durchsucht hätten. Also komme ich mir doch wie ein Mensch dritter Klasse vor.«

Zwei Wochen vergehen, bis sich endlich Kripobeamte finden, die den Anschuldigungen von Silvia K. nachgehen, und sie stellen fest, daß die Aussagen des Opfers stimmen. Werner S. gibt auch bei seiner Verhaftung überraschend schnell zu, dem Mädchen die Narben und Tätowierungen – bis heute sichtbare Zeichen der Mißhandlung – beigebracht zu haben.

Das Opferdasein nimmt seinen Lauf. Der Täter wird verhaftet, das Opfer wieder und wieder verhört. Silvia K.: »Aber daß mal einer zu mir kam und gesagt hat: Da haben wir verkehrt gehandelt, Entschuldigung oder so – nichts.« Niemand fragt: Können wir Ihnen helfen, brauchen Sie was, kommen Sie so klar? Finanziell, beruflich, psychisch?

Silvia K.s Leben nach dem Überleben ist nicht etwa eine Befreiung von den Qualen durch Therapie, Wohltat durch Unterstützung durch beamtete oder freiwillige Helfer, sondern überwiegend von neuem Ärger geprägt. An Silvia K.s Lebensweg zeigt die Gesellschaft, wie Opfer fallengelassen werden. Teil 3 des Opferdaseins beginnt – der Prozeß. Die Täter behaupten, daß sich die 16jährige freiwillig an den sexuellen Perversionen beteiligt habe. Und der Anwalt des Angeklagten versucht alles, um diese Schutzbehauptung zu stärken. »Silvia faszinierte Sex. Bei dieser Faszination ist es nicht vorstellbar, daß sie nicht freiwillig mitgemacht hat. Sie war eine Versagerin – nur in Sachen Sex bot sie was«, fabuliert er.

Niemand nimmt sie vor den Attacken der Rechtsanwälte in Schutz. 80 Beweisanträge werden eingebracht, um die Mitschuld des Opfers zu belegen. Detektive suchen im Vorle-

ben des Opfers nach Hinweisen auf ein sexuell freizügiges Leben und präsentieren dann so lächerliche Beweise wie die Teilnahme der jugendlichen Silvia an einem Disko-Wettbewerb »Miss Busen«. Aber wo Juristen – immer ungestraft und ohne öffentliche Rüge – ihr Insider-Spiel treiben, gelten eben manchmal andere Regeln – nicht die der Fairneß, Menschlichkeit und Achtung der Menschenwürde. Der Verteidiger eines Angeklagten darf heute immer noch unwidersprochen auf den Nerven und Gefühlen von Opfern herumtreten, als gelte es, das Opfer endgültig fertigzumachen.
Mit der Verurteilung von Werner S. zu zehn Jahren Haft und seiner Frau zu sechs Jahren Gefängnis endet der Prozeß – doch für die junge Frau nicht das Opferdasein.
Teil 4 dieses Opferlebens schreiben die Medien: Als »Sex-Sklavin Silvia« wird die junge Frau fortan tituliert, erlangt so in den bundesdeutschen und internationalen Medien eine geradezu traurige Berühmtheit. Eine Illustrierte bezahlt ihr für die Rechte an ihrer Geschichte 5.000 DM – zwar lächerlich wenig, aber so kann sie wenigstens den Anwalt bezahlen. Mit Prädikaten wie »Ruhrpott-Lolita« oder »Früchtchen« wird sie in aller Öffentlichkeit verspottet. Manchmal sind die Geschichten über ihr Leben so verdreht, daß »Verwandte nicht mehr mit mir gesprochen haben. Meine Mutter zum Beispiel, die hat Monate nicht mehr mit mir geredet, weil die Presse geschrieben hat, sie hätte sich nicht um mich gekümmert und, und, und.«
Opferdasein, Teil 5, spielt sich schließlich in einer Ehe ab, die die Frau sehr bald nach dem Prozeß eingeht. »Ich wollte eine Familie haben, Kinder, um die ich mich kümmern konnte«, erzählt Silvia K. In der Hochzeitsnacht lernt sie ihren Ehemann richtig kennen – er prügelt sie.
»Ich hatte eigentlich die Hoffnung auf eine schöne Ehe. Er akzeptierte meine Tochter, die nicht von ihm war, und so habe

ich geglaubt, er liebt mich auch.« Von den sieben Jahren Ehe ist die Frau vier Jahre im Krankenhaus. Die Narben der Ehe: »Mein Kopf ist mit 32 Stichen genäht worden, ich hatte die Nase fünfmal gebrochen.« Sogar für eine pornographische Verfilmung ihres Lebens muß sie herhalten. Und als sie ihn schließlich verlassen will, sperrt er sie ein.
Teil 6 des Opferdaseins beginnt nach dieser Ehe. Zwei Entziehungskuren vom Heroin. Eine Verurteilung wegen Beleidigung der Polizei. Ein freiwilliger Aufenthalt in der psychiatrischen Klinik eines Landeskrankenhauses nach etwa 20 Selbstmordversuchen.

**Im Fall Silvia versagen alle Instanzen**

Am 7. Teil dieses Opferdaseins haben schließlich Behörden wie Politiker ihren Anteil. Silvia K. würde sich »gern einen Tag lang mit einem Minister unterhalten, einen Tag nur. Wenn dabei nichts rumkommt, dann hat der se' nicht alle. Wenn der sich dann keine Gedanken darüber macht, wie man bei uns Opfer behandelt, dann hat der kein Gehirn in meinen Augen.«
Wer Silvia K. zum ersten Mal begegnet, glaubt nicht, daß sie eine Frau ist, die ein solches Schicksal hinter sich hat. Viele sind nach solchen Erfahrungen sichtbar zerbrochen, psychisch zerstört, verbittert und menschenscheu geworden. Silvia dagegen ist offen, sympathisch, freundlich und kann lachen. Im Gespräch über ihr Schicksal spürt man allerdings das Leid aus vielen ihrer Worte – und den Ärger über den Staat, über Politiker, über all diejenigen, die ihr, dem Opfer, nicht geholfen haben.
Eigentlich hat sie sich nichts anderes gewünscht als einen Menschen, der sie in den Arm nimmt und sagt: »Ich helfe

Dir und ich kümmere mich darum, daß Dein Leben einigermaßen wieder in Ordnung kommt.«
Diesen Menschen hat Silvia lange nicht kennengelernt: »Ich habe keine Therapie, keinen Arzt angeboten gekriegt, und es hat keiner gesagt zu mir: Silvia, wir lassen Dir die Narben wegmachen. Es gab auch keine Entschädigung. Wenn das mit dem S. nicht gewesen wäre, hätte ich mit 17 eine Lehre machen können, konnte ich ja nicht.«
Die 120.000 Mark Schmerzensgeld, die ihr das Gericht zugesprochen hat, sind nicht bezahlt worden: Die Firma des Täters machte pleite, der Täter beging Selbstmord und die ebenfalls verurteilte Ehefrau lebt heute irgendwo in Deutschland – angeblich ohne einen Pfennig Geld. Silvia: »Ich schätze mal, da ist viel Mist gebaut worden. Ich habe von dem Konkursverfahren in S.' Firma viel zu spät Bescheid gekriegt. Ich habe Gerichtsvollzieher losgeschickt, ohne Erfolg. Dann habe ich mich an den Staat gewandt.«
In Bonn läuft sie in die Bannmeile des Bundestages und verteilt Handzettel, um auf ihr Schicksal und das anderer Mißhandlungsopfer aufmerksam zu machen. Sie wird an den Petitionsausschuß verwiesen. Silvia: »Ich hab noch einige Antwortbriefe vom Petitionsausschuß: ›Wir müssen noch beraten.‹ Ein paar Monate später: ›Wir kommen noch zu keinem Entschluß‹, und, und, und. Ja, und dann haben die mich an den Weizsäcker weitergereicht und gemeint, ›So hilfsbedürftig sind Sie auch nicht.‹ Und dann haben sie mir mitgeteilt, ich soll mich an den »Weissen Ring« wenden. Der hat mir drei Wochen Urlaub in Spanien bezahlt.«
Es ist auch kein Vertreter der Stadt Duisburg zu ihr gekommen und hat Hilfe angeboten oder gar versucht, mit ihr einen Weg zu finden, wie sich die junge Frau in ihrem Alltag, mit ihren Kindern, im Beruf wieder zurecht finden könnte. Silvia K.: »Der Staat macht gar nichts. Der könnte mir doch

zum Beispiel die 120.000 DM Schmerzensgeld vorschießen, die mir das Gericht zugesprochen hat, und sich dann bei den Tätern das Geld wiederholen. Der Staat hat doch viel mehr Möglichkeiten als ich. Aber dafür interessiert sich niemand.«
Sie ist auch zum Versorgungsamt gegangen: »Da wollte ich nach dem Opferentschädigungsgesetz Rente beantragen. Da war ich dann bei einem Arzt, der meinte: Mit den Narben, da können Sie ja arbeiten gehen. Aber wie es in meinem Innern aussieht, daß ich jedes mal Streß auf der Arbeit habe, weil die mich erkennen, daran denken die nicht. Das ist denen im Grunde genommen egal.« Obwohl Ärzte sie als »arbeitsunfähig eingestuft haben, ist die Rentenfrage noch immer nicht geklärt!
Die körperlichen Mißhandlungen durch die Sadisten S. haben ihre Spuren hinterlassen, führen dazu, daß Teil 8 des Opferdaseins Tag für Tag präsent ist. Neben den seelischen Narben, mit denen bislang kein Therapeut richtig umgehen konnte, gibt es die sichtbaren. »Ich traue mich kaum, zum Arzt zu gehen, weil ich ihm meine Narben von den Mißhandlungen auf der Brust nicht zeigen mag«, erzählt die Frau, »am liebsten würde ich mehrere BHs übereinander tragen.« Die Tätowierungen auf der Schulter hält sie immer sorgsam bedeckt.
Des Opferdaseins neunter Teil schließlich befaßt sich mit dem Versuch des Opfers, endlich zur Ruhe zu kommen. Sie hat – so scheint es – aufgegeben und hängt ihren Träumen nach. »Meine Kinder sind das einzige, was mich aufrechterhält.« Eine Gerichtspsychologin, mit der sie gesprochen hat, meint, Silvia hätte das alles so gut verkraftet, weil sie zur Tatzeit noch so jung gewesen sei.
Aber ist das normal? Ob Tag, ob Nacht, die heute 32jährige trug lange Zeit – wie andere in ihrem Alter die Puderdose – immer eine Waffe bei sich: »Ich hatte immer ein Messer bei mir. Ich würde ohne mit der Wimper zu zucken, zustechen, wenn mir heute jemand Unrecht tut. So fühle ich mich leich-

ter, die haben mich so erniedrigt. Wenn ich merke, da will einer Macht ausüben, dann flippe ich aus. Dann wehre ich mich mit Händen und Füßen.«
Lange Zeit hatte Silvia auch Probleme mit den Männern, die sie kennenlernt. »Deshalb hielt auch keine Beziehung länger. Und deshalb habe ich auch vor Jahren gesagt, ich lasse es sein. Ich habe Probleme, eine Vertrauensbasis zu schaffen. Am besten wäre es, fortzuziehen, in einer ganz anderen Stadt leben. Von vorne anfangen, irgendwo. Mit einer neuen Identität, daß man in eine neue Haut schlüpfen kann.«
Eigentlich möchte sie ein ganz normales Familienleben führen, nichts besonderes. Eine recht bürgerliche Existenz möchte sie führen, vor allen Dingen mit ihren beiden Kindern, die möglicherweise bald aus der Obhut der Behörden zu ihr zurückkehren. Silvia: »Ich weiß nicht, irgendwas Einfaches möchte ich mir aufbauen. Auf einem kleinen Dörfchen, wo mich keiner kennt, auch wenn es eine kleine einfache Hütte ist. Da würde ich mit meinen Kinder leben, meinen Frieden, Feierabend haben. Mehr will ich gar nicht. Ich will gar nicht reich sein. Normal will ich leben, meine Ruhe haben, wie jeder andere Mensch auch.«
In den letzten Jahren wußte sie nicht, ob sie ihr Leben jemals in den Griff bekommen würde. »Ich weiß es nicht, ich bin ja für ewig geprägt. Das ist ja nicht damit getan, daß ich das überstanden habe. Ich kann keine vernünftige Beziehung führen, ich habe keine vernünftige Arbeit und, und, und.«
Eine kaputte Jugend. Monatelanges Martyrium. Eine verhängnisvolle Ehe. Keine richtige Ausbildung, kein richtiger Job.
Eine menschenunwürdige Gerichtsverhandlung. Monate der Sucht. Immer wieder Nächte voller Alpträume. Und eine große Sehnsucht nach der helfenden Hand. Das ist das Leben der Silvia K. Wer mag ihr noch helfen?

In einer Fernsehsendung fragte einmal der Moderator: »Gibt es denn jetzt jemanden, der sich um Sie kümmert, der Sie stärkt?«
Silvia: »Nein, das einzige, was ich habe, sind die Kinder, und mit dem Rest muß ich alleine fertig werden.«
Inzwischen hat sich das geändert. Die junge Frau lebt mit einem Freund zusammen und sagt über diese Beziehung: »Erst heute weiß ich, was Liebe ist. Ich habe das Vertrauen wiedergefunden. Die Liebe zu meinem Lebensgefährten hilft mir, mit dem Schicksal fertigzuwerden.«

# 6. Kapitel

## Macht-Kampf:
## Vom Terror der Täter und der Angst der Opfer

*»Alles, was Kinderbenutzer tun, ist eiskalt geplant. Das muß jedes Kind wissen. Es muß die Tricks erkennen können – um auf keinen mehr hereinzufallen.«*

Constanze Elsner, Autorin[175]

Der sexuelle Mißbrauch von Kindern wird gern als Betätigungsfeld von kranken Triebtätern oder geistig und sozial Schwachen abgetan. Niemand möchte wahrhaben, daß die Täter mitten unter uns leben oder gar aus Kreisen kommen, denen wir gern Vorbildfunktion für gutes Handeln in unserer Gesellschaft bescheinigen. Und doch: Die Täter kommen aus allen Schichten unseres Sozialwesens.
Da wird in Madrid ein spanischer Adeliger, Rafael Medina, Herzog von Feria, wegen Entführung und Mißbrauchs eines fünfjährigen Mädchens angeklagt, und die Staatsanwaltschaft fordert 33 Jahre Gefängnis.[176] In Belgien hebt das Parlament der Region Wallonien – eine Folge des Dutroux-Skandals –

---

[175] vgl. Elsner, Constanze, a.a.O., Seite 45
[176] *Süddeutsche Zeitung*, 24.4.1994, »Skandal um des Herzogs Orgien«

die Immunität des früheren Regionalministers Jean-Pierre Grafe auf, damit gegen ihn ermittelt werden kann. Ein Zeuge hat ihn und Belgiens Vize-Premier Elio Di Rupo beschuldigt, sexuelle Kontakte zu Minderjährigen gehabt zu haben.[177] 1997 wird der Medizin-Nobelpreisträger des Jahres 1976, Dr. Daniel Carleton Gajdusek, wegen Pädophilie zu einem Jahr Gefängnis verurteilt – er gestand, einen 15jährigen Jungen, den er aus der Südsee adoptiert hatte, mißbraucht zu haben. Dutzende andere Fälle kommen nicht mehr vor Gericht zur Sprache, weil der Täter mit dem Staatsanwalt ein Abkommen trifft und seine Schuld eingesteht.[178] Der weltberühmte Filmemacher Pier Paolo Pasolini verliert in Italien einst seine Stelle als Lehrer, weil er von den Carabinieri festgenommen und wegen Verführung Minderjähriger und Unzucht in der Öffentlichkeit angezeigt worden ist.[179] Sechs Jahre ermittelt die Polizei in Australien gegen Diplomaten des Landes, darunter auch Botschafter, die in asiatischen Staaten Kinder und Jugendliche sexuell mißbraucht haben sollen.[180] Und Mia Farrow beschreibt in ihrem Buch »Dauer hat, was vergeht«, »daß Woody mit meiner Tochter geschlafen hatte, mußte vor der Außenwelt geheimgehalten werden ... In dieser Zeit hatte ich drei Ziele vor Augen: meine Kinder vor weiterem Schaden zu bewahren, dieses Trauma selbst unversehrt durchzustehen und von Woody Allen loszukommen«.[181]

Vergessen sind heute auch die Schlagzeilen, die den Pop-

---

[177] *Süddeutsche Zeitung*, 17.1.1996, »Immunität von Ex-Minister in Belgien zum Teil aufgehoben«
[178] *Der Spiegel*, 10/1997, »Ein Zimmer für alle«
[179] *Die Zeit*, 7.2.1997, »Der gute Mensch von Casarsa«
[180] *Süddeutsche Zeitung*, 5.5.1996, »Diplomaten der Pädophilie beschuldigt«
[181] Farrow, Mia, *Dauer hat, was vergeht*, Gustav Lübbe Verlag, Bergisch Gladbach, 1997

Star Michael Jackson im Herbst 1993 wegen angeblichen sexuellen Mißbrauchs von ihm anvertrauten Kindern ins Gerede bringen. Schon länger beäugt man den Sänger mißtrauisch wegen seiner Zuneigung zu Kindern, vor allem als er sich auf einem Grundstück im kalifornischen Santa Barbara erst das Kinderparadies »Neverland« aufbaut und dann zu Kinder-Partys einlädt. Der 13jährige Sohn eines prominenten Zahnarztes bringt den Stein ins Rollen, als er sich einem Therapeuten anvertraut und von Liebkosungen des Pop-Stars berichtet. Der informiert Polizei und Jugendschutz, und während sich der »König der Kinder« auf Welttournee befindet, durchsucht man »Neverland« und Jacksons Stadtwohnung in Los Angeles. Auf dem ersten Höhepunkt der Spekulationen über das ungewöhnliche Sex-Leben des Super-Stars stellt sich zwar der Familien-Clan hinter Michael Jackson und beteuert: »Michael ist das Opfer eines gemeinen Versuchs, Vorteile aus seinem Ruhm zu schlagen.« Aber: Immer mehr Eltern von angeblich mißbrauchten Kindern wie auch erwachsene Zeugen aus dem Umfeld des Sängers melden sich mit immer neuen Hinweisen zum angeblichen Sex-Verhalten des 35jährigen.

**Die Täter kommen aus allen sozialen Schichten**

Was sind das für Menschen, die Kinder und Jugendliche sexuell mißbrauchen, sie entführen und manchmal sogar ermorden? Was sind das für Eltern, die die eigenen Kinder zur Triebbefriedigung benutzen? »Die Täter sind nicht die leicht erkennbaren schmierigen und perversen Typen, vor denen man die Straßenseite wechselt, sondern oft Mitglieder unserer Gesellschaft mit hohem sozialen und wirtschaftlichen Status. Sie sind honorig, angesehen und gefeit vor einschlä-

gigen Verdächtigungen. Sie haben Geld«, beschreibt der Vorsitzende der Gewerkschaft der Polizei, Hermann Lutz, die Mitglieder der Pädophilen- und Päderastenszene, »und sie stehen nicht an den Spielplätzen und kommen aus dem Gebüsch, sondern befinden sich in unser aller Umfeld. Sie stammen zu 80 Prozent aus dem sozialen Nahbereich. Das ist der Grund, weshalb sich Kinder so schwer gegen sie wehren können, wenn es noch Zeit ist und warum sie so selten ernst genommen werden, wenn sie versuchen, den Erwachsenen unheilvolle Erfahrungen mitzuteilen.«[182]
Noch hinterlistiger als die Pädophilen sind jene Täterinnen und Täter, die aus der eigenen Familie der Kinder stammen – Väter, Mütter, Großväter, Onkel und Tanten. Sie haben das Vertrauen ihrer Kinder, den direkten Zugriff und die Möglichkeit der Beeinflussung der kleinen Opfer. »Erwachsene, die Kinder sexuell mißbrauchen, sind alles andere als ›siegreiche‹ Sexprotze. Auch sie haben vielfach sexuelle, körperliche oder seelische Gewalt in ihrer Kindheit erlebt, sie sind schwach, verletzlich und unsicher. Sie benutzen das Kind, um ihre sexuellen Bedürfnisse zu befriedigen. Nicht selten ›übersieht‹, billigt und deckt dabei der Ehepartner solchen Mißbrauch: aus Angst davor, den anderen ganz zu verlieren, aus Scham und Hilflosigkeit, darüber in der Familie oder aber mit Helfern außerhalb zu sprechen«, heißt es in der Pädagogen-Broschüre des Bundesjugendministeriums.[183]
»Es gibt Väter, die bedienen sich wirklich ausschließlich aus ihrem familiären Umfeld, und zwar deshalb, weil da eine

---

[182] Gewerkschaft der Polizei, 20.3.1997, Pressemitteilung »Der Kindersex-Mafia das Handwerk legen«
[183] vgl. Bundesministerium für Familie, Senioren, Frauen und Jugend, Medienpaket zur Aus- und Fortbildung für pädagogische Fachkräfte, Seite 42

gewisse Form von Geheimhaltung garantiert ist. Und auch aus Bequemlichkeit«, beobachtete die Diplompsychologin Dr. Martina Eckert aus München. »Wenn es den Vater am Abend vor dem Fernseher überkommt, dann bedient er sich schnell.«[184] Eckert stellt auch fest, daß die Angst der Opfer vor dem Täter oder der Täterin – immerhin sind 5 bis 15 Prozent Frauen – umso größer ist, je vertrauter und enger die Bindung ist: »Zum Teil dürfen die Opfer zu keinem anderen Menschen eine enge Beziehung haben. Wenn der Täter dann damit droht, das Kind ins Heim zu schicken, die Mutter oder ein Geschwisterkind umzubringen, dann ist die Angst natürlich groß und dann hält das Kind den Mund. Es hat dann wirklich Angst um sein eigenes oder das Leben der Menschen, die noch irgendwie eine Form von Sicherheit bieten.«
Aus diesem familiären Umfeld kommen vier von fünf der Täter, und diese Statistik wird sicherlich erst dann nach unten korrigiert, wenn sich die Strafverfolgungsbehörden intensiver mit der Kindersex-Mafia und den kriminellen Kindersex-Netzwerken beschäftigen und auch aus diesen Reihen mehr Täter gefaßt werden.
Da sind Menschenhändler am Werk. In Belgien wissen Ermittler im Fall Dutroux inzwischen, daß Marc Dutroux der Lieferant einer gut betuchten Klientel von Pädophilen war, der dafür zu sorgen hatte, daß der Vorrat an »Frischfleisch« nicht ausging. Dutroux verdiente gut daran. Auffällig ist, daß nach dem Verschwinden von Kindern immer große Geldbeträge zwischen 40.000 und 60.000 Mark von Unbekannten auf Konten Dutroux' eingezahlt wurden. Ein erster Überblick ergibt, daß der arbeitslose Dutroux sechs Häuser, eine Wohnung in Panama und mehrere hundert-

---

[184] Interview mit Dr. Martina Eckert, geführt im April 1997

tausend Mark Ersparnisse besitzt. Kinderhandel ist ein Millionengeschäft.
Wir müssen aber nicht nach Belgien blicken, wenn wir auf die Täter treffen wollen. Wir können noch viele Dutrouxs auch in diesem, unseren Land finden, wenn wir wollen. Ich befürchte, viele Fälle werden nie verfolgt, weil Polizisten den Opfern, die die Sexfolter überlebt haben, nicht glauben oder die Opfer aus Scham vor der erlebten Erniedrigung oder Angst vor der Rache der Täter die Entführung und Vergewaltigung bei der Polizei nicht anzeigen. Der 16jährige Dieter Fleischer[185] aus dem Ruhrgebiet ist so ein Junge, der die Hölle erlebte und überlebte.

### Ein 16jähriger wird unter Drogen gesetzt

Zusammen mit seinen Eltern reist Dieter Fleischer zu einem Familientreffen in einen kleinen Ort in Westfalen. Es wird Abend, und er besucht ein Bistro. Man gibt ihm ein Bier aus, und als er davon trinkt, wird ihm schwindelig. Ein ihm unbekannter Mann hilft ihm. Dieter Fleischer erinnert sich: »Er sagte: Komm, leg dich in mein Auto. Da kannste ein bißchen schlafen, und später bring ich dich dann nach Hause. Da dachte ich: Na ja. Ich hab mich in den Wagen gesetzt und auf einmal, das hört sich ja doof an, steht jemand vor dem Auto. Ich habe geschaut und einen blauen Kittel erkannt und dachte: Wer trägt denn hier einen kurzärmeligen Kittel in der Nacht und darunter ein weißes Hemd? Ich schau genau hin und denke: Das ist ja die Oma. Da hab ich gedacht: Das gibt es nicht. Und dann war sie es auf einmal doch. Sie hat

---

[185] Name zum Schutz des Jungen verändert

mich angesehen und gefragt: Na, wie geht es dir? Und: Ich hab dich doch lieb, komm doch mit. Dann bin ich aus dem Auto wieder ausgestiegen und hinter ihr hergegangen. Ich wollte sie noch etwas fragen. Doch dann war sie plötzlich weg. Ich habe Angst bekommen, mich wieder ins Auto gesetzt, die Decke über den Kopf gezogen und bin eingeschlafen.«
Der Junge ist unter Drogen gesetzt worden. Am nächsten Morgen wird Dieter Fleischer in der Wohnung eines ihm fremden Mannes wach. »Er hat mich gefragt, ob ich einen Kaffee trinken möchte. Ich wußte überhaupt nicht, wo ich bin. Nach dem Frühstück sind wir weggefahren. Ich hab ihn gefragt: Wo fahren wir hin. Der Mann sagte: Wir müssen weg, in meine Wohnung kommt gleich die Polizei.«
Dieter kann nicht mehr alle Situationen, die er in den folgenden Tagen erlebt, beschreiben: »Ich weiß nicht mehr alles ganz genau. Das war alles so, ich weiß nicht, wie man das beschreiben soll – es war so, als wenn einem der Kopf heißläuft.« Er erlebt die Tage wie in einem Rausch, so daß man davon ausgehen kann, daß er von seinen Entführern unter Drogen gesetzt wird.
Seine Eltern haben inzwischen die Polizei alarmiert. Sie fragen auch in dem Bistro, in dem sich ihr Kind zuletzt aufgehalten hat, nach dem Jungen. Sie erfahren, daß ihr Sohn von einem Mann mitgenommen wurde. Ilse Fleischer: »Mein Junge ist ein Typ für Schwule – hübsch, schlank, sehr weich. Aber er ist nicht homosexuell veranlagt. Er hat eine Freundin, an der er sehr hängt und mit der er sehr glücklich ist.«
Dieter Fleischer wird inzwischen in eine andere Wohnung gebracht, wo ein weiterer Mann auf ihn wartet. »Der hat mich die ganze Zeit nur angeschaut. Irgendwann, das war mir sehr peinlich, hat er gesagt, daß ich ein hübsches Gesicht hätte. Ich dachte: Wie ist der denn drauf. Ich wollte weg, und woll-

te doch nicht weg. Er hat mich vollgelabert. Er erzählte, daß er schon mal so einen Jungen gehabt habe. Der wäre 17 Jahre alt gewesen und hieß Heiko und den hätte er vernascht.« Dieter schläft schließlich wieder in einem Bett ein, »obwohl ich gar nicht schlafen wollte«. Rund 70 Stunden wird er schon von den Männern festgehalten. Er fühlt sich »schlapp«. Was mit ihm geschieht, ist ihm irgendwie »gleichgültig«. Er hat schließlich nicht einmal mehr das Bedürfnis, nach Hause zu kommen. Er findet es komisch, daß er sich hinterher »nicht einmal mehr daran erinnern kann, wie die Wohnung aussieht; ich weiß nur noch, daß die groß war, ziemlich groß, da stand ein Sofa und ein Sessel und Video und Fernsehen, und die Toilette war ein halbes Schlafzimmer.«
Immer wieder schläft Dieter Fleischer ein. Zwischendurch ißt er etwas, trinkt auch Wein. Die Männer machen Anspielungen. »Es war ekelhaft. Da sagt der eine zum anderen: Ist der nicht süß.«
Am vierten Tag ist die Psycho-Tortur schließlich für den Jungen zu Ende. Am Morgen wird er ins Ruhrgebiet gefahren, dort an einem Bahnhof abgesetzt. Er ruft erst seine Freundin, dann seine Eltern an – die holen ihn nach Hause zurück. Der Polizeibeamte in der westfälischen Stadt, dem die Geschichte erzählt wird, hält sie zwar »für einen dicken Hund«. Aber für ihn ist es ein »latentes Problem, denn Jugendliche landen sehr oft in der Homo-Szene«.
In der Tat: Die Geschichte Dieter Fleischers ist kein Einzelfall, und immer wieder geschieht es, daß die Polizei die Hinweise nicht ernst nimmt. Im Fall von Dieter Fleischer geht die Polizei den Hinweisen auch nicht nach, und man erkennt Parallelen zum Verhalten der Polizei im Fall Dutroux, wo die Nichtbeachtung von Erkenntnissen den Tätern das Vorgehen zumindest erheblich erleichtert und eine Aufklärung der Vermißtenfälle erschwert.

Amateure und Profis tummeln sich auf dem Kindersex-Markt. »Der eigentliche professionelle Täter ist der Hersteller«, beschreiben Adolf Gallwitz und Manfred Paulus die Kinderpornoszene[186], »sein Tun ist auf Umsatz und Gewinn ausgerichtet. Perverse Neigungen sind in diesem Personenkreis selten, es geht mehr um Cleverness, gute Organisation, Spezialisierung ... Daneben existiert noch eine Mischung aus Neigungstätern und Konsumenten, oft Menschen aus dem sozialen Umfeld des Opfers, Verwandte, Betreuer. Und es gibt Menschen, die aus Geldgier oder aber auch aus Geldnot Kinder vom Säuglingsalter an für die Herstellung von Kinderpornos verkaufen.«

Die Düsseldorfer Sonderkommission »KIM« des Landeskriminalamtes stellte überrascht fest, daß die Pornohersteller mit ihren Filmen »10.000 oder 20.000 Mark im Monat verdienen können, weil die Klientel immer nach Nachschub lechzt«.

Die meisten Schlagzeilen machen in Deutschland jene Triebtäter, die vor Mord nicht zurückschrecken. Der Polizeipsychologe Klaus Eberhard Thiessen beschreibt den mutmaßlichen Mörder der 10jährigen Kim Kerkow, Rolf D.: »Er entspricht in vielen Zügen dem Erscheinungsbild eines psychopathischen Serienkillers. Er hat ein gewinnendes Äußeres, ist nach außen unterhaltsam, charmant. Er ist perfekt angepaßt – bis ein Schlüsselreiz, ein bestimmtes Kleidungsstück, sogar ein Geräusch, seine Verstandeskontrolle zusammenbrechen läßt. Dann ist nur noch die Begierde da, sein Opfer haben zu wollen, das er in diesem Augenblick nicht als menschliches Wesen ansieht, sondern nur als Ob-

---

[186] vgl. Gallwitz/Paulus, a.a.O., Seite 30

jekt seiner Begierde. Der Täter ist wie ein Raubtier auf der Jagd.«[187]

Patrick Süskind hat in seinem Roman »Das Parfum« die Gefühle eines Kindermörders literarisch, aber nachvollziehbar direkt beschrieben: »Sie war so starr vor Schreck, als sie ihn sah, daß er viel Zeit hatte, ihr seine Hände um den Hals zu legen. Sie versuchte keinen Schrei, rührte sich nicht, tat keine abwehrende Bewegung. Er seinerseits sah sie nicht an. Ihr feines, sommersprossenübersprenkeltes Gesicht, den roten Mund, die großen, funkelndgrünen Augen sah er nicht, denn er hielt seine Augen fest geschlossen, während er sie würgte, und hatte nur die eine Sorge, von ihrem Duft nicht das geringste zu verlieren. Als sie tot war, legte er sie auf den Boden mitten in die Mirabellenkerne, riß ihr Kleid auf, und der Duftstrom wurde zur Flut, sie überschwemmte ihn mit ihrem Wohlgeruch. Er stürzte sein Gesicht auf ihre Haut und fuhr mit weitgeblähten Nüstern von ihrem Bauch zur Brust, zum Hals, in ihr Gesicht, hinab an ihr Geschlecht, an ihre Schenkel, an ihre weißen Beine. Er roch sie ab von Kopf bis an die Zehen, er sammelte die letzten Reste ihres Dufts am Kinn, im Nabel und in den Falten ihrer Armbeuge.«[188]

Gallwitz/Paulus schreiben, daß Sexualität nicht auf Sexualorgane, Keimdrüsen oder bestimmte Hirnregionen zu beschränken ist, sondern »im Kopf« stattfindet. »Sie wird gelernt und stark durch Wünsche und Phantasien geprägt. Es geht dabei um sexuelle Lüste, die, jede für sich betrachtet, gar nicht so unfaßbar sind ... Die Gefahr liegt erst in der fatalen Kombination von Phantasien und der Rücksichtslosigkeit gegenüber dem Opfer. Die meisten Menschen den-

---

[187] *Bild*, 18.1.1997, »Täter haben Angst vor Frauen«
[188] Süskind, Patrick, *Das Parfum*, Diogenes Verlag, Zürich 1985, Seite 56

ken beim Versuch, ihre Phantasien und Wünsche umzusetzen, an das ›Opfer‹. Als Folge davon bleibt die Lust aus. Der Kinderschänder sieht in dem Kind mehr das Objekt, den Gegenstand, den er benutzen kann.«[189]

### Jedes fünfte Mädchen erlebte sexuelle Übergriffe

Im Dezember 1992 veröffentlicht das Kriminologische Forschungsinstitut in Niedersachsen vorläufige Ergebnisse einer großen, repräsentativen Opferbefragung, die sich unter anderem auch mit dem Schicksal mißhandelter und sexuell mißbrauchter Kinder beschäftigt. Danach werden in der Bundesrepublik pro Jahr 82.000 Mädchen sexuell mißbraucht, 150.000 Kinder werden jährlich körperlich mißhandelt. Befragt wurden insgesamt 15.000 Personen in den alten und neuen Bundesländern. Dabei werden 3.289 Personen im Alter zwischen 16 und 60 Jahren auch Fragen zur interfamiliären Gewalt und zu sexuellen Übergriffen gestellt – unter Zusicherung von Anonymität.
Sie erhalten einen Fragebogen ausgehändigt, den sie ohne Einfluß durch die Interviewer ausfüllen. Anschließend wird der Fragebogen in einen beigefügten Umschlag gesteckt und dieser versiegelt. Erst danach holt der Interviewer diesen Umschlag bei den Befragten ab.
Das Ergebnis ist überraschend. Zunächst einmal wird deutlich, daß die Rate der Personen, die in ihrer Kindheit körperliche Züchtigung durch Eltern erfahren hat, in den letzten Jahrzehnten rückläufig ist. Ebenso ist die Rate der Personen, die von ihren Eltern körperlich mißhandelt wurden,

---

[189] vgl. Gallwitz/Paulus, a.a.O., Seite 52

zurückgegangen. Gleichwohl sind es in der Altersgruppe der 16–20jährigen immer noch 9,4 Prozent, in der Gruppe der 21–30jährigen 9,9 Prozent, die im Laufe ihrer Kindheit und Jugend mindestens einmal massive Gewalthandlungen seitens ihrer Eltern erlitten haben, die als Mißhandlungen zu qualifizieren sind (z. B. würgen, mit der Faust schlagen, Verbrennungen zufügen). Körperliche Züchtigungen erlebten in diesen Altersgruppen 68,7 Prozent bzw. 71,3 Prozent (von Ohrfeigen bis zu Schlagen mit Gegenständen).
Es wird auch festgestellt, daß insgesamt 55,8 Prozent der Eltern irgendwann einmal ihre Kinder körperlich gezüchtigt haben. 1991 war dies nur bei 46,9 Prozent der Fall. 2,2 Prozent geben an, irgendwann einmal ihr Kind körperlich mißhandelt zu haben. 1,2 Prozent erklären, im Jahr 1991 mindestens eine mißhandelnde Verhaltensweise gegenüber dem Kind praktiziert zu haben. Die Kriminologen aus Niedersachsen rechnen daraus hoch: »Bezieht man die Rate von 1,2 Prozent auf die Gesamtzahl aller Kinder unter 15 Jahren in der Bundesrepublik, so ergäbe dies eine geschätzte Zahl von ca. 150.000 Kindern, die jährlich körperliche Mißhandlungen durch Eltern erleben.«
Zwischen 16 und 20 Prozent der Frauen in den alten Bundesländern sind in der Kindes- oder Jugendzeit mindestens einmal Opfer von sexuellen Übergriffen geworden; in den neuen Bundesländern ist diese Rate ähnlich. Für die Männer ist der Prozentsatz geringer, in den alten Bundesländern sind es zwischen sechs und neun Prozent, die ein solches Erlebnis mindestens einmal hatten.
Beschränkt man sich auf die Betrachtung von sexuellen Mißbrauchserfahrungen mit Körperkontakt, die im Alter bis zu 14 Jahren stattfanden, so finden sich in den alten Bundesländern zwischen 5 und 8 Prozent der Frauen, die als Kinder derartige Erlebnisse hatten. In den neuen Bundesländern sind es zwei bis sechs Prozent der Befragten. Erneut ist dieser

Prozentsatz für Männer geringer, hier sind es zwischen 1,4 und 3,5 Prozent in den alten sowie 0,5 und 2,5 Prozent in den neuen Bundesländern.

Die Differenzen zwischen den alten und den neuen Bundesländern können – nach Meinung der Wissenschaftler – eventuell mit Unterschieden in den sozialen Rahmenbedingungen, unter denen Kinder in der früheren DDR aufwuchsen, erklärt werden. So war in der ehemaligen DDR das soziale Netz dichter, informelle wie formelle soziale Kontrollen höher und das Ausmaß der außerfamiliären Betreuung von Kindern größer. Bei den Mädchen unter 14 Jahren sind in 21 Prozent der Fälle Väter oder Stiefväter die Täter. Fast jeder zweite Täter kommt außerdem aus dem sozialen Nahbereich des Opfers. Bei den Jungen sind Väter oder Stiefväter seltener Täter, hier ist der soziale Nahbereich der Bekannten mit 54,8 Prozent der entscheidende. Vergleicht man die Täter nach Tätern aus der Familie, bekannten Tätern außerhalb der Familie und unbekannten Tätern, so stellen die unbekannten Täter jeweils die kleinste Gruppe dar. Der größte Anteil liegt bei den Bekannten außerhalb der Familie.

### Die Täter erzeugen in Kindern Todesangst

Viele Täter haben gemeinsam, daß sie ihren Angriff auf die Kinder mit netten Worten und Zärtlichkeiten, freundlichen und um Vertrauen heischenden Gesten einleiten, geradeso, als hätten sie die Hoffnung, dadurch das Kind überzeugen zu können, mit ihnen eine sexuelle Beziehung einzugehen. Doch wenn sie dann zum Mißbrauch schreiten, fallen die Sperren. Sie hören nicht auf das Bitten und Flehen der Opfer. Sie ignorieren die Schmerzenschreie der Kinder, die sie verletzen. Und sie kehren das Böse aus sich heraus, drohen, schlagen, flößen

den Kindern Angst ein. So große Angst, daß die Opfer die Situation oft ihr Leben lang nicht vergessen können. Die erwachsenen Täter werden zu Über-Menschen mit einer Macht, einem Einfluß und einem Vernichtungspotential, das in den Augen der Kinder keine Macht der Welt stoppen kann.
Roslies Wille-Nopens von der »Interessengemeinschaft zur Verhinderung sexuellen Mißbrauchs an Kindern« kennt Beispiele »unvorstellbarer Folterungen« im Zusammenhang mit rituellem Mißbrauch: »Da wurde ein etwa 8jähriges Mädchen, damit es die Folterungen aushalten konnte, betäubt. Sie bekam Injektionen, so daß sie die Schmerzen nicht spürte. Der höchste Punkt des Schmerzes, der üblicherweise eine Ohnmacht oder den Wahnsinn für das kindliche Opfer zur Folge hätte – aber auch den Tod bringen könnte –, wird von rituell mißbrauchenden Tätern zu Programmierungen benutzt. Das heißt, es wird dann zum Beispiel gesagt: ›Ich bin Dein Herr und Meister. Und beim Ton ›Klick‹ wirst Du jedes Mal wissen, daß Du etwas von mir übermittelt bekommst. Eine Teilpersönlichkeit wird so geschaffen. Sie reagiert bei Bedarf des Täters sofort auf den Ton ›Klick‹ oder andere ins Opfer gesetzte Signale und ist für den vom Täter vorgesehenen Aufgabenbereich zuständig, z. B. den der Prostitution.«
»Aus Scham, Rücksichtnahme und Angst vor den Drohungen des Täters oder den Folgen einer Aufdeckung werden viele Straftaten verschwiegen«[190], stellt das Landeskriminalamt Sachsen fest, als es im Januar 1996 die Statistik zum sexuellen Mißbrauch im Land – 786 Fälle – veröffentlicht und diese »erschreckende Entwicklung« als die »Spitze des Eisbergs« bezeichnet.

---

[190] Landeskriminalamt Sachsen, 16.1.1996, Pressemitteilung »Sexueller Mißbrauch von Kindern«

## Drei ungeklärte Fälle: Wie Satanisten Kinder quälen

Die Helfer von geschändeten Kindern kennen es schon von unzähligen Fällen: Viele Opfer haben Angst. Große Angst. Das Bundesjugendministerium bemerkt: »Es ist wahrscheinlich, daß der Täter, wenn er beschuldigt wird oder – gerade bei sexuellem Mißbrauch – entdeckt zu werden droht, sein Opfer isoliert, bestraft oder mit Gewalt zum Schweigen bringt. Mit Sicherheit aber würde das Kind erneut zum Opfer von Gewalt.«[191] Gerade das spüren auch die Opfer und trauen sich nicht, um Hilfe zu bitten.

Und auch Rechtsanwälte und Opfer-Helfer haben manchmal Angst – um das Leben ihrer Klientel und manchmal auch um sich selbst oder ihre Angehörigen. Denn immer wieder geschieht es, daß Opfer, deren Eltern oder Helfer von den Tätern massiv bedroht werden. Diese Angst spielt auch bei jenen drei Fällen eine Rolle, die seit Jahren bei Polizei und Justiz in Nordrhein-Westfalen bekannt, aber noch immer nicht aufgeklärt worden sind. Drei Fälle von erschreckender Dimension: ritueller Kindesmißbrauch, satanistische Orgien und der Verdacht auf Tötung eines Säuglings während einer schwarzen Messe. Drei Fälle, die in die Finsternis menschlichen Handelns führen: Die Pädagogin einer Beratungsstelle für sexuellen Mißbrauch in einer Stadt in Nordrhein-Westfalen wird im November 1992 mehrmals von einer Mutter angerufen, die sehr verzweifelt ist, weil sie befürchtet, daß ihre beiden kleinen Kinder vom Vater sexuell mißbraucht werden. Die Mutter hat so große Angst, daß sie nicht einmal der Helferin ihren Namen nennen mag. Außerdem ist sie

---

[191] vgl. Bundesministerium für Familie, Senioren, Frauen und Jugend, »Medienpaket zur Aus- und Fortbildung für pädagogische Fachräfte«

davon überzeugt, daß man ihr das, was sie zu berichten hat, nicht glauben wird. Sie hat Beweise und Hinweise, die auf sexuellen Mißbrauch der Kinder schließen lassen: Ein Foto zeigt ihren siebenjährigen Sohn, wie er mit gespreizten Beinen am Kinderbett gefesselt ist. Sein Gesicht ist angstverzerrt. Einmal kommt ihre Tochter nach einem Ausflug mit dem Vater völlig erschöpft zurück. Sie ist apathisch, legt sich sofort ins Bett und schläft. Die Haut um ihren Mund ist rot und aufgeschürft. Die Mutter erzählt auch, daß ihre Tochter häufig über Brust- und Unterleibsschmerzen klagt. Auf die Frage, woher die Schmerzen kämen, habe die Tochter geantwortet: »Der Papa spielt daran und geht mit dem Finger da rein.« Und irgendwann schneidet das Mädchen die Körper ihrer Stoffpuppen im Genitalbereich auf und zeigt anderen Jungen ihren nackten Po. Dabei sagt sie »Ficken« zu ihnen. Die Pädagogin rät der Mutter dringend, einen Kinderarzt aufzusuchen, die Fotos und Puppen und andere Hinweise zu sammeln und alle Beobachtungen und Schilderungen des Kindes schriftlich festzuhalten. Und sie empfiehlt ihr, zunächst nicht mit dem Ehemann über ihren Verdacht zu sprechen.
Die Kinderärztin, die die Mutter aufsucht, stellt Reizungen im Genitalbereich fest, die aber nicht zwingend auf sexuellen Mißbrauch schließen lassen. Sie könnten auch vom onanieren oder von »Doktorspielchen« stammen.
Als es schließlich zu einem persönlichen Treffen zwischen Pädagogin und Mutter kommt, berichtet diese von weiteren beunruhigenden Vorkommnissen: Einmal kam der Ehemann in das Kinderzimmer, als die Tochter sich gerade auszog. Aufgeregt sagte das Kind, daß der Vater sie nicht nackt sehen und auch nicht mehr ihre »Muschi« berühren dürfe. In einer anderen Situation klagte die Vierjährige beim Urinieren über einen brennenden Schmerz in der Scheide. Sie erzählt der Mutter, daß der Papa nachts wieder bei ihr war »und

das mit dem Finger gemacht hat«. Die Mutter fragt, ob sie auch den »Kuckuck« (Penis) gesehen habe. »Ja. Der war ganz groß.« Auf die Frage, ob der auch Pipi mache, antwortet das vierjährige Kind: »Ja. Der macht ein bißchen Pipi.«
Dann berichtet die Mutter von einem Ausflug, den der Vater mit den beiden Kindern gemacht hat. Die Kinder erzählen ihrer Mutter noch am selben Abend, daß sie mit dem Fahrrad zu einem Haus an einem See gefahren seien. In dem Haus wohne ein Mann mit schwarzer Kleidung, eine Frau und ein Baby. Der Vater habe sie dorthin gebracht und sei dann wieder weggefahren. Es seien mehrere Männer und Frauen dort gewesen. Der Mann mit der schwarzen Kleidung habe »das« dann gemacht. Wenn sie sich weigerten, würden sie geschlagen. Der siebenjährige Junge erzählt von einem Pulver, das sie einnehmen mußten. Vermutlich handelt es sich dabei um Beruhigungsmittel oder Drogen. Er beschreibt eine Videokamera.
Am nächsten Tag fährt die Mutter mit den Kindern zu dem See. Die Kinder erkennen das Haus. Wieder zu Hause fragte die Mutter ihre kleine Tochter, was sie denn in diesem Haus am See machen mußte. Daraufhin zieht sich das Kind aus, legt sich auf den Boden und spreizt die Beine. Zu ihrem Bruder sagt sie: »Jetzt mach das schon, was du immer machst.«
Schließlich wird die Polizei eingeschaltet. Die Mutter erstattet Anzeige gegen ihren Ehemann wegen des Verdachts des sexuellen Mißbrauchs an den gemeinsamen Kindern. Sie wirft ihm auch vor, die Kinder zur Prostitution gezwungen und sie wie eine Ware angeboten zu haben. Der Kindesvater kommt in Untersuchungshaft. Die noch am selben Abend durchgeführte Durchsuchung des Hauses am See bleibt ergebnislos. Das zuständige Jugendamt wird informiert. Die Mutter wendet sich an eine Rechtsanwältin.
Die Pädagogin vermutet, daß die Täter gewarnt worden sind

und alle Beweise vernichtet oder weggeschafft haben. Auch die eingeschaltete Anwältin ist skeptisch: »Entweder war es tatsächlich nicht das richtige Haus, oder die Täter sind gewarnt worden. Oder sie sind so vorsichtig, daß sie nach der Tat alle Utensilien wieder verschwinden lassen.« Allerdings wundert sich die Anwältin: Es sei allgemein sehr auffällig, daß Hausdurchsuchungen im Rahmen eines Ermittlungsverfahrens wegen sexuellem Mißbrauch so selten erfolgreich wären.

Während der Kindesvater in Untersuchungshaft sitzt, hat die Pädagogin der Beratungsstelle mehrfach Kontakt mit den Kindern. Die Äußerungen der Kinder weisen eindeutig auf sexuellen Mißbrauch hin. Mißbrauch durch den Vater und durch andere Personen. Das Mädchen beschreibt erneut die Vorgänge, die es der Mutter bereits geschildert hatte. Besonders bedrückend ist die Situation des Jungen: Er wurde nicht nur selbst mißbraucht, man hat ihn auch gezwungen, sich an seiner kleinen Schwester zu vergehen. Er ist Opfer und Täter zugleich. Er ist erst sieben Jahre alt.

Auf die schrecklichen Erlebnisse reagiert er mit Abwehr. Er versteht nicht, warum sein Vater nicht mehr bei ihnen wohnt, und er macht sich große Sorgen um seine Mutter, befürchtet, daß er sie auch noch verliert. Da scheint es nur logisch, daß er sagt, es sei doch gar nichts gewesen. Das habe doch alles nur seine Schwester erzählt.

Durch die Verhaftung des Vaters entsteht eine große Spannung und Unruhe in der gesamten Verwandtschaft. Die Mutter wird unter Druck gesetzt. Man will sich nicht vorstellen, daß der Ehemann, ein leitender Angestellter, seine eigenen Kinder vergewaltigt und verkauft haben soll. Er gilt als liebevoller und treusorgender Vater. Doch die Pädagogin warnt davor, nur das zu glauben, was man sieht: »Wenn der Vater mit den Kindern einen Ausflug mit dem

Fahrrad machte, dann sieht das natürlich so aus, als kümmert er sich rührend um seine kleinen Kinder. Tatsächlich brachte er die Kinder aber in dieses Haus am See und ließ sie dort mißbrauchen.«
Zwischenzeitlich wird der Vater der Kinder aus der Untersuchungshaft entlassen. Es wird ihm untersagt, die Stadt, in der seine Frau mit den Kindern lebt, zu betreten. Er zieht zu seinen Eltern. Die Mutter hält die nervlichen Belastungen nicht mehr aus und bricht zusammen. Den Kontakt zu der Beratungsstelle bricht sie ab und der inzwischen eingeschalteten Rechtsanwältin entzieht sie das Mandat. Das Ermittlungsverfahren der Polizei läuft weiter.
Die Kinder werden noch in der selben Nacht in einer »Pädagogischen Ambulanz« untergebracht, zeigen auch hier starke Auffälligkeiten, die auf sexuellen Mißbrauch schließen lassen.
Doch dann wird das Verfahren eingestellt. Offiziell heißt es, es fehlten die Beweise. Der mißhandelte Junge schweigt. Es gibt nur die Aussage des kleinen Mädchens. Sie gilt plötzlich als unglaubwürdig, obwohl ein Glaubwürdigkeitsgutachten bescheinigt, daß den Schilderungen des Kindes »ein Realitätsbezug zugrunde liegt«. »Beeindruckend«, so heißt es weiter, sei, daß »sowohl enge Bezugspersonen als auch Außenstehende, die sich in fachlicher Kompetenz mit dem Kind beschäftigt haben, berichten, daß die damals erst Vierjährige wiederholt Äußerungen über spezifische sexuelle Erlebnisse (in Verbindung mit der Person des Vaters) gemacht habe, dabei kindliche Ausdrucksformen benutzt habe, die besonders überzeugen konnten«.
Vieles spricht für die Richtigkeit der Aussagen der Kinder. Denn Kinder im Alter von vier Jahren kennen noch keine sexuellen Details, können keine sexuelle Praktiken genau beschreiben. Dennoch werden die Aussagen des Kindes letzt-

endlich als unglaubwürdig eingestuft, da zum Beispiel die »fraglichen Geschehnisse kaum konkretisiert und nicht ausreichend in örtliche, zeitliche und situative Zusammenhänge gestellt werden konnten.«
Nicht berücksichtigt wird dabei, daß zwischen der Tat und der Befragung des Mädchens inzwischen etwa anderthalb Jahre liegen. Darüber hinaus sei die »Unversehrtheit ihrer Erlebniswiedergabe« fragwürdig, da sie bereits mit einigen Personen über das Erlebte gesprochen habe. Es sei nach Meinung des Glaubwürdigkeitsgutachtens[192] nicht auszuschließen, daß eine suggestive Beeinflussung – zum Beispiel durch die Mutter – stattgefunden habe. In der Konsequenz heißt das: Die Opfer dürfen erst dann therapeutische Hilfe bekommen, wenn der gerichtliche Prozeß abgeschlossen ist. Das kann jedoch unter Umständen mehrere Jahre dauern.
Keine Beweise – keine Straftat – keine Gerichtsverhandlung. Die Vorwürfe gegen den Vater werden nicht mehr aufrechterhalten. Der beantragt, daß die Kinder wieder in den elterlichen Haushalt zurückkehren. Dem wird entsprochen und dieser erste Fall von sexuellem Kindesmißbrauch stillschweigend zu den Akten gelegt.

---

[192] Immer wieder wird von Staatsanwaltschaften bei negativem Glaubwürdigkeitsgutachten die weitere Ermittlung abgelehnt. Bleibt die Frage, ob sich Staatsanwälte die Arbeit nicht zu einfach machen. Psychologische Gutachten sollten nicht als »Beweise«, sondern als »Hinweise« gewertet werden. Das gilt um so mehr, seit Gutachter und ihre Gutachten immer stärker bezüglich der fachlichen Qualifikation der Kritik ausgesetzt werden. Die Ermittlung von Beweisen, die für die Schuld oder auch Unschuld eines Beschuldigten sprechen, ist Aufgabe der Polizei. Staatsanwälte, die aufgrund von Glaubwürdigkeitsgutachten die Ermittlungen abbrechen, müssen sich zumindest die Frage gefallen lassen, ob sie damit nicht andere, den Tätern oder anderen Personen dienliche Interessen verfolgen.

**Schwarz gekleidete Männer fallen über Mädchen her**

Viele Recherchen zur Aufklärung von sexuellem Mißbrauch enden so. Die Behörden schließen die Ermittlungsakten, Sozialhelfern bleibt der Frust, den Opfern nicht mehr helfen zu können, und diese leben weiterhin mit den Schändern zusammen in einer Gemeinschaft. Doch in diesem Fall gibt es noch eine Variante, die zunächst in einer Nachbarstadt spielt.
Dort ist fast zeitgleich ein Ermittlungsverfahren eingeleitet worden, weil mehrere Kinder unabhängig voneinander von einem Haus an einem See berichten, in dem sie mißhandelt worden sind. Die Beschreibungen des Hauses stimmt überzeugend mit den Aussagen des vierjährigen Mädchens überein.
In diesem zweiten Fall geht es wieder um ein Geschwisterpaar. Zwei Mädchen, 1992 fünf und sieben Jahre alt, geben bei der Befragung durch die Polizei an, daß sie von den Eltern und auch von anderen Erwachsenen im Auto zu einem Haus an einem See gebracht worden sind. Vorher habe man ihnen Bonbons gegeben; nach dem Genuß seien allerdings die Arme und die Beine schwer geworden. Es wird vermutet, daß es sich hier ebenfalls – wie in dem ersten Fall – um Beruhigungsmittel oder Drogen handelte, die den Kindern verabreicht wurden. In dem Haus werden die Kinder dann in einen Kellerraum geführt. Dort warten schwarz gekleidete Männer, Frauen und ihnen fremde Kinder. Was sich nach Aussage der Mädchen in diesem Keller abspielt, läßt nur einen Schluß zu: Hier findet eine »schwarze Messe« statt. Die Kinder beschreiben, wie die schwarz gekleideten Männer einen Säugling töten und sie anschließend gezwungen werden, das Blut des Babys zu trinken. Gleichzeitig wird ihnen gedroht, daß ihnen das auch passieren würde, wenn

sie jemals über dieses Erlebnis sprechen würden. Danach mißbrauchen die Erwachsenen die Kinder und filmen die grausame Szenerie.
An Hand der Aussagen der Kinder rekonstruiert die Polizei den Weg zu dem Haus am See. Sie finden das Gebäude, doch wieder ist die Hausdurchsuchung erfolglos. Keine Videofilme, keine Spuren oder Hinweis auf die Kindestötung.
Das Ergebnis: Die beiden Mädchen können die schrecklichen Erlebnisse nicht verarbeiten, werden in die Kinderpsychiatrie überwiesen und kommen als Zeugen nicht mehr in Betracht. Keine Beweise. Keine Gerichtsverhandlung. Die Täter können weiterhin ihr Unwesen treiben.


**Ermittlungsverfahren werden zu den Akten gelegt**

Zwei Fälle, in denen Kinder unabhängig voneinander schreckliche Mißbrauchstaten beschreiben. Sollten diese Geschichten wirklich nur der Phantasie der Kleinkinder entsprungen sein? Schwarze Messen? Vergewaltigungen? Blutorgien? Oder ziehen im Hintergrund der Ermittlungen vielleicht doch einflußreiche Persönlichkeiten am richtigen Faden? Kann es das geben, daß Täter oder den Tätern nahestehende Personen die polizeilichen und staatsanwaltschaftlichen Ermittlungen in Nordrhein-Westfalen entweder behindern oder gar in der Lage sind, diese zu stoppen? Kann es sein, daß so etwas möglich ist? Seit Marc Dutroux in Belgien aus der Unterwelt ans Tageslicht gezerrt worden ist, wissen wir, daß alles, was nur eben denkbar, auch möglich ist. Die Reihe der mysteriösen, ungeklärten Verbrechen ist aber noch nicht beendet. Es wird ein dritter Fall bekannt. Auch aus der Umgebung der Tatorte der beiden ersten Fälle in Nordrhein-Westfalen und auch aus dem Jahre 1992. Dies-

mal sprechen zwei mißhandelte Kinder zwar nicht von dem Haus am See, aber dennoch gibt es sehr auffällige Parallelen zu den ersten beiden Fällen. Wieder schildern die Kinder, wie sie mit ansehen müssen, wie ein Baby getötet wird. Wieder müssen sie das Blut des Kindes trinken. Auch dieses Geschwisterpaar wird anschließend mißbraucht und dabei gefilmt.
Glaubt man den Aussagen der Kinder, so war das getötete Baby das Kind einer Tante. Das wird auch von der Mutter der Kinder bestätigt. Das Strafverfahren läuft seit 1992. Seitdem liegt der »Vorgang« bei der Staatsanwaltschaft. Eine mit dem Fall befaßte Anwältin hat das Gefühl, daß »die Staatsanwaltschaft nichts tut und diese Akte überhaupt nicht behandeln will«. Ein Gutachten, das von ihr bereits vor Monaten angefordert wurde, ist immer noch nicht in Auftrag gegeben worden.
Inzwischen verwischen die Erinnerungen der kleinen Opfer. Sie vergessen nicht die Gesamtheit der Grausamkeiten, die sie erlebt haben, aber die Details, die für eine Gerichtsverhandlung und eine mögliche Verurteilung der Täter so wichtig sind. Die Erinnerung an das, was ihnen angetan wurde, ist allgegenwärtig. Auch diese Kinder befinden sich in psychiatrischer Behandlung. Das bedeutet: Irgendwann in nächster Zeit kann auch dieses Ermittlungsverfahren zu den Akten gelegt werden, weil die Zeugen nicht mehr mit ihren Aussagen ernst genommen werden müssen. Die Anwältin überlegt, ob sie eine Dienstaufsichtsbeschwerde gegen die Staatsanwaltschaft schreiben soll. Sie geht davon aus, daß es sich bei allen drei Fällen um eine Form organisierter Kriminalität handelt. »Organisiert in dem Sinne, daß es sich um einen größeren Personenkreis von Tätern handelt, die sich gegenseitig decken.«
Auf Nachfrage von uns bei der zuständigen Staatsanwalt-

schaft zeigt sich der Pressesprecher, ein Jurist, zunächst verwundert darüber, daß ein Verfahren wegen sexuellem Mißbrauch nach fünf Jahren immer noch nicht abgeschlossen ist. Er teilt schließlich den Grund für das ungewöhnlich lange Verfahren mit: »Es ist ein sehr komplizierter Fall. Mehr kann ich dazu nicht sagen.«

Für weitere Informationen sei die Genehmigung des NRW-Justizministeriums in Düsseldorf notwendig. Justizminister Dr. Fritz Behrens blockt ebenfalls ab: »Informationen zu laufenden Verfahren gibt die Staatsanwaltschaft selber, wenn sie es für verantwortbar hält.«[193]

Drei Fälle mit Verdacht auf organisierten, rituellen sexuellen Mißbrauch von Kindern und Tötung von Säuglingen. Sechs Kinder, deren Psyche und Leben zerstört ist. Fünf Jahre laufende Ermittlungen ohne Ergebnis? Warum finden Polizei und Staatsanwaltschaft keine Täter?

---

[193] Schreiben des Justizministers Dr. Behrens vom 18.4.1997 an den Autor

# 7. Kapitel

# Justiz und Therapie:
# Urteile im Zweifel gegen die Opfer

*»Nun waren es kleine Kinder, die Rituale beschrieben – in sich teilweise deckenden und ergänzenden Aussagen. Rituale in Verbindung mit sexuellem Mißbrauch, sexuellen Mißhandlungen, der Tötung von Tieren und der Opferung von Menschen. Die Aussagen der Kinder wurden von Gutachtern als glaubwürdig eingestuft.«*

Thorsten Becker, Sozialarbeiter[194]

Bei einem Hearing der Fraktion der Grünen im Landtag von Bayern im Februar 1997 bescheinigen Strafrechtler, Kriminologen und Psychologen der bayrischen Justiz schwere Mängel im Umgang mit Sexualstraftätern: zu wenig Therapieplätze, einen Mangel an qualifizierten Therapeuten und fehlende Bereitschaft zur Ursachenforschung[195]. »Therapie ist besser als Wegsperren«, kritisiert die Ulmer Psychologie-Professorin Friedemann Pfafflin. 90 Prozent der Sexu-

---
[194] Thorsten Becker schrieb das Nachwort zu dem Tatsachenbericht *Vater unser in der Hölle* von Ulla Fröhling, Kallmeyer'sche Verlagsbuchhandlung, Seelze 1996
[195] *Süddeutsche Zeitung*, 20.2.1997, »Therapie ist besser als Wegsperren«

altäter verbüßen ihre Strafe im normalen Strafvollzug ohne qualifizierte Therapie. Dabei sei bei Tätern, die sich therapieren ließen, die Rückfallquote deutlich niedriger.

Und in Bonn fordert der Vorsitzende des Rechtsausschusses, Horst Eylmann, Anfang 1997 – gerade erst ist der mutmaßliche Mörder der 10jährigen Kim Kerkow aus Varel verhaftet worden – die Zahl der Therapieplätze zu erhöhen.[196]

So wird 1997 deutlich, daß die Schutzsysteme gegen Sexualstraftäter jeder Couleur überall in der Bundesrepublik erhebliche Schwachstellen aufweisen: Therapieplätze fehlen seit Jahren, die gesetzgeberische Basis ist ungenügend, Gutachter sind oft zu schlecht, und der Umgang mit den Opfern ist in vielen Fällen einfach mangelhaft.

Auch das Bundesministerium der Justiz erkennt im Verlauf der zum Teil sehr emotionell geführten Diskussionen um den Fall Dutroux und den Mord an Kim Kerkow im März 1997, daß ein »Handlungsbedarf für den Gesetzgeber besteht«.[197]

Die Bestrafung der Täter ist im Strafgesetzbuch, u. a. in den Paragraphen 174 und 176 StGB, geregelt. Nach Paragraph 174 StGB wird mit Freiheitsstrafe bis zu fünf Jahren bestraft, wer sexuelle Handlungen an Schutzbefohlenen vornimmt oder an sich vornehmen läßt. Schutzbefohlene sind im Sinne dieser Vorschrift leibliche oder angenommene Kinder unter 18 Jahren, Personen unter 16 Jahren, die ihm zur Erziehung, Ausbildung oder Betreuung in der Lebensführung anvertraut sind und Personen unter 18 Jahren, die anvertraut sind oder im Rahmen eines Dienst- oder Arbeitsverhältnisses untergeordnet sind. Mit einer Freiheitsstrafe von 6 Monaten bis zu zehn Jahren wird nach Paragraph 176 bestraft,

---

[196] *Der Spiegel*, 4/1997, »Tod hinterm Deich«
[197] Bundesministerium der Justiz, 13.3.1997, Presseinformation »Die Regelung des 6. Strafrechtsreformgesetzes«

wer sexuelle Handlungen an einer Person unter 14 Jahren vornimmt oder durch sie an sich vornehmen läßt.
»Ein umfangreiches Maßnahmenpaket«, so der Bundesjustizminister, »soll den Schutz der Bevölkerung, insbesondere der Kinder, vor Sexualstraftätern verbessern. Während die Anhebung der Mindest- und Höchststrafe für sexuellen Kindesmißbrauch in dem Gesetzentwurf zur ›Strafrahmenharmonisierung‹ enthalten ist und der Schutz von Zeugen in einem gesonderten Gesetz geregelt werden soll, enthält das Maßnahmepaket vor allem Regelungen, die dem Rückfall von Sexualstraftätern vorbeugen soll.«[198]
Der Tenor der Maßnahmen von Bundesjustizminister Edzard Schmidt-Jortzig: Die Höchststrafe für den sexuellen Kindesmißbrauch soll von 10 auf 15 Jahre heraufgesetzt werden. Der Justizminister: »Für besonders schwere Fälle des sexuellen Mißbrauchs von Kindern wird ein Verbrechenstatbestand mit einem Strafrahmen von mindestens einem Jahr bis zu 15 Jahren Freiheitsstrafe geschaffen. Verursacht der Täter durch schwere körperliche Mißhandlung leichtfertig den Tod des Kindes, soll künftig lebenslange Freiheitsstrafe verhängt werden können.«[199]
Darüber hinaus erhalten Gerichte und Strafvollzugsbehörden bessere Möglichkeiten, die Bevölkerung insbesondere vor Wiederholungstätern zu schützen. »Dazu gehört«, so das Bundesjustizministerium, »daß flexibler und im größeren Umfang Therapie für Sexualstraftäter angeordnet werden kann. Künftig werden Täter zur Aufnahme einer Therapie verpflichtet sein; die Gerichte werden eine Straf- oder Straf-

---

[198] Bundesministerium der Justiz, 11.3.1997, Presseinformation »Gesetzentwurf der Bundesregierung zum Schutz der Bevölkerung vor Sexualstraftätern«
[199] Bundesministerium der Justiz, 24.1.1997, Presseinformation, »Maßnahmenkatalog zum Schutz von Kindern vor Sexualstraftaten«

restaussetzung zur Bewährung auch ohne Einwilligung des Betroffenen davon abhängig machen können, daß sich der Verurteilte einer Heilbehandlung unterzieht.«[200]

## Von der Unmenschlichkeit der Gerichtsverhandlungen

Die meisten Täterinnen oder Täter können allerdings sicher sein: Sie werden für ihre Verbrechen nie zur Rechenschaft gezogen werden. Nur die wenigstens Verbrechen kommen zur Anzeige, und noch weniger Taten werden vor den Schranken eines Gerichts abgeurteilt. »Die Masse der Täter«, so die SPD-Bundestagsabgeordnete Ulla Schmidt, »wird nicht angezeigt, die Masse der Täter wird niemals einen Gerichtssaal betreten – wenn alles so bleibt, wie es ist.«[201]
»Maximal 10.000 Fälle von sexueller Gewalt werden nach Paragraph 176 Strafgesetzbuch angezeigt«, schreibt das Bonner Jugendministerium, »zu einer Gerichtsverhandlung kommt es nur in jedem fünften Verfahren, meistens enden diese mit Freispruch.«
In deutschen Gerichtssälen findet oft ein erbarmungsloser Kampf gegen die Opfer statt. Opfer verlassen diese leider nur allzu oft als Verlierer. Die Brutalität im Schatten der Justiz kann nur begreifen, wer die Prozeßbeteiligten – vor allem die Verteidiger von Tätern – beim Streit um das Recht beobachtet. In den Gerichtsgebäuden hat eine derartige Verrohung der Sitten stattgefunden, daß immer mehr Opfer aus Selbstschutz darauf verzichten, hier gegen die Täter auszusagen.

---

[200] ebd.
[201] *Die Woche im Parlament*, Nr. 5, 14.3.1997, »30-Punkte-Programm der SPD«

Wie ein Mißbrauchsprozeß geführt wird, zeigt das folgende Beispiel: Es ist Freitag. Und wie fast jeden Freitag wird vor der Jugendschutzkammer am Landgericht in Duisburg ein Fall von sexueller Mißhandlung Minderjähriger verhandelt. Jetzt, um 9 Uhr morgens, haben sich der Angeklagte und sein Verteidiger, die Opferzeugin, ihre Anwältin, zwei Gutachterinnen und der Staatsanwalt bereits eingefunden. Zusammen mit einer kleinen Zahl von Gerichtsreportern warten sie auf den Richter, seinen Beisitzer und die beiden Schöffen.

Für die Journalisten gehört der Fall, den es gleich zu verhandeln gilt, zur beruflichen Routine. Für sie ist der Freitag der »Tag des sexuellen Mißbrauchs«. Ein Delikt, das erfahrungsgemäß »recht schnell über die Bühne geht«, bei dem der Täter meist noch am gleichen Tag verurteilt wird. Spektakuläre Ereignisse, die ihnen eine besondere Beachtung ihrer Berichterstattung sichern würden, erwarten sie nicht. Sexueller Mißbrauch – ein Fall wie jeder andere vor den Schranken der Jugendschutzkammer. Schließlich geht es hier um Familiendramen, wie sie sich jeden Tag überall in Deutschland in großer Zahl ereignen. Alltagsleben. Spektakuläre Exklusivgeschichten können hier nicht erwartet werden.

Das Opfer, das in diesem Fall als Zeugin und auch als Nebenklägerin auftritt, hält während der wenigen Minuten des Wartens meist den Kopf gesenkt. Nur selten blickt die 22jährige auf, um die Journalisten anzusehen. Nie aber richtet sie ihre Augen geradeaus. Dort sitzt der Täter. Ihr eigener Vater.

Der 45jährige trägt ungerührte Teilnahmslosigkeit zur Schau. Karl-Heinz B. wartet schließlich nicht zum ersten Mal auf sein Urteil. Bereits im Alter von 15 Jahren wurde er wegen Diebstahls und Widerstand gegen die Staatsgewalt verurteilt. Danach folgten Strafen wegen Raub, gefährlicher Körperverletzung, Nötigung, Trunkenheit am Steuer, Verstöße ge-

gen das Betäubungsmittelgesetz, Mißhandlung und schwere Köperverletzung von Schutzbefohlenen. Gut 25mal ist Karl-Heinz B. mittlerweile verurteilt worden. Zur Zeit verbüßt er gerade eine Gefängnisstrafe wegen Mißhandlung seiner Tochter und seiner Mutter. Seine beiden Bewacher sitzen nur wenige Meter von ihm entfernt und kauen Kaugummi, die Handschellen liegen vor ihnen. Die beiden Männer unterhalten sich leise miteinander. Auch für sie gehört der Gang zum Gericht zur beruflichen Routine.
Die Tür geht auf und die Versammelten erheben sich: Vier Männer, das Gericht, treten ein. Kaum hat man wieder Platz genommen, eröffnet der Richter mit den vorgeschriebenen Worten die Verhandlung. All jenen, die nicht stenographieren können, ist es unmöglich, auch nur ein Wort dieser juristischen Phrasen zu Papier zu bringen. Der Richter redet noch schneller, als der Sprecher in Reklamesendungen für Medikamente seine vorgeschriebene Schlußbemerkung »Zu Risiken und Nebenwirkungen ...« herunterleiert. Er drosselt sein Redetempo nur wenig, als er der Anwältin des Opfers nahelegt, daß ihre Mandantin während der Vernehmung des Täters den Raum verlassen sollte. Die Unsicherheit des Mädchens verwandelt sich kurz in Bestimmtheit, mit der sie – unterstützt von ihrer Anwältin – auf ihre Anwesenheit besteht. Nun werden die personenbezogenen Daten von Tochter und Vater, Opfer und Täter, in gleicher Eile aufgenommen, bevor sich der Staatsanwalt erhebt und in gemäßigter Geschwindigkeit die Anklage verliest.
Dem arbeitslosen Vater von vier Kindern wird zur Last gelegt, im November 1986 seine Tochter auf dem Küchentisch entkleidet und später im Ehebett mit ihr »Beischlaf bis zum Samenerguß« vollzogen zu haben. Wenige Minuten später habe er erneut mit der damals 14jährigen geschlafen, jedoch nicht bis zum Samenerguß. Die Anklageschrift umfaßt wei-

tere 10 sexuelle Vergehen an seiner minderjährigen Tochter. So habe er sie in den Jahren zuvor mehrmals an Brust, Bauch und Beinen gestreichelt. Während die Anklageschrift verlesen wird, sinkt der Kopf des Opfers noch tiefer, der Täter hingegen blickt weiter ungerührt ins Nichts. Nun wendet sich der Richter an Karl-Heinz B. Ihm sei sicher klar, daß das Strafmaß von ihm, dem Angeklagten, beeinflußt werden könne. Sollte er nicht gestehen, müsse er eine höhere Strafe erwarten, als wenn er sagt »Nun ja, ich habe mich eben einfach mal vergessen« und das Geschehene eingesteht.
»Einfach mal vergessen« – bei dieser Formulierung kann sich eine Frau im Publikum nur schwer beherrschen. Hart zieht sie die Luft durch die Nase und atmet gepreßt aus. Die Journalisten bleiben ebenso ungerührt wie der Täter-Vater, die Schöffen und der Beisitzer – wie fast alle im Raum.
Schließlich macht der Richter seinen Job schon seit rund 18 Jahren. Da kann er sich bei seinen Formulierungen ja auch »einmal vergessen«. Warum sollte man auch bei einem Routinefall jedes Wort auf die Goldwaage legen. Schließlich geht es dem Richter nicht nur um eine zügige Abwicklung des Verfahrens, das durch einen geständigen Täter erreicht werden kann, sondern auch um den Schutz des Opfers. Gesteht der Täter seine Vergehen, muß die Aussage der Opferzeugin eben nicht mehr gehört werden, muß sich das Opfer nicht mehr mit den schrecklichen Vorfällen vor fremden Leuten auseinandersetzen. Dafür bekommt der Täter dann auch eine Strafmilderung. Und wenn er auch nur eine Teilschuld gesteht, werden seine Worte als wahr akzeptiert und er nach dieser Teilschuld gerichtet, was eine weitere Strafmilderung bedeutet, wenn er die ihm zur Last gelegten Taten in vollem Umfang begangen hat. Da muß man eben eine Güterabwegung vornehmen. In diesem Fall will Karl-Heinz B. aber schweigen. Sein Pflichtverteidiger schlägt also vor, die Ver-

handlung zu unterbrechen, um seinem Mandanten erneut die Chancen vor Augen zu halten, die er sich mit seinem Schweigen entgehen läßt. Der Richter hat das erwartet. Er wollte eben selbst eine Unterbrechung vorschlagen. Eine Pause wird angesetzt, und das Gericht sowie der Täter und sein Verteidiger verlassen den Raum.
Vor der Tür, so vermuten die Gerichtsberichterstatter aus Erfahrung, werde jetzt noch einmal »gemauschelt«. Nach dem Motto: Gibst Du mir das, geb ich Dir das. Was auch immer vor der Tür passiert – aus Sicht des Gerichtes und des Verteidigers bleibt es erfolglos. Karl-Heinz B. hat seine Meinung nicht geändert. Er wird während der laufenden Verhandlung nicht aussagen. Nun wachen die Journalisten doch etwas auf. Normalerweise, so erklären sie, gestehe der Angeklagte zumindest einen Teil seiner Taten und die Verhandlung nehme dann gewohnheitsgemäß einen sehr kurzen Verlauf. Diesmal aber wird die Opferzeugin aussagen müssen. So wird dann Claudia B. gebeten, in der Mitte des Raumes Platz zu nehmen und auf die folgenden Fragen wahrheitsgemäß zu antworten.
Es beginnt harmlos. Claudia sagt, wie sie heißt und wann sie geboren wurde. Die Journalisten müssen auf ihren Stühlen weiter nach vorn rutschen, ebenso wie das Gericht. Das junge Mädchen spricht so leise, daß man sie nur schwer verstehen kann. Sie erklärt, daß sie arbeitslos ist und zur Zeit in Haft sitze – wegen Verstößen gegen das Betäubungsmittelgesetz und Diebstahls. Ohne Umschweife steuert der Richter das Gespräch auf die Ereignisse im Jahre 1986 zu.
Bis zu diesem Zeitpunkt, so gibt Claudia an, habe ein recht gutes Verhältnis zu ihrem Vater bestanden. Der sei zwar alkoholkrank gewesen, im Rausch gegen die ganze Familie gewalttätig und habe sie einige Male im Bett gestreichelt. Ansonsten aber sei man recht gut miteinander ausgekom-

men. An dem besagten Tag sei sie nachmittags von der Sonderschule nach Hause gekommen. Sie habe sich mit ihrem Vater im Wohnzimmer einen »Joint reingezogen«. Mit der Droge habe sie ihr Vater, der sich als Dealer betätigte, bereits mit 13 oder 14 Jahren bekannt gemacht. Damals hätten Vater und Tochter eine Wasserpfeife geraucht. Claudia habe vom Alkohol bis heute nichts wissen wollen. Schließlich habe sie den Alkohol durch die gewalttätigen Ausfälle ihres betrunkenen Vaters hassen gelernt. Wenn der Vater jedoch Haschisch zu sich genommen habe, sei er ruhig und friedlich geblieben. So habe sie es sich angewöhnt, zusammen mit dem Vater zu rauchen, um so Gewalttaten durch ihn zu verhindern.
Damals, im November 1986, hatten Vater und Tochter wie so oft zusammen Haschisch geraucht. Währenddessen sprach man über ihren Schultag und über Karl-Heinz B.s erste Frau, Claudias Mutter. Claudia hat zu ihr den Kontakt abgebrochen, da die Mutter immer wieder äußerte, sie wolle mit ihrem Kind nichts mehr zu tun haben. Nach dem Joint hätten beide Durst bekommen, berichtet Claudia. Der Vater sei in die Küche gegangen und habe beiden eine Cola eingegossen. »Als ich die getrunken habe, bin ich zur Seite gekippt und konnte mich nicht mehr wehren. Ich habe nur noch Farben gesehen. Er muß irgend etwas in die Cola gekippt haben«, erklärt sie mit leiser Stimme dem Gericht. Da der Vater gute Beziehungen zu Großdealern gehabt habe, so berichtet Claudia, sei es für ihn nicht schwer gewesen, an Halluzinogene heranzukommen. Wie betäubt im Rausch der Farben habe sie dann wahrgenommen, wie sie der Vater auf den Küchentisch hob und immer wieder sagte: »Carola, du bist so schön.« (Carola heißt die Mutter des Mädchens.) Sie habe ihm immer wieder gesagt, sie sei nicht Carola, sondern seine Tochter Claudia. Doch er habe nicht auf sie gehört.

Statt dessen habe er begonnen, seine Tochter auf dem Tisch zu entkleiden. Danach habe er sie ins Elternschlafzimmer getragen und auf das Ehebett gelegt. Sie habe sich noch immer nicht wehren können, als er sich dann auf sie legte »und mich vergewaltigte«.
Der Richter, der Claudias Schilderungen bis hierher nur selten unterbrochen hat, schaltet sich ein: »Hat er Sie geschlagen, die Beine mit Gewalt auseinandergedrückt?« will er wissen. Claudia verneint. Dann sei es auch keine Vergewaltigung gewesen, belehrt er sie recht freundlich, wie man ein Kind belehrt, das die genaue Bedeutung von Worten eben noch nicht kennt. So sei es Beischlaf gewesen.
Auch der Beisitzer hat einige Fragen. Ihn verwirrt Claudias angeblicher Rauschzustand. Ob Haschisch vielleicht eine solche Wirkung habe. Nein, erklärt Claudia, so einen Rausch habe sie vorher nie gehabt. Woher sie denn das Wort Halluzinogen kenne. Das, so erklärt das Mädchen, habe ihr ein drogenkundiger Freund einige Jahre später erzählt. Mehrmals wird Claudia nun gebeten, ihren Rauschzustand genauer zu beschreiben. Das Gericht bleibt jedoch skeptisch. »Wenn Sie nichts gesehen haben«, so fragt der Richter, »woher wissen Sie, daß Ihr Vater bis zum Erguß gekommen ist?« Ob sie auch sicher sei, daß der Penis in die Scheide eingeführt wurde. Claudia bejaht die Frage. Wenn sie auch nur Farben gesehen habe, so habe sie doch spüren können, was mit ihr geschah. Der Richter behält während dieser heiklen Frage weiterhin sein unbewegtes Gesicht, und Claudia fährt mit ihren Schilderungen fort.
Nach der Vergewaltigung, die juristisch gesehen ein »Beischlaf mit Verwandten« war, sei sie dann ins Bad gegangen und habe sich geduscht, erzählt Claudia. Sie habe sich Saunahandtücher um Kopf und Körper geschlungen und sei ins Kinderzimmer gegangen, um sich neue Sachen zum Anzie-

hen zu holen. Auf dem Weg zum Kinderzimmer sei sie an ihrem Vater vorbeikommen. Sie habe dann das Kinderzimmer, in dem auch ihr zweijähriger Halbbruder war, wieder verlassen, um sich im Badezimmer anzuziehen. Das Bad, so erklärt sie, sei der einzige Raum in der Wohnung gewesen, bei dem man die Tür habe abschließen können. Doch bevor sie diesen Raum erreicht habe, sei sie vom Vater gestoppt worden.
Er habe ihr die Handtücher vom Leib gerissen und sich im Ehebett ein zweites Mal auf sie gelegt. Diesmal aber habe sie ihn wegstoßen können, noch bevor er ejakulieren konnte. Noch einmal muß sie auf Rückfrage des Gerichts klarstellen, daß das Glied in die Scheide eingeführt wurde. Noch ein paar Mal muß Claudia erklären, wo sie sich ihre Kleidung geholt habe, welche Zimmer sie dabei durchquert hat und wo sich ihr Vater in dieser Zeit aufgehalten habe.
Erst 1988, also zwei Jahre später, zeigt Claudia den Vater an. Kurz vorher hat Karl-Heinz B. im angetrunkenen Zustand seine 64jährige Mutter und Claudia schwer mißhandelt. Er tritt seiner Tochter mit dem Fuß ins Gesicht und würgt sie. »Damals wollte er mich umbringen«, ist sich Claudia sicher. Wegen dieses Vorfalles sitzt er heute in Haft.
»Warum haben sie erst zwei Jahre später ihren Vater wegen des Beischlafes angezeigt?« will der Richter wissen. Claudia antwortet, der Vater habe ihr gesagt, sie sei an den Vorfällen selber schuld. Darüber hinaus habe er ihr gedroht: »Halt bloß die Schnauze, sonst kommst du ins Heim!« Als dann der Bruder vom Vater so geschlagen wurde, daß er durch eine Glasscheibe flog und sich das Gesicht zerschnitt, wollte sie der Tyrannei ein Ende setzen und ging zur Polizei.
Bevor die beiden Psychologinnen nun ihre Fragen stellen, will der Beisitzer noch etwas wissen: »Was meinen Sie, warum hat Ihr Vater an diesem Tag im November mit Ihnen

geschlafen?« Claudia schaut entgeistert auf. »Das weiß ich nicht. Da müssen Sie ihn mal fragen«, erklärt sie und hebt ihre Stimme zum ersten Mal so an, daß sie auch im Publikum ohne große Probleme verstanden werden kann.

## Das Opfer im Kreuzfeuer von Gutachter und Anwalt

Nun dreht sich das Fragenkarussell auf Seiten der Gutachterinnen. Eine der beiden Psychologinnen hat 1988 das erste Gutachten erstellt. Damals glaubt man Claudia nicht und das Verfahren gegen den Vater wird eingestellt, noch bevor es zur Hauptverhandlung zwischen Vater und Tochter kommt. Erst als sich das Jugendamt einschaltet, wird ein zweites Gutachten erstellt und das Verfahren gegen Karl-Heinz B. auf dieser Grundlage wieder aufgenommen. Dem Journalisten in der ersten Reihe bleibt diese Angabe ein wenig unverständlich. Schließlich, so meint er, habe es sich bei dem ersten Gutachten um ein vorläufiges gehandelt. An sich habe man erst abwarten wollen, wie sich die Zeugin in der Hauptverhandlung zeigt. Trotzdem wurde das Verfahren wegen eines vorläufigen Gutachtens eingestellt. Das versteht er nicht. Seine Fragen kann er sich jedoch nur selbst stellen. Natürlich hat er keine Möglichkeit, selbst in die Verhandlung einzugreifen. So wird er diese Unstimmigkeit eben schnell wieder vergessen. Vielleicht, so denkt er sich, hat er auch nur etwas falsch verstanden.
Die erste Gutachterin befragt Claudia jetzt ebenfalls nach ihrem Rauschzustand. Auch will sie wissen, wo der Vater sie entkleidet habe, ob sich der Küchentisch unter ihr kalt angefühlt habe und womit sie und ihr Vater während des Beischlafes bekleidet waren. Bei der Beantwortung ergeben sich Unstimmigkeiten im Vergleich zum Gesprächsprotokoll, das

die Gutachterin bei ihrer ersten Unterhaltung mit dem Mädchen angefertigt hat.
Claudia antwortet gereizt. Sie fühlt sich angegriffen, hat das Gefühl, einmal mehr vor dieser Frau als unglaubwürdig eingestuft zu werden. Die andere Gutachterin stellt nur wenige Fragen. Sie ist auch die einzige, die Wärme in ihre Stimme legt, wenn sie mit dem Mädchen spricht. Bei ihr wirkt Claudia sofort entspannt. Zwischen beiden herrscht offensichtlich ein Vertrauensverhältnis.
Doch nur kurze Zeit kann sich Claudia entspannen. Dann beginnt für sie ein absolutes Kontrastprogramm. Der Verteidiger ist nun an der Reihe, seine Fragen zu stellen. Er ist Mitte 30 und tritt auf im Stil: jung, dynamisch, erfolgreich – und eiskalt. Zumindest hier, im Gericht. Claudia sei erst zwei Jahre nach der Vergewaltigung durch ihren Vater zur Polizei gegangen. Das Motiv für die Anzeige sei die Mißhandlung ihres Bruders durch den Vater gewesen, wiederholt er das eben Gesagte. Ihn wundere es dann, daß sie die Übergriffe gegen ihren Bruder mit keinem Wort gegenüber der Polizei erwähnt habe. Nun, sagt Claudia, der Bruder habe sie gebeten, der Polizei nichts von seinem Schicksal zu berichten. Das sei also das »Ding« ihres Bruders gewesen. Sie habe lediglich endlich mal erzählen wollen, wie der Vater drauf sei. Er verstehe trotzdem nicht, warum sie nichts davon berichtet habe.
Die Frau im Publikum kann sich abermals nur mühsam beherrschen. Ihr ist klar, daß der Verteidiger hier absichtlich die Worte Motiv und Auslöser gleichsetzt. Immer wieder hakt der Verteidiger nach. Das Gesprächsmuster: Ein Akademiker befragt eine Sonderschülerin. Zwei Welten treffen aufeinander. So ist es auch nicht verwunderlich, daß Claudia schließlich bittet: »Wiederholen Sie das noch einmal. Ich habe Sie nicht verstanden.« Der Verteidiger betrachtet das Opfer

mit leichter Mißbilligung und gibt sich auch im folgenden nur wenig Mühe, seine Fragen einfacher zu formulieren. Würde ein Ausländer auf dem Zeugenstuhl sitzen, man würde ihm einen Dolmetscher an die Hand geben. So aber befragt der Deutsche eine Deutsche – und trotzdem sprechen beide verschiedene Sprachen.
Claudia habe vor den Vorfällen bereits einige Zeit in Heimen verbracht. Warum sie denn wieder zu ihrem Vater zurückgekehrt sei? Dazu kann Claudia nichts sagen. Wie soll sie auch erklären können, was viele andere Kinder, die Ähnliches und noch Schlimmeres erlebt haben, auch nicht in Worte fassen können. Daß Kinder bei ihren Eltern bleiben, obwohl sie über Wochen, Monate und Jahre tagtäglich mißbraucht und mißhandelt werden? Die nicht beschreiben können, daß sie einen Menschen haben wollen, zu dem sie gehören dürfen, den sie lieben können – irgendwie und trotz allem, wenigstens ein bißchen. Claudia ist da kein Einzelfall. Claudia schweigt, wie so viele Kinder in der gleichen Situation. Da fährt dann der Verteidiger härtere Geschütze auf. Zum Richter gewandt erklärt er, Claudias Vater habe den Verdacht gehabt, die Tochter sei der gewerbsmäßigen Unzucht nachgegangen. Das soll heißen, Claudia habe sich ihr Geld auf dem Kinderstrich verdient. Dieser Verdacht sei ihm auch von Amtspersonen bestätigt worden.
Die Strategie des Verteidigers liegt auf der Hand, wird von Verteidigern in solcherart Fällen immer und immer wieder angewandt: Er bemüht sich, das Opfer als Mitschuldige und Verführerin darzustellen – Claudia als frühreifes und verdorbenes Früchtchen. Zum Schluß läßt er noch die Aussage von Claudias verstorbenem Freund verlesen. Den hatte der Vater nicht nur mit Drogen beliefert. Damals, 1988, hatte er ihn auch verprügelt, nachdem er auf Claudia losgegangen war. Dieses Protokoll belastet Karl-Heinz B. schwer. Der Verstor-

bene hält den Vater »für einen Geisteskranken, der seine Familie terrorisiert«.
Nach diesen Ausführungen werden die Gutachterinnen gehört. Beide Frauen erklären übereinstimmend: »Das Mädchen sagt die Wahrheit.« Nach dem Eindruck, den die Zeugin bei der Hauptverhandlung hinterlassen habe, könne man zu keinem anderen Schluß kommen. Zwar gebe es einige Unstimmigkeiten, insbesondere was den Rausch anbelange, doch im Kern habe Claudia das Gesagte auch erlebt. Anderenfalls könne sie sich nicht an so viele Details erinnern.
Die Zeugenvernehmung ist beendet, die Gutachterinnen sind entlassen. Nun werden die Plädoyers gehört. Der Staatsanwalt beginnt seine Ausführungen mit den Worten: »Es gibt nichts, was für den Angeklagten spricht.« Er sei eine durch und durch kriminelle Persönlichkeit, was auch sein langes Vorstrafenregister beweise. Er spricht sich dafür aus, daß die 10 Einzeltaten für sexuelle Vergehen an Schutzbefohlenen nicht mehr berücksichtigt werden, da sie bei dem Strafmaß für den Beischlaf mit Verwandten nicht mehr ins Gewicht fielen. Unter Einbeziehung der 14 Monate Haft, die der Täter zur Zeit verbüße, plädiert er für vier Jahre Gefängnis.
Die Opferanwältin fordert viereinhalb Jahre Haft. Schließlich, so meint sie, müsse die Familie die Hölle gewesen sein. In ihrem Plädoyer wendet sie sich vor allem gegen die Methoden des Verteidigers. »Er versucht, die Zeugin auch noch mit Dreck zu bewerfen«, klagt sie an. Den Verteidiger lassen die Anschuldigungen seiner Kollegin kalt. Die ganze Verhandlung sei wohl ein Witz, meint er. Hätte man das erste Gutachten diesem Prozeß zugrundegelegt, dann wäre es wohl zum Freispruch seines Mandanten gekommen. Die beiden neuen Gutachten hätten ihn nicht überzeugt, erklärt er. Sein Mandant habe in den letzten Jahren jegliche Schuld bestritten.

So äußert sich auch der Vater, zum ersten und einzigen Mal während der Verhandlung: »Sie fährt hier permanent Lügen gegen mich auf.« Der Verteidiger plädiert daher für Freispruch und verlangt im Falle einer Verurteilung, daß ein weiteres Gutachten erstellt wird. Selbst wenn der Vater die ihm zur Last gelegten Taten begangen habe, will er mildernde Umstände geltend machen und erklärt: »Zumindest beim zweiten Mal hat eine gewisse Verführungssituation vorgelegen. Schließlich ist die Zeugin nur mit Handtüchern bekleidet an meinem Mandanten vorbeigegangen.«
Der Sturm der Entrüstung – er bleibt aus. Eine Verführungssituation soll vorliegen, wenn die Tochter nur mit Handtüchern bekleidet an ihrem Vater vorbeigeht? Claudia hat während ihrer Vernehmung mehrmals erklärt, sie habe gar nicht in ihr Zimmer gelangen können, ohne das Blickfeld des Vaters zu kreuzen. Natürlich, ein Mensch ist solange unschuldig, wie seine Schuld nicht bewiesen werden kann. Dieser Grundsatz muß auch für Menschen gelten, die sich wegen sexuellen Mißbrauchs ihrer Kinder vor Gericht verantworten müssen. Man fragt sich trotzdem: Muß ein Verteidiger das Opfer auch noch demütigen, um für seinen Mandanten ein milderes Strafmaß zu erlangen. Verbietet es nicht die Menschlichkeit, dabei wenigstens auf völligen Unsinn zu verzichten. Eine »Verführungssituation«, bei der sich wohl der Täter »einmal vergessen hat«? Claudia schüttelt nur den Kopf. Sagen kann und darf sie während des Plädoyers des Verteidigers nichts. Ein Opfer in Ohnmacht vor den Schranken des Gerichts. Auch der Richter ruft den Verteidiger nicht zur Ordnung. Seine Praktiken scheinen sich demnach durchaus noch im Rahmen des Vertretbaren zu halten. Was muß wohl passieren, bis ein Verteidiger gerügt wird?
Das Gericht zieht sich nun zur Beratung zurück. Gut 25 Minuten verhandeln die vier Männer, bevor sie wieder den

Raum betreten. Wegen sexuellen Mißbrauchs von Schutzbefohlenen und Beischlafs mit Verwandten, so verliest der Richter, werde Karl-Heinz B. zu zwei Jahren und zehn Monaten Haft ohne Bewährung verurteilt.
Der Angeklagte nimmt den Spruch mit unbewegter Miene auf. Auf seiten der Verteidigung spiegelt sich jedoch Entrüstung in den Gesichtern. Wie gewohnt fällt die Urteilsbegründung recht kurz aus. Es habe wohl ein echtes Tyrannisierungsverhältnis zwischen dem Angeklagten und seiner Tochter geherrscht. Dann wirbt der Richter bei der Verteidigung um Verständnis für das Strafmaß und beruft sich dabei auf einen höchstrichterlichen Beschluß: »Man muß bedenken, daß die Tat schon sehr lange zurückliegt. Da ist das Ahndungsbedürfnis nicht mehr so groß.« Was hat Claudia während der Verhandlung noch gesagt? »Mein Vater hat die ganze Familie zerstört und mein Leben verpfuscht.« Was sind schon, Herr Richter, ein paar Jahre gegen ein ganzes Leben?

**Die Zweifel an der Schuld der Täter**

Ein großes Problem bei der »Wahrheitsfindung« vor den Schranken des Gerichts ist die Anerkennung der Glaubwürdigkeit der Opfer. Richter – und manchmal im Vorfeld der Ermittlungen auch Staatsanwälte – neigen öfter dazu, eher den erwachsenen Tätern als den Kindern zu glauben. Die Koordinatorin einer Pädagogischen Einrichtung beklagt, daß Richter und Staatsanwälte es sich kaum vorstellen können, daß die Mißbrauchshandlungen tatsächlich so schrecklich sind, wie sie oft von den Kindern dargestellt werden: »Deshalb glauben sie immer eher den Erwachsenen als den Kindern.« Und eine Rechtsanwältin, erfahren in Mißbrauchsprozessen, stellt fest: »Natürlich haben auch die Richter und

Staatsanwälte mit ihrer eigenen Vorstellungskraft zu kämpfen. Das ist ein großes Problem. In Deutschland haben nur Juristen mit Prädikatsexamen eine Aussicht auf eine Anstellung im Staatsdienst. Und ein Prädikatsexamen ist schwer zu kriegen. Das sind dann vielleicht erstklassige Juristen – in der Theorie. Aber gerade als Strafrichter bei Mißbrauchsprozessen muß man nicht nur ein guter Jurist sein, man muß auch mit beiden Beinen im Leben stehen.«
Ein weiteres Manko findet sich in der Ausbildung der Juristen: Das Gesetz sieht keine spezielle Ausbildung für Richter vor, die sich mit Sexualdelikten beschäftigen. In anderen Berufen, zum Beispiel unter Medizinern, gibt es diese Spezialisierung sehr wohl. Immer wieder wird aus diesem Grund gefordert, daß sich die Richter intensiv mit den besonderen Umständen des Mißbrauchs von Kindern beschäftigen und Fortbildungen zu diesem Bereich besuchen sollen. Nur: Weiterbildung ist unter vielen deutschen Richtern nicht gerade sehr beliebt.


**Die Therapie für die Täter soll ausgebaut werden**

Im Verlauf der Diskussionen um die Kinderschändungen werden in vielen Ländern in Europa vermehrt Forderungen nach Verschärfung des jeweils nationalen Sexualstrafrechts laut, vor allem aber fordert man die Intensivierung einer Therapie für die Täter. In den meist öffentlich geführten Diskussionen unterscheidet man da jedoch nicht zwischen den Kriminellen der Pornobranche, zu denen vermutlich auch ein Marc Dutroux zu zählen ist, und den Kranken, den sogenannten Triebtätern, zu denen sicherlich der Mörder der 10jährigen Kim Kerkow gehört.
Staatsanwälte, Opferverteidigung, Richter, Politiker und Mi-

nister sind sich – so scheint es – jedoch grundsätzlich einig: Die Täter benötigen eine Therapie – und vor allem ein besseres Therapieangebot, als es bislang vorhanden war. Die Täter bekommen nicht genug psychologische Hilfe.
»Eine angemessene Bestrafung muß sein. Doch der Vollzug allein ist noch keine Maßnahme«, sagt der Diplompsychologe Uwe Wetter vom Bund Deutscher Psychologen (BDP). Schon während des Vollzugs gebe es nicht genügend psychologische Betreuung, aber später auch nicht.[202]
Zuwenig Hilfe für die Täter hier – zuwenig Hilfe für die Opfer dort. Der Deutsche Kinderschutzbund ist nach Feststellung seines Geschäftsführers Walter Wilken in Hannover sehr zurückhaltend mit dem Gang zum Gericht nach einem Mißbrauch: »Wir sagen: ›Leute, lauft nicht zum Gericht, denn das, was da passiert, das hilft euch im Grunde sehr wenig‹. Denn vom Schutzinteresse des Kindes her gesehen, geht es darum, daß der sexuelle Mißbrauch aufhört und daß der Täter kein Wiederholungstäter wird. Das ist im Grunde das primäre Interesse von Kindern. Und in dem Bereich wird furchtbar wenig getan. Wir kennen genug Männer, die irgendwo in der Strafanstalt sitzen. Die rufen bei uns an und fragen, wo sie vor ihrer Entlassung eine Therapie bekommen können. Und da steht man in aller Regel also da und kann denen nichts anbieten. Und die Täter haben richtig Angst, haben Angst, daß es wieder passiert.«[203]
Die Kinderschützer betrachten es als ein »Riesendefizit«, daß es bei Sexualstraftätern zwar eine Strafjustiz gibt, aber keine Therapie – die Täter werden nach der Verbüßung ihrer Haftstrafe entlassen und dann wieder straffällig. Wilken: »Wir

---

[202] *Rheinische Post*, 18.1.1997, »Sie war wie ein Reh mit dem Löwen«
[203] vgl. Jamin, *Hilflos*, Seite 27 f.

werden das Problem nach meiner Einschätzung auch nicht in den Griff bekommen.«

Durch die Gesetzesvorhaben der Regierung in Bonn, höhere Bestrafung und bessere Therapie für Sexualstraftäter, werden nach Meinung des Justizministers in Rheinland-Pfalz, Peter Caesar, außerdem neue Schwierigkeiten geschaffen: Es gibt zu wenig gut ausgebildete Spezialisten auf diesem Gebiet. Caesar bezweifelt, »ob die Behandlungsmöglichkeiten unserer Einrichtungen ausreichend sind«.[204]

### Die Qualität der Gutachter wird oft bezweifelt

»Die Qualität der Gutachter muß ebenfalls verbessert werden«, fordert Diplompsychologe Uwe Wetter. Nach Ansicht des Experten ist es sehr schwer, potentielle Täter zu erkennen: »Meist sind sie sozial unauffällig mit einer engen, familiären Beziehung.«[205] Auf einer Expertenanhörung der Grünen im Bayerischen Landtag appellierte die Essener Universitätspsychologin Sabine Nowara an Richter und Staatsanwälte, mutiger als bisher Gutachten über Sexualstraftäter zurückzuweisen, die offensichtlich Fehler aufwiesen. Es gebe zu wenig wirklich qualifizierte Gutachter und zu wenig forensische Lehrstühle. Nach Angaben der Psychologin hat eine Untersuchung in NRW gezeigt, daß die Hälfte der geprüften Prognose-Gutachten, die Aufschluß über das Rückfallrisiko von Sexualtätern geben sollen, zum Teil gravierende Mängel aufweisen.[206] NRW-Sozialminister Axel Horstmann plädiert dafür, »neben

---

[204] *dpa*, 9.4.1997, »Justizminister warnt vor Vertrauenskrise wegen Sexualtätern«
[205] *Rheinische Post*, 18.1.1997, »Sie war wie ein Reh mit dem Löwen«
[206] *Süddeutsche Zeitung*, 20.2.1997, »Therapie ist besser als Wegsperren«

Therapeuten in den Kliniken häufiger auch externe Gutachter zu Rate zu ziehen. Insbesondere dann, wenn erstmals Entscheidungen über Vollzugslockerungen gefällt werden müssen ... Unglücksfällen geht fast immer eine Fehlentscheidung voraus. Es gibt eine erschreckend hohe Zahl von fehlerhaften Attesten. Wir werden unsere Liste von Gutachtern daraufhin durchforsten. Diese Risikoquellen kann man durchaus abstellen«.[207]

Unverständlich ist, daß es vor dem Hintergrund dieses Wissens in einem Land wie der Bundesrepublik, in dem fast jeder Mülleimer statistisch erfaßt wird, keinen Überblick über die Rückfallquote der Sexualstraftäter gibt.

Im Oktober 1996 bestätigt die Bundesregierung, daß kein statistisches Material vorliegt. Man rechne jedoch mit einer Rückfallquote zwischen 40 und 50 Prozent ohne Behandlung und einer zwischen 20 und 30 Prozent mit einer Therapie.[208]

Wiederholungstaten gibt es viele: Im Januar 1997 erhängt sich in Siegen ein 44jähriger Kindermörder in seiner Gefängniszelle. Norbert H. wird zur Last gelegt, ein 6jähriges Mädchen und eine 54jährige Frau getötet und zwei 12jährige Schülerinnen mißbraucht zu haben. 1984 ist er bereits wegen eines schweren Sexualdeliktes zu einer 14jährigen Haftstrafe verurteilt worden – vorzeitig entlassen. 1993 attestierte ihm eine Psychiaterin eine »echte innere Einsicht und Umkehr«.[209]

In Gummersbach steht im Mai 1997 ein 46jähriger vor Gericht, weil er ein 6jähriges Mädchen vergewaltigt und verletzt hat. Jahre zuvor ist er wegen Kindesmißbrauchs zu

---

[207] *Focus*, 6/1997, »Hohe Zahl von fehlerhaften Gutachten«
[208] *FAZ*, 24.10.1996, »16.000 Fälle von sexuellem Mißbrauch«
[209] *Focus*, 5/1997, »Einfach losgelassen«

fünf Jahren verurteilt worden – nach zweieinhalb Jahren war er wieder auf freiem Fuß.
Der prominenteste Fall in der Bundesrepublik ist der des Sexualstraftäters Rolf D. Fast auf den Tag genau 18 Jahre nach seinem ersten Mord tötet er die 10jährige Kim Kerkow aus Varel. Damals hat der Täter ein 11jähriges Mädchen in seine Gewalt gebracht, es mißbraucht und getötet. Dazu benutzt er – wie bei Kim – einen Schal. Wegen »guter Führung« mußte D. von der verhängten Jugendstrafe von sechs Jahren nur dreieinhalb Jahre in der Justizvollzugsanstalt Hameln verbringen.
In Belgien zählt Marc Dutroux zu jenen Rückfalltätern, die frühzeitig aus dem Gefängnis in die Freiheit entlassen werden. Ebenfalls »wegen guter Führung« entließ der damalige Justizminister Melchior Vathelet den wegen der Vergewaltigung von sechs Mädchen und Folterung einer Frau zu zehn Jahren Haft Verurteilten nach nur drei Jahren.

### Durch Strafrechtsänderungen wird kein Täter gefaßt

Wer die viele Monate dauernden Diskussionen um den Schutz der Kinder vor den Mißbrauchstätern verfolgt, stellt mit Überraschung fest, daß Politiker und Minister offensichtlich unisono der Meinung sind, daß das Optimum an Schutz durch Änderung der Gesetzgebung und Therapie der Täter geschaffen werden kann.
So wichtig ein härterer Strafrahmen im Sexualstrafrecht – als Abschreckung potentieller krimineller, nicht kranker Täter – und die Ausweitung der Therapieangebote – nur für kranke Täter – auch sein mögen; für die Aufklärung der Straftaten bringen diese Vorhaben zunächst einmal nichts. Dadurch wird nicht ein Täter mehr gefaßt, es wird lediglich

vielleicht der ein oder andere kriminelle Täter ein oder zwei Jahre länger aus dem Verkehr gezogen oder der ein oder andere kranke Täter etwas intensiver, doch mit ebenso zweifelhaften Erfolgsaussichten therapiert.
Es fällt eben leichter, die Veränderung von Gesetzen zu schaffen, die zunächst einmal keine unmittelbaren Kosten für Bund und Länder zur Folge haben, als eine Verstärkung der Polizeiaktivitäten anzuordnen: Das würde schließlich bedeuten, daß Bund und Ländern sofort finanzielle Mittel für den Ausbau der jeweiligen Bereiche der Polizei zur Verfügung stellen müßten.
Der Vorsitzende der Gewerkschaft der Polizei, Hermann Lutz, klagt im März 1997: »Die aktuelle Diskussion um das Sexualstrafrecht und eine Veränderung des Strafrahmens für Sexualdelikte hat zunächst einmal überhaupt keine Konsequenzen für die polizeiliche Ermittlungsarbeit – es sei denn die begrüßenswerte, indirekte Folge, daß ein hoch strafbewehrtes Delikt auf die Strafverfolgungsbehörden einen höheren gesellschaftlichen Druck verursacht und die Polizei eher in die Lage versetzt, mehr Sach- und Personalressourcen für die Aufklärung zu aktivieren. Immer vorausgesetzt, die Ressourcen seien vorhanden.«[210]
Die wichtigste Forderung kann eigentlich nur lauten: Die Arbeit der Polizei muß intensiviert, die personellen, logistischen und finanziellen Ausstattungen müssen geschaffen werden. Damit nicht die Masse der kriminellen und der kranken Täter weiterhin frei herumläuft und unsere Kinder schändet. Das allerdings könnte zur Folge haben, daß die Polizei dann auch in Deutschland vielen Dutrouxs auf die Schliche kommt.

---

[210] vgl. Gewerkschaft der Polizei, Pressemitteilung vom 20.3.1997

# 8. Kapitel

## Sexopfer Kind:
## Dem Leid folgt ein tausendfacher Schrei nach Veränderungen

*»Wir fordern strengere Strafen für Sexualverbrechen. Es gibt keine Strafe, die für das Verbrechen der Pädophilie streng genug wäre.«*

Ein Kind, Teilnehmer eines Kongresses in Brüssel[211]

Der Fall Dutroux und die dadurch enthüllte Desorganisation der Polizei und mangelhafte Gesetzgebung veranlaßt 1996 Hunderttausende von Menschen in Belgien, auf die Straße zu gehen. Sie fordern Veränderungen: eine neue Polizeistruktur, eine bessere Organisation bei der Suche nach vermißten Kindern, Anti-Korruptions-Kampagnen, lückenlose Aufklärung der Vorgänge rund um den Fall Dutroux, schärfere Gesetze zum Schutz vor Sexualstraftätern.

---

[211] Ende Mai 1997 fand in Brüssel ein internationaler Kongreß zum Thema Mißbrauch statt. Auf diesem Treffen forderten Kinder, die Opfer sexueller Gewalt geworden sind, strengere Strafen für Sexualverbrechen. Regierungschef Jean-Luc Dehaine, der ebenso wie König Albert und Königin Paola an der Konferenz teilnahmen, wurde von einem Kind aufgefordert, »einmal hart vorzugehen«. Wissenschaftler und Politiker diskutierten auch, wie Kinder effektiver als bisher vor Sexualstraftätern geschützt werden könnten. Grundlage der Diskussion war ein Bericht der Parlamentskommission, die nach Bekanntwerden des Falles Dutroux eingerichtet worden war.

Auch in der Bundesrepublik Deutschland und in anderen Ländern Europas sehen sich die Regierungen nun veranlaßt, Gesetzesänderungen einzubringen, sich mehr um die Therapie der Täter wie der Opfer zu kümmern und neue Polizeistrukturen zu schaffen. Die Kompetenzerweiterung für die europäische Polizei, Europol, mit Sitz in den Niederlanden, ist ein Beispiel; die Beamten sollen sich zukünftig auch um Kinderpornographie und -entführungen kümmern, wenn internationale Organisationsstrukturen auf der Täterseite zu erkennen sind.

Der Bundestag beschäftigt sich seit Herbst 1996 verstärkt mit der Problematik des sexuellen Mißbrauchs von Kindern. Die Koalitionsfraktionen von CDU/CSU und F.D.P. machen sich unter anderem für drei Gesetzentwürfe stark. In ihnen wird unter anderem der Strafrahmen für sexuellen Mißbrauch neu festgesetzt – die Mindeststrafe beträgt ein Jahr und die Höchststrafe 15 Jahre. Die Freiheitsstrafe für die Verbreitung pornographischer Schriften, die sexuellen Mißbrauch von Kindern darstellen, soll auf bis zu zehn Jahre erweitert werden. Bei der Strafaussetzung zur Bewährung muß vom Gericht geprüft werden, »ob dies unter Berücksichtigung des Sicherheitsinteresses der Allgemeinheit verantwortet werden kann«. Falls Gründe dagegen sprechen, ist ein Sachverständigengutachten zu Rate zu ziehen. Gerichte könnten zukünftig auch die Therapien von Tätern anordnen und rückfällige Sexualstraftäter leichter in Sicherungsverwahrung nehmen. Die Möglichkeiten der sozialtherapeutischen Behandlung geeigneter Sexualstraftäter im Strafvollzug sollen verbessert werden.[212]

»Es wird viel über Täter geredet, aber über die Opfer zu wenig«, stellt die Bundestagsabgeordnete Ulla Schmidt im

---

[212] CDU/CSU-Fraktion im Deutschen Bundestag, Schreiben an den Autor, 9.5.1997

März 1997 fest.[213] Die SPD legt 1997 dem Deutschen Bundestag ein 30-Punkte-Programm[214] zum »Schutz von Kindern vor sexualisierter Gewalt« vor. Neben einer Straferhöhung für die unterschiedlichen Täter verlangt die SPD unter anderem: geschlechtsspezifische Hilfen für Mädchen und Jungen über wohnortnahe Beratungsstellen, ärztliche Sprechstunden in allen Kommunen und Gemeinden, damit sich Kinder ohne Wissen der Eltern untersuchen lassen können, ein gebührenfreies bundesweites Kinder- und Jugendtelefon, einen Opferanwalt und den Rechtsanspruch des Opfers auf eine Therapie sowie die rechtliche Regelung der Einführung von Videoaufzeichnungen bei Vernehmungen der Opfer und die Schaffung kindgerechter und opferorientierter Vernehmungssituationen. Therapieangebote für Sexualstraftäter sollen ausgebaut und die Ausbildung von Sachverständigen auf dem Gebiet der forensischen Psychiatrie verbessert werden. Bündnis 90/Die Grünen möchten in ihrem Bundestags-Antrag[215] unter anderem das Beratungsangebot der Jugendämter mehr publiziert und verstärkt sehen. Kinder, die Opfer von Straftaten geworden sind, sollen Mehrfachvernehmungen möglichst erspart bleiben. Die Prozeßkostenhilfe soll die Kosten für Videovernehmung und Opferanwalt decken. Das Therapieangebot im Strafvollzug soll ausgebaut werden. Eine weitere, immer wichtiger werdende Forderung: Eine Bund-Länder-Arbeitsgruppe soll sich – unter Beteiligung der für die Justiz und Polizei zuständigen Justiz- und Innenministerien mit »einer Verbesserung der Situation von besonders schutzwürdigen Zeugen beschäftigen und eine fachübergreifende Kon-

---

[213] *Die Woche im Parlament*, Nr. 5, 14.3.1997, »30-Punkte-Programm der SPD«
[214] Deutscher Bundestag, Drucksache 13/7078, 26.2.1997
[215] Deutscher Bundestag, Drucksache 13/7087

zeption für Durchführung und Beschleunigung der Ermittlungsverfahren nach der Anzeige einer Straftat entwickeln«.

**Viele Forderungen verstauben in den Archiven**

Es gibt eine Fülle von Überlegungen, Denkansätzen und Forderungen. Fachleute – Psychologen, Psychotherapeuten, Sozialarbeiter, Kriminalbeamte, Kriminologen, Opferhelfer und Kinderschützer – Buchautoren und Betroffene melden sich seit Jahren immer wieder zu Wort und fordern Veränderungen im Kampf gegen die Kinderschändung und Hilfen für die Opfer. Viele ihrer Anregungen verstauben unbeachtet in den Aktenbergen von Behörden und Institutionen oder zwischen Buchdeckeln in Büchereien. Einige sind natürlich in die Gesetzesinitiativen der Bundestagsparteien eingeflossen. Jetzt ist die Zeit gekommen, auf Forderungen einzugehen und sich mit ihnen auseinanderzusetzen, damit bei der Bekämpfung der Kinderporno-Mafia und der kriminellen Netzwerke der Pädophilen die Arbeit wirksamer und die Abwehr der Kriminalität effektiver wird.
Viele Polizeibeamte sind sich darüber einig, daß die Polizeiarbeit und Strafverfolgung intensiviert werden muß, wenn man die Probleme wirklich in den Griff bekommen will.
Schwerpunkt-Staatsanwaltschaften, die sich auf sexuellen Mißbrauch spezialisieren und von denen es u. a. in Dortmund eine gibt, könnten die Arbeit effektiver machen. Immer wieder kommt es vor, daß Polizeibeamte von einer Staatsanwaltschaft zur nächsten laufen, um einen Staatsanwalt für ihre Ermittlungsarbeit zu begeistern – »Aktentennis« nennt man es im Behördenjargon, wenn sich die Anwälte die Akten und die Zuständigkeit dafür gegenseitig zuschieben. So manche Staatsanwälte halten sich offensichtlich gern die Mißbrauchsfälle vom Hals.

Die Gewerkschaft der Polizei fordert die Entsendung von Verbindungsbeamten in jene Länder, die von Kinderhändlern und Sextouristen aufgesucht werden: »Derartige Verbindungsbeamte haben in der Bekämpfung der internationalen Rauschgiftkriminalität erhebliche Erfolge verbucht und können auch helfen, der Kindersex-Mafia das Handwerk zu legen. Wir fordern die Bundesregierung auf, Rechtshilfeabkommen mit diesen Ländern zu schließen, um eine erfolgreiche Strafverfolgung zu gewährleisten. Die allein beim Bundeskriminalamt eingerichtete Fachdienststelle ›Kinderpornographie‹ muß personell ausgebaut werden. Fachdienststellen dieser Art sollten in jedem Landeskriminalamt eingerichtet werden. Gerade die Möglichkeiten, die das Internet dem abscheulichen Geschäft mit der ›Ware Kind‹ bietet, erfordert personal- und sachintensive, dezentrale und regionale Recherche in den Netzen. Wir brauchen mehr Leute, die mit mehr Zugangsmöglichkeiten in den Netzen recherchieren können. Die Verjährungsfrist von sechs Monaten für Kinderpornographie ist nach unserer Auffassung ein Witz. Diese Frist zwischen Tatentdeckung und Anklage ist in den seltensten Fällen zu gewährleisten ... Diese Kriminalität bedarf eines hohen Stellenwertes in unserer Gesellschaft als Voraussetzung dafür, daß Polizei und Justiz die Befähigung, Mittel und Möglichkeiten erhalten, dem Handel mit Kindern und Kinderpornographie das Handwerk zu legen.«[216]

Die vom GdP-Vorsitzenden Hermann Lutz geforderte, stärkere Beachtung dieser Kriminalität verlangt allerdings zunächst einmal das Engagement der Politiker in Kommunen,

---

[216] Gewerkschaft der Polizei, Hermann Lutz, Statement, 20.3.1997, »Der Kindersex-Mafia das Handwerk legen«

Land und Bund – vor allem auch für die Aufgaben der Strafverfolgung.
Vielleicht sollte auch darüber nachgedacht werden, ob ein schneller Ausbau der internationalen Zusammenarbeit der Polizeibehörden nicht nur über Interpol, Europol und den vorhandenen Auslandsbeamten im Bundeskriminalamt, sondern auch verstärkt über sogenannte Auslandsbeamte in den örtlichen Polizeipräsidien und den Landeskriminalämtern möglich ist. Diese Auslandsbeamten können Verbindungen zu ausländischen Behörden pflegen, Kollegen bei Auslandsaktivitäten beraten und bürokratische Schwierigkeiten zu beseitigen helfen. Politikern in Gemeinden, Land und Bund ist zu empfehlen, zu ihren Auslandsreisen nicht nur Vertreter von Wirtschaftsunternehmen einzuladen, sondern auch Vertreter der Polizei mitzunehmen. Diese haben auf den Reisen die Möglichkeit, im Ausland Fragen der polizeilichen Zusammenarbeit zu erörtern, auszubauen und informelle, internationale Kontaktnetze einzurichten. Denn es kann nur ein Ziel geben: der Internationalisierung der Porno-Mafia mit international organisierten Abwehrmaßnahmen zu begegnen. Dieser Meinung scheint auch Bundesaußenminister Dr. Klaus Kinkel. In seiner Rede auf dem »Weltkongreß gegen die gewerbsmäßige sexuelle Ausbeutung von Kindern« in Stockholm fordert er im August 1996: »Kinderschänder nutzen die Schwierigkeiten landesübergreifender Strafverfolgung schamlos aus. Wir müssen deshalb international effizienter und enger zusammenarbeiten. Auch ohne formelle Rechtshilfeabkommen muß es möglich sein, Kinderschänder durch rasche und unbürokratische Rechtshilfeersuchen in Form eines Notenwechsels auszuliefern.«[217]

---

[217] Kinkel, Klaus, Bundesminister des Auswärtigen, Rede vom 27.8.1997

## Neue Methoden bei der Kriminalitätsbekämpfung

Unkonventionelle Methoden führen im Einzelfall sicherlich zum Erfolg. In Brandenburg macht die Polizei dem flüchtigen Sexualstraftäter Frank S., der wegen mehrfachen Kindesmißbrauchs in der Landesklinik Brandenburg/Havel untergebracht war, öffentlich ein »Lockangebot«: Er soll bei freiwilliger Rückkehr »bessere Therapiebedingungen« erhalten.[218]
Ein Beispiel nehmen kann man sich auch an der Polizei in Belgien. Die hat aus ihren Fehlern gelernt und beispielhafte Sofortmaßnahmen wie der Einrichtung einer nationalen Vermißten-Polizei und eines sogenannten »Grünen Telefons« ergriffen. Die Vermißten-Polizei in Brüssel unterstützt nun die örtlichen Polizeibehörden bei mysteriösen, schwierigen Vermißtenfällen. Und über das »Grüne Telefon« erhält die Bevölkerung die Möglichkeit, der Polizei auch anonym Hinweise auf Mißbrauch von Kindern mitzuteilen.
Es scheint ratsam, bundesweit alle versuchten Kindesentführungen bzw. -schändungen im Computer zu erfassen. Verhaltensmuster und Vorgehensweise der unbekannten Täter sollten dabei ebenso archiviert und ausgewertet werden wie ihre Kleidungs- und Personenbeschreibung und die besonderen Merkmale ihrer Pkws. Damit verbunden muß es eine bundesweite Täterdatei geben, die oben genannte Kriterien beinhaltet. Eine Ausweitung zumindest auf den europäischen Raum scheint zweckmäßig, da kriminelle Pädophilennetze und die Kinderporno-Mafia ebenfalls verstärkt international organisiert sind.
Die Sexualtäter-Gen-Datenbank, im März 1997 von Kanz-

---

[218] *Focus*, 10/1997, »Lockangebot«

leramtsminister Friedrich Bohl gefordert, kann ebenfalls helfen, bei der Aufklärung von Sexualverbrechen erfolgreicher zu sein. Kurz vorher fordert auch der Präsident des Bundeskriminalamtes, Dr. Ulrich Kersten: »Von überführten Sexualstraftätern sollen Blutproben entnommen werden, um daraus sogenannte ›genetische Fingerabdrücke‹ zu erstellen – notfalls auch gegen den Willen der Täter. Ein solches DNS-Profil ist ein in Zahlenwerten ausdrückbares und somit speicherbares Muster, da es eine eindeutige Identifizierung eines Verdächtigen ermöglicht. Diese Zahlenwerte sollen in einer zentralen Datei gesammelt werden. Sofern an einem Tatort Blut-, Speichel- oder Spermaspuren gefunden werden, können daraus ebenfalls DNS-Profile gezogen werden. Diese müssen dann mit jenen gespeicherten abgeglichen werden, um Täter zu überführen – oder Verdächtige zu entlasten.«[219] Kanzleramtsminister Bohl will es den Gesetzeshütern darüber hinaus rechtlich erleichtern, bei Verdacht auf Kindesmißbrauch die Telefone der mutmaßlichen Täter abzuhören. Zartbitter e.V., die Kontakt- und Informationsstelle gegen sexuellen Mißbrauch an Mädchen und Jungen, ist der Meinung, daß die »Registrierungsfrist von Vorstrafen bzgl. der sexuellen Ausbeutung von Mädchen und Jungen im polizeilichen Führungszeugnis verlängert werden muß«. Außerdem seien gesetzliche Regelungen zu treffen, damit Vorgesetze härter in die Verantwortung genommen werden, wenn sie trotz der Kenntnis des sexuellen Mißbrauchs durch einen Mitarbeiter oder eine Mitarbeiterin ihrer Einrichtung den Schutz des kindlichen Opfers nicht gewährleisten.[220]
Abgesehen von den konkreten Maßnahmen: Politik, Polizei

---

[219] *Stern*, 7/1997, »Mit dem Gen-Code auf Mörderjagd«
[220] Zartbitter e.V., Köln, 21.8.1996, Pressemitteilung anläßlich des Besuches der Bundesministerin Claudia Nolte

und Justiz müssen allmählich auch zu einer einheitlichen Sprachregelung kommen. Es darf nicht sein, daß ein Teil der Polizeispezialisten vor den Gefahren durch kriminelle Kinderschänder-Organisationen warnt, während andere versuchen, die Probleme wider besseren Wissens zu verharmlosen.

»Ermittler und Juristen sollten durch die therapeutischen Ergebnisse von Therapeuten und Beratern in der besonderen Sprache der rituell mißhandelnden und mißbrauchenden Täter eingewiesen werden«, verlangt die Psychotherapeutin Roslies Wille-Nopens von der »Interessengemeinschaft zur Verhinderung sexuellen Mißbrauchs e.V.« in Celle, »nur so kann sich eine effektivere Ermittlung und ein besseres Verständnis der besonderen Täterdynamik und seiner Strukturen und Vernetzungen entwickeln. Dem Opfer könnte dadurch weitgehend geglaubt und ein Teil seiner Würde wieder hergestellt werden.«[221] Roslies Wille-Nopens ruft dazu auf: »Gesetze endlich anwenden und ausschöpfen. Studien erstellen, die beweisen, daß die meisten Täter aus unterschiedlichen Gründen nicht therapierbar sind. Aus diesem Wissen müssen Konsequenzen gezogen werden.«

Der bedrohliche Flächenbrand durch die Kinderschänder kann letztlich nur gestoppt werden, wenn für die Täter das Risiko immer größer wird, von den Strafverfolgern überführt und vor Gericht gestellt zu werden. Je mehr Betätigungsfelder den Kriminellen von den Strafverfolgern aus welchen Gründen auch immer überlassen werden, desto dreister werden die Täter. Die Tageszeitung »De Morgen« in Brüssel warnt im Oktober 1996 davor, daß die Mitglieder pädophiler Netze vor nichts zurückschrecken. Als Beispiel nennt die

---

[221] Schreiben von Roslies Wille-Nopens an den Autor, 1.5.1997

Zeitung einen Überfall auf die belgische Aktivistin gegen Kindesmißbrauch, Marie-France Botte. Sie ist von einem Unbekannten in ihrem Haus überfallen und gewürgt worden, nachdem sie nach der Festnahme Dutroux' darauf hingewiesen hat, daß die Bande Teil eines internationalen Netzes sei und von hochrangigen Persönlichkeiten geschützt werde.[222] Auf eine Zeugin, die als Opfer einer Kinderschänderbande ausgesagt hat, wird ebenfalls im Oktober 1996 ein Attentat verübt. Die Fahrer von zwei Pkws versuchen die Frau, die mit ihrem Wagen über den Brüsseler Ringboulevard fährt, von der Straße abzudrängen. Einige Tage später wird sie auf einem Parkplatz von zwei unbekannten Tätern überfallen. Offensichtlich dienen die Überfälle nur dem Ziel, das Opfer einzuschüchtern. Die Angehörigen des Pädophilenrings, die nach wie vor Einfluß hätten, seien entschlossen, ihnen gefährliche Personen mit allen Mitteln zum Schweigen zu bringen, berichtet die belgische Zeitung »Le Soir«.[223]

### Justiz und Strafrecht: Mehr Opferschutz vor Gericht

Auch der Umgang von Richtern und Verteidigern mit den Opfern läßt immer wieder zu Wünschen übrig. Das liegt einerseits an der mangelhaften Ausbildung im Bereich des sexuellen Mißbrauchs von Kindern. Manche Richter, Rechts- und Staatsanwälte sowie Gutachter und manch andere am Prozeß Beteiligte benötigen darüber hinaus offensichtlich auf ihren Berufszweig zugeschnittene Ethik-Seminare und ei-

---

[222] Elektronische Medien Produktions- und Beratungsgesellschaft mbH, Internet, www.germany-live, Journal, 11.10.1996, »De Morgen«: Ranghohe Persönlichkeiten auf Dutroux-Videos
[223] *Grenz-Echo*, 4.11.1997, »Anschläge auf Zeugen in Kinderschänderskandal«

nen Maßnahmen- und Verhaltenskatalog für den Umgang mit den Opfern. Richter sollten zukünftig mehr den Schutz der Opfer – auch der Erwachsenen – im Auge haben und Verletzungen des – noch zu entwickelnden – Ethik-Codex vor Gericht durch Anwälte oder Gutachter vor allem während der Verhandlung unterbinden.
Grundsätzlich erscheint vielen Fachleuten die Einrichtung einer Opferbetreuung und eines Opferzimmers in jedem Gericht immer wichtiger.
Spezielle Ausbildung für Richter, lautet eine weitere Forderung. Zartbitter e.V. meint: »Seit Jahren wird die Verbesserung der Situation der kindlichen Zeugen vor Gericht diskutiert. Bis heute ist trotz der Absichtserklärungen vieler PolitikerInnen und MinisterInnen nichts passiert ... Die Verhandlung wird von Richtern geleitet, die in der Regel keine speziellen Vorkenntnisse zum Problembereich sexuelle Gewalt gegen Kinder haben und in ihrer Prozeßführung den Opferschutz zum Teil nicht gewährleisten. Da werden Kinder zum gleichen Zeitpunkt wie Angeklagte geladen, begegnen diesen auf den Fluren, müssen zum Teil stundenlang im Gerichtsgebäude auf ihre Vernehmung warten.«[224]

### Therapie für Täter: Gutachter sind oft nicht qualifiziert

Um einen Überblick über die Wirksamkeit der angebotenen Therapien zu bekommen, ist eine entsprechende Untersuchung der Rückfallquoten unbedingt notwendig. Bisher gibt es keine Statistik, die den Therapie-Erfolg von Sexualstraftätern und pädophilen Tätern belegt. Allerdings will das Bundesjustizministerium die Rückfallquote therapierter Se-

---

[224] vgl. Zartbitter a.a.O.

xualstraftäter ermitteln.[225] Eine hohe Rückfallquote muß zum Schutz der Opfer zu Konsequenzen führen, etwa dem Ausbau der Sicherheitsverwahrung von Tätern.
Bundestagspräsidentin Rita Süssmuth plädiert im Januar 1997 dafür, »die Sicherheitsverwahrung bei Tätern anzuordnen, die sich selbst oft als ›Zeitbombe‹ bezeichnen. Darüber hinaus werde dringend eine größere Anzahl von Lehrstühlen für die forensische Psychiatrie benötigt, weil Gutachten und Prognosen von Psychiatern und Psychologen geschrieben werden, die oft nicht für diese spezifische Arbeit mit Triebtätern qualifiziert sind«.[226]
Lebenslängliche oder zumindest eine langjährige Melde- und Kontaktpflicht für Sexualstraftäter nach ihrer Haftentlassung könnte dem Täter das Gefühl vermitteln, daß die Strafverfolgungsbehörden »ein Auge« auf ihn haben. Speziell ausgebildete Bewährungshelfer bieten sich als Gesprächs- und Kontrollpartner an. Bei der Sexualstraftätergruppe besteht – auch nach einer Therapie – eine große Rückfallquote und somit eine große Gefahr für die Opfer. Menschen, die solche Straftaten begangen haben, sollten Zeit ihres Leben unter Beobachtung stehen. Das hilft den Tätern, die sich ihren Gesprächs- und Kontrollpartnern anvertrauen können, und ist darüber hinaus auch eine Form von Sühne. Die meisten Opfer von Mißbrauchshandlungen leiden unter den Folgen ein Leben lang. Warum sollen nicht die Täter und Täterinnen, die dieses Leid verursacht haben, ein Leben lang Unannehmlichkeiten in Kauf nehmen?

---

[225] *FAZ*, 24.10.1996, »16.000 Fälle von sexuellem Mißbrauch«
[226] *Express*, 31.1.1997, »An Schutz der Opfer denken«

## Täter sollen die Therapie der Opfer bezahlen

Die Opfer von sexuellem Mißbrauch und Vergewaltigung brauchen unser aller Hilfe und vor allem speziell ausgebildete Beamte in den Polizei- und anderen Behörden, die sensibel sind, um auf die Situation der Opfer Rücksicht zu nehmen. Nach Meinung von Zartbitter e.V. in Köln gehören die Hilfen für kindliche Opfer sexueller Gewalt und die Präventionsarbeit gegen sexuelle Gewalt als Pflichtaufgabe der Jugendhilfe in das Kinder- und Jugendhilfegesetz.[227] Die Einrichtung von speziellen Opferzimmern für Vernehmungen in Polizeidienststellen – wie Anfang 1997 zum Beispiel in Düsseldorf geschehen – gehört ebenfalls zum Katalog der oft wichtigen Forderungen, wozu auch die rechtliche Absicherung der Vernehmungen unter Verwendung von Videoaufzeichnungen gehört.

Bei der Anhörung im Deutschen Bundestag zur »Sexuellen Gewalt gegen Kinder« im Januar 1997 plädiert Ursula Enders von Zartbitter e.V. in Köln für den Einsatz »mobiler Ermittlungsrichterinnen«, die die Opferzeugen einmal befragen und im Prozeß anstelle der Opfer aussagen können. Anita Heiliger vom Deutschen Jugendinstitut in München wiederum verlangt, daß den Tätern die Kosten für eine Therapie des Opfers auferlegt werden.[228]

Die Gesellschaft – ganz wichtig – muß die Opfer ernst nehmen und die Probleme mißbrauchter Kinder nicht länger als unangenehmes Tabu-Thema behandeln. Schon allein durch das Akzeptieren von »Straßensituationen«, wenn Erwachsene in aller Öffentlichkeit Kinder zur Prostitution animieren

---

[227] vgl. Zartbitter a.a.O.
[228] *Süddeutsche Zeitung*, 21.1.1997, »Klagen über zuwenig Hilfen für die Opfer«

und verführen – nichts anderes bedeuten die Versprechungen auf Geschenke und Bezahlung –, macht sich eine Gesellschaft mitschuldig am Schicksal ihrer Kinder. Eine Ächtung dieser Täter – wir finden sie häufig in Bahnhofsbezirken und anderen, allgemein bekannten Treffpunkten – ist unbedingt notwendig. Auf Fotos der Zeitungen und Magazine und in Fernsehfilmen sollten in Zukunft nicht die Täter, sondern die kleinen Opfer unkenntlich gemacht werden. Nicht die Opfer, sondern die Täter gehören an den Pranger. Eine Videoüberwachung und gleichzeitige Übertragung auf Monitore an diesen Pädophilen-Treffpunkten – die wir in Banken und an anderen sicherheitsgefährdeten Orten wie selbstverständlich akzeptieren – dürften zu dieser öffentlichen Bloßstellung beitragen. »Wir müssen ganz klar auch öffentlich sagen, wer hier Täter und wer Opfer ist«, fordert auch Klaus Schmidt, der Leiter des Kinder- und Jugendnotdienstes in Hamburg.

Dazu gehören auch eindeutige Formulierungen. Ein Polizeibeamter kritisiert den Begriff »Kinderprostitution«: »Wenn ich das Wort höre, tut es mir weh. Ich kann mir einfach nicht vorstellen, daß sich ein 8jähriges Mädchen prostituiert. Es wird vielmehr dazu gezwungen, solche Handlungen zu tun. Der Begriff ›Kinderprostitution‹ ist eine Schuld- und Strafzuweisung an das Kind. In vielen Ländern ist Prostitution eine Straftat. Der Straftäter ist meiner Meinung nach eindeutig der Erwachsene, der sich dieser Kinder bedient.« Wohin diese Fehlinterpretationen führen können, zeigt ein Beispiel aus Argentinien. Dort urteilt die Justiz zum Teil schon unter dem Gesichtspunkt der »verdorbenen Frucht« – was verdorben ist, kann nicht mehr verdorben werden. Das heißt: Ein Kind, das sich prostituiert oder prostituiert wird, kann vom Täter nicht mißbraucht werden, weil es ja schon ein verdorbenes Kind ist. Es kann nicht erneut verdorben

werden. Und so erhält der Täter über diesen Umweg praktisch Straffreiheit.
Zu überlegen ist der Ausbau privaten Engagements etwa durch die Einrichtung von Patenschaften für Straßenkinder. Eine monatliche Spende ermöglicht es, die Kinder zu betreuen und zu versorgen und langfristig eine Wiedereingliederung zu erreichen.
Bundestagspräsidentin Rita Süssmuth spricht sich im Januar 1997 dafür aus, daß den jungen Opfern während des Strafprozesses und auch danach durch ein therapeutisches Angebot geholfen wird: »Die strafrechtliche Verhandlung ist für die mißbrauchten Kinder ähnlich angstbesetzt wie die Tat selbst ... Den jungen Zeugen muß bei der Verarbeitung ihrer traumatischen Erlebnisse geholfen werden.« Für sie fordert die Politikerin verstärkt den Ausbau sozialtherapeutischer und psychiatrischer Einrichtungen mit entsprechend ausgebildetem Personal.[229] Auch Sachsens Justizminister Steffen Heitmann plädiert im Februar 1997 für eine bessere Betreuung der Opfer von Straftaten. Bislang stünden überwiegend die Täter im Blickpunkt des Strafrechts. Die psychische und physische Hilfe für die Geschädigten finde zu wenig Beachtung; beim »Sozialen Dienst« in Bautzen läßt er ein Modellprojekt »Opferberatung« einrichten.[230]
Vielleicht sollte diese Überlegung erweitert werden. Bei den Kommunalverwaltungen könnten Stellen für Opfer- und Vermißtenhelfer eingerichtet werden. Diese Spezialisten sollten den Opfern und/oder Angehörigen von Opfern oder Vermißten in erster Linie Ratgeber für alle notwendigen, organisatorischen Maßnahmen zur Bewältigung des Pro-

---

[229] *Express*, 31.1.1997, »An Schutz der Opfer denken«
[230] *Welt am Sonntag*, 14.2.1997, »Opfer von Straftaten besser betreuen«

blems sein und Kontakt zu allen wichtigen Hilfseinrichtungen bis hin zur psychischen Krisenberatung herstellen können.
Die Angehörigen von vermißten Kindern, die zum Teil ja auch Opfer von Sexualstraftätern sind, befinden sich beispielsweise in einer Extremsituation. Sie erleben psychischen Streß in größtem Ausmaß. In diesem Karussell der Gefühle und Empfindungen dreht sich alles immer wieder um Fragen wie: Wo ist mein Kind? Wie geht es ihm? Lebt es noch? Wird das Kind in diesem Moment mißhandelt oder gar getötet? Habe ich Fehler bei der Beaufsichtigung gemacht? Wie kann ich meinem Kind helfen?
Als Hilfe für die Opfer wie auch für deren Angehörige schlagen die Diplompsychologinnen Ulrike Brockhaus und Maren Kolshorn in ihrem Buch »Sexuelle Gewalt gegen Mädchen und Jungen«[231] vor: »Wissenschaftlich fundierte Erarbeitung von Beratungs- und Therapiekonzepten sowohl für Opfer als auch für Personen des sozialen Umfeldes und für Täter; möglichst flächendeckende Einrichtung von Informations-, Beratungs- und Therapiezentren, die auf sexuelle Gewalt spezialisiert sind; angemessene Finanzierung bereits bestehender Projekte (Frauen-Notrufe, Wildwasser, Zartbitter etc.); Schaffung spezieller Angebote für sexuell mißbrauchte Jungen; Übernahme der Beratungs- und Therapiekosten durch die Krankenkassen; im Rahmen der Aus-, Fort- und Weiterbildung eine intensive Schulung von Personen des Erziehungswesens und der psychosozialen Versorgung (ErzieherInnen, LehrerInnen, MedizinerInnen, Strafverfolgungsbehörden etc.); Vernetzung der Einrichtungen, die mit sexueller Gewalt konfrontiert werden.

---

[231] Brockhaus/Kolshorn, *Sexuelle Gewalt gegen Mädchen und Jungen*, Campus Verlag, Frankfurt/New York 1993, Seite 261 f.

Allerdings erfordert die Umsetzung dieser Vorschläge ein radikales Umdenken: weniger Sozialabbau, wie er in den letzten Jahren zu beobachten ist, sondern mehr statt weniger Geld für Beratungsstellen, soziale Aktivitäten oder Therapieplätze für die Opfer.«

**Gesellschaftsfragen: Vom Umgang mit dem Opfer**

Wie die Lektüre dieses Buches zeigt, gehören zum Thema sexueller Kindesmißbrauch einige sehr komplexe, kaum überschaubare Einzelaspekte: Mißbrauch durch Eltern, deren Freunde oder Verwandte, Vergewaltigung durch Fremde, Kinderpornographie, der Handel mit Kindern, deren Entführung und sogar deren Tötung.
Aufklärung und Information ist notwendig, damit sich in der Gesellschaft ein Gefühl dafür entwickelt, in welch einer Situation sich die Opfer befinden. Dieser Informationsprozeß muß gemeinsam von Politik und Behörden, von Medien und Initiativen vorangetrieben werden. Die Opferhelfer, die von Haus aus meist auch Lobbyisten der kleinen Opfer sind, können das in der Regel nicht auch noch leisten. Sie haben bei der Vielzahl der Fälle eigentlich genug damit zu tun, den mißbrauchten Kindern in der aktuellen Situation zu helfen und ihnen die gebotene Beachtung zu schenken.
So ist es notwendig, daß jeder dazu beiträgt, sich selbst und seine Mitmenschen zu sensibilisieren und die Hilfe für diese unterdrückten Kinder zu einem gesamtgesellschaftlichen Anliegen zu machen. Ansatzpunkte gibt es viele. So sollte beispielsweise das Handeln von Erwachsenen im Umgang mit den Kindern unbedingt hinterfragt werden. Die Darstellung der sexuellen Gewalt in Film und Fernsehen ist dabei ebenso ein Thema wie die Darstellung von Kindern und der

Umgang mit ihnen in der Werbung. Der Modeschöpfer Calvin Klein geriet zu Recht ins Kreuzfeuer der Kritik von Verbraucher- und Kinderschützern in den USA, als er in TV-Spots und Anzeigen junge Mädchen und Jungen in entblößenden Stellungen für seine Unterwäsche werben ließ. »Pädophilie ist nicht sexy«, klagten die Kinderanwälte, und John Leo, Kolumnist der Zeitschrift »U.S. News & World Report« wetterte über die »Dekadenz auf Unternehmerart«.[232]
Nur in einer informierten Gesellschaft kann es gelingen, gegen die Machenschaften der Porno-Mafia und der Kindersex-Netzwerke anzukommen und langfristig ein Ausdehnen dieser Kriminalitätsformen zu stoppen. Möglichst viele müssen über die Methoden der Täter aufgeklärt sein. Damit es beispielsweise nicht mehr – wie im Mai 1997 – passiert, daß sich eine »Arbeitsgemeinschaft humane Sexualität«, die sich für eine Tagung in den Räumen der Aids-Hilfe Frankfurt einnistet, als Pädophilen-Arbeitsgemeinschaft entpuppt.[233]
Doch dazu ist es letzlich ganz besonders notwendig, daß wir die Probleme ernst nehmen – und aus ihnen keine Vorlagen für Witze machen. Darum gilt meine letzte Forderung jenen Spaßvögeln, die sich auf Kosten von Themen wie »Kindesmißbrauch« und »Dutroux« amüsieren. Sie sollten bedenken, daß das Erzählen von Witzen nur im Ausnahmefall befreiend wirkt und einer Sache den Ernst nimmt. Ein Witz ist mir als abschreckendes Beispiel im Gedächtnis geblieben: »Woran halten sich die Männer in Belgien beim Sex fest? – Am Schulranzen.«

---

[232] *Tempo*, 10.10.1995, Seite 106, »Ist Pädophilie sexy?«
[233] *Express*, 9.5.1997, »Die miesen Tricks der Kinderschänder«

# Anhang 1:

# Wie schütze ich mein Kind?

Wir sind eine freie Gesellschaft. Das garantiert das Grundgesetz. Auch unseren Kindern sollten wir diesen Grundsatz vermitteln und sie zu freiem Denken und zu Offenheit erziehen. Doch ein Gefühl von Freiheit kann sich kaum ohne ein Empfinden von Sicherheit entwickeln. Vor dem Hintergrund der zahlreichen, bekanntgewordenen Gewalttaten – insbesondere gegen Kinder – verblaßt das Ideal der Freiheit immer stärker zugunsten eines tiefen Bedürfnisses nach Schutz und Sicherheit. Deshalb erscheint es sinnvoll, Kinder zu lehren, wie sie sich am besten vor anderen Menschen schützen können. Weil jene, die schwach sind oder sich zumindest zeitweilig schwach und unsicher fühlen, sich meistens noch Schwächere aussuchen, um ihren Ärger, ihre Wut, ihre Unzulänglichkeiten und ihre sexuellen Phantasien abreagieren zu können.

Doch was soll man als Eltern tun? Soll man Kinder rund um die Uhr beaufsichtigen, damit sie keiner äußeren Gefahr ausgesetzt sind? Soll man ihren Aktionsradius und den Kontakt zu Mitmenschen so weit wie möglich einschränken? Soll man ihnen eher Angst machen, damit sie jeglicher Gefahr von vornherein ausweichen, oder soll man sie zu mehr Selbstvertrauen erziehen, damit sie sich wehren können?

Die ideale Lösung gibt es sicher nicht. Die meisten Experten, die sich damit auseinandergesetzt haben, wie Kinder (in

Zusammenarbeit mit Erwachsenen) sich besser vor sexueller Gewalt schützen können, stellen fest: Kinder, die ein ausreichendes Maß an Selbstvertrauen entwickelt haben, sind vor sexueller Gewalt besser geschützt als eher ängstliche Kinder.

**Experten geben Ratschläge für Eltern und Kinder**

Viele Experten haben sich in den vergangenen Jahren damit beschäftigt, Programme und Anleitungen für Verhaltensweisen zu entwickeln. Im folgenden haben wir eine Vielzahl praktischer Tips dieser Kinderschützer und Opferfachleute zusammengestellt:

- Michele Elliott, selbst Mutter, hat sich intensiv mit dem Thema auseinandergesetzt und einen umfangreichen Ratgeber (»So schütze ich mein Kind vor sexuellem Mißbrauch, Gewalt und Drogen«) verfaßt. Sie räumt darin zunächst mit dem Mythos auf, daß »Unschuld sich selber schützt«. Vielmehr sei es wichtig, Kinder umfassend über alle Gefahren aufzuklären und ein ausführliches Schutzprogramm mit dem Kind zu erarbeiten. Die Autorin setzt vor allem auf umfassende Information für Kinder als beste Waffe zum Schutz gegen Mißbrauch.

- Der Polizeipsychologe Professor Adolf Gallwitz weist darauf hin, daß es keinen 100%igen Schutz durch die Polizei geben kann und langwierige Therapien für Täter kaum bezahlbar sind. Gallwitz: »Die Täter und ihre Taten kommen mitten aus unserer Gesellschaft und sind in den wenigsten Fällen so spektakulär wie in den Fällen der jüngsten Vergangenheit.«

Dennoch sieht Gallwitz Hoffnung, die Zahl der Opfer durch entsprechende Erziehung von Kindern zu begrenzen: »Kinder, die nein sagen, die weglaufen, die sich verteidigen, die keine Geheimnisse bewahren, die sich nicht einschüchtern lassen, sind keine guten Ziele für sexuelle Mißbraucher ... Gesund entwickelte Kinder können sich ganz gut selbst schützen!«

- Auch die Hilfsorganisation für Kriminalitätsopfer, Weisser Ring, rät Eltern, Lehrern und Erziehern, »Mädchen und Jungen in ihrer Eigenheit, in ihrem Eigen-Willen und ihrer Selbstbestimmung ernstzunehmen, statt sie dem Willen der Erwachsenen unterzuordnen und anzupassen. ... Denn angepaßte, gehorsame und selbstunsichere Kinder sind ideale Opfer.« Die Aktion »Power Kids: Mit mir nicht mehr!« in Zusammenarbeit mit dem »Weissen Ring« will dazu beitragen, den sexuellen Mißbrauch von Jungen und Mädchen zu verhindern. Dazu wurde eine Broschüre (Hamburg, 1996) speziell für Kinder erarbeitet, in der mit einfachen Worten und Zeichnungen auf sexuelle Übergriffe hingewiesen wird. Zum Beispiel heißt es: »Manche Großen schmeicheln auch Kindern: um sie dann zu streicheln ... aber wenn Du das nicht magst, ist es gut, wenn Du es sagst!« Mit solchen und vielen ähnlichen Beispielen sollen Kinder anhand von praktischen Beispielen aufgeklärt und ermutigt werden, unerwünschten Annäherungen von Erwachsenen Grenzen zu setzen[234].

- Das Bundesfamilienministerium in Bonn hat Anfang der 90er Jahre die Kampagne »Keine Gewalt gegen Kinder«

---
[234] Die Broschüre ist erhältlich beim Weissen Ring e.V., Weberstr. 16, 55130 Mainz.

ins Leben gerufen, um dabei auch das Thema »Sexueller Mißbrauch« aus der Tabuzone in eine öffentliche Diskussion zu führen. Die Bundesregierung setzt für die Prävention auf haupt- und ehrenamtliche Helfer für Kinder und will die bestehenden Hilfsangebote ausbauen. Im Falle von sexuellem Mißbrauch rät das Familienministerium Erwachsenen, trotz aller Wut und Bestürzung ruhig zu bleiben und das Kind nicht zu bedrängen – Vertrauen braucht Geduld[235].

- Auch die Innenminister der Länder haben Broschüren in Auftrag gegeben, in denen Tips zum Schutz vor sexuellem Mißbrauch gegeben werden. Darin steht die weitreichende sexuelle Aufklärung im Vordergrund. Darüber hinaus appellieren die Innenminister an alle Eltern, auch offene Augen und Ohren für die Nöte von Kindern aus der Nachbarschaft zu haben.

### Ratschläge zur Vermeidung von sexuellem Mißbrauch

Menschen, die den sexuellen Kontakt zu Kindern aufbauen, versuchen mit unterschiedlichen Tricks und unter vielfältigen Vorwänden Kinder anzusprechen und an einen unbeobachteten Ort zu locken. Eltern können ihre Kinder nicht vor jedem miesen Trick der Täter warnen. Zahlreiche Verhaltensregeln helfen jedoch, Kinder vor Mißbrauch zu bewahren. Wichtig ist, daß Eltern diese Verhaltensweisen mit ihren Kindern intensiv üben (z. B. das Schreien), damit sie im Ernstfall auch sicher angewendet werden. Die nachfolgenden

---

[235] Die Broschüre »Keine Gewalt gegen Kinder. Signale Sehen – Hilferufe Hören« kann beim Bundesministerium für Familie, Senioren, Frauen und Jugend, Postfach 2 01 55, 53145 Bonn, bezogen werden.

Vorschläge wurden aus den in Büchern und Broschüren veröffentlichten Ratschlägen der vorab zitierten Experten und Opferschutz-Organisationen und -Institutionen[236] zusammengestellt:

**Aufklärung:** Klären Sie Ihr Kind frühzeitig über Sexualität auf. Reden Sie entsprechend dem Alter des Kindes über sexuelle Vorgänge. Das Kind wird sich Ihnen dann leichter anvertrauen, wenn es zu sexuellem Mißbrauch gekommen ist. Sprechen Sie mit dem Kind über den Unterschied zwischen normalen und gefährlichen Berührungen. Ihr Kind soll selbst ein Gefühl dafür bekommen, welche Art von Berührungen es mag und welche nicht. Entscheidend dabei ist, daß Ihr Kind lernt, »nein« zu sagen, wenn es nicht oder so nicht berührt werden will. Sprechen Sie mit Ihrem Kind auch über seinen Körper. Versuchen Sie ihm klar zu machen, daß seine Intimsphäre für andere tabu ist. Erläutern Sie ihm, daß es selbst bestimmen darf, was mit seinem Körper geschieht.

**Aufmerksamkeit:** Geben Sie Ihrem Kind viel Aufmerksamkeit und Zärtlichkeit, damit niemand das unbefriedigte Verlangen des Kindes ausnutzen kann. Zuwendung, Anerken-

---

[236] Elliott, Michele: *So schütze ich mein Kind vor sexuellem Mißbrauch, Gewalt und Drogen*, Bastei-Verlag Gustav H. Lübbe, Bergisch Gladbach, 1995; Gallwitz, Adolf: *Ratschläge zum elterlichen Umgang mit ihren Kindern*, in: *Deutsche Polizei* 3/1997; Gallwitz, Adolf/Paulus, Manfred: *Grünkram. Die Kindersex-Mafia in Deutschland*, Hilden. Verlag Deutsche Polizeiliteratur. 1997; Weisser Ring (Hrsg.): *Sexueller Mißbrauch an Mädchen und Jungen. Fakten – Hilfen – Vorbeugung*. Mainz 1992; Braun, Gisela: *Gegen sexuellen Mißbrauch an Mädchen und Jungen. Ein Ratgeber für Mütter und Väter*. Arbeitsgemeinschaft Kinder- und Jugendschutz (AJS) Landesstelle NRW. e.V., Köln. 1993; Broschüre des Innenministeriums Baden-Württemberg *Wir wollen, daß Sie sicher leben* nach einer Studie von Michael C. Baurmann: *Sexualität, Gewalt und die Folgen für das Opfer*. BKA, Wiesbaden 1985; Merkblatt des Landeskriminalamts Sachsen, Neuländer Straße 60, 01129 Dresden

nung und Aufmerksamkeit sind Vitamine für die Seele. Sie machen das Kind stark.

**Babysitter:** Wer einen Babysitter engagiert, sollte sich diese Person zuvor genau ansehen. Am besten ist es, wenn der Babysitter von Freunden empfohlen worden ist. Wachsamkeit ist geboten, wenn sich der Babysitter mehr für die Freundschaft des Kindes denn für die Freundschaft zu Ihnen interessiert. Rufen Sie gelegentlich zur Kontrolle zu Hause an. Achten Sie auf die Reaktion des Kindes, wenn es erfährt, daß der Babysitter kommt. Falls es z. B. weint und dies bei anderen »Fremden« nicht tut, stimmt etwas nicht.

**Beratungsstelle:** Wenden Sie sich an eine Beratungsstelle, wenn Sie spezielle Fragen haben, wie Sie Ihr Kind besser schützen können.

**Exhibitionisten:** Wenn ein Kind mit einem Exhibitionisten konfrontiert wird, sollte es sich schnellstens abwenden und fortlaufen. Ihr Kind muß demnach wissen, was ein Exhibitionist ist. Erklären Sie es ihm.

**Fremde:** Lehren Sie Ihr Kind, Abstand zu halten! Zwei Armlängen Abstand zu Fremden genügen, damit er das Kind nicht packen kann. Sagen Sie ihm immer wieder, daß es mit Unbekannten weder mitgehen noch in deren Auto einsteigen darf. Auch, daß es besonders Fremden nie die Wohnungstür öffnen soll, wenn es allein zu Hause ist. Vereinbaren Sie ein Codewort mit Ihrem Kind, das in Notfällen eingesetzt werden muß. Dann kann ein Fremder das Kind nicht unter einem Vorwand – die Mutter sei krank und er wolle das Kind zu ihr bringen – zu sich ins Auto locken. Erinnern Sie Ihr Kind daran, was es gerne bei unwillkommenen Wünschen der Eltern macht:

so zu tun, als ob es die Aufforderung nicht gehört habe, sich taub stellen. Genauso kann es verfahren, wenn es allein ist und von einem Fremden angesprochen wird. Sagen Sie dem Kind, es soll sich am Telefon nicht mit Namen melden. Wenn ein obszöner Anrufer den Namen des Kindes kennt, hat er eine Basis, um Vertrauen aufzubauen. Trotz allem: Verzichten Sie darauf, dem Kind Angst vor »bösen Fremden« einzureden. Informieren Sie das Kind über die möglichen sexuellen Übergriffe und vermitteln Sie ihm, daß man bei diesem Thema zu jedem Erwachsenen – auch in der eigenen Familie – »nein« sagen darf. Dieses »Nein«-Sagen sollten Sie anhand von einfachen (Fang-)Fragen mit Ihrem Kind üben.

**Freunde:** Achten Sie darauf, mit wem Ihr Kind umgeht, wer seine Freunde sind. Wenn Sie das Gefühl haben, zwischen Ihrem Kind und einem bestimmten Erwachsenen sei die Freundschaft zu eng und es ist zu sexuellen Handlungen gekommen, bringen Sie den Verdacht zur Sprache. Notfalls wenden Sie sich an eine Erziehungsberatungsstelle.

**Gefühle:** Vor allem Jungen wird oft die Rolle des Starken, des Aggressiven und Dominanten zugewiesen. Ermutigen Sie Ihren Sohn jedoch, daß er über seine Gefühle wie Angst, Schwäche und Hilflosigkeit redet. Denn ein Junge, der immer erzogen worden ist, den Helden zu spielen, mag sich niemandem anvertrauen, wenn er einmal Opfer geworden ist.

**Geheimnisse:** Sagen Sie Ihren Kindern, daß es zwar Geheimnisse gibt, aber eben auch solche, die Angst und Bauchschmerzen verursachen. Solche Geheimnisse darf man den Eltern immer erzählen, auch wenn man jemandem etwas anderes versprochen hat.

**Hinweise auf Mißbrauch:** Hören Sie genau hin, fragen Sie behutsam nach und nehmen Sie auch Andeutungen ernst, wenn der Verdacht des sexuellen Mißbrauchs geweckt ist.

**Information:** Kinder müssen über die Sonnen- und Schattenseiten des Lebens informiert werden. Sprechen Sie mit Ihrem Kind über den Charakter von Menschen. Machen Sie ihm klar, daß es weder nur »gute« noch nur »böse« Menschen gibt, sondern auch »gute« Menschen durchaus »böse« Sachen tun können. Erklären Sie Ihrem Kind den Unterschied zwischen Geschenken und Bestechung. Sexualverbrecher geben gerne »Belohnungen« für sexuelle Gefälligkeiten. Wenn man Geschenke bekommt, muß man dafür nichts tun. Belohnung und Bestechung verlangen eine Gegenleistung.

**Notlage:** Kinder sollten lernen, wegzulaufen. Die Erfahrungen zeigen, daß kaum ein möglicher Täter gewillt ist, längere Zeit hinterherzulaufen. Vereinbaren Sie gemeinsam mit Ihrem Kind bestimmte »Fluchtpunkte« (etwa für den Schulweg, z. B. ab hier in die Tankstelle laufen; ab Schillerstr. in den Kiosk laufen, ab dort bei Familie Schmitz klingeln oder auf den Hof laufen). Machen Sie Ihrem Kind auch klar, daß es niemals einem Angreifer entgegnen sollte: »Ich werde alles sagen!« Denn diese Drohung könnte den Täter zu Gewalt provozieren. Erzählen darf das Kind erst dann, wenn es in Sicherheit ist. Lehren Sie Ihr Kind, was es ohnehin eigentlich schon gut kann: Schreien. Denn lautes, und vor allem unerwartetes Schreien, das aus dem Bauch kommt, wird viele Täter abschrecken. Selbst bei einem Kind kann es sehr wirkungsvoll sein, wenn es kräftiger gegen das Schienbein des Angreifers tritt. Auch wenn es in Krimis noch so spannend zugehen mag – üben Sie keine Verfolgungsjagden. Sie sollten Ihrem Kind klarmachen, daß es niemals einen Angreifer verfolgen darf – auch wenn die kindliche Phantasie in Anlehnung an übermächtige Comic-Helden sich dergleichen ausgemalt hat. Die Ergreifung von Tätern sollte der Polizei überlassen bleiben. Lassen Sie Ihr Kind selbst Vorschläge machen, wie es sich in einer Notlage schützen würde. Das stärkt das Selbstvertrauen Ihres Kindes.

**Polizei:** Erklären Sie Ihren Kindern, wie die Notrufnummer 110 funktioniert. Üben Sie den Notruf mit dem Kind. Sagen Sie ihm, daß es jederzeit bei der Polizei, in Geschäften oder öffentlichen Einrichtungen Hilfe findet, wenn es belästigt wird oder ein anderes Kind in Gefahr ist. Machen Sie Ihrem Kind klar: »Die Polizei ist Dein Freund und Helfer!« Aber: Führen Sie die Polizei niemals als Helfer für Ihre Erziehungsprobleme an, denn dann wird das Kind niemals dort Schutz suchen.

**Respekt:** Respektieren Sie die Wünsche des Kindes. Lassen Sie nie zu, daß es gegen seinen Willen umarmt, gestreichelt oder geküßt wird, auch wenn der Erwachsene es noch so gut meint.

**Selbstbestimmung:** Beteiligen Sie Ihre Kinder an Entscheidungen in der Familie, vor allem wenn es die Kinder selbst betrifft. Akzeptieren Sie dabei auch ruhig einmal ein »Nein« und bestärken Sie Ihr Kind darin, sich nichts einreden zu lassen, was ihm widerstrebt. Machen Sie Ihrem Kind klar, daß es in gefährlichen Situationen jede Regel brechen darf, um sich in Sicherheit zu bringen. Freuen Sie sich, wenn Ihre Tochter selbstbewußt und eigenwillig ist, auch wenn Ihr Nachbar sagt, sie sei kein richtiges Mädchen, sondern ein Wildfang. Fördern Sie diese Eigenschaften.

**Selbstverteidigung:** Bei Jugendlichen (Jungen und Mädchen) kann auch eine Ausbildung zur Selbstverteidigung sinnvoll sein. Dabei handelt es sich um Techniken, die auf asiatische Kampfsportarten (Judo, Karate, etc.) zurückgehen. Selbst wenn dem Jugendlichen noch die Kraft und wirkungsvolle Techniken zur seiner Verteidigung fehlen, so wird doch in jedem Fall das Selbstbewußtsein gestärkt. Dies ist insbesondere für Mädchen von großer Bedeutung. Jemand, der Selbstsicherheit ausstrahlt, wird in der Regel nicht so leicht Opfer einer Gewalttat, wie derjenige, der ängstlich und schwach wirkt. Zudem lernt der junge Mensch, seinen eigenen Körper, und seine eigenen Aggressionen zu beherrschen. Selbstverteidigungskurse wollen Stärke vermitteln, um sich verteidigen zu können, nicht aber um selbst anzugreifen.

**Sicherheitsbewußtsein:** Reden Sie mit Ihrem Kind darüber, daß es ein Recht auf persönliche Sicherheit hat, ebenso wie ein Recht auf Essen. Wenn das Kind dieses Recht verstanden hat, wird es dieses Recht auch auf seinen Selbstschutz beziehen, und ggf. einen Erwachsenen, der Annäherungsversuche macht, in seine Schranken weisen. Spielen Sie mit Ihrem Kind »Was-wäre,-wenn?-Spiele«! Damit lernen Kinder, ihr eigenes Urteil über die Welt zu entwickeln und in bedrohlichen Situationen flexibler zu reagieren. (Erwachsener: Was würdest Du tun, wenn wir zusammen unterwegs sind, aber Du mich plötzlich verlierst? – Kind: Ich würde so lange dort warten, bis Du mich wiedergefunden hättest.) Betreiben Sie dieses Frage-Antwort-Spiel sehr intensiv, denn es ist eine der besten Übungen für Ihr Kind, um ein Sicherheitsbewußtsein zu entwickeln.

**Verhalten außer Haus:** Kinder sollten lernen, daß sie außer Haus sicherer sind, wenn sie sich auf dem Weg einer Gruppe anschließen, anstatt allein zu gehen. Nach Einbruch der Dunkelheit möchten viele Kinder trotzdem noch draußen spielen. Dieser Wunsch ist je nach Wohnlage gefährlich. Lehnen Sie ab, auch wenn das Kind noch so quengelt. Sagen Sie Ihren Kindern, was sie tun sollen, wenn sie im Getümmel (Großwarenhaus, Einkaufsstraße) verloren gehen.

**Vertrauen:** Glauben Sie Ihren Kindern. Nur selten erzählen Kinder Lügen über sexuelle Übergriffe. Fragen Sie behutsam nach, aber starten Sie keinesfalls ein Verhör. Nehmen Sie sich viel Zeit für das Kind. Sprechen Sie mit ihm über die Probleme und Sorgen. Dies schafft Vertrauen, so daß es über Erlebnisse redet, bei denen es vielleicht Scham verspürt. Geben Sie Ihren Kindern Telefonnummern von Vertrauenspersonen für den Fall, daß Sie einmal nicht erreichbar sein sollten.

**Zuverlässigkeit:** Fragen Sie Ihr Kind, wo es hingeht. Halten Sie es zur Pünktlichkeit an. Zum Kindergarten und zur Schule sollte ein vereinbarter Weg eingehalten werden.

### Hilfe nach einem sexuellen Mißbrauch

Wenn es bereits zu einem Mißbrauch gekommen ist, sind ohnmächtige Wut, Bestürzung und Verzweiflung der Eltern die Folge. Doch von Anfang an sollte die ganze Aufmerksamkeit dem Opfer gelten. Die folgenden Hinweise helfen, sich richtig gegenüber dem Kind zu verhalten:

**Beratungsstelle:** Suchen Sie zuerst Hilfe in einer Beratungsstelle. Eventuell sollten Sie auch einen Arzt aufsuchen. Achtung: Eine ärztliche Untersuchung kann belastend für das Kind sein.

**Mut machen:** Geben Sie dem Kind ausdrücklich die Erlaubnis, über das Erlebte zu sprechen. Glauben Sie dem Mädchen oder Jungen, daß der sexuelle Mißbrauch wirklich stattgefunden hat. Und sagen Sie das dem Kind auch. Dies ist für das Kind zunächst die psychisch wichtigste Unterstützung.

**Schuldgefühle:** Viele Kinder verspüren Schuldgefühle, wenn sie mißbraucht worden sind. Nehmen Sie dies ernst, aber machen Sie auch klar, daß der Täter allein die Verantwortung für das Geschehene trägt.

**Vorwürfe:** Falls der Mißbrauch schon längere Zeit überandauerte, machen Sie dem Kind keine Vorwürfe, daß es erst jetzt darüber redet.

**Nachfragen:** Versuchen Sie, ruhig zu bleiben. Viele Kinder mögen nichts mehr erzählen, wenn sie spüren, daß ihre Eltern dadurch Kummer oder Angst leiden. Fragen Sie nach den Drohungen des Täters und versuchen Sie, diese zu entkräften, um dem Kind die Angst zu nehmen. Trösten Sie Ihr Kind und zeigen Sie ihm, daß Sie es noch genauso lieb haben wie bisher. Verwenden Sie Puppen oder Marionetten. Gerade bei kleinen Kindern kann es sehr hilfreich sein, über diese »Brücke« mit ihnen über die Gefühle zu sprechen.

**Polizei:** Überlegen Sie – eventuell gemeinsam mit einem Opferberater –, ob eine Anzeige bei der Polizei sinnvoll ist, weil die polizeiliche Vernehmung und eine mögliche Gerichtsverhandlung für das Kind erneut belastend sein werden.

**Therapie:** Vermutlich wird es auch sinnvoll sein, einen Therapeuten für das Kind zu engagieren. Zuletzt aber mag es auch für Sie selbst wichtig sein, mit jemandem darüber zu reden, damit Sie das Erfahrene bewältigen können.

# Anhang 2:

# ABC der Fachbegriffe

**Adhäsionsverfahren:** Mit diesem Verfahren kann ein Opfer – unter Umgehung eines zusätzlichen, ihn belastenden Zivilverfahrens – seinen Anspruch auf Schmerzensgeld oder Schadensersatz an den Beklagten bereits während des laufenden Strafverfahrens geltend machen.

**Auskunftsverweigerungsrecht:** Wenn die Gefahr besteht, daß ein Opferzeuge selbst strafrechtlich verfolgt werden könnte oder er durch einen Angehörigen bedroht oder verfolgt würde, kann er sich auf das Auskunftsverweigerungsrecht berufen. Über dieses Recht muß der Opferzeuge vor der Vernehmung von der Polizei aufgeklärt werden.

**Erziehungsberatungsstellen:** Die Erziehungsberatungsstellen (EB) befinden sich in städtischer oder konfessioneller Trägerschaft. Erwachsene und Kinder können sich mit ihren Problemen – gleich welcher Art – an die EBs wenden. Das Fachpersonal, wie Diplom- und Sozialpädagogen, Psychotherapeuten, Sozialarbeiter und Psychologen, bietet Beratung und praktische Hilfen. Das Angebot der EBs reicht von Einzel-, Gruppen- und Familiengesprächen über Familienbetreuung bis hin zu Therapien. In vielen Fällen sind in den Beratungsstellen auch Selbsthilfegruppen integriert, die von Fachleuten betreut werden. Die EBs werden nur auf Nachfrage der Hilfesuchenden aktiv. In der Regel können ihre Leistungen kostenlos in Anspruch genommen werden. Das Angebot der EB vor Ort kann bei der zuständigen Stadt- oder Gemeindeverwaltung erfragt werden.

**Gerichtshilfe:** Wenn es für das Opfer von Bedeutung ist, kann die Staatsanwaltschaft die Gerichtshilfe bitten, mit dem Opferzeugen zu sprechen. Die Gerichtshilfe hat auch den gesetzlichen Auftrag, dem Opferzeugen zur Seite zu stehen, wenn er dies wünscht.

**Glaubwürdigkeitsgutachten:** Zur Beurteilung der Glaubwürdigkeit von Zeugen, die oft auch gleichzeitig die Opfer sind, wird ein Sachverständiger herangezogen. Dieser sollte über besondere Kenntnisse und Erfahrungen in der Kinderpsychologie verfügen. In der Regel erstellen Psychologen die Gutachten. Der Sachverständige wird durch den Richter bestimmt. In Mißbrauchsprozessen kommt es häufig vor, daß die Verteidigung das Glaubwürdigkeitsgutachten anzweifelt und ein weiteres Gutachten beantragt. Es liegt im Ermessen des Richters, wieviele Sachverständige er zuläßt. In der Regel begnügt sich das Gericht jedoch mit einem Sachverständigen, um die Belastung für den Zeugen möglichst gering zu halten.

**Heilpädagogisches Heim:** Kinder und Jugendliche, die aufgrund ihrer Erfahrung starke Verhaltensstörungen aufweisen, eine besondere Betreuung benötigen und daher weder bei ihren Eltern, in Pflegefamilien noch in einem Heim (s. Stichwort) leben können, werden in Heilpädagogischen Heimen untergebracht. Betreuungs- und Therapiemöglichkeiten sind den besonderen Bedürfnissen der Kinder und Jugendlichen entsprechend umfangreicher. So unterhalten beispielsweise

Heilpädagogische Heime in der Regel auch Schulen. Die Entscheidung, wo Kinder und Jugendliche untergebracht werden (falls die Herausnahme aus der leiblichen Familie notwendig ist) fällt das Jugendamt (s. Stichwort).

**Heim:** Verwaiste Kinder und Jugendliche bilden heute unter den Heimbewohnern die Ausnahme. In den meisten Fällen gilt die Heimunterbringung als familienersetzende Maßnahme auf Zeit, da eine Rückführung in die Familie in der Regel angestrebt wird. Um dies zu erreichen, wird meistens sowohl das Kind als auch seine Familie den speziellen Problemen entsprechend betreut und gefördert. In Stammwohngruppen (im Gebäudekomplex des Heimes integrierte Räumlichkeiten) und Außenwohngruppen (außerhalb des Heimkomplexes) leben Kinder und Jugendliche Tag und Nacht mit einem festen Team aus Fachleuten zusammen, die als Ansprechpartner und Vertraute die elterlichen Aufgaben übernehmen. Daneben gibt es das sozialpädagogisch betreute Wohnen (SBW) und das intensiv betreute Wohnen (IBW). Beim SBW leben die Minderjährigen alleine in Wohnungen oder Appartements, die das Heim angemietet hat. Der Jugendliche wird dabei von einem Mitarbeiter des Heimes betreut, der die persönliche Entwicklung des Minderjährigen begleitet und ihn bei Schwierigkeiten unter anderem in Schule, Ausbildung und Beruf unterstützt. Ziel des SBW ist es, den Schutzbefohlenen auf ein selbständiges, alleinverantwortliches Leben vorzubereiten. Dieses Ziel verfolgt auch das IBW, wobei sich die Betreuungsperson im Vergleich zum SBW intensiver um den Minderjährigen kümmert. Über die Einweisung in Heime entscheidet das Jugendamt (s. Stichwort).

**Hort:** Ein Hort gilt als familienergänzende Maßnahme für Kinder und Jugendliche im schulpflichtigen Alter. Die Einrichtung, die sich entweder in städtischer oder konfessioneller Trägerschaft befindet, bietet Hausaufgaben- und Freizeitbetreuung und dient vor allem zur Entlastung von berufstätigen Eltern und alleinerziehenden Elternteilen. Auskunft erteilt die Stadt- und Gemeindeverwaltung.

**Internet:** Das Internet ist ein weltweites Datennetz (www – WorldWideWeb). Zugang zu diesem Netz erhält der private und der kommerzielle Nutzer meist über einen Anbieter (Provider). Über den Computer können dann Informationen in das Internet eingegeben oder abgefragt werden. Innerhalb des Netzes gibt es zusätzlich sogenannte Gesprächsforen (chats), in die man sich unter einem Pseudonym einwählen kann. Die Fülle des Angebotes, deren internationaler Verbund und der sich ständig wechselnde Inhalt der über 60 Millionen Web-Seiten machen eine Kontrolle unmöglich. Zwar gibt es Bestrebungen, ein weltweit geltendes Recht zu schaffen, doch halten Experten dies für unrealistisch. Deshalb lassen sich zwar Verabredungen von Straftaten im Internet bis zum Täter zurückverfolgen, doch durch die international unterschiedliche Rechtslage führen Strafanzeigen nur in seltenen Fällen zum Erfolg.

**Jugendamt:** Das Jugendamt ist eine städtische Einrichtung. Es ist Ansprechpartner bei allgemeinen Familienfragen und im besonderen für Fragen, die Kinder und Jugendliche betreffen. Es berät bei der Wahl von familienunterstützenden Maßnahmen, vermittelt sie und/oder schafft die Kontakte und entscheidet über familienersetzende Maßnahmen (Einweisung in Heime, Psychiatrien etc.). Das Jugendamt übernimmt das Sorgerecht, Aufenthaltsbestimmungsrecht und die Vormundschaft für Minderjährige, deren Eltern diese Rechte entzogen wurden. Es ist zuständig für die Adoptions- und

Pflegestellenvermittlung. Jeder (z. B. auch Nachbarn oder Lehrer, die eine Mißhandlung von Minderjährigen in ihrem Umfeld vermuten) kann sich an das Jugendamt wenden.

**Jugendgefährdende Schriften:** Schriften, Ton- und Bildträger, Abbildungen und andere Darstellungen gelten (im Sinne von § 1 Abs.1 GjS) als jugendgefährdend, wenn sie unsittlich sind, verrohend wirken, zur Gewalttätigkeit, Verbrechen oder Rassenhaß anreizen und/oder den Krieg verherrlichen. Das GjS (Gesetz über die Verbreitung jugendgefährdender Schriften) schreibt vor, daß diese Werke von der Bundesprüfstelle bestimmt und in eine Liste aufgenommen werden müssen. Sie dürfen dann nur so verkauft werden, daß Minderjährige keinen Zugang dazu haben.

**Jugendhilfe:** Die Jugendhilfe ist im Kinder- und Jugendhilfegesetz (KJHG, s. Stichwort) festgeschrieben. Sie umfaßt Leistungen (wie unter anderem Angebote der Jugendarbeit, der Jugendsozialarbeit, Erziehungshilfe, erzieherischen Kinder- und Jugendschutz) und andere Aufgaben (wie unter anderem Herausnahme des Kindes oder Jugendlichen ohne Zustimmung des Personensorgeberechtigten, die Erteilung, Widerruf und Zurücknahme der Pflegeerlaubnis oder die Mitwirkung in Verfahren vor den Vormundschafts- und den Familiengerichten) zugunsten junger Menschen und Familien.

**Jugendlicher:** Jugendlicher im Sinne des Gesetzes ist (soweit nicht anders angegeben), wer mindestens 14, aber noch nicht 18 Jahre ist.

**Kind:** Kind im Sinne des Gesetzes ist (soweit nicht anders angegeben), wer das 14. Lebensjahr noch nicht vollendet hat.

**Kinder- und Jugendhilfegesetz (KJHG):** Dieses Gesetz regelt im wesentlichen die Leistungen, die Minderjährige von seiten ihrer Eltern (Recht auf Erziehung und Elternverantwortung) und der staatlichen Gemeinschaft (Jugendhilfe, s. Stichwort) zustehen.

**Kinderprostitution:** Der Begriff der Kinderprostitution ist sehr vielschichtig. Er umfaßt Kinder, die von ihren Familien verkauft, durch Kinderhändler verschleppt und von Bordellbesitzern regelrecht versklavt werden. Auch Jugendliche, die sich zur Sicherung ihres Überlebens prostituieren oder um ihren Drogenkonsum zu finanzieren, fallen unter diesen Begriff.

**Kindesentziehung:** Wer eine Person unter 18 Jahre durch List, Drohung oder Gewalt seinen Eltern, seinem Vormund oder Pfleger entzieht, macht sich der Kindesentziehung schuldig. Diese kann (nach § 235 Strafgesetzbuch) mit einer Geldstrafe oder Freiheitsentzug bis zu fünf Jahren geahndet werden. Von Kindesentzug spricht man auch dann, wenn das nicht sorgeberechtigte Elternteil dem anderen sorgeberechtigten das gemeinsame Kind entführt. Auch in diesem Fall sollte man Strafanzeige (s. dazu auch Stichwort) bei der Polizei erstatten.

**Menschenhandel:** Wer die Zwangslage einer Person ausnutzt, und sie zum eigenen Vermögensvorteil zur Aufnahme oder Fortsetzung der Prostitution zwingt, macht sich nach § 180b Strafgesetzbuch des Menschenhandels strafbar. Menschenhandel wird mit einer Freiheitsstrafe bis zu fünf Jahren oder mit einer Geldstrafe geahndet. Wird die Hilflosigkeit, die mit dem Aufenthalt in einem fremden Land verbunden ist, ausgenutzt, so beträgt die Freiheitsstrafe zwischen sechs Monaten und zehn Jahren. Das gleiche Strafmaß gilt, wenn es sich bei dem Opfer um eine Person unter 21 Jahren handelt. In diesem Fall ist bereits der Versuch strafbar. Mit diesem Paragraphen sollen insbesondere ausländische Mädchen und Frauen, die aufgrund der Sprachschwierigkeiten und der fremden Lebensform hilflos sind, »gegenüber kriminellen und international organisierten und operierenden Tätern« geschützt werden.

**Mißhandlung:** Körperliche Mißhandlung von Kindern sind alle gewaltsamen Einwirkungen, die zu Verletzungen führen können, wie u. a. Schläge, Stiche, Schütteln, Verbrennungen. Nach § 223b Abs. 17 Strafgesetzbuch macht sich derjenige der Mißhandlung von Schutzbefohlenen schuldig, wer Personen unter 18 Jahren, die seiner Fürsorge oder Obhut unterstehen oder seinem Hausstand angehören oder die von dem Fürsorgepflichtigen seiner Gewalt überlassen worden oder durch ein Dienst- oder Ausbildungsverhältnis von ihm abhängig sind, quält oder roh mißhandelt, oder wer durch eine böswillige Vernachlässigung seiner Pflicht, für sie zu sorgen, sie an der Gesundheit schädigt. Dieser Tatbestand wird mit einer Freiheitsstrafe von drei Monaten bis zu fünf Jahren geahndet oder – in minder schweren Fällen – mit einer Geldstrafe.

**Nebenklage:** Wer sich einer erhobenen öffentlichen Klage anschließen will, muß nebenklageberechtigt sein. Diese Berechtigung haben (bei rechtswidrigen Taten i. S. v. § 11 Abs. 1 Nr. 5 Strafgesetzbuch) unter anderem Opfer von Taten gegen die sexuelle Selbstbestimmung, die Ehre, die körperliche Integrität, die persönliche Freiheit, Opfer versuchter Tötung oder hinterbliebene Angehörige eines durch eine rechtswidrige Tat Getöteten. Das Opfer als Nebenkläger hat mehr Rechte als ein Opfer, das vor Gericht als Zeuge aussagt (Opferzeuge). Der Nebenkläger kann unter anderem aus eigenem Recht Beweisanträge stellen, Erklärungen nach Vernehmungen anderer Zeugen oder nach der Verlesung von Schriftstücken abgeben, und sich an den Schlußvorträgen, den sogenannten Plädoyers, beteiligen. Nachdem die öffentliche Klage erhoben worden ist, kann man sich in jeder Lage des Verfahrens als Nebenkläger anschließen. Auch dann, wenn das Nebenklagedelikt nur im Zusammenhang mit dem angeklagten Delikt begangen wurde und nicht ausdrücklich angeklagt ist. Die sogenannte Anschlußerklärung wird schriftlich beim Gericht eingereicht. Wird ihr nicht stattgegeben, kann man dagegen Beschwerde einlegen. Unabhängig von der Staatsanwaltschaft kann der Nebenkläger auch Rechtsmittel gegen das Urteil einlegen. Eine Anfechtung des Nebenklägers, die eine andere Strafzumessung erreichen will, ist jedoch nicht möglich. Haben die Rechtsmittel keinen Erfolg, hat der Nebenkläger die Kosten hierfür zu tragen (zu Nebenklage s. auch Stichwort »Opferschutzgesetz«).

**Opferanwalt:** Die Polizei kann von sich aus einen Opferanwalt zur Zeugenvernehmung zulassen. Sie ist dazu jedoch nicht verpflichtet. Der Opferzeuge kann jedoch die Auskunft verweigern (s. auch Stichwort »Auskunftsverweigerungsrecht«) oder seine Aussage von der Anwesenheit seines Anwalts abhängig machen. Vor der Staatsanwaltschaft beziehungsweise vor Gericht hat das Opfer jedoch das Recht auf einen Anwalt seiner Wahl (s. a. Stichwort »Opferschutzgesetz«).

**Opferentschädigungsgesetz:** Wer auf deutschem Boden schuldlos Opfer einer Gewalttat geworden ist und dabei körperliche oder auch seelische Schädigungen davongetragen hat, hat Anspruch auf Entschädigungsleistungen nach dem

Opferentschädigungsgesetz (OEG). Dies gilt auch für Personen, die nicht direkt Opfer einer strafbaren Handlung geworden sind – z. B. wenn man eine Straftat abwehren will und dabei verletzt wird, eine andere Person angegriffen wird und man dabei geschädigt wird – oder für die Angehörigen von Menschen, die infolge einer Straftat gestorben sind. Der Stichtag für das OEG ist der 16. Mai 1976. Für Straftaten, die vor diesem Termin liegen, gilt in besonders schweren Fällen eine Härteregelung bis zum 23. Mai 1945. Mit der Neuregelung des OEG im Juli 1993 haben auch Ausländer (rückwirkend vom 1. Juli 1990), die sich mindestens drei Jahre rechtmäßig in der Bundesrepublik aufgehalten haben, ein Recht auf Entschädigungen nach dem OEG. Wer das Gastland verläßt, dem wird eine einmalige Entschädigungssumme bezahlt. Eingeschränkte Leistungen können auch für Ausländer, die weniger als drei Jahre auf deutschem Boden verbracht haben (nicht jedoch Touristen oder Besucher), gezahlt werden. Touristen und Besucher haben generell nur dann einen Anspruch auf Versorgungsleistungen, wenn ihr Heimatstaat eine gleichwertige Gesetzesregelung verankert hat (und somit ein deutscher Tourist oder Besucher in diesem Land ebenfalls Versorgungsleistungen in Anspruch nehmen kann). In besonders schweren Fällen wurde allerdings auch hier eine Härtefallregelung eingeführt.

**Opferschutzgesetz:** Dieses Gesetz gibt dem Rechtsanwalt eines Opfers unter anderem das Recht, schon im Vorverfahren bei der staatsanwaltschaftlichen Vernehmung des Opfers anwesend zu sein (§ 406 Abs. 2 S. 1 StPO). Weiterhin kann der Staatsanwalt auf Antrag des Opferzeugen die Anwesenheit einer Vertrauensperson bei der Zeugenvernehmung gestatten. Dies ist jedoch nur zulässig, wenn der Untersuchungszweck dadurch nicht gefährdet wird. Die staatsanwaltschaftliche Entscheidung darüber ist unanfechtbar. Weiterhin können Opfer, die ein sogenanntes »berechtigtes Interesse« geltend machen und solche, die nebenklageberechtigt sind, im Laufe eines Strafverfahrens Informationen aus den Akten oder Aktenteile in Abschrift erhalten. Während den Opfern die Akteneinsicht grundsätzlich verwehrt bleibt, muß dem Opferanwalt Akten- und Beweisstückeinsicht gestattet werden. Wenn das Opfer jedoch nicht nebenklageberechtigt ist, muß der Opferanwalt auch hier ein »berechtigtes Interesse« seines Klienten nachweisen können. Unter gewissen Umständen kann der Staatsanwalt die Akteneinsicht versagen, wenn z. B. dadurch der Untersuchungszweck gefährdet erscheint. Zum Schutz des Opfers gehört weiterhin, daß die Hauptverhandlung unter Ausschluß der Öffentlichkeit erfolgen kann. Dies ist allerdings nur dann möglich, wenn es im Interesse der Allgemeinheit liegt oder dem Schutz des Angeklagten oder eines Zeugen dient. Der Opferzeuge kann den Ausschluß bindend verlangen, wenn Umstände aus seinem persönlichen Lebensbereich besprochen werden sollen, die in einer öffentlichen Erörterung seine schutzwürdigen Interessen, insbesondere seine Intimsphäre wie Sexual- oder Familienleben, verletzen würden.

**Opferzeuge:** Zur Hauptverhandlung wird der Opferzeuge geladen. Opfer, die weder als Zeugen noch als Nebenkläger auftreten, haben zwar keine spezifischen Pflichten, allerdings auch keine Rechte. Opferzeugen haben die Pflicht, über die eigene Person und zur Sache auszusagen (solange kein Verweigerungsrecht vorliegt), nach Ladung – die auch erzwungen werden kann – zu erscheinen, den Sitzungssaal bis zur eigenen Vernehmung zu verlassen, bis zur Entlassung durch das Gericht am Verhandlungsort zu bleiben, zumutbare Untersuchungen zu dulden und auf Fragen der beisitzenden

Richter und Schöffen, des Staatsanwalts, des Verteidigers und des Angeklagten zu antworten, wenn dies der Vorsitzende auf Verlangen der Betreffenden gestattet. Auch unangenehme Fragen (wie z. B. zum sexuellen Vorleben) muß der Opferzeuge beantworten, wenn es der Wahrheitsfindung dient. Der Opferzeuge ist insoweit geschützt, als daß er nicht vereidigt werden muß und der Vorsitzende dem Verteidiger oder der Staatsanwaltschaft im Kreuzverhör die Vernehmungsbefugnis (wg. Mißbrauch oder nicht zur Sache gehörenden Fragen) entziehen kann.

**Organisierte Kriminalität:** Unter »Organisierter Kriminalität« versteht man »die von Gewinn- oder Machtstreben bestimmte planmäßige Begehung von Straftaten«. Organisierte Kriminalität ist dann gegeben, wenn mehr als zwei Beteiligte auf längere oder unbestimmte Dauer arbeitsteilig unter Verwendung gewerblicher oder geschäftsähnlicher Strukturen, unter Anwendung von Gewalt oder andere zur Einschüchterung geeigneter Mittel oder unter Einflußnahme auf Politik, Medien, öffentliche Verwaltung, Justiz oder Wirtschaft zusammenwirken. In den Richtlinien für das Straf- und Bußgeldverfahren heißt es weiter: »Organisierte Kriminalität wird nur selten von sich aus offenbar. Strafanzeigen in diesem Bereich werden häufig nicht erstattet, u. a. weil die Zeugen Angst haben. Die Aufklärung und wirksame Verfolgung der Organisierten Kriminalität setzt daher voraus, daß Staatsanwaltschaft und Polizei von sich aus im Rahmen ihrer gesetzlichen Befugnisse Informationen gewinnen oder bereits erhobene Informationen zusammenführen, um Ansätze zu weiteren Ermittlungen zu erhalten (Initiativermittlungen).«

**Pädagogische Ambulanz:** Die Pädagogische Ambulanz

gilt als Notaufnahme. Kinder und Jugendliche, die aufgegriffen wurden oder aus zwingenden Gründen sofort aus ihrer Familie herausgenommen werden sollen, werden aufgenommen. Die Mitarbeiter der Ambulanz diagnostizieren, welche Probleme die Minderjährigen haben und welche Art der Unterbringung für sie geeignet ist. Dabei kann die Pädagogische Ambulanz nur Empfehlungen aussprechen. Die Entscheidung liegt beim zuständigen Jugendamt (s. Stichwort).

**Päderastie:** Mit diesem Begriff wird die Homosexualität zwischen einem erwachsenen Mann und einem Jungen oder männlichen Jugendlichen bezeichnet.

**Pädophilie:** Erwachsene, die sich von Kindern und Jugendlichen beiderlei Geschlechts sexuell angezogen fühlen, werden als Pädophile bezeichnet. Als pädophil gilt auch derjenige Erwachsene, der durch Minderjährige zwar sexuell erregt wird, dieser Erregung aber nicht nachgibt.

**Petitionsausschuß:** Nach Artikel 17 des Grundgesetzes hat jedermann das Recht, sich mit Bitten und Beschwerden an den Petitionsausschuß zu wenden. Die richtige Adresse hierfür ist der jeweilige Petitionsausschuß des Deutschen Bundestages oder der Parlamente in Städten, Gemeinden oder Bundesländern. Wer sich in seinen Rechten eingeschränkt oder durch Behörden falsch behandelt fühlt, kann sich mit einer schriftlichen Eingabe an diesen Ausschuß wenden. Hier werden die Anliegen beraten und anschließend dem jeweiligen Parlament in einem monatlichen Bericht in Form von Sammelübersichten mit Beschlußempfehlungen vorgelegt. Jeder Einsender einer Petition hat Anspruch darauf, daß der Petitionsausschuß seine Eingabe überprüft und ihm die Art der Erledigung schriftlich mitgeteilt wird.

**Pornographie:** Wer pornographische Schriften, die Gewalttätigkeiten, den sexuellen Mißbrauch von Kindern oder sexuelle Handlungen von Menschen mit Tieren zum Gegenstand haben, verbreitet, herstellt, bezieht, liefert oder vorrätig hält, wird, wenn die pornographischen Schriften den sexuellen Mißbrauch von Kindern zum Gegenstand haben, mit einer Freiheitsstrafe von sechs Monaten bis zu fünf Jahren bestraft. In den anderen Fällen kann eine Freiheitsstrafe bis zu einem Jahr oder eine Geldstrafe ausgesprochen werden (§ 184, III, 1,3 Strafgesetzbuch).

**Privatklage:** Ohne vorherige Anrufung der Staatsanwaltschaft kann das Opfer bestimmte Delikte (wie z. B. Beleidigung, üble Nachrede, Verleumdung, einfache und gefährliche sowie fahrlässige Körperverletzung) auf dem Weg der Privatklage (§ 374 Abs. 1 StPO) direkt vor Gericht verfolgen. Dieses Verfahren ist für das Opfer jedoch nicht risikolos, da unter anderem Gebührenvorschüsse zu bezahlen sind oder mögliche Kosten bei Klagerücknahme oder Einstellung des Verfahrens folgen können.

**Prozeßkostenhilfe:** Bedürftige Opferzeugen können (nach § 406g Abs. 3 StPO i. V. m. § 397a StPO) bereits für die Beiordnung eines Opferanwalts beim Vorverfahren bei Gericht einen Antrag auf Prozeßkostenhilfe stellen. Diesem Antrag kann jedoch nur stattgegeben werden, wenn ein Delikt vorliegt, der zur Nebenklage (s. auch Stichwort) berechtigen würde (§ 395 StPO).

**Ritueller Mißbrauch:** Hierbei handelt es sich um schweren sexuellen, physischen und emotionalen Mißbrauch, der mit Symbolen oder Tätigkeiten verbunden ist, die den Anschein von Religiosität, Magie oder übernatürlichen Bedeutungen haben. Diese Tätigkeiten oder Rituale werden über längere Zeit wiederholt, um die Kinder in Angst zu versetzen, sie gewaltsam einzuschüchtern und um sie zu verwirren.

**Sextourismus:** Durch den internationalen Tourismus ist die Prostitution in den Urlaubsländern angestiegen. Allerdings gibt es keine genauen Angaben über die Anzahl der Sextouristen und darüber, wieviele von ihnen Kinder sexuell mißbrauchen. Laut UNICEF hat aber »die Kaufkraft westlicher Sextouristen entscheidend dazu beigetragen, den Markt für den Mißbrauch von Kindern in einigen Tourismuszentren zu schaffen«. In Thailand werden schätzungsweise zwischen 60.000 und 800.000 Kinder sexuell ausgebeutet. Die Zahl minderjähriger Prostituierter in den USA wird von Defense for Children auf zwischen 100.000 und 300.000 geschätzt. Neben den Pädophilen und den Päderasten (siehe Stichwort) sind es vor allem die Gelegenheitstäter, die den Sex mit Kindern suchen. Seit 1993 können Deutsche, die im Ausland Kinder unter 14 Jahren mißbrauchen, in Deutschland strafrechtlich verfolgt werden. Ihnen droht eine Haftstrafe von einem bis zu zehn Jahren. Inzwischen haben auch einige Reiseländer ihre Gesetze gegen den sexuellen Mißbrauch verschärft.

**Sexueller Mißbrauch:** Von sexuellem Mißbrauch spricht man dann, wenn Mädchen und Jungen von einem Erwachsenen oder älteren Jugendlichen mit oder ohne Gewaltanwendung als Objekt der eigenen sexuellen Befriedigung ausgenutzt werden. Nach § 176 Abs. 13 Strafgesetzbuch ist sexueller Mißbrauch von Kindern: Wer sexuelle Handlungen an einer Person unter 14 Jahren (Kind) vornimmt oder an sich vornehmen läßt, wird mit einer Freiheitsstrafe von sechs Monaten bis zu zehn Jahren, in minder schweren Fällen mit Freiheitsstrafen bis zu fünf Jahren oder mit Geldstrafe bestraft. Ebenso wird bestraft, wer ein Kind dazu bestimmt, daß es sexuelle Handlungen vornimmt oder von einem Dritten an sich vornehmen läßt. In besonders schweren Fällen ist die Strafe ein Freiheitsentzug von einem Jahr bis zu zehn Jahren. Ein besonders schwerer Fall liegt in der Regel vor, wenn der Täter mit dem Kind den Beischlaf vollzieht oder das Kind bei der Tat körperlich schwer mißhandelt. Verursacht der Täter durch die Tat leichtfertig den Tod des Kindes, so beträgt die Freiheitsstrafe nicht unter fünf Jahren. Mit Freiheitsstrafe bis zu drei Jahren oder mit Geldstrafe wird bestraft, wer sexuelle Handlungen vor einem Kind vornimmt, ein Kind dazu bestimmt, daß es sexuelle Handlungen vor ihm oder einem Dritten vornimmt, oder auf ein Kind durch Vorzeigen pornographischer Abbildungen oder Darstellungen, durch Abspielen von Tonträgern pornographischen Inhalts oder durch entsprechende Reden einwirkt, um sich, das Kind oder einen anderen sexuell zu erregen. Unter Beischlaf zwischen Verwandten versteht der Gesetzgeber in § 173 Abs. 12 Strafgesetzbuch: Wer mit einem leiblichen Abkömmling den Beischlaf vollzieht, wird mit einer Freiheitsstrafe bis zu drei Jahren oder mit einer Geldstrafe bestraft. Wer mit einem leiblichen Verwandten aufsteigender Linie den Beischlaf vollzieht, wird mit einer Freiheitsstrafe bis zu zwei Jahren oder mit Geldstrafe bestraft; dies gilt auch dann, wenn das Verwandtschaftsverhältnis erloschen ist. Ebenso werden leibliche Geschwister bestraft, die miteinander den Beischlaf vollziehen. Abkömmlinge und Geschwister werden nicht nach dieser Vorschrift bestraft, wenn sie zur Zeit der Tat noch nicht 18 Jahre alt sind. Sexuellen Mißbrauch von Schutzbefohlenen definiert § 174 Abs. 13 Strafgesetzbuch: Wer sexuelle Handlungen an einer Person unter 16 Jahren, die ihm zur Erziehung, zur Ausbildung oder zur Betreuung in der Lebensführung anvertraut ist, an einer Person unter 18 Jahren, die ihm zur Erziehung, zur Ausbildung oder zur Betreuung in der Lebensführung anvertraut oder im Rahmen eines Dienst- oder Arbeitsverhältnisses untergeordnet ist, unter Mißbrauch einer mit dem Erziehungs-, Ausbildungs-, Betreuungs-, Dienst- oder Arbeitsverhältnis verbundenen Abhängigkeit oder an seinem noch nicht 18 Jahre alten leiblichen oder angenommenen Kind vornimmt oder an sich von dem Schutzbefohlenen vornehmen läßt, wird mit einer Freiheitsstrafe bis zu fünf Jahren oder mit einer Geldstrafe bestraft. Wer sexuelle Handlungen vor dem Schutzbefohlenen vornimmt oder den Schutzbefohlenen dazu bestimmt, daß er sexuelle Handlungen vor ihm vornimmt, um sich oder den Schutzbefohlenen hierdurch sexuell zu erregen, wird mit einer Freiheitsstrafe bis zu drei Jahren oder mit Geldstrafe bestraft.

**Sicherungsverwahrung:** Wenn ein Täter mit einer Freiheitsstrafe von mindestens zwei Jahren verurteilt wird, kann das Gericht zusätzlich eine Sicherungsverwahrung anordnen, wenn:
1. der Täter in der Vergangenheit bereits zweimal zu einer Freiheitsstrafe von mindestens einem Jahr verurteilt worden ist.
2. der Täter in der Vergangenheit wegen einer oder mehrerer dieser Taten mindestens zwei Jahre Freiheitsstrafe verbüßt hat.
3. die Persönlichkeit des Täters einen Hang zu den Taten erkennen läßt, durch welche die Opfer seelisch oder körperlich schwer geschädigt werden, und der Täter für die Allgemeinheit gefährlich ist (§ 66, Strafgesetzbuch).

**Strafantrag:** Damit verlangt das Opfer, daß der Beschuldigte verfolgt und gegebenenfalls bestraft werden soll. Dieser Antrag kann bei der Polizei oder Staatsanwaltschaft und vor den Amtsgerichten schriftlich oder mündlich gestellt werden. Antragsberechtigt ist zunächst das Opfer. Daneben sind auch einige andere berechtigt, wie z. B. die Angehörigen eines verstorbenen Opfers. Der Antrag muß innerhalb von drei Monaten erstattet werden. Er kann bis zum rechtskräftigen Abschluß zurückgezogen werden, wobei ein erneuter Antrag danach nicht mehr zulässig ist. Die entstandenen Kosten für die Rücknahme trägt der Antragsteller.

**Strafanzeige:** Die Anzeige einer Straftat kann bei der Staatsanwaltschaft, den Behörden und Beamten der Polizei wie auch bei den Amtsgerichten mündlich oder schriftlich erfolgen. Mündliche Anzeigen werden bei den genannten Stellen beurkundet. Es besteht keine Pflicht zur Stellung eines Strafantrags. Das Gesetz macht jedoch in vielen Fällen die Strafverfolgung davon abhängig.

**Verjährungsfrist:** Wer eine Schadensersatz- oder Schmerzensgeldforderung verfolgt oder ein strafrechtliches Delikt zur Anzeige bringen will, der muß die Verjährungsfristen beachten, will er nicht seinen Rechtsanspruch verlieren. Seit Frühjahr 1994 setzt die Verjährung bei Strafbestimmungen gegen den sexuellen Mißbrauch von Kindern, Vergewaltigung, sexuelle Nötigung und den sexuellen Mißbrauch Widerstandsunfähiger bei Minderjährigen erst dann ein, wenn das Opfer 18 Jahre ist. Da diese Verbrechen in der Regel mit bis zu zehn Jahren Haft bestraft werden können, beträgt die Verjährungsfrist zehn Jahre und läuft somit maximal bis zum 28. Geburtstag des Opfers. Generell gilt: Beim Schadensersatz (materieller Schaden) verjährt der Anspruch in einem Zeitraum von 30 Jahren. Stirbt der Geschädigte vor einer

Einigung, geht der Anspruch automatisch auf die Erben über, die ihn im Rahmen der 30-Jahre-Frist geltend machen können. Der Schmerzensgeldanspruch (immaterieller Schaden), der bereits nach drei Jahren verjährt, erlischt dagegen mit dem Tod des Berechtigten, wenn er nicht vorher rechtshängig gemacht wurde oder auf dem Wege der Anerkenntnis übertragen worden ist. Bei beiden Ansprüchen werden die Verjährungsfristen im laufenden außergerichtlichen Vergleich solange gehemmt, bis eine der beiden Parteien die Verhandlung für beendet erklärt. Droht dann eine Verjährung, kann sie mit der Einreichung einer Klage beim zuständigen Gericht beseitigt werden. Die Verjährung kann man auch verhindern, wenn man die gegnerische Partei zum schriftlichen Verzicht auf die »Einredung der Verjährung« bewegt. Im strafrechtlichen Bereich richten sich die Verjährungsfristen nach der Schwere des Delikts. Leichte Körperverletzungen verjähren spätestens nach drei Jahren. Der Strafantrag (s. auch Stichwort) jedoch, der in der Strafanzeige (s. auch Stichwort) enthalten sein kann, muß jedoch innerhalb von drei Monaten nach Kenntnis der Tat – was bereits ein begründeter Verdacht bedeuten kann – bei der Staatsanwaltschaft erstattet sein, um eine Verfolgung zu ermöglichen. Bei den sog. Offizialdelikten, d. h. schwere und/oder gefährliche Körperverletzung, Körperverletzung mit Todesfolge, fahrlässige oder gar vorsätzliche Tötung, müssen die Ermittlungsbehörden von Amts wegen tätig werden. Unabhängig von der Kenntniserlangung des Verletzten oder der Staatsanwaltschaft gelten hier die folgenden Verjährungsfristen: Bei der schweren und/oder gefährlichen Körperverletzung, der Körperverletzung mit Todesfolge sowie bei fahrlässiger Tötung beträgt die Frist fünf Jahre, bei vorsätzlicher Tötung zehn bis 30 Jahre.

**Vernehmung von Kindern:** Das Ermittlungsverfahren ist möglichst beschleunigt durchzuführen, weil die Erinnerung der Kinder an geschehene Taten rasch verblaßt und weil sie besonders leicht zu beeinflussen sind. Es wird empfohlen, bereits zur ersten Vernehmung einen Sachverständigen hinzuzuziehen, bestenfalls einen Kinderpsychologen. Für den Fall, daß der Täter ein glaubhaftes Geständnis ablegt, ist im Interesse des Kindes möglichst auf eine Vernehmung zu verzichten. In jedem Fall sollte eine mehrmalige Vernehmung von Kindern und Jugendlichen vor der Hauptverhandlung wegen der damit verbundenen seelischen Belastung vermieden werden. Die Videobefragung kann für die Glaubwürdigkeitsgutachten (s. Stichwort) von großer Bedeutung sein. Kinder und Jugendliche drücken durch ihre Körpersprache ihre emotionale Verfassung sehr deutlich aus, für die die Opfer von sexueller Gewalt häufig keine Worte haben. In Deutschland ist die Videobefragung – anders als z. B. in den Niederlanden – als Beweismittel noch nicht zugelassen.

**Versorgungsamt:** Die Bearbeitung und ggf. Bewilligung der Anträge nach dem OEG (s. Stichwort »Opferentschädigungsgesetz«) obliegen den Versorgungsämtern in den Bundesländern, Städten und Gemeinden.

**Viktimologie:** Die Bezeichnung kommt vom lateinischen Wort »victima«, das Opfer. Es ist die Wissenschaft vom Opfer, wobei das Verbrechensopfer im Mittelpunkt der Forschung steht. Die Viktimologie will das Verbrechen, seine Entstehung und Verhütung aus der Sicht des Opfers darstellen. Die Wissenschaft will das Opfer aus der Vergessenheit holen, ihm einen respektierten und geschützten Platz in allen Phasen des Strafverfahrens einräumen und nicht zuletzt dafür sorgen, daß das Opfer eine angemessene Wiedergutmachung des ihm zugefügten Schadens erhält. Einen großen Raum nimmt die Opferbefragung ein. Auf dieser Grundlage werden Dunkelfelduntersuchungen durchgeführt und viktimonologische Erkenntnisse gewonnen, die z. B. etwas über die Wirksamkeit der Strafverfolgung oder die gesellschaftliche Situation von Opfern aussagen können.

**Zeugenschutz:** Wenn ein Zeuge unter 16 Jahren in Gegenwart des Angeklagten vernommen werden soll und dies einen »erheblichen Nachteil für das Wohl des Zeugen« befürchten läßt oder dies sehr wahrscheinlich leibes- oder lebensgefährlich werden könnte, kann der Angeklagte (gemäß §§ 274 S. 2 StPO) aus dem Gerichtsaal entfernt werden. Dies kann auch erfolgen, wenn eine Konfrontation mit dem Angeklagten für den erwachsenen Zeugen akute psychische Störungen (wie Nervenzusammenbruch) oder anhaltende Schädigungen (wie Angstzustände) mit sich bringen könnte. Zum Schutz des Zeugen sind außerdem Ton- und Bildaufnahmen zur Veröffentlichung während der Hauptverhandlung generell verboten.

# Anhang 3:

# Adressen von Helfern

Die Sammlung dieser Adressen enthält aus Platzmangel nicht das komplette Angebot von Opferhelfern und -Organisationen. Weitere Adressen sind über NAKOS (Adresse siehe nachstehende Liste) zu erhalten.

**Aktion junge Menschen in Not e. V.**

*Beratung und Hilfe für junge Menschen mit besonderen sozialen Schwierigkeiten wie auch für Mädchen und junge Frauen in akuten Notsituationen:* Die Aktion – die sich vorwiegend um die Resozialisierung jugendlicher Straftäter kümmert – hat die Erfahrung gemacht, daß Menschen, die in ihrer Jugend Opfer sozialer Schädigungen geworden sind (z. B. Mißhandlung, sexueller Mißbrauch, Vernachlässigung, Alkoholismus etc. innerhalb und außerhalb der Familie) nicht selten zu Tätern werden. Um diesen Teufelskreis zu durchbrechen, betreut der Verein in seinen Wohnheimen mit Hilfe von Sozialtherapeuten neben jugendlichen Straftätern auch junge Menschen mit besonderen sozialen Schwierigkeiten. Bei den Beratungsstellen der Einrichtung finden Opfer und Täter, die mit ihren Problemen nicht mehr alleine fertig werden, gleichermaßen Rat und Hilfe. Im Bereich der Frauenarbeit hat sich der Verein besonders auf die Opferhilfe spezialisiert. In den Anlaufstellen für Frauen und Mädchen im Alter von 14 bis 25 Jahren sollen durch Beratung, Information oder konkrete Einzelfallhilfe, Not- oder Krisensituationen jeder Art verarbeitet und bewältigt sowie neue Lebensperspektiven aufgebaut werden. Wer seine Probleme nur durch Distanz zu den Krisenherden – wie z. B. der Gewalt innerhalb der Familie – bewältigen kann, der findet hierfür in den pädagogisch betreuten Wohnheimen für Mädchen und junge Frauen einen geschützten Raum. *Adresse/Ansprechpartner:* Aktion Junge Menschen in Not e. V., Frankfurter Str. 48, 35392 Gießen, Tel.: 06 41/7 86 60 und 7 43 49

**Arbeiterwohlfahrt – Kreisverband Goslar e.V., Koordinations- und Beratungsstelle »Sexueller Mißbrauch«**

*Hilfe und Beratung für Betroffene und Interessierte:* Die Beratungsstelle bietet Information für alle, die sich privat oder beruflich mit der Problematik auseinandersetzen. Betroffene und deren Angehörige werden durch Beratung und Weitervermittlung unterstützt. Ein weiterer Schwerpunkt ist die Öffentlichkeitsarbeit. Dazu werden unter anderem ein Archiv zum Thema Mißbrauch aufgebaut und Fortbildungen angeboten. *Adresse/Ansprechpartner:* Arbeiterwohlfahrt, Kreisverband Goslar e.V., Im Sozialzentrum, Birgit Brock, Bäringerstr. 24/25, 38640 Goslar, Tel.: 0 53 21/ 34 19-0

**Arbeiterwohlfahrt e. V.**

*Hilfe und Beratung in akuten Krisensituationen und bei Familienproblemen:* In Abgrenzung zu den kirchlichen Institutionen hat die Arbeiterwohlfahrt den Gedanken der Selbsthilfe an die Spitze gestellt. Der Verein, der sich in Bundesverband, Landesverbände und Ortsgruppen gliedert, bietet in vielen Gemeinden der Bundesrepublik sehr verschiedene Hilfsangebote, so z. B. Ehe- und Familienberatung und Krisenberatung. Auf Anfrage erteilt der Bundesverband Auskunft über die örtlichen Organisationen. *Adresse/Ansprechpartner:* Arbeiterwohlfahrt e. V., Bundesverband, Marie-Juchacz-Haus, Oppelner Str. 130, 53119 Bonn, Tel.: 02 28/6 68 50

**Arbeitskreis der Opferhilfen (ado)**

*Information und Engagement für Opfer aller Deliktarten und ihre Angehörigen:* Der Arbeitskreis der Opferhilfen ist ein Zusammenschluß unterschiedlicher, professionell arbeitender Opferhilfeeinrichtungen in Deutschland. Zu den Arbeitsbereichen der dem ado angeschlossenen Einrichtungen gehören Beratungsstellen für weibliche und männliche Opfer aller Deliktarten, Beratungsstellen für vergewaltigte und sexuell mißbrauchte Mädchen und Frauen, Einrichtungen, die Opfer antihomosexueller Gewalt unterstützen und betreuen, Ortsvereine des Deutschen Kinderschutzbundes, Einrichtungen zur Betreuung von Zeugen in Gerichtsverhandlungen sowie Organisationen, mit deren Hilfe eine Konfliktschlichtung bzw. ein Ausgleich zwischen Täter und Opfer herbeigeführt werden kann. Ziel aller Einrichtungen ist es, die Opfer einer Straftat zu unterstützen – sei es in reiner Parteilichkeit für das Opfer oder im Bemühen einer Konfliktschlichtung zwischen Tätern und Opfern. Der ado selbst trägt dazu bei, daß ein regelmäßiger Informations- und Erfahrungsaustausch zwischen den Opferhilfeeinrichtungen in der BRD stattfindet. Er setzt sich für die verstärkte Zusammenarbeit der verschiedenen Opferhilfeeinrichtungen mit internationalen, insbesondere mit europäischen Einrichtungen ein, will eine flächendeckende Beratung von Kriminalitätsopfern in Deutschland erreichen und die Gründung weiterer professioneller Einrichtungen zur Opferhilfe fördern. Nicht zuletzt bezieht der Arbeitskreis für die Belange der Opfer von Straftaten öffentlich Stellung. Opfer und ihre Angehörigen, die sich an den ado wenden, werden an die entsprechenden Gruppen, die dem Verein angeschlossen sind, weitervermittelt. Folgende Einrichtungen sind u. a. Mitglied des Arbeitskreises: »Bremer Hilfe«, »Die Waage« (Köln), »Frauenzentrum und -Notruf Mainz«, »Hanauer Hilfe«, »Integ« (Mönchengladbach), »Deutscher Kinderschutzbund« (Langen), »Konfliktschlichtung« (Oldenburg), »Mann-o-Meter« und »Gewalt gegen Schwule« (Berlin), »Notruf für vergewaltigte Frauen« (Düsseldorf), »Notruf für vergewaltigte und sexuell mißbrauchte Frauen« (Oberhausen), »Opferhilfe Berlin«, »Opferhilfe Hamburg«, »Opferhilfe Norbaden« (Ilvesheim), »Projekt Zeugenhilfe« (Limburg) sowie der »Täter-Opfer-Ausgleich« (Bremen-Nord). *Adresse/Ansprechpartner:* Arbeitskreis der Opferhilfen in der Bundesrepublik Deutschland e.V. (ado), c/o Frauenberatungsstelle, Ackerstr. 144, 40233 Düsseldorf, Tel.: 02 11/68 68 79

**Beratungsstelle TABU e. V.**

*Hilfe und Beratung für Opfer und ihre Angehörigen, die mit ihrer Trauer nicht alleine fertig werden:* Mit Trauer und Verzweiflung bleiben Betroffene in vielen Fällen allein. TABU bietet in diesen Situationen Trauerbegleitung und Lebensberatung. Auf Trauerseminaren sollen die Teilnehmer lernen, mit ihrer Angst, Wut, Verzweiflung oder Apathie fertigzuwerden und neue heilsame Wege der Bewältigung zu finden. Das sozialpsychologische Modellprojekt bietet Kindern, Jugendlichen und Erwachsenen Beratung und therapeutische Hilfe (in Einzel- und Gruppenarbeit, Gesprächen und Übungen) in Lebenskrisen, die entstehen können durch den Tod eines nahestehenden Menschen, Zerrüttung von Familien- und Lebensgemeinschaften, Krankheit und Behinderung. TABU versteht sich als Ergänzung der psychologischen und medizinischen Versorgung und kooperiert mit anderen Institutionen und entsprechenden Fachleuten, wie Ärzten, Psychologen oder Seelsorgern. *Adresse/Ansprechpartner:* TABU e. V., Trauerbegleitung – Lebensberatung, Tiegelstr. 23, 45141 Essen, Tel.: 02 01/32 87 77

### Bundesverband der Angehörigen psychisch Kranker e. V.

*Information über Hilfsangebote für Opfer mit psychischen Schädigungen und ihren Angehörigen:* Der Bundesverband hat die Aufgabe, Initiativen im Bereich psychosozialer Hilfen, psychiatrische Hilfsvereine und Einrichtungen mit ähnlichen Aufgaben zur gegenseitigen Förderung und Repräsentation zusammenzuschließen, Initiativen auf allen Ebenen zu informieren, koordinieren und unterstützen und auf die Verwirklichung bestehender Gesetze und auf die Gesetzgebung einzuwirken. Hilfesuchende können beim Bundesverband eine Adressenliste mit über 350 Initiativen und Angehörigen-Selbsthilfegruppen anfordern. *Adresse/Ansprechpartner:* Bundesverband der Angehörigen psychisch Kranker e. V., Thomas-Mann-Str. 49a, 53111 Bonn, Tel.: 02 28/63 26 46, Fax: 02 28/69 17 59

### Deutscher Caritasverband (DCV)

*Hilfe und Beratung für Opfer jeder Art und ihre Angehörigen:* Der Deutsche Caritasverband widmet sich allen Bereichen caritativer und sozialer Hilfe. Er unterhält eine Vielzahl von Einrichtungen, die u. a. bei Problemen in der Familie, Ehe, Umwelt oder bei Drogensucht beraten und unterstützen. Im Caritas-Adreßbuch, das man beim DCV anfordern kann, sind sämtliche Organisationen der Caritas aufgeführt. *Adresse/Ansprechpartner:* Deutscher Caritasverband, Lorenz-Werthmann-Haus, Karlstr. 40, Postfach 4 20, 79104 Freiburg i. Br., Tel.: 07 61/20 00

**Deutsche Gesellschaft für Suizidprävention – Hilfe in Lebenskrisen e. V. (DGS)**

*Hilfe und Beratung für Selbstmordgefährdete und Menschen in Lebenskrisen:* Die DGS betreibt eine Telefonseelsorge, die Menschen, die nicht mehr weiterwissen, jederzeit in Anspruch nehmen können. Der Verein, in dem sich Mitglieder aus Heilberufen, Sozialwissenschaftler, Sozialpädagogen, Juristen und Theologen zusammengeschlossen haben, leistet selber keine Beratung, verschickt jedoch auf Anfrage Informationen zum Thema Selbstmord und Umgang mit Suizidgefährdeten sowie eine Adressenliste mit den örtlichen Beratungsstellen. *Adresse/Ansprechpartner:* 1.) Deutsche Gesellschaft für Suizidprävention – Hilfe in Lebenskrisen e. V., Geschäftsstelle: Dr. Manfred Wolfersdorf, Nordring 2, 95445 Bayreuth, Tel.: 09 21/28 33 01 Telefonseelsorge (bundesweit): 08 00/1 11 01 11 (-02 22) gebührenfrei.

**Deutscher Kinderschutzbund (DKSB)**

*Hilfe und Beratung für Kinder, die mißhandelt, sexuell mißbraucht oder anderweitig geschädigt wurden, und ihre An-*

*gehörigen:* Beim DKSB finden Kinder, Jugendliche und Familien, die mit ihren Problemen – gleich welcher Art – nicht mehr alleine fertig werden, umfassende Beratung und Unterstützung. Der Einrichtung sind 12 Landes- und über 350 Ortsverbände angeschlossen, deren Aufgaben ein breites Spektrum sozialer Arbeit abdecken und insgesamt über 3.200 verschiedene Aktivitäten durchführen. Wer sich an den Bundesverband wendet, wird – seinem Problem entsprechend – an die zuständige Gruppe des DKSB oder einer anderen Einrichtung weitervermittelt. Darüber hinaus können sich Kinder und Jugendliche mit ihren Schwierigkeiten an das »Kinder- und Jugendtelefon« des Bundes wenden, das gebührenfrei von montags bis freitags von 15 bis 19 Uhr zu erreichen ist. *Adresse/Ansprechpartner:* 1.) Deutscher Kinderschutzbund, Schiffgraben 29, 30159 Hannover, Tel.: 05 11/30 48 50; Kinder- und Jugendtelefon: 08 00/1 11 03 33

**Deutsches Kinderhilfswerk e.V.**

*Initiative zur Verbesserung der Lebenssituation von Kindern:* Das Deutsche Kinderhilfswerk ist eine bundesweite Organisation mit der Aufgabe, sich in der Öffentlichkeit für die Belange der Kinder einzusetzen und bedürftige Familien finanziell zu unterstützen. Zu diesem Zweck wurde der Kindernothilfefonds gegründet. Die Einzelfallhilfe kann durch einen formlosen Antrag von Familien und öffentlichen Organisationen bezogen werden. Die genauen Bedingungen können beim Deutschen Kinderhilfswerk erfragt werden. Im Rahmen der Öffentlichkeitsarbeit organisiert der Verein Veranstaltungsreihen und Kulturprojekte. *Adresse/Ansprechpartner:* Deutsches Kinderhilfswerk e.V., Rungestr. 20, 10179 Berlin, Tel.: 0 30/2 79 56 56/-78

## Deutsches Zentralinstitut für soziale Fragen (DZI)

*Informationsmaterial und Literaturlisten zu aktuellen sozialen Fragen:* Beim DZI können individuelle Recherchen zu sozialen Themen, von der Pflegeversicherung bis zum Kindesmißbrauch, mit Hilfe von Datenbanken und Bibliographien durchgeführt werden. Es stehen zahlreiche Videofilme und ein umfangreiches Archiv zur Verfügung. Das Institut gibt darüber hinaus die Fachzeitschrift »Soziale Arbeit« und das »Graubuch«, ein Führer durch das soziale Berlin, heraus. Die Recherchen sind kostenpflichtig. *Adresse/Ansprechpartner:* Deutsches Institut für soziale Fragen, Knesebeckstr. 55, 10719 Berlin, Tel.: 0 30/8 81 18 91

## Frauenbegegnungszentrum Lila Villa – Gewalt gegen Frauen und Mädchen

*Hilfe und Beratung für Mädchen und Frauen, die von seelischer und körperlicher Gewalt betroffen sind:* Das Modellprojekt bietet kostenlose Beratungsgespräche und vielseitige konkrete Hilfestellungen an. Die Betroffene erhält beispielsweise Empfehlungen von Gynäkologen und wird auf Wunsch zur Untersuchung begleitet. Gemeinsam wird besprochen, ob Anzeige gegen den oder die Täter erstattet werden soll. Auch beim Gang zur Polizei wird das Opfer von den Mitarbeitern der Lila Villa betreut. Darüber hinaus vermittelt das Begegnungszentrum Therapien, Selbsthilfegruppen und Rechtsbeistände. Falls gewünscht, begleiten die Mitarbeiter das Opfer vor, während und nach dem Gerichtsprozeß. *Adresse/Ansprechpartner:* Beratungs- und Informationsstelle – Gewalt gegen Frauen und Mädchen – Lila Villa, Kaßbergstr. 22, Postfach 8 47, 09112 Chemnitz, Tel.: 03 71/30 26 78

**Frauen helfen Frauen e.V.**

*Einzel- und Gruppenberatung für Mädchen und Frauen in besonderen Notlagen, wie sexueller Mißbrauch und Mißhandlung:* Der Verein, der bereits 1979 aus der autonomen Frauenbewegung heraus entstanden ist, kümmert sich um Mädchen und Frauen in Notlagen. Im Gespräch wird gemeinsam mit dem Opfer nach Auswegen gesucht und praktische Hilfe bei der Bewältigung der Probleme aufgezeigt. Neben den Opfern von sexuellem Mißbrauch und Mißhandlung werden hier auch Menschen unterstützt, die an Eßstörungen leiden, Probleme in der Partnerschaft (bis hin zu Trennung und Scheidung) haben oder ihre Trauer nicht alleine bewältigen können. Über die praktische Hilfe in Einzelfällen hinaus veranstaltet der Verein auch Seminare, Informationsveranstaltungen und Vorträge. Ziel dieser Arbeit ist es, Gewalt gegen Mädchen und Frauen in der Öffentlichkeit zum Thema zu machen und zu diskutieren. *Adresse/Ansprechpartner:* Frauen helfen Frauen e.V., Wilhelmstraße 69, 52070 Aachen, Tel.: 02 41/90 24 16


**Frauenzentrum »SOWIESO«**

*Hilfe und Beratung für Mädchen und Frauen:* »SOWIESO« bietet Mädchen und Frauen Hilfe an, die körperliche, seelische oder sexuelle Gewalt erfahren haben. Die Aufgaben des Arbeitskreises sind psychologische und soziale Beratung, Krisen- und Prozeßbegleitung. Darüber hinaus können Betroffene Trost und Beistand in Selbsthilfegruppen erfahren. SOWIESO vermittelt auch weitere Hilfsorganisationen aus dem psychologischen, sozialen und juristischen Bereich. *Adresse/Ansprechpartner:* Frauenzentrum »SOWIESO« –

Arbeitskreis gegen Gewalt an Frauen und Mädchen, Angelikastr. 1, 01099 Dresden, Tel.: 03 51/80 41 47 0

## Hanauer Hilfe e.V.

*Hilfe und Beratung für Opfer und Zeugen von Straftaten:* In der Hanauer Hilfe finden Opfer und Zeugen, gleich welcher Straftat, von erfahren Sozialpädagogen und einem Psychologen der Forschungsgruppe des Bundeskriminalamtes umfassende Beratung und Hilfe – kostenlos, vertraulich und anonym. Betroffene werden über rechtliche Möglichkeiten informiert, auf Wunsch zur Polizei und zum Gericht begleitet, auf finanzielle Hilfsmöglichkeiten hingewiesen und bei Bedarf an weiterhelfende Einrichtungen und Personen vermittelt. Nicht selten möchten Betroffene auch einfach nur ihr Herz ausschütten – auch dafür ist man bei diesem Verein an der richtigen Stelle, die als erste deutsche Beratungseinrichtung im Bereich Opferhilfe auf einen reichen Erfahrungsschatz zurückgreifen kann.
*Adresse/Ansprechpartner:* Hanauer Hilfe e.V., Salzstr. 11, 63450 Hanau, Tel.: 0 61 81/2 48 71 und 2 20 26

## Hilfen für Kinder und Eltern

*Hilfe und Beratung für Kinder, Jugendliche und Eltern bei Fragen von Vernachlässigung, Mißhandlung und sexuellen Mißbrauchs:* Die ärztliche Anlauf- und Beratungsstelle bietet kostenlos praktische Unterstützung im Alltag, umfassende Beratung – sowohl im Einzelgespräch als auch im Familienkreis – und Therapie an. Darüber hinaus hat die Organisation nachsorgende und vorbeugende Gesprächsgruppen für betroffene Kinder und Eltern aufgebaut. Ferner engagiert sich die Gruppe in der

Vorbeugung: Präventionsprogramme, von Fachleuten erarbeitet, werden an Elternabenden und in Kindergärten, Schulen etc. durchgeführt. Dazu gehören auch Fortbildungen für Mitarbeiter anderer psychosozialer Einrichtungen. Die örtliche Zuständigkeit ist auf die Städte Lüdenscheid, Altena, Werdohl, Halver, Herscheid, Kierspe, Meinerzhagen, Nachrodt-Wiblingwerde, Neuenrade und Schalksmühle beschränkt. *Adresse/Ansprechpartner:* Kinderklinik, Hohfuhrstr. 25, 58509 Lüdenscheid, Tel.: 0 23 51/46 39 15

**Hilfe zum Weiterleben**

*Hilfe und Beratung für Menschen mit psychologischen Problemen:* Das Angebot dieser Beratungsstelle richtet sich an Menschen, die nach schlimmen Erlebnissen unter psychologischen Folgeschäden leiden oder nach einer Psychotherapie weitere Betreuung benötigen sowie an die Angehörigen der Betroffenen. Hilfe zur Selbsthilfe lautet ein wichtiges Prinzip der Organisation. Die eigene, heilende Kraft der Betroffenen soll gestärkt werden, um Hand in Hand mit den Helfern einen Weg aus Angst und Isolation zu finden. Darüber hinaus versucht die Organisation, suizidgefährdete Menschen in fachärztlicher bzw. psychotherapeutischer Behandlung zu vermitteln. *Adresse/Ansprechpartner:* Hilfe zum Weiterleben, Minoritenstr. 3, 52062 Aachen, Tel.: 02 41/3 88 85

**Initiative Münchner Mädchen-Arbeit e.V. (IMMA)**

*Hilfe und Beratung für Mädchen und junge Frauen, die Opfer von Sexualdelikten geworden sind – sowohl innerhalb, als auch außerhalb der Familie:* In der IMMA., einem autonomen feministischen Projekt, haben sich Fachfrauen aus den verschiedenen Bereichen der pädagogischen Arbeit sowie Frauen und Mädchen aus anderen Berufsgruppen zusammengeschlossen, um sich gemeinsam für eine Verbesserung der weiblichen Lebenssituation sowohl im politischen als auch im sozialen Bereich zu engagieren. Die Initiative unterhält u. a. Wohngruppen und Zufluchtsstellen für Mädchen in Notsituationen, eine Selbsthilfegruppe für junge Frauen, die sexuell mißbraucht wurden, Beratungsstellen und eine Kontakt- und Informationsstelle für Mädchenarbeit. *Adresse/Ansprechpartner:* Initiative Münchner Mädchen-Arbeit e.V., Jahnstr. 38, 80469 München, Tel.: 0 89/26 85 65, Fax: 0 89/26 89 79

**Interessengemeinschaft zur Verhinderung sexuellen Mißbrauchs an Kindern e.V. (IGC)**

*Hilfe und Beratung für Kinder und Erwachsene, die Opfer von Vernachlässigung, Mißhandlung und/oder sexuellen Mißbrauchs geworden sind:* Die Interessengemeinschaft dient als Anlauf- und Beratungsstelle für alle Personen, die in ihrer Kindheit Opfer von Gewalt geworden sind. Das Angebot umfaßt die Vermittlung an spezialisierte Therapeuten sowie – in akuten Notsituationen – der Schutz des Opfers vor dem Täter. Oberstes Gebot der Interessengemeinschaft ist die Verschwiegenheit der Mitarbeiter. Die Arbeit des Vereins ist vertraulich und kostenlos. *Adresse/Ansprechpartner:* Interessengemeinschaft zur Verhinderung sexuellen Mißbrauchs an Kindern e.V., Horstmanns Koppel 58, 29227 Celle, Tel.: 05 41/8 52 36

**Kind im Zentrum e.V. (KiZ)**

*Sozialtherapeutische Hilfen für sexuell mißbrauchte Kinder und Jugendliche und deren Familien:* Bei KiZ bemühen sich Erzieher, Juristen, Lehrer und Psychologen, die Folgen von sexuellem Mißbrauch für Opfer und ihre Angehörigen zu lindern und Wege zur Bewältigung aufzuzeigen. In Einzelgesprächen und/oder Gruppenarbeit soll erreicht werden, die erlittenen psychischen Verletzungen der minderjährigen Opfer durchzuarbeiten und symptomatische Verhaltensweisen, wie etwa sexuelles oder aggressives Ausleben, behutsam zu korrigieren. KiZ bezeichnet sich insbesondere als familienorientiert, doch geht es dem Verein nicht darum, die Familie – in der sexueller Mißbrauch durch einen Angehörigen stattgefunden hat – dahin zu bringen, wieder oder weiterhin zusammenzuleben. Im Mittelpunkt steht vielmehr die Bearbeitung der Familiendynamik und ihrer Verstrickungen, in denen alle gefangen sind und an deren Auflösung, so die Meinung von KiZ, alle zu beteiligen sind. Daneben können sich auch nicht direkt Betroffene, die sexuellen Mißbrauch von Minderjährigen in ihrem Lebensbereich vermuten, an die Beratungsstelle des Vereins wenden. KiZ bietet darüber hinaus Fachberatungen und Supervisionen für professionelle Helfer an, die in ihrem Arbeitsfeld mit dem Problem sexuellen Mißbrauchs konfrontiert werden. *Adresse/Ansprechpartner:* KiZ e.V., Sybelstr. 30, 10629 Berlin, Tel.: 030/324 70 90

## Kinder- und Jugendnotdienst (KJND)

*Hilfe und Beratung für Kinder, Jugendliche und Eltern in akuten sozialen Krisen:* Der Kinder- und Jugendnotdienst ist Ansprechpartner, wenn der Alltag zum Problem wird. Das Angebot umfaßt die Vermittlung in Konflikten zwischen den Beteiligten und Beratungsgespräche per Telefon oder an einem verabredeten Ort. In dringenden Notsituationen stellt der

Notdienst auch eine Unterkunft für Kinder. Das Fachpersonal ist auch dann Ansprechpartner, wenn andere soziale Dienste nicht erreichbar sind: an Werktagen von 16.00 – 8.00 Uhr, an Wochenenden und Feiertagen rund um die Uhr. *Adresse/Ansprechpartner:* Kinder- und Jugendnotdienst, Feuerbergstr. 43, 22337 Hamburg, Tel.: 0 40/6 32 00 20, Fax: 0 40/63 20 02 55


**Kinderschutzzentrum Hamburg**

*Hilfe und Beratung für Eltern und Kinder in Problem- und Krisensituationen:* Das Kinderschutzzentrum Hamburg bietet Familien, Jugendlichen und Kindern Hilfe zur Bewältigung und Verarbeitung vor, bei und nach kritischen Lebenssituationen an. Dazu gehört Gewalt in Familien oder gegen Kinder, wie Vernachlässigung und sexueller Mißbrauch von Kindern. Das kostenlose Angebot umfaßt die lebenspraktische Unterstützung im Alltag, Beratungsgespräche und Therapien. Für Fachpersonal besteht die Möglichkeit der Fachberatung und der Fortbildung durch das Kinderschutzzentrum. *Adresse/ Ansprechpartner:* Kinderschutzzentrum Hamburg, Emilienstr. 78, 20259 Hamburg, Tel.: 0 40/4 91 00 07


**Kinderschutz-Zentrum Stuttgart**

*Hilfe und Beratung für Kinder und Eltern in Problem- und Krisensituationen:* An das Kinderschutz-Zentrum Stuttgart können sich Eltern wenden, wenn sie Konflikte in der Partnerschaft haben, mit ihren Kindern nicht mehr zurecht kommen oder sich Sorgen um die Entwicklung ihrer Kinder machen. Kinder und Jugendliche, die Probleme mit ihren Eltern haben, geschlagen oder mißbraucht werden oder denen der Alltag einfach über den Kopf wächst, erhalten umfangreiche Hilfe. Telefonische Beratung gehört ebenso zum Angebot des Zentrums wie unterschiedliche Therapieformen und Gesprächsgruppen. Die Leistungen sind kostenlos. Für Pädagogen und Mediziner werden Fortbildungen und Fachberatungen angeboten. *Adresse/Ansprechpartner:* Kinderschutz-Zentrum Stuttgart, Pfarrstr. 11, 70182 Stuttgart, Tel.: 07 11/2 38 90-0

## »Kinder sind ... TABU«

*Beratung und Hilfe für sexuell, körperlich und seelisch mißhandelte Kinder:* Die Hilfe dieser Stiftung richtet sich vor allem auf Betreuung und Beratung in Einzelfällen. Dazu gehören unter anderem die Vermittlung an fachkundige und/oder amtliche Stellen und die Kostenübernahme von Heimplätzen und Therapien. Darüber hinaus engagieren sich die Mitarbeiter für die Schaffung privater Pflegeheime und pädagogischer Einrichtungen. Die Organisation garantiert dem Betroffenen schnelle und unbürokratische Hilfe. *Adresse/Ansprechpartner:* »Kinder sind ... TABU«, Königsallee 60e, 40212 Düsseldorf, Tel.: 02 11/8 65 54 25

## Krisenzentrum Dortmund-Hörde

*Hilfe und Beratung für Opfer jeder Art und ihre Angehörigen:* Wer in Krisensituationen schnelle und unbürokratische Hilfe benötigt, der sollte die Beratungsstelle des Krisenzentrums Dortmund-Hörde in Anspruch nehmen. Geschulte Psychologen und Sozialarbeiter bieten therapeutische Gespräche und Beratung – gleich ob die Symptome einer Krise psychisch oder physisch auftreten. Je nach Indikation werden in der ambulanten Beratungsstelle auch verschiedene Psychotherapie-Methoden angewandt, wobei die systematische Familientherapie zum Schwerpunkt geworden ist. In der stationären Einrichtung des Krisenzentrums im Krankenhaus Bethanien können die Betroffenen während ihres Aufenthalts therapeutische Einzel- und Gruppengespräche sowie systematisch-therapeutische Familiensitzungen in Anspruch nehmen. Den Klinikaufenthalt bezahlt die Krankenkasse. *Adresse/Ansprechpartner:* Krisenzentrum Dortmund-Hörde, 1.) Beratungsstelle und Sekretariat: Virchowstr. 10, 44263 Dortmund, Tel.: 02 31/43 50 77, 2.) Stationäre Einrichtung: Krankenhaus Bethanien, Station 2, Virchowstr. 4, 44263 Dortmund

**Landesversorgungsämter**

*Bearbeitung von Anträgen nach dem Opferentschädigungsgesetz:* Für die Bearbeitung und Bewilligung der Entschädigungsleistungen und Renten für Opfer und ihre Angehörigen bzw. Hinterbliebenen nach dem OEG sind die Versorgungsämter der Länder zuständig. *Adressen/Ansprechpartner:* Landesversorgungsamt Baden-Württemberg, Rosenbergstr. 122, 70190 Stuttgart. Weitere Versorgungsämter des Bundeslandes gibt es in Stuttgart, Freiburg i. Br., Heidelberg, Heilbronn/Neckar, Karlsruhe, Radolfzell/Bodensee, Weingarten, Rottweil und Ulm. Landesamt für Versorgung und Familienförderung Bayern, Schellingstr. 155, 80797 München. Weitere Versorgungs- und Familienförderungsämter in Bayern sind in Augsburg, Bayreuth, Landshut, München, Nürnberg, Regensburg und Würzburg. Landesamt für Zentrale Soziale Aufgaben – Landesversorgungsamt Berlin, Sächsische Straße 28, 10707 Berlin und Versorgungsamt I + II (zuständig für den ehemaligen Ostteil) in Berlin. Versorgungsamt Bremen, Friedrich-Rauers-Str. 26, 28195 Bremen. Landesversorgungsamt Hessen, Adickesallee 36, 60322 Frankfurt/Main. Weitere Versorgungsämter des Bundeslandes finden sich in Darmstadt, Frankfurt/Main, Fulda, Gießen, Kassel und Wiesbaden. Landesversorgungsamt Niedersachsen, Gustav-Bratke-Allee 2, 30169 Hannover. Weitere Versorgungsämter Niedersachens sind in Braunschweig, Hannover, Hildesheim, Oldenburg, Osnabrück und Verden/Aller. Landesversorgungsamt Nordrhein-Westfalen, Von-Vincke-Str. 23-25, 48143 Münster/Westfalen. Weitere Versorgungsämter des Bundeslandes gibt es in Aachen, Bielefeld, Dortmund, Duisburg, Düsseldorf, Essen, Gelsenkirchen, Köln, Münster/Westfalen, Soest und Wuppertal. Landesversorgungsamt Rheinland-Pfalz, Baedeckerstr. 2-10, 56073 Koblenz. Weitere Versorgungsämter finden sich in Koblenz, Landau i. d. Pfalz, Mainz und Trier. Versorgungsamt Saarland, Hochstr. 67, 66115 Saarbrücken. Landesversorgungsamt Schleswig-Holstein, Steinmetzstr. 10, 24534 Neumünster. Weitere Versorgungsämter des Landes gibt es in Heide/Holstein, Kiel, Lübeck und Schleswig. Landesamt für Soziales und Versorgung des Landes Brandenburg, Weinbergstr. 10, 03050 Cottbus. Weitere Versorgungsämter Brandenburgs finden sich in Cottbus, Potsdam und Frankfurt/Oder. Sächsisches Landesamt für Familie und Soziales, Alt-Chemnitzer Str. 40, 09120 Chemnitz. Weitere Ämter für Familie und Soziales des Landes gibt es in Chemnitz, Dresden und Leipzig. Thüringer Landesamt für Soziales und Familie, Karl-Liebknecht-Str. 4, 98527 Suhl. Weitere Ämter für Familie und Soziales von Thüringen sind in Erfurt, Gera und Suhl. Landesversorgungsamt Mecklenburg-Vorpommern, Erich-Schlesinger-Str. 35, 18059 Rostock. Weitere Versorgungsämter des Landes findet man in Rostock, Stralsund, Schwerin und Neubrandenburg. Landesamt für Versorgung und Soziales Sachsen-Anhalt, Neustädter Passage 15, 06122

Halle. Weitere Ämter für Versorgung und Soziales des Landes gibt es in Halle und Magdeburg. Die Adressen der zuständigen Versorgungsämter sind über die Stadtverwaltung zu erfragen.

## Mädchenberatungsstelle des Mädchenhauses Düsseldorf e.V.

*Hilfe und Beratung für Mädchen und junge Frauen in Notsituationen und bei sexuellem Mißbrauch:* Der Verein ist ein Zusammenschluß von Frauen, die die Lebensbedingungen für Mädchen verbessern möchten. In der Beratungsstelle finden neben der Individualbetreuung auch Treffen von Selbsthilfegruppen statt. Jeden Donnerstag von 14.00 – 18.00 Uhr ist das Mädchencafé geöffnet. *Adresse/Ansprechpartner:* Mädchenhaus Düsseldorf e.V., Kleverstr. 67, 40477 Düsseldorf, Tel.: 02 11/48 76 75, Fax: 02 11/48 66 45

## Mann o Mann – Männerberatung e.V.

*Hilfe und Beratung für männliche Opfer von (sexuellen) Gewalttaten:* Bei Mann o Mann finden Männer, die Gewalt erlebt haben oder ihr noch immer ausgesetzt sind, umfassende persönliche wie auch telefonische Beratung und Information, die zur Bewältigung der schmerzhaften Erfahrungen beitragen sollen. Darüber hinaus bietet die Einrichtung zahlreiche Gesprächskreise, in denen sich Gewaltopfer über ihre Erlebnisse austauschen können. Schwerpunkt der Männerberatung sind Therapien, die Gewalt innerhalb von Familien und Beziehungen abbauen sollen. *Adresse/Ansprechpartner:* Mann o Mann im Verein für Sozialtherapie, Gruppenarbeit und Beratung e.V., Teutoburger Str. 106, 33604 Bielefeld, Tel.: 05 21/686 76

## Marc & Corine ASBL

*Hilfe und Beratung für Eltern, deren Kinder vermißt werden oder getötet worden sind:* Wenn ein Kind entführt oder gar getötet wird, ist schnelle und unbürokratische Hilfe wichtig. Die bietet Marc & Corine. Dabei nutzt die belgische Initiative ihre Kontakte zu internationalen Suchorganisationen und zur Polizei. Schon am Tag des Verschwindens druckt Marc & Corine Suchplakate der vermißten Kinder, die mit Hilfe ihrer Kooperationspartner innerhalb kurzer Zeit auch an zentralen Punkten europäischer Städte beispielsweise in Spanien, Frankreich und Italien verteilt werden. Auch in Fällen von Kindestötung versucht Marc & Corine durch Flugblätter, Hinweise auf den Täter aus der Bevölkerung zu bekommen. Neben praktischer Hilfe finden betroffene Eltern bei Marc & Corine auch seelischen Zuspruch. *Adresse/Ansprechpartner:* Marc & Corine ASBL, Rue de Vingt-Deux, 30, 4000 Liège/Lüttich, Belgien, Tel.: 00 32/4/2 52 73 97

## Michael-Franke-Stiftung

*Hilfe und Beratung für Menschen in schweren Konfliktsituationen:* Die Michael-Franke-Stiftung bietet ihre Hilfe für jede Art von Konfliktsituation an. Ein hauptamtlicher Psychologe und vier ehrenamtliche Berater begleiten den Betroffenen (bis 30 Jahre) über das erste Gespräch hinaus, entwickeln zusammen mit ihm Zukunftsperspektiven und beziehen die Angehörigen mit in ihre Arbeit ein. *Adresse/Ansprechpartner:* Michael-Franke-Stiftung, Quantiusstr. 8, 53115 Bonn, Tel.: 02 28/69 69 39

## NAKOS – Nationale Kontakt- und Informationsstelle zur Anregung und Unterstützung von Selbsthilfegruppen der Deutschen Arbeitsgemeinschaft für Selbsthilfegruppen e.V. (NAKOS)

*Hilfe und Beratung für die Gründung von Selbsthilfegruppen:* NAKOS, eine bundesweit tätige Beratungsstelle, hat die Funktion einer unabhängigen, problemübergreifenden Informations- und Vermittlungsinstanz für Selbsthilfegruppen und -interessenten sowie für Fachleute, Verbände, Behörden, Medien und die allgemeine Öffentlichkeit. NAKOS gibt zielgruppenspezifische Informationen, um die Bedingungen, Chancen und möglichen Arbeitsschritte unterschiedlicher Selbsthilfegruppen aufzuzeigen und hilft, diese erfolgreich aufzubauen. Darüber hinaus bietet die Beratungsstelle allgemeine Informationen über Existenz und Arbeitsweise von Selbsthilfegruppen in der ganzen Bundesrepublik. Wichtige Hinweise und Tips zum Thema »Wie gründet man eine Selbsthilfegruppe?« und die »Grüne Liste«, die Adressen und Beschreibungen der Selbsthilfegruppen in der BRD enthält, können bei NAKOS angefordert werden. Angehörige von sexuell mißbrauchten Kindern, die Kontakte zu Menschen mit gleichem Schicksal suchen, erhalten bei NAKOS Informationen. *Adresse/Ansprechpartner:* Nationale Kontakt- und Informationsstelle zur Anregung und Unterstützung von Selbsthilfegruppen, Albrecht-Achilles-Str. 65, 10709 Berlin, Tel.: 0 30/8 91 40 19, Fax: 0 30/8 93 40 14

## Opferhilfe Hamburg e.V.

*Hilfe und Beratung für Gewaltopfer:* Bei der Opferhilfe Hamburg finden Opfer, die körperliche oder geistige Gewalt erlebt haben, und ihre Angehörigen Hilfe von erfahrenen Psychologen und Soziologen. Vergewaltigte und mißhandelte Kinder, Frauen und Männer können sich an die Opferhilfe wenden, unabhängig von einer Strafanzeige gegen ihren Peiniger. Anonymität wird für alle Hilfesuchenden garantiert. Das Angebot des Vereins umfaßt sowohl Soforthilfe, zum Beispiel die Begleitung zu Behörden und Gerichten, wie auch längerfristige therapeutische Begleitung in Einzel- oder Gruppengesprächen und Paarberatungen. Spezielle Hilfsangebote hält der Verein für männliche Gewaltopfer bereit, die mit ihren Erlebnissen – so die Erfahrungen der Beratungsstelle – oft anders als Frauen umgehen. Die Tätigkeit der Opferhilfe ist vertraulich und kostenlos. *Adresse/Ansprechpartner:* Opferhilfe Hamburg e.V., Paul-Nevermann-Platz 2–4, 22765 Hamburg, Tel.: 0 40/38 19 93, Fax: 0 40/3 89 57 86


**Pro Familia e.V.**

*Hilfe und Beratung für Opfer sexueller Gewalt:* In den meisten Fällen haben Menschen, die sexueller Gewalt zum Opfer gefallen sind, große Probleme, (wieder) ein intaktes Verhältnis zum eigenen Körper und der eigenen Sexualität aufzubauen. Der Verein Pro Familia – der in der Bundesrepublik über 140 Beratungsstellen unterhält – bietet in diesem Bereich medizinische, psychologische und soziale Beratung, die, ganz nach Wunsch, in Einzel-, Paar- oder Gruppengesprächen durchgeführt werden kann. Frauen, die aufgrund einer Vergewaltigung schwanger geworden sind und keine der speziellen Opfereinrichtungen kontaktieren wollen, können sich mit ihren Problemen jederzeit an Pro Familia wenden. Alle Mitarbeiter der Einrichtung unterliegen der Schweigepflicht, auch wenn Minderjährige bei ihnen Hilfe suchen. *Adresse/Ansprechpartner:* Pro Familia – Deutsche Gesellschaft für Sexualberatung und Familienplanung e.V., Bundesverband, Stresemannallee 3, 60596 Frankfurt am Main, Tel.: 0 69/63 90 02

**Selbsthilfegruppe Kindesentziehung e.V.**

*Beratung und Hilfe bei angedrohter und erfolgter Kindesentziehung:* In der Selbsthilfegruppe Kindesentziehung haben sich betroffene Elternteile zur gegenseitigen Unterstützung bei angedrohter und erfolgter Kindesentziehung zusammengeschlossen. Nach Angaben der Polizei spielt bei Kindesentziehung immer wieder auch sexueller Mißbrauch eine Rolle. Auch in diesen Fällen können Angehörige mit psychologischer und praktischer Unterstützung der Selbsthilfegruppe rechnen. Zahlreiche Probleme entstehen dann, wenn das entzogene Kind wieder beim sorgeberechtigten Elternteil ist. Auch in diesen Fällen steht die Selbsthilfegruppe den Betroffenen zur Seite. *Adresse/Ansprechpartner:* Selbsthilfegruppe Kindesentziehung e.V., Postfach 10 25 09, 40016 Düsseldorf, Tel.: 0 21 32/62 29 oder 0 21 04/4 38 18

**UNICEF Deutschland, Kinderhilfswerk der Vereinten Nationen**

*Organisation von internationalen Kampagnen und Hilfsprogrammen für die Rechte von Kindern in der ganzen Welt:* Seit Mitte der 80er Jahre beschäftigt sich UNICEF neben seiner Arbeit in den Bereichen Gesundheit, Ernährung, Grundbildung, Wasserversorgung und Familienplanung auch mit Kinderschutzfragen. Dabei nimmt der Kampf gegen die sexuelle

Ausbeutung von Kindern in der ganzen Welt eine immer größere Bedeutung ein. So hat das Kinderhilfswerk in Ländern wie Nepal, Kambodscha, der Dominikanischen Republik, Brasilien und Thailand Anlaufstellen eingerichtet, in denen minderjährige Prostituierte beraten, betreut und medizinisch versorgt werden. Durch Aufklärungs- und Bildungsprogramme, Unterstützung bei der Wohnungs- und Arbeitssuche versucht UNICEF, gefährdete Kinder vor sexueller Ausbeutung zu bewahren bzw. Prostituierten den Ausstieg zu ermöglichen. Darüber hinaus engagiert sich UNICEF bei der Strafverfolgung von Tätern – auf lokaler und internationaler Ebene. UNICEF entwickelt länderübergreifende Strategien bei Prävention und Strafverfolgung und organisiert weltweite Veranstaltungen für den Informations- und Erfahrungsaustausch, wie beispielsweise den ersten Weltkongreß gegen Kinderprostitution, Kinderhandel und Kinderpornographie, der im August 1996 in Stockholm stattfand. *Adresse/Ansprechpartner:* UNICEF, Kinderhilfswerk der Vereinten Nationen, Höninger Weg 104, 50969 Köln, Tel.: 02 21/93 65 0-0

**Verband alleinstehender Mütter und Väter e. V. (VAMV)**

*Hilfe und Beratung bei Kindesentziehung:* In der VAMV Ortsgruppe Erkrath beschäftigt man sich intensiv mit dem Thema Kindesentziehung. Hier wird der Erfahrungsaustausch zwischen Betroffenen bundesweit gepflegt und informiert, was im Falle der Kindesentziehung zu tun ist. Darüber hinaus berät der VAMV in allen für Alleinerziehende relevanten Bereichen und hilft beim Umgang mit Behörden – z. B. Jugendamt, Sozialamt und Wohnungsamt. In Einzel- und Gruppengesprächen hilft der Verband, individuelle Probleme zu bewältigen, die für den zurückgelassenen, alleinerziehenden Elternteil entstehen. *Adresse/Ansprechpartner:* 1.) Bundesverband alleinstehender Mütter und Väter e.V., Beethovenallee 7, 53173 Bonn, Tel.: 02 28/35 29 95

## Kinderschutzzentrum Oldenburg-Vertrauensstelle Benjamin

*Psychologische Beratung und Unterstützung für sexuell mißbrauchte, seelisch und körperlich mißhandelte Kinder und deren Familien und Bezugspersonen:* Das Kinderschutzzentrum Oldenburg ist eine Spezialeinrichtung, die Beratung und Fortbildung für das ganze Spektrum der familiären Gewalt gegen Kinder anbietet. Die Organisation arbeitet nach dem Motto »Helfen statt strafen«. Das Angebot umfaßt einen Verbund von professionellen Helfern verschiedener Berufsgruppen sowie die Vermittlung an andere Einrichtungen. Das kostenlose Hilfsangebot beinhaltet unter anderem auch die Krisenintervention, Einzel- und Familienberatung sowie Kurzzeit- und Langzeitberatungen. *Adresse/Ansprechpartner:* Kinderschutzzentrum Oldenburg, Friederikenstr. 3, 26135 Oldenburg, Tel.: 04 41/1 77 88, Fax: 04 41/2 48 98 00

## Vermißten-Telefon

*Hilfe und Beratung für Angehörige vermißter Kinder, Jugendlicher und Erwachsener:* Das Vermißten-Telefon wurde vom Autor dieses Buches gegründet, um Angehörige von verschwunden Menschen mit praktischen Tips für die persönliche Vermißten-Suche und bei der Erledigung wichtiger Formalitäten zu unterstützen. Darüber hinaus besteht für Angehörige über das Vermißten-Telefon ggf. die Möglichkeit, ihren Fall in der TV-Reihe »Vermißt!« des WDR zu veröffentlichen. Vermißte, die den Kontakt zu ihren Angehörigen wieder aufnehmen möchten, können sich ebenfalls an das Vermißten-Telefon wenden. *Adresse/Ansprechpartner:* Vermißten-Telefon, Tel.: 02 11/4 92 05 69; Vermißten-Telefon der WDR TV-Reihe »Vermißt!«, Tel.: 02 11/30 81 84

**Wendekreis – Beratungsstelle bei sexuellem Mißbrauch an Kindern**

*Hilfe und Beratung für sexuell mißbrauchte Mädchen und Jungen oder für Personen, die beruflich oder privat mit sexuellem Mißbrauch konfrontiert wurden:* Wendekreis ist eine Beratungsstelle des Deutschen Kinderschutzbundes, Kreisverband Ammerland e. V. Die kostenlose Beratung wird in Krisensituationen und auch als begleitende ambulante Hilfe angeboten. Dabei vertreten die Mitarbeiter den Grundsatz der Parteilichkeit für das Kind. Bei Bedarf wird an andere Institutionen vermittelt und eine Zusammenarbeit koordiniert. *Adresse/Ansprechpartner:* Wendekreis – Beratungsstelle des Deutschen Kinderschutzbundes bei sexuellem Mißbrauch von Mädchen und Jungen, Lange Str. 19a, 26160 Bad Zwischenahn, Tel.: 0 44 03/6 31 32

**Wegweiser – Infotelefon und Beratung für sexuell mißbrauchte Frauen und Mädchen**

*Hilfe und Beratung für Opfer sexuellen Mißbrauchs:* Wegweiser ist eine Gruppe, in der sich Menschen aus unterschiedlichen Berufsgruppen zusammengeschlossen haben, um Betroffene zu unterstützen und Interessierte zu informieren. So wird den Opfern geholfen, geeignete Therapeuten, Ärzte,

Rechtsanwälte, Selbsthilfegruppen und Literatur zu finden. Ein weiteres Ziel ist die Koordination zwischen den einzelnen Einrichtungen. *Adresse/Ansprechpartner:* Wegweiser, Ulla Specht, Beratungspraxis, Am Gemeindehof 6, 38690 Vienenburg-Lochtum, Tel.: 0 53 24/36 55

**Weisser Ring e.V.**

*Hilfe und Beratung für Opfer von Straftaten und ihre Angehörigen:* Der Weisse Ring, die einzige bundesweite Opferhilfsorganisation – hilft Opfern und ihren Angehörigen auch im Falle sexuellen Mißbrauchs. So unter anderem durch menschlichen Beistand und persönliche Betreuung nach der Straftat, Hilfestellung im Umgang mit Behörden, Erholungsprogramme für Opfer und ihre Familien, Übernahme der Kosten für einen Rechtsbeistand, Begleitung zu Gerichtsterminen und durch die Vermittlung von Hilfen anderer Organisationen. Dort, wo es infolge der erlittenen Straftat auch zu materieller Not gekommen ist, kann der Weisse Ring mit einer finanziellen Zuwendung über die schwerste Zeit hinweghelfen. Außerdem unterhält der Verein eine Opfernotrufnummer, die Tag und Nacht in Anspruch genommen werden kann. Alle Leistungen des Weissen Rings sind weder an eine Mitgliedschaft noch an sonstige Verpflichtungen gebunden. Finanzielle Zuwendungen müssen nicht zurückgezahlt werden. Neben der Hilfe im Einzelfall tritt der Weisse Ring, der sich aus Spendengeldern und den Zuweisungen von Geldbußen finanziert, öffentlich für die Belange der Kriminalitätsopfer ein, mit dem Ziel, die rechtliche und soziale Situation der Opfer zu verbessern. Darüber hinaus unterstützt der Weisse Ring staatliche Bemühungen bei der Verbrechensvorbeugung. *Adresse/Ansprechpartner:* 1.) Weisser Ring – Gemeinnütziger Verein zur Unterstützung von Kriminalitätsopfern und zur Verhütung von Straftaten e.V., Bundesgeschäftsstelle, Weberstr. 16, 55130 Mainz (Weisenau), Tel.: 0 61 31/8 30 30 Opfer-Notruf: 0 18 03/34 34 34

**Wildwasser e.V.**

*Hilfe und Beratung für heterosexuelle und lesbische Frauen, die in ihrer Jugend Opfer sexuellen Mißbrauchs geworden sind:* Wildwasser bietet telefonische und persönliche Einzel- und Gruppenberatung für sexuell mißbrauchte Frauen und jene professionellen Helfer, die beruflich mit sexueller Gewalt konfrontiert werden. Daneben unterhält der Verein Zufluchtswohnungen für Mädchen – die dort so lange bleiben können, bis sie eine neue Lebensperspektive gefunden haben – und begleitete, offene Fortbildungs- und Selbsterfahrungsgruppen (z. B. für Mütter, suchtkranke Frauen oder Mädchen), sowie einen Frauenladen, in dem sich Opfer und ihre Freundinnen in geschützter Atmosphäre treffen können. Darüber hinaus organisiert Wildwasser die Gründung von Selbsthilfe- und Lebenshilfegruppen, Austauschtreffen und Selbsthilfeforen von in Selbsthilfegruppen arbeitenden Frauen. Mitarbeiter des Vereins sind Erzieherinnen, diplomierte Sozialarbeiterinnen und -pädagoginnen, Psychologinnen und Frauen mit anderen beruflichen Qualifikationen. Im Mädchen- und Frauenbereich arbeiten betroffene und nichtbetroffene Mitglieder zusammen.
*Adresse/Ansprechpartner:* Wildwasser e.V., Friesenstr. 6, 10965 Berlin, Tel.: 0 30/6 93 91 92

**Zartbitter e.V.**

*Hilfe und Beratung für sexuell mißbrauchte Kinder und de-*

*ren Eltern:* In Einzel- und Gruppengesprächen unterstützt der Verein minderjährige Opfer sexuellen Mißbrauchs und deren Angehörige bei der Bewältigung des erlittenen Leids. Zartbitter unterhält außerdem Selbsthilfegruppen, in denen sich Betroffene austauschen und gemeinsam etwas unternehmen können. Weiterhin informieren die Mitglieder – die zum Teil in ihrer Jugend selbst Opfer von sexueller Gewalt geworden sind – auf Elternabenden in Kindergärten und Schulen, wie man Jungen und Mädchen vor sexuellem Mißbrauch schützen oder betroffenen Kindern helfen kann. Beschäftigte aus pädagogischen und sozialtherapeutischen Arbeitsfeldern können sich in diesem Bereich bei Zartbitter fortbilden lassen. Eine ausgewählte Literaturliste zum Thema, die auch auf Arbeitsmaterialien für Kindergarten und Grundschule hinweist, kann bei Zartbitter angefordert werden. *Adresse/ Ansprechpartner:* Zartbitter e.V., Stadtwaldgürtel 89, 50935 Köln, Tel.: 02 21/40 57 80, Fax: 02 21/40 36 61

## Zuflucht und Unterstützung für Mädchen bei sexuellen Mißhandlungen (ZUMMM)

*Hilfe für Mädchen, die sexuell mißbraucht werden:* Schnelle und unbürokratische Hilfe bietet die Organisation allen Mädchen, die sexuell mißbraucht wurden und eine Zufluchtsstätte suchen. Bis zu 60 Tage können die Opfer in einem Heim untergebracht werden. Dann vermittelt ZUMMM die Opfer in betreute Wohngemeinschaften. Darüber hinaus kümmert sich ZUMMM auch um Mädchen, die sexuell mißbraucht werden, die Flucht aus dem Elternhaus jedoch nicht wagen. *Adresse/Ansprechpartner:* Zuflucht und Unterstützung für mißhandelte Mädchen, Postfach 10 55 14, 40046 Düsseldorf, Tel.: 02 11/2 61 11 39

# WEITERE KONTAKTSTELLEN

Frauenhäuser, Psychotherapeuten, Jugendämter, Jugend- und Eltern-Beratungsdienste, Prozeßkosten-/Beratungshilfe, Sozialämter der Städte und Gemeinden, Telefonseelsorge, örtliche kirchliche Einrichtungen, Streetworker, Eltern- und Sekteninitiativen und den Verbraucherzentralen. Viele Informationen über Organisiationen der Opferhelfer gibt es auch bei den Stadt- und Gemeindeverwaltungen, die dafür oft auch spezielles Material zur Verfügung stellen.

*Hilfe für jugendliche Opfer:* »Arbeitsgemeinschaft für Jugendhilfe«, Haager Weg 44, 53127 Bonn, »Bundeskonferenz für Erziehungsberatung e.V. – Gesellschaft für Beratung und Therapie von Kindern, Jugendlichen und Eltern«, Herrnstr. 53, 90763 Fürth

*Hilfe bei Kindesentzug:* »Rotes Kreuz«, Abteilung Jugend und Familie, Beratungsstelle bei Kindesmitnahme/Kindesentzug, Luisenstr. 45, 13505 Berlin; Generalbundesanwalt beim BGH, Neuenburger Str. 4, 10969 Berlin, Tel.: 0 30/25 38 80; »Internationaler Sozialdienst«, Am Stockborn 5–7, 60439 Frankfurt a. M., Tel.: 0 69/58 03-1

*Hilfe bei psychischen Schädigungen:* »Bundesarbeitsgemeinschaft Katholischer Einrichtungen der Hilfe für psychisch kranke und psychisch behinderte Menschen« (AG i. dt. Caritasverband), Lorentz-Werthmann-Haus, Karlsstr. 40, Pf 420, 79104 Freiburg i. Br., »Dachverband Psychosozialer Hilfsvereinigungen e.V.«, Thomas-Mann-Str. 49a, 53111 Bonn, »MASH – Münchner-Angst-Selbsthilfe e.V.«, Bayerstr. 77a, 80335 München

*Hilfe bei sexuellem Mißbrauch:* »Arbeitsgemeinschaft Ärztlicher Beratungsstellen gegen Vernachlässigung, Mißhandlung und sexuellen Mißbrauch von Jugendlichen«, Prof. H. P. Weber, Kinderklinik, Hohfuhrstr. 25, 58509 Lüdenscheid, Tel.: 0 23 51/46 39 15; »Dolle Deerns«, Juliusstr. 16, 22769 Hamburg, »Kinder und Jugend Notdienst Tag + Nacht«, Feuerbergstr. 43, 22337 Hamburg; »Verein zur Prävention von sexuellem Mißbrauch an Mädchen und Jungen«, Oberntorwall 11, 33602 Bielefeld, »Violetta e. V.«, Mädchenberatung, Marienstr. 30, 30171 Hannover

*Information zum sexuellen Mißbrauch:* »Dona Vita Fachhandel«, Postfach 5/Post Husby, 24973 Ruhnmark, Tel.: 0 46 34/17 17; Dona Vita ist ein Fachhandel, der Bücher und Materialien zum Thema »Sexueller Mißbrauch« vertreibt.

# Anhang 4:

# Literatur zum Thema

Aktion Jugendschutz (Hrsg.): Gegen sexuellen Mißbrauch an Mädchen und Jungen. Ein Ratgeber für Mütter und Väter, Köln.

Aktion Jugendschutz (Hrsg.): Von allen guten Geistern verlassen? Jugendliche und Okkultismus, Köln 1990.

Amnesty International (Hrsg.): Nicht die Erde hat sie verschluckt. »Verschwundene« – Opfer politischer Verfolgung, Frankfurt am Main 1982.

Amnesty International (Hrsg.): Bericht über die Folter, Frankfurt am Main 1975.

Bange, Dirk, u. Enders, Ursula: Auch Indianer kennen Schmerz. Handbuch gegen sexuelle Gewalt an Jungen, Köln 1996.

Bauernfeind, Y./Schäfer, M.: Die gestohlene Kindheit. Sexueller Mißbrauch an Kindern. Die Tatsachen und Wege zur Bewältigung, München 1992.

Baumann, Ulrich: Das Bild des Opfers in der Kriminalitätsdarstellung der Medien, Forschungsgruppe Kriminologie des Max-Planck-Instituts für ausländisches und internationales Strafrecht, Freiburg 1993.

Baurmann, M./Schädler, W.: Das Opfer nach der Straftat – seine Erwartungen und Perspektiven, BKA-Forschungsreihe Bd. 22, Wiesbaden 1991.

Behr, Hans-Georg: Organisiertes Verbrechen, Wien/Düsseldorf 1985.

Behr, Hans-Georg: Weltmacht Droge. Das Geschäft mit der Sucht, Wien/Düsseldorf 1980.

Besten, Beate: Sexueller Mißbrauch und wie man Kinder davor schützt, München 1991.

Brockhaus, Ulrike/Kolshorn, Maren: Sexuelle Gewalt gegen Mädchen und Jungen. Mythen, Fakten, Theorien, Frankfurt (Main) 1993.

Broek, Jos van den: Verschwiegene Not: Sexueller Mißbrauch an Jungen, Zürich 1993.

Bundesarbeitsgemeinschaft Jugendsozialarbeit (Hrsg.): Gewalt. Herausforderung für die Jugendsozialarbeit, Bonn 1993.

Bundesminister für Arbeit und Sozialordnung: Der Staat hilft den Opfern von Gewalttaten, Bonn 1991.

Bundesministerium für Frauen und Jugend (Hrsg.): Medienpaket: Keine Gewalt gegen Kinder. Signale sehen – Hilferufe hören, Bonn 1993.

Bundesministerium für Familie und Senioren: Kindesmißhandlung. Erkennen und Helfen, Bonn 1979.

Bundesministerium für Familie und Senioren: Sexueller Mißbrauch von Kindern und Jugendlichen. Intervention und Prävention, Bonn, Bd. 19.

Bundesministerium für Familie und Senioren: Familie und Beratung, Bonn, Bd. 16.

Bundesministerium für Familie und Senioren: Selbsthilfeförderung durch Länder, Kommunen und Krankenkassen, Bonn, Bd. 42.

Burkett, Elinor u. Bruni, Frank: Das Buch der Schande. Kinder und sexueller Mißbrauch in der katholischen Kirche, Wien/München 1995.

Cartuyvels, Yves, u. a.: L'affaire Dutroux. La Belgique malade de son système, Brüssel 1997.

Coddington, Deborah: The 1996 Paedophile and Sex Offender Index, Neuseeland 1996.

Connexions – Adreßbuch alternativer Projekte, Klingelbach 1986.

Deutscher Caritasverband e.V. (Hrsg.): Mädchensozialarbeit, in: Jugendwohl, Zeitschrift für Kinder- und Jugendhilfe, Heft 10, Freiburg 1991.

Deutscher Caritasverband e.V. (Hrsg.): Menschen brauchen Mit-Menschen, in: Caritaswerkheft 92, Freiburg 1992.

Deutscher Caritasverband e.V.: Caritas Korrespondenz. Caritas-Adreßbuch, in: Informationsblätter für die Caritaspraxis, 15. Aufl., Freiburg 1992.

Douglas, John/Olshaker, Mark: Die Seele des Mörders. 25 Jahre in der FBI-Spezialeinheit für Serienverbrechen, Hamburg 1996.

Drewes, Detlef: Kinder im Datennetz. Pornographie und Prostitution in den neuen Medien, Frankfurt (Main) 1995.

Ebert, F.: Hilfe für Verbrechensopfer. Die Bewältigung einer staatlichen Aufgabe mit dem Gesetz über die Opfer von Gewalttaten, (Juristische Dissertation), München 1981.

Elsner, Constanze: Laßt Euch nicht benutzen! Sexuellen Mißbrauch erkennen – verhindern – beenden, Hamburg 1996.

Emnid-Institut: Einstellungen der Bundesbürger zu Fragen der Inneren Sicherheit Dezember 1992, Bielefeld 1993.

Enders, Ursula/Stumpf, Johanna: Mütter melden sich zu Wort. Sexueller Mißbrauch an Mädchen und Jungen, Köln 1995.

Evans, Christopher: Kulte des Irrationalen. Sekten, Schwindel, Seelenfänger, Reinbek 1976.

F., Christiane: Wir Kinder vom Bahnhof Zoo, Hamburg 1978.

Farrow, Mia: Dauer hat, was vergeht, Bergisch Gladbach 1997.

Föster, Michael (Hrsg): Jürgen Bartsch – Nachruf auf eine »Bestie«, Essen 1984.

Fröhling, Ulla: Vater unser in der Hölle. Ein Tatsachenbericht, Seelze-Velber 1996.

Gallwitz, Adolf u. Paulus, Manfred: Grünkram: Die Kindersex-Mafia in Deutschland, Hilden 1997.

Grandt, Guido und Michael: Schwarzbuch Satanismus, München 1996.

Gutjahr, Karin/Schrader, Anke: Sexueller Mädchenmißbrauch. Ursachen, Erscheinungen, Folgewirkungen und Interventionsmöglichkeiten, Köln 1988.

Hamacher, Hans-Werner: Tatort Bundesrepublik: Organisierte Kriminalität, Hilden 1986.

Hartwig, Renate: Scientology – ich klage an! Augsburg 1994.

Hindelang, M.: Opferbefragungen in Theorie und Forschung, in: Schneider, H. J.: Das Verbrechensopfer in der Strafrechtspflege, Berlin 1982.

Institut für soziale Arbeit e.V. (Hrsg.): Gewalt gegen Frauen und sexuelle Gewalt gegen Kinder. Ratgeber für eine parteiliche Interessenvertretung gegenüber Polizei und Justiz, Münster 1994.

Interessensgemeinschaft der mit Ausländern verheirateten Frauen e.V. (IAF) (Hrsg.): Kindesmitnahme durch einen Elternteil. Ursachen, Lösungsmöglichkeiten und Präventionen, Frankfurt am Main 1988.

Jamin, Peter H.: Vermißt! Über Menschen, die verschwinden, und jene, die sie suchen, Bergisch Gladbach 1993.

Jamin, Peter H.: Opfer! Das Leben nach dem Überleben: Verbrechen – Unglück – Katastrophe, Bergisch Gladbach 1994.

Jamin, Peter H.: Hilflos! Gewalt gegen Kinder, Bergisch Gladbach 1995.

Junge Union (Hrsg.): InSekten – Nein Danke! Bonn 1993.

K., Silvia: ... doch helfen mußte ich mir selbst, Bergisch Gladbach 1994.

Kaiser, Michael: Die Stellung des Verletzten im Strafverfahren, Kriminologische Forschungsberichte des Max-Planck-Instituts für ausländisches und internationales Strafrecht, Freiburg 1992.

Kirchhoff, Sabine: Sexueller Mißbrauch vor Gericht, Opladen 1994.

Köhler, Klaus: Kindesmißbrauch – Gewalt ver-rückte Seele, Wiesbaden 1991.

Kölner Institut für Jugendhilfe e.V. (Hrsg.): Nein ist Nein. Neue Ansätze in der Präventionsarbeit, Köln 1993.

Kriminalistische Studiengemeinschaft e.V. (Hrsg.): Kriminalistische Studien. Band 1: Vergewaltigungen, Bremen 1985.

Kury, H./Dörmann, U. u. a.: Opfererfahrungen und Meinungen zur Inneren Sicherheit in Deutschland, BKA-Forschungsreihe Bd. 25, Wiesbaden 1992.

Lackner, Prof. Dr. Karl (Hrsg.): Strafgesetzbuch mit Erläuterungen, München 1997.

Lee, Peter G.: Interpol, Hagen 1977.

Lenssen, Margrit u. Stolzenburg, Elke (Hrsg.): Schaulust: Erotik und Pornographie in den Medien, Opladen 1997.

Lewis, C. S.: Über den Schmerz, München 1978.

Lindlau, Dagobert: Der Mob: Recherchen zum organisierten Verbrechen, Hamburg 1988.

Lukas: Vier Jahre Hölle und zurück, Bergisch Gladbach 1995.

Mandau, Luise: Tödlicher Sektenwahn, Essen 1995.

Martinus, Joest/Frank, Reiner: Vernachlässigung, Mißbrauch und Mißhandlung von Kindern. Erkennen, Bewußtmachen, Helfen, Bern 1993.

Milke, Günter: Vermißt – was nun? Sachbearbeitung, Rechtslage, Problematik, Schicksal, Stuttgart 1994.

Minuchin, S./Nichols, M.: Familie. Die Kraft der positiven Bindung. Hilfe und Heilung durch Familientherapie, München 1993.

Mitscherlich, Alexander/Margarete: Die Unfähigkeit zu trauern, München 1977.

Mühlendahl, K. E. v. (Hrsg.): Kinderarzt und Umwelt. Jahrbuch 1991/92, Osnabrück.

Opferhilfe (Hrsg.): 5 Jahre Opferhilfe 1986–1991. Arbeitsbericht und Dokumentation der Fachtagung, Hamburg 1992.

Paritätischer Wohlfahrtsverband (Hrsg.): MachtMißbrauch. Sexuelle Gewalt in Einrichtungen sozialer Arbeit, Wuppertal.

Raith, Werner: Die ehrenwerte Firma. Der Weg der italienischen Mafia vom »Paten« zur Industrie, Berlin 1983.

Raith, Werner: Opfer im Abseits. Die Gewalt des Schweigens, Köln 1991.

Reik, Theodor: Der unbekannte Mörder. Psychoanalytische Studien, Hamburg 1978.

Retzlaff, Ingeborg (Hrsg.): Gewalt gegen Kinder. Mißhandlung und sexueller Mißbrauch Minderjähriger, Neckarsulm 1989.

Roth, Jürgen u. Frey, Marc: Die Verbrecher-Holding. Das vereinte Europa im Griff der Mafia, München/Zürich 1992.

Roth, Siegward: Die Kriminalität der Braven, München 1991.

Schneider, H. J.: Viktimologie – Wissenschaft vom Verbrechensopfer, Tübingen 1975.

Scholz, Rainer: Probleme mit Jugendsekten. Ein Ratgeber für Eltern, Erzieher und Betroffene sowie Behörden, Gerichte und Berater, München.

Schramm, H.: Die Situation der Verbrechensopfer in der Bundesrepublik Deutschland aus der Sicht des Weissen Ringes, in: Göppinger, H. (Hrsg.): Das Opfer der Straftat/Resozialisierung, Tübingen 1982.

Schrömbgens, Hans-Heinz (Hrsg.): Die Fehldiagnose in der Praxis, Stuttgart 1987.

Schuster, Leo: Opferschutz und Opferberatung – eine Bestandsaufnahme, Berichte des Kriminalistischen Instituts, Wiesbaden 1985.

Seidel, Markus Heinrich: Straßenkinder in Deutschland. Schicksale, die es nicht geben dürfte, Frankfurt (Main) 1994.

Stephan, E.: Die Stuttgarter Opferbefragung, Studie des Bundeskriminalamts Wiesbaden, Wiesbaden 1976.

Stürzbecher, Wolfgang: Tatort Straße. Schlägereien, Raubüberfälle, Drogenmißbrauch, Bandenkriege ... Aus dem Leben eines Streetworkers, Bergisch Gladbach 1992.

Stürzbecher, Wolfgang: Entwurzelt. Jugendliche berichten von ihrem Überlebenskampf am Rande der Gesellschaft, Bergisch Gladbach 1993.

Süskind, Patrick: Das Parfum, Zürich 1985.

Tampe, Evelyn: Verbrechensopfer. Schutz – Beratung – Unterstützung, Stuttgart 1992.

Tausch, Reinhard: Vergeben – ein bedeutsamer seelischer Vorgang, in: Logotherapie und Existenzanalyse, 192, 1, S. 61–92.

Uesseler, Rolf: Herausforderung Mafia: Strategien gegen organisierte Kriminalität, Bonn 1993.

Ulsamer, Gerhard (Herausgeber): Lexikon des Rechts – Strafrecht/Strafverfahrensrecht, Neuwied 1989.

Watson, Lyall: Die Grenzbereiche des Lebens, Frankfurt am Main 1978.

Weidner, Jens: Anti-Aggressivitäts-Training für Gewalttäter. Ein deliktspezifisches Behandlungsangebot im Jugendvollzug, Bonn 1993.

Weisser Ring (Hrsg.): Opferrechte/Opferpflichten. Ein Überblick über die Stellung des Verletzten im Strafverfahren seit Inkrafttreten des Opferschutzgesetzes, 3. Aufl., Mainz 1992.

Weisser Ring (Hrsg.): Verbrechensopfer. Schutz, Beratung, Unterstützung, Stuttgart 1992.

In der Reihe »Mainzer Schriften zur Situation von Kriminalitätsopfern« sind u. a. erschienen:

Weisser Ring (Hrsg.): Opferhilfe in Europa. Dokumentation der Jahrestagung des European Forum for Victim Services vom 13.–14. Juni 1991 in Mainz, Mainz 1993.

Weisser Ring (Hrsg.): Risiko-Verteilung zwischen Bürger und Staat. Dokumentation des 1. Mainzer Opferforums vom 14.–15. Oktober 1989, Mainz 1990.

Weisser Ring (Hrsg.): Kriminalitätsopfer im Spannungsfeld der Interessen. Dokumentation des 2. Mainzer Opferforums vom 15.–16. September 1990, Mainz 1992.

Weisser Ring (Hrsg.): Kommunale Kriminalitätsprophylaxe. Zusammenfassung und Analyse des Internationalen Kolloquiums »Gewalt in unseren Städten als Beispiel für Aufgaben der kommunalen Kriminalpolitik« vom 26.–30. September 1988 in Münster, Mainz 1992.

Weisser Ring (Hrsg.): Bibliographie zum sexuellen Mißbrauch an Kindern und Jugendlichen, Mainz 1993.

Weisser Ring (Hrsg.): Orientierungshilfen bei Kindesmißhandlung. Tabellarische Übersicht zu kompensatorischen Bedingungen und Risikofaktoren, Mainz 1992.

Weisser Ring (Hrsg.): Sexueller Mißbrauch an Mädchen und Jungen. Fakten, Hilfen, Vorbeugung, Mainz 1992.

Weisser Ring (Hrsg.): Mainzer Schriften zur Situation von Kriminalitätsopfern: Kommunale Kriminalitätsprophylaxe, Mainz 1992.

Weisser Ring (Hrsg.): Mainzer Schriften zur Situation von Kriminalitätsopfern: Kriminalitätsopfer im Spannungsfeld der Interessen, Mainz 1992.

Weisser Ring (Hrsg.): Mainzer Schriften zur Situation von Kriminalitätsopfern: Opferentschädigungsgesetz – Intention und Praxis opfergerecht?, Mainz 1996.

Wenisch, Bernhard: Satanismus: schwarze Messen – Dämonenglaube – Hexenkulte, Mainz/Stuttgart 1988.

# Anhang 5:

# Stichwortverzeichnis

Allen, Woody 222
Amnesty International 177, 184 f.
Angst 5, 8, 11-15, 31, 33, 57, 62, 64, 73, 77, 79 f., 82-85, 92, 109, 117, 121, 128, 131, 134 f., 161 f., 179, 181, 185, 188, 191, 205, 221, 224-227, 233-236, 263, 283, 287, 293, 298, 309, 312, 318, 322, 329, 348
Arzt (Ärzte) 47-49, 57, 63, 73, 84, 86 f., 115 f., 140, 185, 192, 202 f., 207 f., 213, 217 f., 223, 236, 297, *siehe auch Mediziner*
Ausreißer 42, 64, 106, *siehe auch Straßenkinder*

Babystrich 67, 106, 108, 122 f.
Behörden 27, 29, 31, 34, 124, 138, 157, 176-178, 183, 195, 199, 200, 216, 241, 247, 272, 274, 281, 285, 310, 315 f., 338 f., 341, 344
Behrens, Fritz 244
Benaissa, Loubna 32 f.
Beratungsstelle 61, 86, 112, 202 f., 208, 235, 238 f., 271, 285, 292 f., 297, 299, 319-322, 324, 328-330, 333 f., 336, 338 f., 343, 347 f.,
Bewährungshelfer 280
Bohl, Friedrich 40, 276
Bund Deutscher Psychologen 263 f.
Bundesärztekammer 68
Bundeskriminalamt (BKA) 35, 41, 57 f., 68, 126, 273 f., 276, 328
Bündnis 90/Die Grünen 271

CDU/CSU 270
Charleroi 5, 20-22, 28 f., 35
Computer 30 f., 48, 50, 145 f., 148 f., 152, 169, 275, 302

Datenschutz 40
Delhez, Laetitia 11, 19 f.
Deutscher Kinderschutzbund 202, 322, 324, 325
Drogen 8, 20 f., 55 f., 63 f., 77, 103, 105 f., 109, 111 f., 116, 119-122, 135, 137, 162, 164, 168, 190, 200, 205, 226 f., 237, 241, 254, 258, 288,

304, 324, *siehe auch Rauschgift*
Dutroux, Marc 5 f., 11-13, 15 f., 19-28, 31-39, 41, 44, 47, 51, 53, 57, 62, 64 f., 88 f., 123-125, 134 f., 137, 141 f., 144, 146, 167, 180 f., 190, 194, 207, 209, 221, 225 f., 228, 242, 246, 262, 266 f., 269, 278, 286

Entführung 27, 169, 174, 178, 180, 198, 200, 213, 221, 226, 270, 285, *siehe auch Kidnapping, Kindesentführung*
Ermittlungspannen *siehe Pannen, Schlamperei, Versäumnisse*
Ethik-Seminar 278
Europa (Europäische Staaten, - Länder, - Union, - Gemeinschaft) 6, 12, 17, 36 f., 39, 44, 51, 54, 57, 64, 72, 123 f., 140, 145, 158 f., 161, 195, 200, 262, 270, 275, 321, 337
Europäischer Gerichtshof 35
Europa-Parlament 64
Europol 270, 274
Everts, Ulrike 126, 190
Eylmann, Horst 246

F.D.P. 270
FBI 22, 26
Fehler 34 f., 99
Fernsehen 20, 23, 27, 38, 85, 109, 228, 285, *siehe auch Journalisten, Medien, Presse, Zeitungen*
Filme 15, 21, 42 f., 49, 64 f., 70, 74, 77, 91 f., 137-140, 143, 145-148, 151, 157, 161, 229, 242, 326, *siehe auch Kassetten, Pornovideos, Videos*
Forderung 9, 74, 98, 262, 267, 271 f., 279, 281, 286
Forensische Psychiatrie 264, 271, 280
Fotos 17, 42-44, 74, 77, 91-93, 108, 137, 157 f., 160 f., 183, 187, 198, 206, 236, 282

Gefängnis 21, 23, 25, 28, 87, 137, 155, 170, 174, 215, 221 f., 250, 259, 265 f., *siehe auch Haft, Strafe, Verurteilung*
Geld 25-27, 38, 45, 50, 58, 98, 102, 105, 109, 111, 113-116, 120 f., 123, 135, 137, 145, 151, 159, 161, 163, 175, 192, 210, 217, 218, 224 f., 229, 258, 285, 304 f., 311, 313 f., 344
Gen-Datenbank 40, 275
Genetischer Fingerabdruck 40, 276
Gerichtsverhandlung 8, 88, 94, 129, 164, 198, 219, 240, 242 f., 248, 298, 321
Gewerkschaft der Polizei 60, 224, 267, 273
Glaubwürdigkeitsgutachten 96, 239 f., 300, 317
Glogowski, Gerhard 39
Gutachten 96 f., 99, 172, 239 f., 243, 256, 259 f., 264, 270, 280, 300, 317
Gutachter 8 f., 95 f., 121, 172, 245 f., 249, 256 f., 259, 264 f., 278 f.

Haft 21, 25 f., 28, 35, 39, 44, 64, 87 f., 100, 128, 137, 158, 173 f., 177, 180, 215, 252, 255, 259, 261, 263, 26 f., 280, 312, 315, *siehe auch Gefängnis, Strafe, Verurteilung*

Händler (Kinder-, Mädchen-, Porno-, Kinderporno-, Kindersex-, Menschen-) 7, 41, 45, 53, 60, 64, 134 f., 138 f., 160, 162-164, 178, 181, 194 f., 225, 273, 304

Heitmann, Steffen 283

Horstmann, Axel 264, 330

Howard, Michael 40

Internet 6 f., 37, 62, 64, 67, 72, 141, 144-152, 194, 273, 302

Jackson, Michael 223

Journalisten 21, 24, 37, 249, 251 f., 256, *siehe auch Fernsehen, Medien, Presse, Zeitungen*

Juhl, Maria 127

Juppé, Alain 37, 41

Justiz 5, 8 f., 24 f., 27-29, 31-35, 41, 45 f., 53, 62 f., 141, 146, 235, 245 f., 248, 263, 266, 271 f., 277 f., 282, 309

Kanther, Manfred 58

Karaszkiewicz, Ingrid 189

Kassetten 24, 33, 42, 48, 95, *siehe auch Filme, Pornovideos, Videos*

Kerkow, Kim 40, 124-126, 229, 246, 262, 266

Kessler, Robert R. 26

Kidnapping 7, 176, 178 f., *siehe auch Entführung, Kindesentführung*

Kinder Gottes 129-131

»Kinder sind ... TABU« 163, 206 f., 333

Kinder- und Jugendtelefon 271, 325

Kinderhandel 7, 54, 58, 64, 72, 159, 161, 226, 341

Kinderpornographie 6 f., 25, 36-38, 40-43, 45-47, 49, 51 f., 58 f., 62, 64 f., 67, 69 f., 72, 74, 89, 130, 135, 137-, 140, 144-149, 151, 159-161, 207 f., 229, 270, 273, 285, 341

Kindesentführung 30, 191, 275, *siehe auch Entführung, Kidnapping*

Klein, Calvin 286

Kniola, Franz-Josef 58

Kommunen 13, 56, 271, 273

Korruption 32, 200, 269

Kriminelle Netzwerke 7, 12, 24, 36, 50 f., 53, 55, 57, 61 f., 71, 138-141, 143-145, 159, 195, 201, 208, 225, 272, 286

Lambrechs, Eefje 11, 18, 21

Landeskriminalamt (LKA) 59, 69, 135, 140, 161, 168, 187, 229, 234, 273

Lehrer 6, 12 f., 37, 41, 57, 61, 71, 77, 81, 86-89, 192, 209, 222, 284, 289, 303, 331

Lejeune, Julie 5, 11, 16 f., 19-21, 28 f., 35

Lindlau, Dagobert 54

Lutz, Hermann 60, 224, 267, 273

Mafia (Kinderporno-, Porno-) 6, 12, 20, 22, 51, 53-58, 60-62, 77, 125, 127, 137, 139, 141, 145, 160, 164, 169, 178, 180, 195, 200 f., 206, 208, 225, 272 f., 274 f., 286

Malmendier, Jean-Paul 19

Marc & Corine 5, 17-19, 30, 337

Marchal, An 11, 18, 21

Martin, Michelle 26

Medien 17-19, 24, 31, 34, 51, 53, 59, 74, 106, 124 f., 145-147, 160, 178, 207, 209, 215, 285, 309, 338, *siehe auch Fernsehen, Journalisten, Presse, Zeitungen*

Mediziner 168, 262, 284, 333, *siehe auch Arzt*

Minister 27-29, 35, 37, 39-41, 51, 53, 55-58, 67, 73 f., 135, 146 f., 150, 162, 166, 176, 199, 207 f., 216, 222, 224, 235, 244, 246-248, 263 f., 266, 271, 274, 276, 279, 283, 289, 290

Mißbrauch (mißbrauchen) 6, 11, 13, 20 f., 31, 33, 37 f., 41 f., 56 f., 63 f., 67-72, 74, 79, 81, 85, 88-90, 98, 100, 102, 108, 110 f., 119, 122, 124, 126 f., 129, 131, 133, 140-144, 148, 155, 158, 167, 173, 180, 194, 200, 202, 205, 208, 209, 211 f., 222-224, 231, 235, 238-240, 242 f., 247, 258, 265 f., 275-278, 281-286, 298, 312, 321 f., 324, 326, 330, 332, 338, 342 f., 345 f., *siehe auch Sexueller Mißbrauch*

Mord (Kinder-) 6 f., 12, 15, 17, 21, 26, 32, 39 f., 52, 64, 71, 116, 124-126, 133-135, 167, 169, 188, 192, 194, 200, 212 f., 216 f., 223, 229, 246, 266, 324, *siehe auch Tötung*

Netzwerke 7, 12, 24, 36, 50 f., 53, 55, 57, 61 f., 71, 138-141, 143-145, 195, 201, 208, 225, 272, 286

Nolte, Claudia 51, 67

Opfer 6-9, 11-13, 16, 21 f., 34, 38 f., 41, 43, 48-50, 54, 57 f., 61-65, 68-73-76, 79, 82 f., 85-87, 89, 94-101, 104, 109, 116-118, 124, 127-130, 133, 135, 140, 143, 148, 153, 156 f., 159 f., 162-166, 168 f., 171-174, 179-181, 184, 200-209, 212-218, 221, 223-226, 229-231, 233-235, 238, 240 f., 243, 245 f., 248-252, 256-263, 269-272, 276-285, 288 f., 293, 296-300, 305-309, 311, 314 f., 317-319, 321-323, 326-331, 333 f., 338 f., 343-347

Opferbefragung 231, 318

Opferhelfer (Helfer, Hilfsorganisationen) 7, 10, 12 f., 17 f., 31, 70, 82, 86, 114, 128, 138, 140, 157, 201 f., 208, 213 f., 224, 235, 241, 272, 283, 285, 289, 290, 295, 319, 327, 329, 331, 342, 344, 345, 347

Opferschutz 9, 166, 278 f., 291, 306 f.

Opferzimmer 279, 281

Organisierte Kriminalität 53, 55, 58, 162, 309
Osteuropa 21, 45, 153, 159 f., 165

Päderasten 59, 140, 175, 224, 312
Pädophile 7, 23, 40, 45 f., 48, 59, 64, 71, 104, 138-145, 148 f., 157, 160, 169, 195, 224 f., 272, 275, 278, 282, 286, 310, 312
Pädophilie 28, 70, 151, 222, 269, 286, 310
Pannen 28, 33, 34, *siehe auch Schlamperei, Versäumnisse*
Parlament 5, 34 f., 150, 221, 310
Pasolini, Pier Paolo 222
Perdue de Vue 17
Politik 12 f., 31, 35, 47, 53, 56, 60, 106, 141, 276, 285, 309
Politiker 13, 15 f., 19, 24, 34, 36 f., 50, 55, 140, 144, 150, 196, 202, 207, 216, 262, 266, 273 f., 279, 283
Polizeibehörde 35, 146, 198, 274, 275
Pornovideos 44, 157, *siehe auch Filme, Kassetten, Videos*
Presse 17, 21-23, 34, 42, 45 f., 53, 61, 64, 93, 129, 161, 171, 176, 215, 244, *siehe auch Fernsehen, Journalisten, Medien, Zeitungen*
Priester (Geistliche) 6, 71, 86, 90, 100 f., 134 f.
Prostituierte 70, 72, 111 f., 114, 116-119, 123, 156, 158, 162, 165, 205, 312, 341
Prostitution 6, 68, 70, 74, 102, 106, 109, 121, 130, 135 f., 158, 160, 162, 165, 237, 281 f., 304, 312
Prozesse 62, 90 f., 94 f., 97, 118, 128, 164 f., 171-173, 214 f., 240, 248 f., 259, 271, 278 f., 281, 311, 327, 347
Psychogruppen 129
Psychologen 184, 203 f., 208, 245, 263 f., 272, 280, 299, 300, 323, 328, 331, 333, 339

Rauschgift 55, 58, 105, 273, *siehe auch Drogen*
Rechtsanwälte (Anwälte) 13, 62 f., 94, 196, 203 f., 207, 214, 235, 237, 239, 262, 307, 344
Rechtshilfeabkommen 273 f.
Richter 35, 88, 97, 99, 118, 121, 128, 158, 171, 173, 203, 249-252, 254 f., 258, 260-262, 264, 278 f., 300, 309
Rückfallquote 246, 265, 279 f.
Russo, Melissa 5, 11, 15-17, 19-21, 28 f., 33 f.

Sassen, Deborah 23, 126, 191
Satanismus 6, 127, 132
Schlamperei 32, *siehe auch Pannen, Versäumnisse*
Schmidt, Ulla 101, 248, 270
Schmidt-Jortzig, Edzard 39, 247
Schreinemakers, Margarethe 206 f.
Sekten 38, 72, 129-135, 347
Sextourismus 157, 312
Sextouristen 7, 70-72, 155-157, 273, 312

Sexualkriminalität 15
Sexualstrafrecht 37, 61, 262, 266 f.
Sexueller Mißbrauch 6, 9, 42 f., 45, 47, 49, 51, 58-60, 63, 67 f., *siehe auch Mißbrauch*
Sicherungsverwahrung 270, 314
»Solwodi« 164-166
Sonderkommission 48 f., 69, 126, 141, 145, 191, 229
Sörensen, Seike 127, 181
SPD 101, 248, 271
Staatsanwalt 19, 24, 29, 44-47, 49 f., 52 f., 94, 97 f., 113, 128, 138, 153 f., 171, 199 f., 221 f., 243 f., 249, 259, 272, 300, 306-, 309, 311, 315 f.
Strafe 23, 61, 97, 118, 151, 168, 177, 212, 246, 249, 251, 269, 271, 313, *siehe auch Gefängnis, Haft, Verurteilung*
Strafverfolger 164, 195, 277
Strafverfolgung 13, 195, 203, 272-274, 315, 318, 341
Strafverfolgungsbehörde 29, 166, 225, 267, 280, 284
Straßenkinder 6, 50, 64, 102 f., 106, 109, 283, *siehe auch Ausreißer*
Streetworker 102, 106, 347
Strich 71, 102, 105-107, 109, 171, 213
Süskind, Patrick 230
Süssmuth, Rita 280, 283

Täterdatei 275
Therapie 9, 37, 81, 84, 100, 208, 214, 217, 245-247, 262-266, 270 f., 275, 279-281, 284 f., 288, 298-300, 326, 328, 332 f., 336, 347
Tötung 89, 134, 199, 235, 242, 244 f., 285, 305, 316, 337, *siehe auch Mord*

UNICEF 58, 72, 312, 340 f.

Van Rillaer, Guido van 30, 54, 89
Verbrechensbekämpfung 6, 39
Verjährung 39, 273, 315 f.
Vermißte 12, 17-19, 22, 29 f., 38, 54, 88, 104, 123, 167-169, 177 f., 184-188, 190-193, 195, 199 f., 207, 211, 228, 275, 283, 342 f.
Versäumnisse 16, 34, *siehe auch Pannen, Schlamperei*
Verurteilung 88, 118, 151, 154, 165, 173, 215 f., 243, 260, *siehe auch Gefängnis, Haft, Strafe*
Videos 24, 26, 42, 44, 58, 68, 70, 74, 108, 132, 135, 137-139, 143 f., 158, *siehe auch Filme, Kassetten, Pornovideos*
Videovernehmung 172 f., 271, 281, 317
VOCAL 89

Wathelet, Melchior 28, 35
Weißer Marsch 31
Weisser Ring 192, 202, 217, 289, 344 f.
Welsch, Andrea 7, 194-196, 198-200
Westeuropa 72, 163

Zachert, Hans-Ludwig 57 f.

Zartbitter e.V., Köln 86, 202, 276, 279, 281, 284, 345 f.
Zeitungen 24, 178, 282, *siehe auch Fernsehen, Journalisten, Medien, Presse*
Zuber, Walter 39, 162

# Danksagung

Ich danke allen, die mir bei der Entstehung dieses Buches geholfen haben. Insbesondere den Opfern, ihren Angehörigen und Helfern, die mir ihre Erfahrungen geschildert haben. Zum Dank verbunden bin ich auch vielen Mitarbeitern und Mitarbeiterinnen in Institutionen, Initiativen, Behörden, Ministerien und Polizeidienststellen sowie einer Reihe von Einzelpersonen – Psychologen, Psychotherapeutinnen, Pädagogen, Erzieherinnen, Opferberater, Rechtsanwälten – die mir bei der Sammlung des Hintergrundmaterials sehr geholfen haben.
Viele Menschen, die sich mir anvertrauten, werden in diesem Buch nicht namentlich aufgeführt, weil sie vor Tätern geschützt werden müssen. Ihnen gilt mein besonderer Dank.
Mein Dank auch an das Autorinnen-/Autoren-Team, mit dem ich nun schon zum Teil seit Jahren zusammenarbeite – Stefanie Kowalewski, Kathrin Lenzer, Jürgen Spreemann, Vesna Vujevic und Andrea Wulff – sowie an meinen Freund Oliver Hohengarten, der sich die Mühe gemacht hat, das Manuskript kurz vor Abgabe an den Verlag unter Zeitdruck zu lektorieren.
Verbunden fühle ich mich auch dem Menschen, dem ich das Thema dieses Buches zu verdanken habe: meinem Literaturagenten Michael Meller.

**Band 61315**

**Silvia K.**

**… doch helfen mußte ich mir selbst**

> **Silvia K.**
> Erfahrungen
>
> **…doch helfen mußte ich mir selbst**
>
> Mit 16 wird Silvia von einem perversen Ehepaar entführt, gefoltert und in ein Kellerloch gesperrt. 15 Monate später kommt sie frei, aber niemand glaubt zunächst ihrer Schilderung der unmenschlichen Qualen, die sie durchlitten hat.
>
> BASTEI LÜBBE

Schon als Kind steht für Silvia fest, daß es Menschen gibt, die nur auf die Welt gekommen sind, um zu leiden, und daß sie selbst solch ein Mensch ist. Ihren Vater kennt sie nicht, die Mutter gibt sie gleich nach der Geburt zu den Großeltern, und schließlich wird sie in ein Erziehungsheim abgeschoben.
Silvia ist 16 Jahre alt, als sie Opfer eines scheinbar gutbürgerlichen, begüterten, aber sadistischen Ehepaares wird. 15 Monate wird sie in einem fensterlosen Verlies gefangengehalten und bestialisch gequält. Es gelingt ihr, diesem Horror zu entfliehen. Doch ihre Leiden nehmen kein Ende: Die Polizei glaubt ihr erst nicht, die Boulevardpresse diffamiert sie und ihr neuer Ehemann verprügelt sie. Aber Silvia verzweifelt nicht, auch wenn sie sich immer selbst helfen muß…